我最想要的 小户型风水指南

居家布置 风水

当代风水名家 黄一真 主编

湖南美术出版社

图书在版编目（CIP）数据

我最想要的居家布置/黄一真主编. — 长沙:湖
南美术出版社,2011.10
　　ISBN 978-7-5356-4704-7

Ⅰ.①我… Ⅱ.①黄… Ⅲ.①住宅－室内装饰设计
Ⅳ.①TU24

中国版本图书馆CIP数据核字(2011)第163175号

我最想要的居家布置

出 版 人：李小山
策　　划：金版文化
主　　编：黄一真
责任编辑：李　松　黄　佳
封面设计：景雪峰
出版发行：湖南美术出版社
　　　　　（长沙市东二环一段622号）
经　　销：湖南省新华书店
印　　刷：深圳市雅佳图印刷有限公司
　　　　　（深圳市龙岗区坂田大发路29号）
开　　本：711×1016　1/16
印　　张：30
版　　次：2011年10月第1版　2011年10月第1次印刷
书　　号：ISBN 978-7-5356-4704-7
定　　价：68.00元

黄一真

当代著名风水学家，现代风水全程理论的创新者与实践者。是国内外三十多个大型机构及上市公司的专业顾问，主持了国内外逾百个著名房地产项目的风水规划、景观布局及数个城市的规划布局工作。

黄一真先生廿年精修，学贯中西，集传统堪舆学与中外建筑学之大成，继往开来，首创现代房地产项目的选址、规划、景观、户型的风水全局十大规律及三元时空法则，开拓了现代建筑的核心竞争空间。

黄一真先生的研究与实践足迹遍及世界五大洲，是参与高端项目最多、最具大局观、前瞻力、国际视野的名家，历年来对城市格局、财经趋势均作出过精确的研判，为国内外诸多上市机构提供了战略决策参考，成就斐然。

黄一真先生一贯秉持低调谦虚的严谨作风，身体力行的实证主义，倡导现代风水学的正本清源，抵制哗众取宠的媚俗行为，坚决拒绝当代风水学的庸俗化、神秘化与娱乐化。

黄一真先生以其于2000年出版的《现代住宅风水》为代表的系列住宅风水著作，立意高远、金声玉振，风行世界各地，其趋吉避凶、造福社会的真知灼见于社会的影响力彰明较著。

近期服务的国内著名高端房地产项目有金地·天悦湾、中海·紫御观邸、万科·棠樾、中海·香蜜湖1号、梅陇镇、金地·上塘道、雅戈尔中海·篁外、金地·香蜜山、百仕达·红树西岸等。

招商银行"金葵花"大讲坛演讲嘉宾。

香港凤凰卫视中文台《锵锵三人行》特邀嘉宾。

香港迎请佛指舍利瞻礼大会特邀贵宾。

2002年3月应邀赴加拿大交流讲学。

2004年7月应邀赴英国交流讲学。

黄一真先生主要著作

《现代住宅风水》、《现代办公风水》、《中国房地产风水大全》、《楼盘风水布局》、《最佳商业风水》、《色彩风水学》、《富贵家居的风水布局》、《办公风水要素》、《人居环境设计》、《健康家居》、《舒适空间设计》、《多元素设计》、《阳光空间设计》、《风水养鱼大全》、《现代风水宝典》、《风水吉祥物全集》、《住宅风水详解》、《财运风水第一书》、《楼盘开运风水》、《别墅风水大全》、《风水宜忌全书》、《小户型风水指南》、《居家庭院与植物风水》、《生活风水宝典》、《旺宅化煞风水》等。

序言

小户型——像帝王一样居住

住宅一直以来就是划分社会等级的硬标准，美国的文化批评家保罗·福塞尔就根据车道、围墙、门牌号码、车库、草坪、院内摆设、花草、建筑风格、户外家具、室内陈设、起居室、厨卫、电视机、家畜甚至宠物的差异将人划分成上、中、下三个阶层。作为物质保障的一种体现，我们身边的所有人，对于住宅的想法其实都拥有自己神秘的暗箱。打开这个暗箱，会发现大家都对居住权有着美好的憧憬。简单地说，就是希望自己不管在外界社会活动被划分成哪一种阶层，但当回到自己独立的空间时，能像帝王一样居住，自由自在地休养生息，至少也能达到"躲进小楼成一统，管他春夏与秋冬"的境界。

像帝王一样居住，有一定时期的分野，在物质极端不发达年代，譬如《礼记·礼运》中说："昔者先王未有宫室，冬则居营窟，夏则居橧巢，未有火化，食草木之实、鸟兽之肉，饮其血，茹其毛"，其意思是：上古时的君王没有什么宫殿，冬天住在地窖里，夏天住在柴窝里，也没有用火的习惯，生吃草木的果实、鸟兽之肉，饮鸟兽之血。

其实，当时穴居和住在柴窝里也没有什么不好，因为不仅节省耕地，而且施工简易、造价极低，不用梁柱木料，不用砖瓦，且冬暖夏凉。

在物质条件不完善的基础上，帝王也只能将就，与平民的居所等级相同。而到了封建时期，随着物质文明的发展，帝王的居所则脱胎换骨，从穴居进化成蔚为壮观的宫殿。如我们已见不到的阿房宫"起咸阳而西至雍，离宫三百，钟鼓帷帐，不移而具，又为阿房之殿，殿高数十仞，东西五里，南北千步，从车罗骑，四马骛驰，旌旗不桡，为宫室之丽至于此"（《汉书》），至于我们能见得到的紫禁城，我就不必在此赘述了。

随着居住土地逐渐减少，人口逐渐增多，现代住宅的体量与以往相比，自然不可同日而语。如何在有限的现代空间里经营出有效的像帝王一样气魄的居住环境，这是一个有趣的课题。据我研究必须注意以下几点：

宅向必须坐北朝南，阳光充足，逢其阳，养其阴，比如清代乾隆之居所。

前堂后室，将公共性放前，私密性放后，也即宫殿布局中讲究的"前朝后寝"。旧时宫殿前朝位南，从火属长，正适合做施政的场所；后寝在北，从水属藏，宜做寝居之地。

整体布局具排他性、唯一性，重视住宅空间的领域性，使居住者能够主动占据空间。

家具的摆设，颜色的搭配必须具备独特性。

讲究"二阴一阳"格局，即正房为明房，两间厢房为暗房，特别是三房的户型更适合于此，有明暗对照，能体现出主房的优越。

如果能达到以上五个要求，即使是小户型，也可以做出大文章。

2001年9月　黄一真于日本国爱知县名古屋

目录

第一篇

学点风水知识
为买房做准备

　　重视人的居住环境，向来是中国文化中一项重要的内容，风水学就是在这种重视下的具体产物。它是中国先民经过长期实践、思索、感悟，建立起来的一门关于人与自然环境之间广泛而微妙关系的学科。

　　人们通过研究风水，试图找出人与自然环境关系中对人的生理、心理和命理的相关影响，并加以利用和调整，从而达到人与自然和谐相处、发展的理想状态，也就是我们常说的"天人合一"的境界。当然，要让风水造福人类，也得对其有所了解，并掌握相应的规律，这也就有了"风水先知一日，人生富贵十年"一说。我们可以将这个道理延伸到现代生活中住宅与人的关系中来，也就不难明白这么一个道理——通过了解、学习风水学，买到一栋具有良好居住环境的好房，从而让我们过上幸福和谐的生活，这样看来，富贵又岂止十年呢！

第一章 教你学风水

俗语云：「一命、二运、三风水」，可见学习风水的相关知识的必要性。学风水能断凶吉，可令人兴旺发达。掌握一些风水常识、术语，能有助于我们更好地了解风水学这项传统的文化；而了解一些风水在选宅中的应用方式，还能帮助我们更合理地运用风水，为打造良好的人居环境奠定根基。

风水，其实很简单

提起风水，很多人都觉得那是"玄学"，是风水先生的专项。而对风水有一定了解的人，想到的则是"八卦""五行""九宫飞星"等专业名词，觉得风水非常难掌握。而事实上，如果你停止纠结于这些专有名词，花一点时间去了解、应用它，你就会发现，风水原来如此简单，学会风水原来有那么多好处。

1.什么是风水

国有国运，城有城运。要保持一个国家或城市和谐稳定的发展，就必须有一个可供依靠、执行的法则。要保证住宅环境良好，居住在其中的人生活得安定幸福，也需要一个好的"居住法则"。

▲ 风水是中国几千年传统文化孕育出来的一种专门处理方位与空间的艺术，在中国这片幅员辽阔的土地上蕴藏着很多风景秀丽、山环水抱的风水宝地。

从古至今，中国人一直把安居乐业作为人生的头等大事来对待，中国先民在选择居住环境的实践过程中，逐渐积累了越来越多的经验，于是产生了系统的关于住宅环境规划和设计的理论认识，这就是风水学。它教会人们如何寻找适合生存的环境，指导人们如何去选择住宅的位置、朝向，以及室内的装潢布置，并期望好的风水给我们的生活带来便利与好运，让我们丰衣足食、事业顺利、财运旺盛、子孙兴旺……

历史上最早给风水下定义的是东晋的郭璞，他在《葬经》里阐述："气乘风则散，界水则止，古人聚之使不散，行之使有止，故谓之风水。风水之法，得水为上，藏风次之。"意思是说，"风"就是天时，是宇宙星体运动产生的风，也就是流动的空气；"水"就是地利，是大地的血脉，万物生长的依靠。这就是"风水"定义的最早起源，同时，也对风水进行了概括，即为通过视察地貌、山向水流以定居地凶吉的一种方式与准则。

2.风水有什么作用

风水学源于中国传统文化"天人合一"的观念，它以阴阳五行与易经原理为理论依据，在人与环境的关系中起关键的协调作用。随着风水的科学价值与应用价值被越来越多的人认同与肯定，风水学在海内外受到了前所未有的重视。然而，风水对人类的影响到底有多大，也还很难有一个准确的判定，毕竟风水在应用上，是因人而异，因地而异，甚至还是因为时代的变化而有所不同的。那简单来说，风水是一门环境应用学，范围涵盖了地理学、物理学、建筑学，以及哲学和艺术等学科。它发掘人与外在环境的对应关系，利用、改造环境，对住宅进行科学的规划与设计，从而达到人与环境的和谐平衡，创造出人类理想的居住生活环境。

风水同时还具有强烈的世俗特色，能充分激发人的内在潜能，训练并提高人的观察与感觉能力，从而帮助运用者趋吉避害。因此，上至皇帝，下至村夫百姓，无不对"风水宝地"和"居家好风水"心生向往而努力追求。如果要对风水的作用进行归纳，可以概括为以下三个方面。

（1）取得人与自然的平衡

随着经济的发展，城市不断扩大，人口持续增多，资源却日益减少，人类对地球环境的破坏也越来越严重，人类生存面临严峻的挑战。那么，我们是否可以通过风水来适当改变这些现状呢？如今，东方文化也开始重新审视风水的重大作用。

风水注重人类对自然环境的感应，并指导人类依循这些感应对住宅进行选址、建造和布置。风水讲求"天人合一"，要求建筑物须与周围的自然环境融为一体，要求整个建筑和环境在形式和功能上有效结合，以形成人与建筑、建筑与环境的生态平衡。在实际操作过程中，风水会避免人类行为对自然造成破坏。

自古以来，中国的城市、村庄和住宅设计，都具有自然、和谐、随大自然的演变而演变的独特风格。因为大自然的变化就是人类生活环境的变化，地球上的动物、植物和人类都要跟随大自然的法则而生息繁衍，与自

▲ 风水学认为，"山环水抱"、"藏风聚气"的居住环境最佳，这样可以直接受到山水灵秀之气的润泽，无论从磁场学、美学还是心理学的角度来看，都是非常理想的选择。

然的变化取得和谐。事实也证明，经过好风水布局的城镇，自然环境更优美，人的生活也更舒畅。比如，著名的瓷都景德镇，它群山环抱，河流纵横，城镇发展与自然环境和谐统一，人民生活富足而又美好。

（2）藏风聚气，好风水营造好家居

家是人毕生追求的温暖之地。住宅作为家的载体，是世界上最亲密的一个小群体共同生活、维系关系的地方，也是家庭成员积蓄能量的地方。一个人一天24小时，至少有1/3的时间都会在家里度过。住宅是家人吃饭、休息、睡眠的场所，也是人们补充能量、娱乐、聊天、享受天伦之乐的地方。家庭对每个人而言都有着不可替代的重要作用。

风水追求的最终目的是理想的生活环境，而在这个环境中居住的

▲ 良好的室内空间感加上简洁的设计布置，让住宅呈现出"藏风聚气"好风水。

人和人所需要的居所才是根本。正确地选择最适合家人生活的家居地址，利用风水正确地进行家居布置，能为家庭营造一个舒适、祥和的生活环境。生活在舒适的环境里，自然能让人精神愉悦、身体健康。居家生活快乐祥和，对待生活中的困难挫折以及矛盾不快也就会保持积极的态度，所有问题都会迎刃而解，一家人生活自然越来越开心。相反，错误的选址和布局，如将家安置在垃圾场附近，四面八方的煞气怎么可能给居住者一个健康舒适的状态，居家环境不好，家人生活自然出现各种不顺的情况。

（3）福运、财运、桃花运，好风水招来好运势

一个家庭整体宅运的吉凶，无论是事业升迁的顺逆、运数的高低、家人财运的好坏、夫妻缘分的深浅、子女读书考试的运势、家人健康状况的好坏，大抵都受居家风水的影响。毫无疑问，好的风水对人的

运气是有益的，居家风水好，运势自然会很旺，福运、财运、桃花运自然滚滚而来。

但风水的影响并不是万能的，虽然一些环境风水优点突出的场所，在适当的流年、时机成熟时确实能带来如财运、官运、健康运、文昌、恋情等方面的好结果，一些环境风水缺点突出的地方，在适当的时候也确实会带来如病灾、凶灾、破财、失恋、落榜等多方面的不利影响。但是我们还是应该站在更客观的角度来看待风水，不能盲目追求。在大多数情况下，风水的好坏还不至于会对运势造成不可估量和难以挽救的影响。而多数中国人对于自家的住宅和自身运势相当地重视，所以很多时候还是觉得"宁可信其有不可信其无"。在这种思想下，我们应该更合理地看待风水，在不迷信风水的前提下，运用风水帮我们选择到好的居住环境，特别是在买房前，也可请风水大师参谋一下，或者自学一下风水知识，以免坏风水给生活带来坏影响。

最后，一定要记住，当我们在风水上遇到问题的时候，肯定会有一个解决的方法，而这种解决的方法并不是非得要破坏重来，大多数的风水问题都有一个变通的办法，进行适当的调整、改造和布置，就可以让你的运势重新好起来。

你需要知道的风水学基础

风水学起缘于《周易》，由于《周易》晦涩难懂，因此很多人认为风水学太过神秘。实则不然，风水学其实并不神秘，天文学、地理学和人体科学就是中国风水学的三大科学支柱。在认识了什么是风水，并对其相应的作用有所掌握后，这里我们介绍一些基础的风水学知识和术语，如我们常说的五行、八卦、天干、地支等，这些都是你需要了解的风水学基础，只有掌握了这些知识，才能更合理地运用风水来挑选或改造自己居住的环境。

1.风水中的五行

五行学说具有朴素的唯物辩证法思想，它贯穿于我国古代思维现象的各个领域。所以，我们也说五行为阴阳之纲领，造化之权衡，不论是拔砂、放水、辨别方位立向，其相地的奥妙都尽在五行之中。风水五行有许多分类，常见的有正五行、八卦五行、洪范五行三种，另外还有双山五行、三合五行、四经五行、四生五行，此外又有玄空五行、向上五行、纳音五行、河图五行、甲子五行、天干五行、地支五行等，下面针对比较常用的几种进行介绍。

正五行：正五行多用以定方位。其口诀为："东方木，南方火，西方金，北方水，中央土"。

八卦五行：八卦五行以司形局，这是以八卦配合干支而论其所属。其口诀为："震庚亥未巽辛木，乾甲兑丁巳丑金，坎癸申辰水，离壬寅戌火，坤乙艮丙土"。震属木，庚纳配于震，亥朱合于震，故庚未俱属木。冀属木，辛纳配于冀，故辛亦属木。乾属金，甲纳配于乾，故甲属金。兑属金，丁纳配于兑，巳丑合于兑，故丁巳丑亦属金。坎属水，外阴而内阳，故坎之外三爻癸配之，而癸亦属水，申辰以合于坎而属水。离属火，外阳而内阴，故乾之外三爻壬配之，而壬亦属火，寅戌以合于离而属于火。坤属土，乙纳配于坤，故乙亦属土。艮属土，丙纳配于艮，故丙亦属土。

洪范五行：洪范五行又名宗庙五行、大五行。其口诀为："甲寅辰巽大江水，戌坎申辛水亦同，震艮巳三原属木，离壬丙乙火为宗，兑丁乾亥

| 金 | 木 | 水 | 火 | 土 |

▲ 五行学认为大自然由金木水火土五种基本要素所构成，并随着这五个元素的盛衰而发生变化，不但影响人的命运，同时也使宇宙万物循环不已。

金生处，丑癸坤庚未土中"。洪范五行以八卦变通，演而申之为二十四位五行变化之情，而所谓八卦变通，十分复杂。

甲本属木，纳于乾宫与坤交，以坤之上下二爻，交换乾之上下二爻，化成坎象，甲随坎化，遂属水。

乙本属木，纳于坤宫，与乾交，以乾之上下二爻，交换坤之上下二爻，化成离象，因乙随离化，遂属火。

丙本属火，纳于艮宫，艮与兑对，以兑之下爻，交换艮之下又，化成离象。丙随离化，遂属火。

丁本属火，纳配艮宫，兑与艮对，以兑之上爻，交换艮之上爻，化成乾象。丁受乾化，遂属金。

庚本属金，纳配于震，震与巽对，以巽之下爻，交换震之下爻，化成坤象。

庚受坤化，遂属土。辛本属金，纳配于巽，巽与震对，以震之上爻，交换巽之上爻，化成坎象。

辛受坎化，遂属水。壬本属水，纳配于离，离与坎对，以离之中爻，交换坎之中爻，化成乾象。

壬受乾化，本当属金，因纳于离火，火焰金消，不能自立，退而附于离，遂属火。

癸本属水，纳配于坎，坎与离对，以离之中爻，交换坎之中爻，化成坤象。癸受坤化，遂属土。

双山五行：两字同宫合干支，以纳音五行为标准。如民丙辛合寅午戌为廉贞火，巽庚癸合巳酉丑为武曲金，坤壬乙合申子辰为文曲水，乾甲乙合辛亥卯为贪狼木，俱属二字合为二宫，故名之双山五行。

三合五行：由四经中以类合而得名。寅午戌合成火局，巳酉丑合成金局，申子辰合成水局，辛卯未合成木局，由生旺墓三方结合而成，故名之三合五行。

四经五行：木居东，火居南，金居西，水居北，各有其位，惟土不属四方而居中宫。风水术上讲究坐山、向上，舍弃中宫。所以，五行实际上只用了四行，故又称四经五行。

　　四生五行：四隅有四长生。甲木长生在亥，丙火长生在辰，庚金长生在巳，壬水长生在申，乙木长生在午，丁火长生在酉，辛金长生在子，癸水长生在卯。

2. 五行的相生和相克

　　据《尚书·洪范》记载："五行，一曰水，二曰火，三曰木，四曰金，五曰土。水曰润下，火曰炎上，木曰曲直，金曰从革，土曰稼穑。"可见五行之间存在着相生和相克的两面性，这是一个相应的循环，也正是有了这个循环，才能得保世间万物的永存。

（1）五行的相生

　　五行"相生"的顺序为，木生火、火生土、土生金、金生水、水生木。也就是说，由水生成木，再由木生出火，就这样无限地循环往复。这种循环相生的思考方法的基础来源于一种非常朴素的理论。

　　木生火：古时候，为了得到火，最原始最简便的方法就是钻木取火，这是自然之理，木生火就这样发生了。

　　火生土：物质如果燃烧，留下的是灰，而灰是土气，所以火生土乃真正的自然之理。

　　土生金：矿物、金属之类多埋藏于土中，人只有通过挖掘土才能提炼到金属。因此是土生出金属，即土生金。

　　金生水：金生水的根据虽不充足，但当空气中的湿度较大时，金属表面容易产生水滴，即金生水。

　　水生木：一切植物（即木气）均由水生。如果没有水，草木将枯

▲ 五行相生的循环示意，由左下角的"金"开始，以"金生水、水生木、木生火、火生土、土生金"进行循环。

死，故木乃由水所生。

（2）五行的相克

五行相生是依次由一种元素得到另一种元素，而与之相反的五行相克则是指木、火、土、金、水五气依次克制对方。其顺序为木气克土气、土气克水气、水气克火气、火气克金气、金气克木气。被金气所克的木气，再次去克土气，如此循环往复。同相生一样，相克也是来源于朴素的理论。

木克土：木扎根于土地里，使得土地固结和破碎。大树自不消说，就是小小的灌木、柔软的野草蔬菜之类的根部也能固结或破碎土地，这就是所谓的木克土。

土克水：土乃阻水之物。水不停地流动、满溢、涨落，如果没有土的话，就止不住满溢的水。当洪水到来的时候，起防水作用的东西，无论是过去还是现在，都是土。同作为应急措施的土堆相比，更为长久的防水对策是构筑土筑的堤坝。土筑的堤坝是以土之力抑制水之力。所谓的土克水，即是指此。

水克火：水能灭火，乃是不言自明之理。灭火的最好办法是浇水，水能克火即出于此。

▲ 五行相克的循环示意，由左下角的"金"开始，以"金克木、木克土、土克水、水克火、火克金"进行循环，以箭头为方向。

火克金：金属不管多么坚硬，在烈火的灼烧之下，都会软化变成液体，因此火可克金。

金克木：高高耸立的乔木如遇到斧头的削击便会受伤。锯子、手斧，一切带刃的东西都是损伤树木之物。因为带刃的东西都是金属制作，所以金克木即出于此。

3. 什么是八卦

　　八卦是由阴阳派生出来的。据《周易·系辞》记载："易有太极，是生两仪。两仪生四象，四象生八卦"，八卦代表许多自然现象，乾为天，坤为地，震为雷，巽为风，坎为水，离为火，艮为山，兑为泽。同时，八卦也是我国古代的一套有象征意义的符号。用"——"代表阳，用"--"代表阴，用三个这样的符号，组成八种形式，叫做八卦。每一卦形代表一定的事物。

　　八卦主要用于表示方位。先哲把空间分成四维四隅，共八个方向，以八卦分别代表八个方向。《周易·说卦》指出："万物出乎震，震东方也；齐乎巽，巽东南也；齐也者，言万物之所归也。离也者，明也，万物皆相见，南方之卦也。圣人南面而听天下，响明而治，盖取诸此也。坤也者，地也，万物皆致养焉，故曰'致役乎坤'。兑，正秋也，万物之所说也，故曰'说言乎兑'。战乎乾，乾，西北之卦也，言阴阳相薄也。坎者水也，正北方之卦也，劳卦也，万物之所归也，故曰'劳乎坎'。艮，东北之卦也，万物之所成终而成始也，故曰'成言乎艮'。"

　　八卦有先天八卦和后天八卦之分，先天八卦又名伏羲八卦，后天八卦

▲ 后天八卦图中方位与示意。

▲ 不同样式的八卦实物图，展示出八卦的不同方位与所主。

又名文王八卦，下面以两个图表对先天八卦和后天八卦的所主表示进行展示，以便进行区分。

先天八卦的所主

乾居南方	数目为一	与坤相对
坤居北方	数目为八	与乾相对
震居东北	数目为四	与巽相对
巽居西南	数目为五	与震相对
离居东方	数目为三	与坎相对
坎居西方	数目为六	与离相对
艮居西北	数目为七	与兑相对
兑居东南	数目为二	与艮相对

后天八卦的所主

离居南方	五行为火	数目为九	与坎相对
坎居北方	五行为水	数目为一	与离相对
震居东方	五行为木	数目为三	与兑相对
兑居西方	五行为金	数目为七	与震相对
乾居西北	五行为金	数目为六	与巽相对
巽居东南	五行为木	数目为四	与乾相对
坤居西南	五行为土	数目为二	与艮相对
艮居东北	五行为土	数目为八	与坤相对

4. 什么是十天干

我们常听人说天干地支，到底什么是天干呢？其实，简单来讲，天干就是指天体中的五个星球对地球不断的干扰和影响，这种干扰，就被定名为天干。那既然是受到五个星球的影响，为什么天干会变成十个呢？因为五行不够说明天干的全部意义，所以，每个天干由阴阳两位来代表。这十个天干是：甲、乙、丙、丁、戊、己、庚、辛、壬、癸。下面以表格的形式对天干与五行的相互关系进行介绍。

十天干与元素对应表

五行	木	火	土	金	水
元素	甲	丙	戊	庚	壬
原质	乙	丁	己	辛	癸

十天干所代表的，是每个人的本质。每个人都必定属于其中的一个天干，因此每人都有自己独特的本质。这种本质与生俱来，从你出生的当天已决定你拥有哪种特性。

甲木：家中所有的木头、花草均代表甲木。大家常买的开运竹，因为无需攀藤，即属甲木。家中的绿色衣服也代表甲木。假如流年是甲申，凡重复本身的字称为犯太岁，因此甲字犯太岁，申字也犯太岁。亦代表甲壳，古代的人想科甲成名，会放一有壳生物来象征科甲。

乙木：所有的攀藤植物均属于乙木，纸张、书本，杂志等均是乙木。在风水学上，三碧星属木，代表是非官非。假如东方在流年犯三碧，你在东方堆了一叠报纸，还加了一些杂志，东方会因为木太多而犯是非官非，其罪魁祸首便是那一堆报纸杂志。因此大家对家中的书架不能掉以轻心，因书架是制造是非的根源。木代表人的肝胆功能，亦代表手脚和毛发。

丙火：丙火是太阳之火，命中喜火的人喜欢太阳。丙火包括真正的太阳，也包括太阳灯。假如你命中忌火，出外时最好戴太阳眼镜；但如果你命中喜火的话，千万别戴墨镜，这样会挡住给你带来幸运的丙火。有些人喜欢晒太阳，有些人不喜欢，其理也在于此。

丁火：丁火是指由能源所产生的光和热，电视机、暖炉、电热毯、蜡烛、灯泡等发出的光热皆属于丁火。丙丁二火代表头部、眼睛、心脏和血液功能。

戊土：戊土是石头，也等于石春。要戊土的人爱放石春，也喜欢水晶轴及水晶山。因为水晶山属戊土，忌土之人不宜摆之，因此并非所有的人均适宜在家中放水晶山。

己土：要己土的人可从事美容、桑拿、减肥、化妆等行业，这些行业均与己土有关。戊己二土代表人的脾胃功能，己土代表泥土，也代表皮肤。需留意的是，皮肤病多与己土有关。

庚金：家中的鞋柜、挂钟便是庚金。庚金亦包括厨房内的刀叉，以及袋中的指甲钳。凡是喜欢在袋中放指甲钳、收藏刀剑的人，其实正储存了大量的庚金。

辛金：所有的金银珠宝、首饰皆属辛金。将一款首饰送给别人，就代表将辛金送给对方。另外，辛金也代表肺功能。

壬水：壬水是江河之水，是会流动的水，家中的水龙头，溪流都是壬水。家中外建的游泳池，江河也是壬水。

癸水：癸水指温润之水，是可以控制的水，如鱼缸的水便是癸水。壬癸二水代表肠功能和泌尿功能，癸水亦代表女性的子宫。

由此可见，十天干与太阳出没有关，而太阳的循环往复周期，对万物产生着直接的影响。

5. 什么是十二地支

地支共有十二，就是子、丑、寅、卯、辰、巳、午、未、申、酉、戌、亥。

十二地支代表了地球本身的放射能，与天干交互作用产生影响，而形成了天地间变动的法则；十二地支代表了一年的十二个月，同时代表了一日的十二个时辰，每一时辰有两个小时；十二地支同时也代表着十二个不同的年代，在天地间不停地运转着。十二地支与十天干配合，每六十年循环一个周期，称为六十花甲；所以六十岁的老人，也称为花甲老翁。十二地支又有各自代表的意思，分别如下：

子是兹，万物兹萌于既动之阳气下；

丑是纽，既萌而系长；

寅是移，指物芽稍吐而伸之移出于地；

卯是冒，指万物冒地而出；

辰是震，物经震动而长；

巳是起，万物至此已毕尽而起；

午是仵，万物盛大枝柯密布；

未是昧，阴气已长，万物稍衰，体暧昧；

申是身，万物的身体都已成就；

酉是老，万物老极而成熟；

戌是灭，万物皆衰灭；

亥是核，万物收藏皆坚核。

▲ 十二地支方位表示法　　　　　　　▲ 二十四支方位表示法

6. 住宅的风水方位

　　风水学上讲的住宅风水，其吉凶不仅与住宅主人的本命星有关，也与方位有联系。要知道住宅相应的风水方位，首先要看住宅的中心，而要知道住宅的中心，则必须定出各个方位，并看各方位所处的状态如何。

　　住宅风水上的方位一般使用动方位，这里以一个简单的方位图为例，此时若把一个圆周以45度等分成八块，这样就有了北、东北、东、东南、

南、西南、西、西北八个方位（简
称"八方位"），若是再加上中心则
一共有九个方位。

（1）住宅八个方位的吉凶

要知道住宅风水的好坏，首先
得了解这八个方位对风水凶吉的影
响，只有了解了这些知识，才能从
根本上对住宅风水的本源有所掌握
和理解，下面逐一对八个方位所表
示的意思及其吉凶进行介绍。

▲ 风水学认为：太极生两仪，两仪生四象，四象生八卦，继而在八卦的基础上演变各种卦象，而八卦所主的八方，即东、南、西、北、东北、西北、东南、西南，这八个方向是风水上最基本的八个方向。每个方向对家居环境的影响都十分重要。

北方：用十二地支来说也称为
子方位，万物由此而生，也就是说
这一方位是阴阳的交会点，蕴含有
"事物的起点"的意思，五行属水。

吉相的风水：该方位是阴阳交接的地方，代表夫妻关系和谐美满，孩
子聪明伶俐，生活富足，能够获得财运。因水主财，所以这个方位极易在
经商上获得成功。

凶相的风水：影响身体健康，如性功能弱、肾病膀胱疾患等，生活上
比较贫穷，事业破败，夫妻关系冷漠等。另外，会受到许多有关于秘密及
隐私的困扰。

东北方：这一方位很重要，一般很难应付好。不过只要小心谨慎并正
确处理，会成为一个大吉大利的方位。

吉相的风水：该方位五行属土，意为"山上之土"。这个方位为艮卦
方位，艮主诚实守信，代表与亲戚朋友的关系很好，且事业发展顺利，一
步一个脚印。另外，土多可成山，因为上应天星天市，寓意可发一笔横财。

凶相的风水：代表与亲戚朋友的关系越来越淡薄，事业发展也不顺利，
多为阻滞。

东方：在十二地支内是卯方位，代表明亮、生机勃勃的景象。这是活

动的好场所，具有挑战的意思。这一方位适合长子居住。

吉相的风水：这一方位充满了蒸蒸日上之气，使人能向着既定的远大理想奋勇前进。由于该处能源（太阳光）充足，因此人做起事来干劲很足，拥有正确的判断力和决断力。作为一家之长子，所说的话具有一定的号召力，能够得到大家的信任。事业上进取，向外拓展顺利，易得到上司的提拔。

凶相的风水：经常受突发事件及偶发事故的侵扰。家庭内部不应长辈之言，经常做出过分的事而且经常失败。对自己所说的话不负责，经常撒谎欺骗别人，一生贫困交加，身体状况也不好。

东南方：一般称东南方为巽，从十二地支来说是辰方位与巳方位。东南方一般被看做是风的出入口，无论什么事都讲究一个"齐"字，即具备之意。因此，有时候该方位就成为商人所特有的方位，它可以使其商业繁荣旺盛，财源滚滚。

吉相的风水：人际关系好，社交广泛，而且信誉也好，还代表家庭幸福美满，身体健康。

凶相的风水：不相信别人，自以为是，因此得不到别人的信任。

南方：对十二地支来说是午方位。由于南方是日照最强的方位，所以给人的印象也如同一团燃烧的火。

吉相的风水：头脑聪明，具有正确的判断力。由于感觉敏锐而且自我表现欲望很强，所以有吸引众人的魅力。能够拥有很高的地位，并且名与利两者可以兼得。这一方位对政治家、实业家、艺术家及设计师特别适合，是获得名誉荣耀的吉向。

凶相的风水：很容易与周围的人发生纷争，与人的离合聚散表现得特别明显，容易喜怒无常，极易偏向一方。如果是政治家的话，更要避免在选举上与别人发生纠葛。

西南方：这一方位与东北方一样属于土星方位，虽然同是土，但这里却是大地之土的意思，所以，西南方也有了孕育事物之意，从十二地支来说该方位是未申方位。

吉相的风水：热心于自己的事业，总是认真努力地完成每一项工作。

由于拥有忍性与耐性，工作、地位会扶摇直上，而且安如磐石，良好的体力与持久力也会使您奋发向上。家庭属主妇持家的典型，家庭和睦。不论是经商或开公司，经济效益都会稳步提高。

凶相的风水：对待工作的态度不诚恳，对做过的承诺也没有信守，因此运气会越来越差。在家里也缺乏坦率与顺从，所以经常吵吵闹闹。家庭主妇不但没有一些主妇的力量，而且丈夫也会很难找到一个好的工作，以至于不断变换工作岗位。

西方：从十二地支来说，该方位属于西方位，在一年之中属于九月，季节中有秋季的意思。秋天是收获的季节，所以总带有一股难以诉说的欢乐之情。

吉相的风水：由于该方位代表的是收获，所以在金钱上很富足。在交际方面，能够胸襟坦荡、宽厚待人，所以人缘很好。在饮食方面，无论想吃什么，都能得到满意的结果。此外，只要缘分一到，自会有人千里来相会。

凶相的风水：会被经济上的苦恼纠缠，爱慕虚荣。对自己喜欢的东西，花钱如流水，但对别人却十分吝啬。

西北方：用十二地支来说，属于戌亥方位，这一方位在天地之中有上天的意思寓于其中，是一个备受关注和尊敬的方位。

吉相的风水：拥有丰富的人力与财力，在社会上总是居于领导的地位，且十分受人尊敬。由于该方位代表了主人的威严，所以在家庭中应属于丈夫或父亲。

凶相的风水：会有车祸的情况发生。作为一家之长，因家庭关系紧张而不能展示出所应拥有的力量。热衷于赛车赛马的赌博，因此经济上可能会受到巨大损失。

（2）什么是二十四方位

在了解了八个大方位的凶吉之后，此时又把每个方位均分为三个小方位，这样就得到了二十四个方位。这二十四方位中包含了大家已经熟知的十二地支，即子、丑、寅、卯、辰、巳、午、未、申、酉、戌、亥。另外，

▲ 这里以房屋中心作为十二地支盘的中心，展示出是个地支与住宅方位的关系。同时需要注意，在出生年的十二地支方位内，选择水气、火气、凹陷变化不大的为佳。若是家中成员较多，则可以不考虑这个因素，而应注意不能让阴气过盛。

还包括了十个天干中的甲、乙、丙、丁、庚、辛、壬、癸，再加上乾、坤、艮、巽四个，就是完整的二十四方位。

7. 什么是风水罗盘

罗盘是风水专业人士审龙、消砂纳水、立向布局的主要工具。主要由位于盘中央的磁针和一系列同心圆圈组成，每一个圆圈都代表着中国古人对于宇宙大系统中某一个层次信息的理解。而罗盘上逐渐增多的圈层和复杂的指针系统，代表了人类不断积累的实践经验。当然，这些经验是否全面和正确还有待于进一步研究，但是罗盘上所标示的信息却蕴含了大量古老的中国智慧。这里我们从罗盘的结构、保管与维

▲ 早期的罗盘图，边缘是八卦形的，使用起来不是非常方便。

护、使用时的注意事项三个方面来认识风水上的罗盘。

（1）罗盘的结构

罗盘由海底、内盘、外盘三大部件构成，三大部件的质量都与罗盘的测量精度有密切关系。

海底（指南针）：海底的圆盒应是标准的圆柱形，海底底部的定位十字线应正交，即呈直角。顶针应固定在海底十字线的交点上，并与海底的底面垂直，顶针的尖头不能有损伤，如果尖头受损，磁针的转动就会不灵活。磁针必须通直，有足够的磁性，两头的重量应一致。海底盖最好是玻璃，用有机玻璃或塑料做盖子容易产生静电，对磁针有吸附作用，会影响测量精度。盖上玻璃盖时，倒转海底，磁针应保持不掉下。将海底放入内盘时，应特别注意海底线的北要与内的子山正中对准。

内盘：内盘各圈层上的内容是风水罗盘的主要部分，要求盘面平整光滑、分格准确，字迹清晰。地盘二十四山的子午卯酉应分别与周天三百六十度的0度、180度、90度、270度重合，其他各盘都要按照罗盘的标准设置,各得其所。内盘的内外圆必须标准，放进外盘后，与外盘的间隙应保持在合适的范围，宽紧适当，间隙太小则转动不灵活，间隙太大则会影响测量精度。内圈宜稍紧，以使海底固定不松动。内盘圆心应与海底同心。

▲ 罗盘的内盘就是紧邻指南针外面那个可以转动的圆盘，内盘面上印有许多同心的圆圈。

外盘：外盘必须是标准的正方形，四个边不宜弯曲、歪斜，放置内盘的圆凹的圆心应在外盘的几何中心。盘面应平整光滑。天心十道是读取内盘上各层内容的指示线，四个穿线孔必须分别定位于外盘四个边的中心点上。有水准泡的罗盘，当两个水准泡的气泡都在中心时，海底的磁针应与盘面平行。

（2）罗盘的保管与维护

罗盘是风水大师的专业工具，不用时应放在干净、稍为隐蔽的地方。如果家里祀奉了杨公神位，最好将其放在杨公神像的神坛上。在外出旅行中，特别是乘坐摩托车时，应把海底取出用布或纸包好，随身放在上衣口袋上，以防止颠簸损害顶针。在使用罗盘，特别是铜面罗盘时，要注意防止日光暴晒、雨淋，这些因素都容易加速盘面脱落。使用后要用软布擦干净，当内盘转动

▲ 现代大多数的罗盘都是方形的，这样使用起来更方便。

不灵活时，可将内盘取出，在内盘底部涂上石蜡，以起到相应的保护作用。

（3）罗盘使用的注意事项

罗盘是采用磁力原理，利用磁针与地磁场异极相吸、同极相斥的原理来测量地平方位角的。磁场的异常、测量所在地的磁性物质、磁针的磁性够不够强、磁针是否与地磁场的磁力线平行等，对测量精度均有影响。所以，在用罗盘测量时，罗盘一定要端平，民间地师开盘时将罗盘放在盛满大米的盘上的方法是科学的，可推广之。

测量时应尽量避开磁性物质和能产生交变磁场的机器、家具、高压电线等，以避免受到干扰。地球磁场在太阳黑子活动高峰期会处于不稳定的状态，磁力线可能会在数度范围内摆动。地磁场不稳定的象征是平放的罗盘在静止状态下磁针剧烈地摆动，这时不能测量，应等到磁针完全静止后才能测量。

在磁针没有损害，罗盘的水准泡也准确的情况下，当端平罗盘时，磁针一边高，一边低，有两种可能：一是测量所在地存在较强的磁场源，如地下有磁铁矿或永磁物质；二是海底的盖子是塑料盖，因受到摩擦而产生了静电。遇到这种情况要认真找出原因，分别处理。有磁铁矿的地方是不

宜建造阴阳二宅的，应另选地点。若受静电影响，只要消除静电就可继续测量。

8. 什么是命卦

风水学上，人的命卦也称为人的生命气数。风水中的命卦，是根据每人的出身年份而形成的卦象。命卦主要运用于室外环境及住宅方位规划，对室内的卧室、厨房、客厅、厕所等功能区进行合理的位置，以调节人与住宅的关系，产生对命主好的影响。

（1）命卦的计算公式

男性命卦 = [100 −（公元出生年份后两位）] ÷ 9，取余数为命卦数。

女性命卦 = [（公元出生年份后两位）− 4] ÷ 9，取余数为命卦数。

例如，某男出生于1963年，其命卦数等于基数100减去出生年份后二位63，再除以9，余数为1，取1为该男性的命卦数。代入算式为：（100 − 63）÷ 9=4……1。

某女出生于1967年，其命卦数等于出生年份后二位67减去基数4，再除以9，刚好除尽，其命卦数即为9。

（2）东西四卦、东西四宅、东西四命

易卦风水理论著，依据八卦的阴阳与五行属性，把卦分为东四卦与西四卦。又根据东、西四卦，把房屋分为东四宅与西四宅，同时把人的命分为东四命与西四命。具体分法如下：

东四卦与西四卦：坎卦、震卦、巽卦和离卦，称为东四卦；乾卦、艮卦、坤卦和兑卦，称为西四卦。

东四宅与西四宅：坎宅(坐北朝南)、震宅(坐东朝西)、巽宅(坐东南朝西北)、离宅(坐南朝北)为东四宅；乾宅(坐西北朝东南)、艮宅(坐东北朝西南)、坤宅(坐西南朝东北)、兑宅(坐西朝东)为西四宅。

东四命与西四命：坎卦命、震卦命、巽卦命、离卦命为东四命；乾卦命、艮卦命、坤卦命、兑卦命为西四命。

命卦与宅卦对应表

年份	干支	宅卦（男）	宅卦（女）
1901年	辛丑年	男卦属离	女卦属乾
1902年	壬寅年	男卦属艮	女卦属兑
1903年	癸卯年	男卦属兑	女卦属艮
1904年	甲辰年	男卦属乾	女卦属离
1905年	乙巳年	男卦属坤	女卦属坎
1906年	丙午年	男卦属巽	女卦属坤
1907年	丁未年	男卦属震	女卦属震
1908年	戊申年	男卦属坤	女卦属巽
1909年	己酉年	男卦属坎	女卦属艮
1910年	庚戌年	男卦属离	女卦属乾
1911年	辛亥年	男卦属艮	女卦属兑
1912年	壬子年	男卦属兑	女卦属艮
1913年	癸丑年	男卦属乾	女卦属离
1914年	甲寅年	男卦属坤	女卦属坎
1915年	乙卯年	男卦属巽	女卦属坤
1916年	丙辰年	男卦属震	女卦属震
1917年	丁巳年	男卦属坤	女卦属巽
1918年	戊午年	男卦属坎	女卦属艮
1919年	己未年	男卦属离	女卦属乾
1920年	庚申年	男卦属艮	女卦属兑
1921年	辛酉年	男卦属兑	女卦属艮
1922年	壬戌年	男卦属乾	女卦属离
1923年	癸亥年	男卦属坤	女卦属坎
1924年	甲子年	男卦属巽	女卦属坤
1925年	乙丑年	男卦属震	女卦属震

（接上表）

年份	干支	宅卦（男）	宅卦（女）
1926年	丙寅年	男卦属坤	女卦属巽
1927年	丁卯年	男卦属坎	女卦属艮
1928年	戊辰年	男卦属离	女卦属乾
1929年	己巳年	男卦属艮	女卦属兑
1930年	庚午年	男卦属兑	女卦属艮
1931年	辛未年	男卦属乾	女卦属离
1932年	壬申年	男卦属坤	女卦属坎
1933年	癸酉年	男卦属巽	女卦属坤
1934年	甲戌年	男卦属震	女卦属震
1935年	乙亥年	男卦属坤	女卦属巽
1936年	丙子年	男卦属坎	女卦属艮
1937年	丁丑年	男卦属离	女卦属乾
1938年	戊寅年	男卦属艮	女卦属兑
1939年	己卯年	男卦属坎	女卦属艮
1940年	庚辰年	男卦属乾	女卦属离
1941年	辛巳年	男卦属坤	女卦属坎
1942年	壬午年	男卦属巽	女卦属坤
1943年	癸未年	男卦属震	女卦属震
1944年	甲申年	男卦属坤	女卦属巽
1945年	乙酉年	男卦属坎	女卦属艮
1946年	丙戌年	男卦属离	女卦属乾
1947年	丁亥年	男卦属艮	女卦属兑
1948年	戊子年	男卦属兑	女卦属艮
1949年	己丑年	男卦属乾	女卦属离
1950年	庚寅年	男卦属坤	女卦属坎

（接上表）

年份	干支	宅卦（男）	宅卦（女）
1951年	辛卯年	男卦属巽	女卦属坤
1952年	壬辰年	男卦属震	女卦属震
1953年	癸巳年	男卦属坤	女卦属巽
1954年	甲午年	男卦属坎	女卦属艮
1955年	乙未年	男卦属离	女卦属乾
1956年	丙申年	男卦属艮	女卦属兑
1957年	丁酉年	男卦属兑	女卦属艮
1958年	戊戌年	男卦属乾	女卦属离
1959年	己亥年	男卦属坤	女卦属坎
1960年	庚子年	男卦属巽	女卦属坤
1961年	辛丑年	男卦属震	女卦属震
1962年	壬寅年	男卦属坤	女卦属巽
1963年	癸卯年	男卦属坎	女卦属艮
1964年	甲辰年	男卦属离	女卦属乾
1965年	乙巳年	男卦属艮	女卦属兑
1966年	丙午年	男卦属兑	女卦属艮
1967年	丁未年	男卦属乾	女卦属离
1968年	戊申年	男卦属坤	女卦属坎
1969年	己酉年	男卦属巽	女卦属坤
1970年	庚戌年	男卦属震	女卦属震
1971年	辛亥年	男卦属坤	女卦属巽
1972年	壬子年	男卦属坎	女卦属艮
1973年	癸丑年	男卦属离	女卦属乾
1974年	甲寅年	男卦属艮	女卦属乾
1975年	乙卯年	男卦属兑	女卦属艮

（接上表）

年份	干支	宅卦（男）	宅卦（女）
1976年	丙辰年	男卦属乾	女卦属离
1977年	丁巳年	男卦属坤	女卦属坎
1978年	戊午年	男卦属巽	女卦属坤
1979年	己未年	男卦属震	女卦属震
1980年	庚申年	男卦属坤	女卦属巽
1981年	辛酉年	男卦属坎	女卦属艮
1982年	壬戌年	男卦属离	女卦属乾
1983年	癸亥年	男卦属艮	女卦属兑
1984年	甲子年	男卦属兑	女卦属艮
1985年	乙丑年	男卦属乾	女卦属离
1986年	丙寅年	男卦属坤	女卦属坎
1987年	丁卯年	男卦属巽	女卦属坤
1988年	戊辰年	男卦属震	女卦属震
1989年	己巳年	男卦属坤	女卦属巽
1990年	庚午年	男卦属坎	女卦属艮
1991年	辛未年	男卦属离	女卦属乾
1992年	壬申年	男卦属艮	女卦属兑
1993年	癸酉年	男卦属兑	女卦属艮
1994年	甲戌年	男卦属乾	女卦属离
1995年	乙亥年	男卦属坤	女卦属坎
1996年	丙子年	男卦属巽	女卦属坤
1997年	丁丑年	男卦属震	女卦属震
1998年	戊寅年	男卦属坤	女卦属巽
1999年	己卯年	男卦属坎	女卦属艮
2000年	庚辰年	男卦属离	女卦属乾

第二章

教你选吉宅

风水是一个古老而吉祥的话题，好的居住环境是『藏风聚气』的，在选择住宅时要注意房子周围的环境、房子的方位、坐向，住宅的布局等风水要素，为自己挑选一个环境优良的风水吉屋，从而让人住得更舒心，生活更顺畅。

挑选最吉祥的楼盘

对于吉祥住宅的选择，不仅要考虑房屋内部的风水环境、房屋的外部环境，楼盘是否吉祥也是必要的考虑条件。现代都市楼盘遍地开花，如何在这繁多的楼盘中选到最适合个人和家庭需求的住宅，下面让风水大师来告诉你。

1.楼盘选择五大关键点

住宅与楼之间是从属关系，而楼是好风水住宅的大前提，也可以说是进门的"序曲"。吉祥如意的好风水能带给你最直接的吉祥感应。最开始可以相信直觉，跟着感觉走，去感受住宅风水的神形丰韵，从而选中理想的楼盘住宅。同时，要更准确地挑选到吉祥的楼盘，也可运用所学的简单

▲ 购买住宅前最好到住宅地进行实地考察，通常来说一个楼盘的风水好不好主要受选址、地基、地势、布局和绿化5个因素的影响，但考察时应从整体去判断楼盘的好坏。

的风水知识，来锁定你心中最理想的住宅地址。但现在的都市小区往往都是成片的规模，如何才能选中最适宜的那栋楼呢？此时就需要了解楼盘选择的五大关键点了。

一个楼盘的风水好不好主要受选址、地基、地势、布局和绿化五个因素的影响。需要注意的是，观察一个楼盘的好坏必须要注意其整体性，不能把一栋楼仅当做一个单体建筑来考虑，而是要注意它与周边楼群的相互关系。楼盘中围墙和大门的朝向及形状，小区绿地、树木、假山、水景的设置等等因素，都影响着一个楼盘的风水，因此一定要从整体上去把握楼房的风水是否上佳。

（1）选址

古代风水师在选择住宅环境时，以"山环水抱"、"藏风聚气"的地方为最佳。山水环抱之地直接受山水灵秀之气的润泽，无论从磁场学、医学、美学还是心理学的角度来看，都是非常理想的选择。可是，"佳山秀水"之地毕竟太少，都市中的住宅区往往处于高楼大厦、车水马龙之间。如果一个住宅区风柔气聚、场和气润，且阳光充足，就已经是一个不可多得的风水旺地。

在选购住宅前，最好先到你想购买的住宅小区实地体验考察一下，其中"风"是衡量风水优劣的一个重要参数，较为理想的风的形态应该是清风徐来、拂面不寒的，如果感觉考察的地方风大而厉、急且刚的时候，就应考虑换其他的地方了。如果"风"合适，还应考察一下住宅的采光，如果你选择的住宅南方近处有非常高大的建筑物，那势必影响到室内的采光，长期在这种环境中生活，会感到压抑、烦躁，最终导致事业和身体每况愈下。

（2）地基

俗语说"万丈高楼平地起"，建房之前首先要打好地基。地基若不正，没有好的基础，房子建得多吉相也避免不了地基带来的不良影响。很多房子在环境、外观、装修上可能都非常完美，但住进去之后，衰事、坏事却接连发生，问题可能就出在地基上。所以自古以来，地基是风水学高度重视的内容，作为有条件提高生活环境的现代人更应认识到它的重要性。

那什么样的土地才适合建房子呢？风水大师认为自然的高地，如高岗、小丘等最佳，这样万一发生洪水、海啸时，家园不容易受到侵害。除了寻找天然的高地外，也可以主动加高地基再建房屋。但需注意地基也不宜太高，太高则不藏风，也易受雷击，故应高低适中。

土地的形状以矩形为最佳，而且以长是宽的二倍以下为最理想地形。虽然是矩形，如果长是宽的二倍以上，呈细长形为凶相。地形中以由东到西、由南到北，由东南到西北的形状为吉相，其他的形状为凶相。

一旦知道你房子的地基有问题，最好的办法是迁移。若无法迁移，就必须举行"拔除不祥"的仪式。如果是新建房子，在盖房子以前，应该举行奠基仪式。如果是购买现成房屋，最好也举行供奉仪式。

（3）地势

土地的高低起伏即地势，在风水上来看，宅运的吉凶易受该因素的影响，所以须特别注意。一般的看法是，地基平坦最佳，东方或南方稍低也无妨，由北至西稍高也是吉相，但是如果东方和南方的土地高则为凶相。

现在城市房产商开发的住宅区的地面一般不会存在坎坷不平的情况，比较常见的是地势的倾斜。从风水学角度看，倾斜较严重的地势蕴涵了破败和风险的信息。具体说就是，出门下坡的地势会使你的钱财如流水般倾泻出去，这就好像斜坡上放了一个圆球，自然就有向下的趋势，这叫做有财难留。出门上坡也不好，古人的说法叫"伤丁"，就是损伤人口的意思。所以，坎坷不平、倾斜严重的地方是不宜选择的。

北（玄武）

西（白虎）

南（朱雀）

▲ 理想的地形是四神相应，即后高、前敞、左右有小高丘。

（4）布局

买房选楼还应注意楼盘的布局，具体来说，就要看楼型和楼宇的排列关系。左右有楼在风水上是"左右有护持"之局，后边有楼是风水的"后山有靠"之局。如果一排只有两栋楼，背靠大楼楼门分出左右，女性买左楼，男性买右楼。

买楼还要看楼房的阳光空气情况。俗话说："买高不买低、买东不买西"，就是说，楼与楼之间的间距越大，楼层越高，房子获得的日照时间就越多，日照就越充足。两楼毗邻，其间距应能满足日照和通风两大要求。小区楼宇间距应随着纬度、地形、住宅高度、长度以及住宅坐向等因素而变通。通常的要求，以冬季中午前后，能有两小时以上日照时间为标准。较理想的楼宇间距是，前后间距等于楼房高度，并肩间距等于楼房高度的一半。如6层楼住宅，高18米，则以前后间距18米，并肩间距9米为佳。在朝东和朝西的房中选朝东的，也是基于对阳光的考虑。

▲ 买房选楼前还必须观察楼盘的内部布局，具体来说，就要看楼型和楼宇的排列关系，了解你所挑选户型的相对位置，以及环境、交通、服务设施等多方面因素。

（5）绿化

绿化是中华文化的优良传统，树木是衡量风水好坏的标准之一。《葬书》云："土高水深，郁草茂林，贵若千层，富如万金。"草木繁茂则生气旺盛，宜于居住。《黄帝宅经》也认为住宅附近的树木，就像动物身上的皮毛一样，对住宅来说十分重要。如果住宅的局势散漫，没有树林作为屏障就像动物没有皮毛一样，不足以抵御寒气。事实上，在房屋四周种植花木，不仅对风水有影响，对人体健康和个人身心修养也有帮助。

现代社会房屋聚集，单个房屋很难实现绿化。因此就要观察、考虑楼盘的绿化情况。楼盘绿化好，房屋的内部空气自然也会变好。需要注意的是，楼盘内靠近建筑不宜种植太密或高大的树木，以免阻碍旺气，减损房宅的兴旺。这是因为大树太近房屋，树根容易穿进住宅地基，造成地基松动、房屋皲裂的危险，也可能造成湿气太重，妨碍主人健康。此外，住宅

▲ 楼盘的景观和绿化是衡量一处楼盘品质的重要尺度，严格来讲，住宅小区内的绿化面积应该达到30%才符合相应的配套标准。

外也不适宜有藤蔓植物，以免其攀附墙壁屋顶，损坏房屋外墙。藤蔓植物还可能造成阴气太重，加重室内的湿气，对住户的健康、事业发展及人际关系皆不利。

2.挑选最适合个人运势颜色的楼盘

挑选最适合个人运势的楼盘时，楼盘的颜色也是考虑的条件之一。这是因为色彩对人来说是有感情、有生命力的，建筑的色彩能让人引起生理反应。这是因为人们是透过视神经细胞的感受而识别出各种色彩，又因颜色的波长不同而对人产生不同的刺激。以黄色为例，由于其波长较长，对人的眼睛刺激较大，因而使人有一种扩张感；而蓝色却恰好相反，因为其波长较短，刺激小而造成一种收缩感。

▲ 楼盘的外观颜色在一定程度上会影响人的情绪，且对个人运势有一定影响。

（1）现代建筑的色彩风水

现代科学已经发现颜色对人有相当大的影响，建筑的色彩不仅能满足人们享受色彩美的愿望，增加建筑的表现力，突出建筑的个性，更重要的是它的风水作用。

现代建筑与过去相比，不但形状有新意，外面的颜色也更加丰富多彩。而不同的色彩塑造出不同的气场，也影响着人的情绪和能力。那么，对于建筑的外观，到底应该用什么颜色好呢？

首先，我们要考虑所选楼房的颜色与周围其他建筑的颜色是不是五行相和、相互协调。一般来说，如果周围建筑颜色的五行克制本楼颜色的五行，则有不利影响。相反，如果周围建筑颜色的五行，与本楼的颜色五行相生，就有利。其次，还要弄清建筑的功能，从其功能出发来考虑其外观色彩。同时还要弄清建筑所处的地理位置、环境和气候等条件，以及其相应的土地使用背景，然后搭配适合的颜色。最后还可将某一建筑和建筑群放在整个城市中，或放在大自然的背景下来考虑该用什么色调。

（2）五行与颜色的对应关系

颜色与五行也有其相对应的关系，下面以表格的形式对五行与颜色的搭配进行介绍，让视觉效果更直观。在选择楼盘时，可根据自己的五行来选择合适的颜色。

五行与颜色的对应关系表

五行	代表颜色	运用	相生	相克
金	白	清凉萧条，而西方正是太阳落下、荒凉之地，故金属西方，对应白色。	金生水	金克木
木	绿	具有生发特性，其禀性温和向上，而东方正是太阳初升之处，故木属东方，对应绿色。	木生火	木克土
水	黑	寒冷向下，而北方正是天寒地冻，故水属北方，对应黑色。	水生木	水克火
火	红	具有炎热向上的特性，而南方气候炎热，故火属南方，对应红色。	火生土	火克金
土	黄	长养化育，厚实适中，故中央为土所在之地，对应黄色。	土生金	土克水

（3）不同颜色在楼盘风水布置上的运用

颜色不同，在建筑外观的应用上也是不同的。下面以表格的形式对不同的颜色在风水方位布置上的偏重点进行介绍，并结合相应颜色的效应进行介绍，起到知识的速查作用。

颜色效应与楼盘风水运用速查表

色系	效应	风水运用
红色	★ 容易引起注意，具有较佳的明视效果。 ★ 被用来传达活力、积极、热忱、温暖、前进等涵义的形象与精神。 ★ 也常用来作为警告、危险、禁止、防火等标示用色。 ★ 代表喜气、热情、大胆进取。	东方利红色，东方也象征年轻及勇于冒险的精神。
黄色	★ 明视度高。 ★ 在工业安全用色中，黄橙色常被用来警告危险或提醒注意。 ★ 由于其非常明亮刺眼，有时会使人有负面低俗的意象，所以在运用黄色时，要注意选择搭配的色彩和表现方式，才能把黄色明亮、活泼的特性发挥出来。	西方利黄色，黄色一向被用来代表财富，在西方则被认为是主导事业及财运的方位。
绿色	★ 传达清爽、理想、希望的意象。 ★ 在工厂中为了避免长时间操作机械导致眼睛疲劳，许多工作的机械也采用绿色。 ★ 一般的医疗机构，也常采用绿色来做空间色彩规划及标示医疗用品。	南方利绿色，南方主宰灵感及社交能力，绿色则有生气勃勃之意。
蓝色	★ 大海的颜色，具有沉稳的特性和理智、准确的意象。 ★ 在商业设计中，强调科技、效率的商品或企业形象大多选用蓝色当标准色。 ★ 也代表忧郁，这是受了西方文化的影响。	楼盘一般不使用深蓝色为主色系。
紫色	★ 具有强烈的女性化性格，温和、浪漫。 ★ 在商业设计用色中，紫色也受到相当的限制，除了和女性有关的行业形象之外，其他行业的设计一般不采用紫色为主色。	楼盘不适合以紫色为主色系。
褐色	★ 用来表现原始材料的质感，如麻、木类的事物等。 ★ 用来传达某些饮品原来的色泽及味感，例如咖啡、茶类等。 ★ 有时也代表古典、优雅的格调。	楼盘不适合以褐色为主色系。

（接上表）

色系	效应	风水运用
白色	★ 具有高级、科技的意象，通常需和其他色彩搭配使用。 ★ 纯白有寒冷、严峻的感觉，所以在使用白色时，都会搭配一些其他的色彩，如象牙白、米白色等。	楼盘不适合纯白色。
黑色	★ 具有高贵稳重、科技的意象，许多科技事物的用色大多采用黑色，是一种永远流行的主要颜色，适合与许多色彩搭配。 ★ 又有庄严的意象，也常用在一些特殊场合的空间设计。	楼盘不适合黑色系。
灰色	★ 具有柔和、高雅的意象，属于中间性格，男女皆能接受。 ★ 永远流行的颜色之一，许多高科技产品，尤其是和金属材料有关的行业，几乎都采用灰色。	楼盘大多是灰色。

3.围墙风水须引起重视

在关注住宅风水的同时，很多人都会忽略围墙的风水，事实上这是不对的，围墙也是一块风水地，对整个小区楼盘的风水也有一定影响的。

（1）围墙内外要重视

风水上以住宅呈正四方形，围墙呈稍圆形最佳。这是取"天圆地方"之意，不过一般围墙以正方形或长方形较多，这在风水上也无妨。但围墙不可呈"前宽后尖"形，也不可呈"前窄后宽"形。

屋子的地基要高过或齐平围墙地基，不可比围墙地基低。围墙高度略超过常人身高即可，不可过高。尤其不可在住宅围墙上加装有刺的铁丝网。同时，围墙大门不可一高一低，或一大一小，也不可在围墙上开窗，古称"朱雀开口"，于风水不利。其实围墙本来就是为安全防护才做的，再去开窗则失去防护意义，反而不利。

围墙要完整平齐，不可破损，整座围墙要一样高，不可一边高一边低。

围墙不可紧邻着住宅墙壁，会导致通风及采光不良，气场无法有效发挥。围墙最少应和房屋墙壁有2米以上的间隔。

有围墙就会有空地，可在空地上种上一些花草树木。有围墙的院子可种榆树，不可在围墙或屋壁上种植爬藤类植物，或让藤缠树，因为爬藤易生虫害。

（2）围墙与住宅的距离不宜太近

建地狭小的住宅，与四周围墙的距离太近，就会有压迫感，会形成采光不佳、通风不良等问题。建

▲ 住宅小区一般都是带有围墙的，能适当增加住宅小区的安全性。

地狭小，围墙无法与住宅保持适当距离，此时就要考虑使用其他的方法来加以补救。二楼住宅即使围墙增高，也无法保持隐秘性。因此，最好是建筑住宅前，把西、北侧的窗户改为百叶窗设计，既可采光、通风，还可兼顾家里的隐私。

4.哪些地点的楼盘不能选

所谓"安居乐业"，应先"安居"才能"乐业"，可见住宅在我们人生规划中的重要性。而什么是好的住宅，如何评价就成了问题。其实，评价住宅品质的方式有很多，交通、环境、配套设施、房屋布局等都是影响住宅品质的重要因素，但环境却是影响住宅品质第一因素。好的楼盘，令人一到此处即有舒适安逸之感，带来吉利祥和之气。这里我们主要介绍需要防范的或最好不要购买的楼盘，以免不好的居住环境对家人的身心、福运、财运和事业运造成不利的影响。

（1）医院附近

建在医院附近的房子在风水上是不好的，因为医院通常有好多病人居

住，病菌必定多。住院的多为带有滞气之人，滞气积聚过多就会影响周边气场。医院属于煞气过重之地，会对周边的磁场造成影响。医院免不了常有死人出现，其冤气会影响周边气场。

如果你已经购买了医院附近的房子，可以用以下方法帮助化解：要开当运之屋门或是房门，吸纳旺气；日常生活中要注重卫生，减少细菌的入侵；保持宗教信仰，利用宗教的高灵能量来增加住宅的气场。

（2）加油站、铁路和仓库旁附近

加油站是带有火灾隐患的地方，同时车辆进出往来，噪音也比较大，住在靠近加油站的住宅里，会使人烦躁不安，心神不宁。

如果住在靠近铁路的住宅中，不仅高速来往的火车会形成很强的气流漩涡，不能守住室内的祥和之气，同时，火车的行驶和汽笛声都会造成强烈的噪音污染，扰得人心神不宁，对健康不利。

风水学上认为，物品聚在不活动的空间里，如仓库等地，容易产生阴气或死气，是凶地，选择住宅时应注意，不要选择建筑周围有大型仓库的住宅，避免为家室带来不利影响。

（3）高压电塔、电视塔、电台和发射塔附近

高压电塔或变电站在五行上都属火，对磁场的影响最大，会影响人的大脑、心脏和血液运行。如果住宅靠近变电站或高压电塔，家人就容易犯心脏病、心血管疾病等，还容易发生精神病，甚至脑瘤。科学研究也证明，如果居所靠近高压建筑物，儿童患白血病的几率通常高出一倍，于健康大大不利。

电视塔和电台形状多是尖的，容易引发尖角煞，且这些地方常会产生高强电磁波，如果居所附近有此电视塔和电台，一是身体容易出现神经系统和免疫系统受损问题；二是不利的风水还可能带来血光之灾。因此，为了家人的身体健康，这些地方最好不要居住。

发射塔一般是发射或接收电视、电话信号的，气场很强，当然对磁场的影响也很大，其形状都呈尖状。如果居所附近有这样的塔，一般会使家人受到意外的伤害，甚至还会产生精神上的问题，这些都是发射塔煞气过

重的结果。

（4）公安局、消防队和政府机关附近

在风水学上，公安局是属阳的，也属孤煞之地。风水古籍《雪心赋》中云："孤阳不生，独阴不长"。如果住宅正对公安局，则犯孤煞，一是对家人健康不利，二是是非争斗必多。消防队是属于公安的一个分类，而所有的消防中队的大门上都涂成大红色，如果住宅正对消防队，除有上述不利之外，居住者还容易有血光之灾。当然，如果居住者是公安人员则无大碍。

政府机关包括法院、检察院等作为国家的权利机构，有着不容侵犯的权威性，在风水学上属至阳孤煞之地。如果住宅正对政府机关，就很容易犯孤煞，影响家人的健康，带来是非争斗，甚至带来血光之灾。但如果你是政府机关的公职人员，那就没有关系。

（5）菜市场附近

住宅靠近菜市场也是不好的风水，因为菜市场常会散发各种肉食的腥味和菜叶的腐烂味，这是味煞。大部分的菜市场环境卫生差，易滋生细菌或害虫，此为菌煞。将住宅建在菜市场附近，受这些不利风水的影响，宅运极易不平稳，家人运气也会比较呆滞。

（6）戏院、电影院附近

戏院和电影院属于典型的"聚散无常"之地，有节目或影视放映时，众人围聚，气聚一团。节目结束后，观众离场，阳气消散。人都是充满阳气的生物，阳气忽聚忽散，就会严重干扰这个地区的气场，从而导致居住其中的人运气反复无常，工作时好时坏，财运时强时弱。

（7）垃圾站附近

住宅靠近垃圾站也是不好的，由于垃圾站会堆放大量的垃圾，极易滋生各种细菌，对空气也有所影响，对居住在附近的人的健康也不利，所以应尽量避免。

（8）学校附近

许多人以为住在学校这类文化场所附近必是好风水，其实并非如此。

学校白天上课，晚上无人，缺少人气，就算白天上课也都是一些儿童。儿童的阳气相对不足，阳弱阴盛对附近的楼宇会造成影响。在风水上，阳为顺畅，阴为阻滞。所以住在学校附近，一是不利财运，二是做事经常会遇到阻力，不能一帆风顺，难以获得成功。

（9）教堂、寺庙附近

在风水学上，神前庙后都属于孤煞之地，所以住宅附近有寺院、教堂等宗教场所，都是不好的选择。这些地方都是神灵的寄托之所、聚集之地，会令附近的气场、能量受到干扰，进而影响到人的生态环境。居住在宗教场所附近，会使家人经常情绪低落，显得孤独，甚至产生忧郁症。另外，长时间居住在这样的环境之下，会使性格易走极端，要么冲动易怒，要么善良过度、软弱可欺。

▲ 寺庙、道观、教堂这些地方在风水上属于阴气最重的地方，是孤煞之地，住在这些地方的周围即不宜于居住，也不利于健康。

挑选最有利于宅主运势的楼门与楼层

购买住宅时，首先要明白，住宅风水最直接的第一感应者，就是住宅的主人。因此，选楼时一定要先确定住宅主人的性别，或是准确了解该住宅是以男主人还是女主人为主要考虑方向，因为这不仅会影响其运势，还会对他或她在家庭中的地位产生相应的影响。同时，在挑选"风水吉屋"时，还应结合屋主的八字来挑选出最有利于屋主运势的楼门与楼层，让风水的针对性更强，体现出更大的作用。

1. 楼门的选择

在确定了住宅的吉祥楼盘之后，接下来要选的是整栋楼的楼门。这里提供了两种不同的选择方法，以供参考。

（1）根据地运选择楼门

要知道什么楼门更为适合，首先应寻求与屋主相适合的宅地旺向，这才是最关键的。而寻找宅地旺向就得先知道地运。

那什么是地运呢？对于现代的住宅，地运当在七运、八运的占很大一部分，七运实际上多为二手房或转让房，而占八运者基本上是当下的新房。地运当七运在1984年至2003年，地运当八运在2004年至2023年。

▲ 住宅楼大门的方向也影响着住宅的风水，不同的朝向对风水的影响也不相同。

1984年至2003年下元七运房产的吉向楼门：

正西位开门为旺气门，主事业财运有大进展；

东北位开门为生气门，主事业财运稳步上扬；

正南位开门为进气门，主事业财运稳定进步。

2004年至2023年下元八运房产的吉向楼门：

东北位开门为旺气门，主事业财运有大进展；

正南位开门为生气门，主事业财运稳步上扬；

西南位开门为进气门，主事业财运稳定进步。

七运为兑，利西方，七赤星五行属金当运。八运为艮，利东北，八白星五行属土当运。

意思就是说，如果想选购1984年至2003年段的二手房，那么可以先考虑开西门的、开南门的和开东北门的；如果选择的是2004年至2023年下元八运的房产，那开西门的就不要再考虑了，改成开北门的。南门和东北门仍然不变，其次还可以加上东门。

▲ 楼门的选择必须要考虑地运的因素，对于住宅小区中楼的一旁就是泳池或水景景观的情况，此时楼门可朝向面水的一方。

（2）根据楼盘户型选择楼门

在选择楼门时，也要根据不同格局的楼盘来进行。一般来说，住宅楼会有两个楼门，一个在前一个在后，或者两个相反方向各一个门，如果向东有一个门则另一个门向西，一个门如果向南的话则另一个向北。而如果大楼设计有底商，则正门出入底商，中间封闭，后门才是住户的通道。对屋主来说，楼的坐向由所进的楼门决定，如选定的大楼是坐北朝南的方向，正门南门出入底商，屋主就须走后门北门，那这栋楼就算是坐南朝北的了。如果选定

▲ 单个楼的坐向由所进的楼门决定，选楼时宜结合宅主运势选择适合朝向的楼门。

的楼只有一个门，或另一个楼门常年被关闭，那常走的那个楼门便是这栋楼的楼向。

对于板式楼和小高层，这类楼多是一排楼门，每个楼门为每个单元的出入口，因为它们多有一排楼门，每个楼门为每个单元的出入口，一般不能与其他单元相通。此时，如果已经知道了哪种门向适合屋主的话，那就按"男选右、女选左"的原则进行选择。当然，此时要背靠大楼来分辨左右。而还有一种情况就是同一排楼也有几个门，楼内有走廊相通。此时，就说不清楚哪个楼门是主要的了，因为任意进出哪个门都可以到达住宅。且楼型是蛇形的，弯弯曲曲有弧度，楼门也随弧就弯，说不清楚朝着哪个方向。如果是这样的情况，楼门的选择把握起来比较难。此时应先定楼的基本朝向，看其是朝南或北，东或西，还是西北、东南、东北、西南，把握住基本朝向后再看楼门，哪个能快速到达住宅，距离最近的那个门就是最适合的楼门了。

2. 选楼门时的禁忌

任何事情都有两面性，在挑选有利于个人运势的楼门时，除了需要了解一般的挑选顺序和一些必要的注意事项外，还需要了解"反方面"的东西，即楼门禁忌的一些情况。下面进行了归纳整理，帮助你及时规避一些不必要的麻烦。

（1）楼门被遮挡

一出楼门便被自身的楼体挡住一半，等于楼门窝在其中，不宜选。楼门外最好视野开阔，出门后应该是敞亮的，以不被物体挡住为宜。

（2）出门是缓坡

一出楼门便是一个缓坡，路面高而大楼地基矮，也属不宜。因为一旦下雨会造成雨水倒灌，会使住房不得安宁。同时，大厦低而路面高不单单是灌水的问题，风水学上认为其还有许多其他的不利原因。

（3）楼门开在楼的阴角处

楼门不宜开在建筑的阴角处，特别是针对楼型有90度以上拐角的，则更不宜开在此处。这是因为拐角处一般背阴，在多风的季节里容易形成室内通道的旋风，对家人的健康不利。

（4）楼门对下行楼梯

对于一些比较旧的住宅楼，经常还会出现楼门口对着一条向下行的楼梯的情况。这样的格局是风水中的"泄"财局，家宅财气会向下走，由屋内流出屋外，再沿楼梯离去，极为不利。此时，住在这样的住宅里，屋主的财运会很差，还会出现入不敷出的情况，所以不宜借、贷款给他人。此时也可在自家住宅的门楣上挂一块凹镜，将流走的气收聚，钱财会较往日容易积聚。

（5）楼门对向上楼梯

楼门对着向上的楼梯，此时家人的健康比较差，要化解这样的格局，可在门口加一条约三寸高的门槛，问题自然解决。

（6）楼门对楼门

楼门不宜对着楼门，因为两个楼盘的气若相通，就容易引起气场的对流，会让居住在其中的各户的人不和，易发生争吵。而就财运而言，楼门对楼门在不利的流年，也有可能为居信在基中的人家招惹官非、诉讼，造成钱财损失。

3. 依据五行选择楼层

在选定楼门后，接下来是选择合适的楼层。在选择楼层时，还应该寻求楼层数与家人的属相、命理、五行匹配相谐。在住宅楼层风水中，存在命相与层数五行能量场对人体的影响，其结果是同一栋楼内，不同的楼层，居住者的贫富会有差异。

（1）楼层的五行划分

一、六层属水，尾数为一或六的楼层，也属水，如十一楼、二十一楼、三十一楼等；

二、七层属火，尾数是二或七的楼层，也属火，如十二楼、二十二楼、三十二楼等；

▲ 住宅的楼层也分五行，选择楼层时，最好寻找与宅主的属相、命理、五行相匹配的楼层数，以催旺宅主的运势。

三、八层属木，尾数是三或八的楼层，也属木，如十三楼，二十三楼、三十三楼等；

四、九层属金，尾数是四或九的楼层，也属金，如十四楼、二十四楼、三十四楼等；

五、十层属土，尾数是五或十的楼层，也属土，如十五楼、二十五楼、三十五楼等。

五行中每一行的元素不是独立存在的，互相依赖也互相制约。五行相生的次序是：火生土、土生金、金生水、水生木、木生火。相克的次序是火克金、金克木、木克土、土克水、水克火。在选择楼层时，还应看它们的相生相克关系，即楼层的五行对居住人之命中五行，有相生和相助作用的为吉，有相克作用，则作不吉论。而主命五行克层数五行，中等论。

如生肖属猪，五行属水，居住在一楼或六楼，则水可助其主命水，吉论；居住在四楼或九楼，则金生其主命水，吉论；居住在五楼或十楼，则土克其主命水，凶论；居住在三楼或八楼，则木克其主命水，凶论；居住在二楼或七楼，则火被其主命水克制，中等论。

（2）楼层与五行的对应关系

在具体选楼层的过程中，首先要明白年份与属相的对应五行关系，然后按照上面的"楼层的五行划分"来寻找适合自己的楼层。年份、属相与五行的对应规律如下：

甲子年、丙子年、庚子年、壬子年，属鼠，五行对应水。

乙丑年、丁丑年、己丑年、辛丑年、癸丑年，属牛，五行对应土。

甲寅年、丙寅年、戊寅年、庚寅年、壬寅年，属虎，五行对应木。

乙卯年、丁卯年、己卯年、辛卯年、癸卯年，属兔，五行对应木。

甲辰年、丙辰年、戊辰年、庚辰年、壬辰年，属龙，五行对应土。

甲辰年、丙辰年、戊辰年、庚辰年、壬辰年，属蛇，五行对应火。

甲午年，丙午年、戊午年、庚午年、壬午年，属马，五行对应土。

乙未年、丁未年、己未年、辛未年、癸未年，属羊，五行对应土。

甲申年、丙申年、戊申年、庚申年、壬申年，属猴，五行对应金。

乙酉年、丁酉年、已酉年、辛酉年、癸酉年，属鸡，五行对应金。

甲戌年、丙戌年、戊戌年、庚戌年、壬戌年，属狗，五行对应土。

乙亥年、丁亥年、已亥年、辛亥年、癸亥年，属猪，五行对应水。

（3）根据命理喜忌选楼

出生在同一年份但不同季节、月令，或在同一季节、月令出生的人，由于出生的日子、时辰不同，所秉受的先天五行之气的浓淡厚薄也各不相同，决定了每个人对后天五行有各自不同的需求。依据命局所需选择适合自己居住的房屋，便能通过住宅风水五行的差别来弥补命格中五行的偏差。

命格喜火的人在选择楼盘时，应优先考虑属火的楼房，属木、火的楼层。

命格喜水的人在选择楼盘时，应优先考虑属水的楼房，属金、水的楼层。

▲ 水形楼房的形状一般成圆形或波浪形，它虽然不像金形宅、土形宅那样方正稳重，可是楼房的曲线却具有灵动力，特别有利命格属水的人。

命格喜木的人在选择楼盘时，应优先考虑属木的楼房，属水、木的楼层。

命格喜金的人在选择楼盘时，应优先考虑属金的楼房，属土、金的楼层。

命格喜土的人在选择楼盘时，应优先考虑属土的楼房，属火、土的楼层。

4. 依据十二生肖选择合适的楼层

住房风水的吉凶可以依据的方面比较多，还可根据自己的生肖去选购或安排住房。虽然生肖比较概括，不是非常具体，但因为生肖是八字的根基，这个根基的好坏，也决定着整个八字的状态，所以在不了解八字喜忌的前提下，根据生肖去选择住房，还是有一定调运效果的。根据各个生肖的五行特征，选择与之相宜的房子，气场比较顺遂，就是适合自己居住的房子。

子鼠：五行属阳水，适合居住近水的房子，或正北开阔、水气旺盛的房子，适宜户门朝北、朝东北、朝西北、朝东南，适宜的楼层或门牌号码尾数是9、0、7、8。

丑牛：五行属湿土，适合居住阴凉的房子，或东北开阔、空气湿润的房子，适宜户门朝东北、朝北、朝西、朝东南，适宜的楼层或门牌号码尾数是5、6、7、8。

寅虎：五行属阳木，适合居住近树林的房子，或东北开阔、木气较旺的房子，适宜户门朝东、朝东北、朝南、朝西北，适宜的楼层或门牌号码尾数是1、2、3、4。

▲ 生肖属鼠的人五行属阳水，适合居住在正北开阔，附近有水的房子。

卯兔：五行属阴木，适合居住近树林的房子，或正东开阔、木气较旺的房子，适宜户门朝东、朝东北、朝西北、朝西南，适宜的楼层或门牌号码尾数是1、2、9、0。

辰龙：五行属湿土，适合居住靠山的房子，或东南开阔、土气较旺的房子，适宜户门朝东南、朝西、朝北，适宜的楼层或门牌号码的尾数是5、6、7、8。

巳蛇：五行属阴火，适合居住向阳的房子，或东南开阔、火气较旺的房子，适宜户门朝南、朝西南、朝西、朝东北，适宜的楼层或门牌号码尾数是3、4、5、6。

午马：五行属阳火，适合居住向阳的房子，或正南开阔、火气较旺的房子，适宜户门朝南、朝西南、朝西北，适宜的楼层或门牌号码尾数是3、4、5、6。

未羊：五行属燥土，适合居住干燥的房子，或西南开阔、土气较旺的房子，适宜户门朝西南、朝南、朝东，适宜的楼层或门牌号码尾数是5、6、3、4。

申猴：五行属阳金，适合居住金属架构的房子，或西面开阔、金气较旺的房子，适宜户门朝西南、朝东南、朝北，适宜的楼层或门牌号码尾数是7、8、9、0。

酉鸡：五行属阴金，适合居住金属架构的房子，或西面开阔、金气较旺的房子，适宜户门朝西、朝东南、朝东北，适宜的楼层或门牌号码尾数是7、8、5、6。

戌狗：五行属燥土，适合居住靠山的房子，或西北开阔、土气较旺的房子，适宜户门朝西北、朝东、朝南，适宜的楼层或门牌号码尾数是5、6、3、4。

亥猪：五行属阴水，适合居住近水的房子，或东北开阔、水气旺盛的房子，适宜户门朝北、朝东北、朝东、朝西南，适宜的楼层或门牌号码尾数是9、0、1、2。

如何选到好的房屋

　　风水是我国传统文化中一颗璀璨的明珠，它是关于建筑环境规划和设计的一门学问，指导着中国百姓的日常生活，表现为人类生态环境的风水说，时时刻刻在对人体发生着影响。可以说风水与人的生理和心理健康息息相关。

　　如果住宅风水吉祥，就会对人起着福荫和庇护的作用，反之住宅则会给人带来凶煞，起到负面的作用。那如何才能获得住宅的好风水呢？下面就来为你进行由外而内的诠释。

▲一个住宅风水的好坏往往会对居住者的运势形成极大的影响，通常你拥有一个符合风水规则的住宅，你也更容易拥有一个幸福如意的人生。

1.好风水房屋的外部要求

我们常说安居乐业，可见，要先安置一个居所才是首要的前提，同时还要注意，这个居所的环境也是非常重要的，这里就大方向而言，对具有好风水的家居环境的选择提供一些要求，以便对选择起到辅助作用。

（1）依山傍水

山是大地的骨架，也是人们获取生活资源的天然宝库；水是万物生气之源泉，没有水，万物就不能生存。这两者都是人类生存的必要条件，所以民间也有"靠山吃山，靠水吃水"的说法。可见，要让住宅有好的风水，就离不开山和水这两大元素。

严格来说，依山有两种形式，一是"土包围"，即三面群山环绕，房屋坐北面南，隐于万树丛中，既有充足的阳光，又能吸收大自然的气息；另一种是"屋包山"，即成片

▲ 在很多小区中，小区中心区域都会带有水体景观，取其"面水"之意，愿风水吉祥。

的房屋覆盖着山坡，从山脚一直到山腰，而山有多高，水就有多远。而傍水则就是居住在水边或离水源近的地方。这些都是古时人们对居住环境的要求。而到了现代，人们还是遵循着"依山傍水"的环境要求，只是在功能设计上更为完善便捷。

（2）阳光充足

植物需要阳光才能生长，而阳光对人类的作用也是非常重要的。随着生活水平的提高，人们在居住环境上对采光的要求也更为挑剔。选择房屋时，不仅要空气清爽，而且还要阳光充足。如果阳光不足，光线阴暗，室内便会阴气过重。不但不利于身体健康，还会影响居住者的心情，甚至不

利家庭的团结，导致家庭不安宁，不宜居住。

（3）藏风聚气

风水学讲究"藏风聚气"，风势强劲的地方，则不能算旺地。如果风势过大，即使是一块风水旺地，也会被过于强势的风力所破坏。所以，在购置房屋时应仔细考察房屋的情况。首先要注意风势，倘若发觉房屋附近风势很大，即使自己非常喜欢也只能忍痛割爱了。同时也要留意，风过大固然不妙，但也不能完全没有风，否则空气得不到流通，空气质量不好，会影响到人体健康。较为理想的居住环境应该轻风徐徐吹来，清风送爽，才符合风水之道。此外，还要注意风向的问题，风应该面向前门而来，而不应该从屋后吹来。

（4）地势平坦

从风水的角度来看，地势平坦的房屋较为平稳，而斜坡则有颇多凶险。所以在选择房屋时，除了查看大的环境外，对房屋周围的地势也要留意。若是房屋的大门正对一条很斜的山坡，不但不利于居所，还会使得家财泄漏，甚至家人离散，一去不回。一般来说，斜坡上的房屋易漏财，而斜坡下的房屋则易损丁；房屋位于急冲而下的斜坡底，因煞气太急，对居住者也不利。如果你真的很喜欢这样的环境，或者无法避免要选择这种环境来居住，则一定要看看周围的植被是否很多，排水是否通畅。否则，一旦泥石流发生，后果就不堪设想。

（5）规划合理

家居的好风水要求还包括房屋的格局，规划一定要合理，要根据各功能房间的需求来规划。如客厅宜设在住宅的中央，而中心部位不宜用作卫浴间，否则，这便犹如人的心脏残留过多的废物，不利于人体健康。同理，即使卫浴间不是位于房屋的正中心，而位于房屋后半部的中心，且与大门成一直线，这样的格局也是不吉的。另外，房子的正中心也不宜堆放垃圾，否则会影响家运。这些都是在房屋装修时应当注意的细节问题。

（6）良好的小区景观

除了风水上的一些要求外，对居住小区的景观也有要求，良好的小区环境配合好的人工造景以及相应的配套设施，能为居住在小区的人们带来好的心情。如健身活动设施，要考虑到老人、小孩的比例，设施的尺度应与人体工程学尺度相适应，同时，还要从材料的色彩、质地和化学性质上，考虑人与其接触时的舒适性、安全性以及耐久性。小区里的景观不只是供居民观赏，还必须与居民的休闲活动相匹配，也就是说居民可以徜徉其中，享受大自然而不觉得拘束，能够实实在在地享受这些景观设施。

▲ 有的小区还带有一些装饰性的建筑，如棚架、花架等，在中心广场上还会设置雕塑，让小区具有艺术氛围。

（7）忌街巷直冲

在选择居住环境时，首先要了解房子周围的环境，看看房屋的前后左右是否有街巷直冲的情况。若房屋的大门正对直冲而来的马路，而且马路又很长，这样的话凶险很大。若车流量很大的话，则很容易发生交通事故，如果家里有小孩和老人，那就更要注意了。

（8）忌街道反弓

所谓"反弓"是指房屋前面的街道弯曲，而弯曲位直冲大门。风水学称之为"镰刀割腰"之局，这样的房屋不宜选购，避之则吉。倘若门前街道反弓，《阳宅十书》认为家中往往会发生人口伤亡、失火、顽疾等倒霉的事情。而《八宅明镜》也有云："街反出如弓背者，凶！"风水中讲求"怀抱"之局，认为这样能够藏风聚气，使四方祥瑞尽为己用，符合趋吉避凶的基本要求。

（9）忌天斩煞

所谓"天斩煞"是指两幢高楼大厦之间的一条狭窄空隙，因为这样宛如用刀从半空斩来，故此称为天斩煞。倘若房屋面对"天斩煞"，很可能会有血光之灾。两楼之间空隙愈窄长便愈凶煞，距离愈近便愈凶险，因此不宜选择面对天斩煞的房屋居住，避免自己受到过强的煞气侵袭，但如果在其背后有另一建筑物填补空隙，则无妨。

（10）忌正对烟囱

风水学古籍《阳宅撮要》有云："烟囱对床主难产"，由此可知烟囱对健康有损。所以如果卧室的窗外正对烟囱，则这类型的房屋就不宜做为栖身之地。即使不从风水上讲，单从环境卫生来说，烟囱密集的地区也不宜居住。从烟囱喷出的煤烟火屑，进入人的呼吸系统，会影响身体健康，因此从健康角度考虑也不宜选择。

2. 好风水房屋的内部要求

房屋内部风水的吉凶主要受屋形、布局、明堂、门窗和色彩等五大因素的影响。

（1）屋形宜方正

屋形就如同人的骨架，骨架若好，外观看起来就很雄壮。房屋的结构若好，看起来也会稳如泰山。从房子的外形，就可看出一个家庭的富贵荣枯。风水学上极其重视房屋是否方正无缺，一般房屋无论外墙或是内部厅房形状，以正方形或比例恰当的长方形为佳。方形在五行中属土形，长方形属木形，地气平和，有着平稳渐进的灵动力。住在方形的房子里，感受到的是平和、稳健、宽容、敦厚。

长方形的房屋如果长宽比例得当也属于吉宅，比例以3：2最佳。如果屋形狭长，其长度超过宽度一倍以上，属于不吉的风水，可通过柜子等较矮的家具，在保持空气流畅的情况下，将房子分成两个正方形。需要注意的是，用作间隔的家具忌对房门造成冲射，以免对居于此房间的人造成不利。

此外，梯形尚佳、圆形（只适合商业办公室用途）的屋形大致上也属于吉宅。但若屋的形状是多角形、细窄长方形、三角形或像一把菜刀，则属不吉的住宅，对居住者的健康和运程有不好的影响，应尽量避免居住其中。

（2）布局要合理

住宅风水除了考虑住宅的外部因素外，其内部布局也特别重要，其吉凶决定住宅是否适合居住。住宅布局中的三要"门、房、灶"，这些区域是住宅内部布局的重点，其布局是否合理是判断住宅吉凶的主要依据。

"门"是住宅吐纳气的门户，宜开吉方旺方，但现代都市住宅门户很难改变，只能根据住宅方位稍作移动或扩大，也可以用阳台作为气口之补充，但切忌大门之气直奔阳台，这非但不能纳阳台之气，反而是破财之兆。

"房"是指主卧房，为主人起居之所。主卧房宜位于住宅之生旺吉方，卧房位于吉方，主人的疲劳就能够充分地消除，很轻易就能够恢复活力，保持事业顺利。而处于凶位的卧房，则不利睡眠，居住在其中的人容易做噩梦，不能有效缓解疲劳，久则疾病缠身，无精力打理事业，故事业停滞，破财难免。卧房的吉方位有：东方位，适合年轻人，有助身体健康；东南位，适合长女或尚未结婚的女性，可得到好姻缘；西北方位是能量的发源

▲卧室风水是住宅风水中的重要组成部分，毕竟，人一生中1/3的时间都要在那里度过。卧室风水的好坏，直接影响到宅主的事业、生活、健康等方面。

地，是养精蓄锐和产生健康心态的地方，适合作为家长的卧室，可提升运气；东北方位，有利睡眠。

"灶"是指厨房，是住宅内人丁是否兴旺之标志，也是财富之体现。厨房是烹调饮食的场所，是人间烟火的代表，五行属火，以"火"为其表征，厨房方位的吉凶也是用这个标准来衡量。火的本位为南方，若将厨房设置在南面，火上加火，对居家不利。假如厨房在西方，西方属金，成火克金，家人容易得肺病，还会对少女不利，因为西方被克，西方在八卦中属兑卦，兑主少女。厨房在屋内的北方，北方属水，水火不容，不吉利。厨房也不宜设在家的中央，因为住宅的中心最忌受污。东方属木，可用"木"生"火"旺之位，吉。从环境卫生角度而言，厨房向南食物易腐化，不宜；厨房在西南方，空气流通不顺畅，通风不良，而且靠西边的方位下午阳光太过猛烈，极易使食物腐烂，不吉。而西南面采光条件好，但夏季吹南风就会使厨房里烹煮的油烟和蒸气弥漫住宅，容易发生火灾且使房子脏乱潮湿，不宜。而在东南方，四季都有充足的光线，冬天不会太冷，且早晨气温低，可享受阳光的照射，中午气温高，却又变成阴凉的地方，食物新鲜易保持较久，不易腐烂，对健康有利。因此，结合风水学与环境卫生而言，将厨房设置在住宅的东方与东南方最佳。

（3）明堂宜开阔明亮

现代家居所指的明堂，集缓冲与汇聚功能于一身，是汇集生气活流，以及形成一种气流聚散的缓冲地带。明堂开阔明亮，可使住宅内外的衔接更加流畅，达到藏风聚气和稳定住宅风水的效果。明堂还代表着住户的前途、事业与胸襟气度。所以如果明堂开阔的话，度量就大，视野也宽，个性也较从容不迫。

明堂有内外之分，位于宅前的一片平坦的空旷地带，叫外明堂；位于住宅内部入口处的空地为内明堂。现代楼房具备外明堂的住宅已经很稀少。如果能在住宅内的入口处开辟一个内明堂，同样也能起到相应的作用。

明堂的属性要求平坦、宽阔和明亮，这样的明堂才会给我们带来健康舒适的风水环境。布置明堂时可因地制宜设置玄关、灯饰装潢、栽种植物或养鱼，以培养引导健康之气。如果家里的明堂足够亮，足够宽，表示家庭的人际关系热络，人脉广，使家人的工作机会或升迁几率增加。但明堂的位置忌讳铺满碎石，筑起石级，塞满杂物，环境昏暗等。如果明堂狭窄，宅内主人从门窗看出去的视野就很小，长此以往，不但会影响人的心情，还会导致住户渐渐变得心胸狭隘，气量狭小。

▲ 家里的明堂足够亮，足够宽，表示家庭的人际关系热络，人脉广，使家人的工作机会或升迁几率增加，这样的明堂才会给我们带来健康舒适的风水环境。

（4）门窗应协调

《黄帝宅经》认为住宅以门户为冠带，门窗是室内接触外面的管道，也代表一个人的见解。门窗是住宅的气口，它具有日照采光、通风换气和出入眺望等三大功能。无论是传统的中国风水或现代的各种建筑学派，对于门窗的位置与大小，都有一定的规范与看法，例如门窗开太多会散气，会导致家中钱财留不住。

门是屋宅最重要的纳气口，影响着家庭成员的性格、流年运程等各方面的情况。对外，它又如同人的脸面，关系着一家人的社会声誉、地位。因此，大门的选择非常重要。过大则泄气漏财，过小则压势降运。大门和内、外气的流动关系密切，每个人进出大门都会受到大门风水的影响。为了提升运气，增强门户气势，可在大门旁边摆设如狮子、麒麟、貔貅之类的风水吉祥物，既美观又实用。

窗户和门一样，吸纳阳光和空气进入室内，也是私人生活与外界沟通的管道。窗就好比住宅的眼睛，在家中扮演着不可或缺的角色，所以屋子一定要装设窗子。窗的形状、方位与五行相关，运用得当，有助于加强家居吸收能量和增加活力。直长形窗属木型窗，适合开在住宅的东、南与东南部，有促进家庭进步和蓬勃发展的作用；正方形或横的长方形窗属土型窗，适合开在住宅的南、西南、西、西北或东北部，有助于安定住宅，对家庭产生平稳踏实的作用；圆形或拱形的窗户属金型窗，适合开在住宅的西南、西、西北、北与东北部，有助于增加家庭凝聚力；尖或三角形的窗户属火型窗，由于过于尖锐，太具杀伤力而不利，在家居建筑物比较罕见；弯曲的水型窗也不大应用于家居。圆形或拱形的窗户适合装设在卧室、玄关和客厅，适合塑造宁静而安详的感觉；方形、长形窗则给人以振奋肯定的感觉，适合用在餐厅和书房。一般住家若能适度混合使用两种窗形，可获得良好的效果。

此外，门窗的数量和比例，与家庭成员间的关系密切相关。当一个窗户已够用时，三个或三个以上窗户会使家庭不和睦，子女之间或子女与父母之间就容易发生争吵。此外，窗户的大小要与大门和房屋的大小相协调，窗子太大，就容易引发家庭矛盾。过大的窗户可将其分成细格或装以单块玻璃，化凶为吉。

（5）色彩应按方位正确搭配

住宅色彩与人体有密切的联系，色彩不仅能给人以温度、距离、轻重、面积与动静等感觉，还直接影响到人的健康、情绪甚至正常的生理功能。

在进行家庭装潢与布置时，应根据住宅方位布置适合家庭运势的色彩，带来如色彩一般旺盛的气息，让家庭成员能借"势"得力。

东方宜用红色，在风水学上，东方象征年轻和勇敢，而红色代表热情和喜庆，在东方摆放一些红色的家具及装饰品，可使家人充满活力，有利于事业与学业；西方宜用黄色，西方是主导事业及财运的方位，而黄色代表财富，在西方放置黄色的家具饰物如黄水晶，可带来旺盛的财气；南方宜用绿色，南方主宰灵感及社交能力，绿色可增添生气，催化人际关系，故在南方适宜放置绿色植物；北方宜用橙色，北方掌管着夫妻关系，而橙色代表

▲ 摆设在客厅中摆放的红色沙发，在视觉上给人很热情的效果，摆放得当的也能给风水加分。

热情奔放，在卧室的北方放置橙色台灯或抱枕等，可融洽夫妻感情。此外，西南方宜用土色和茶色系，可为家庭增添福运和桃花运；西北方宜用白色，可为主人引来贵人，且能明亮整个家居。

另外，在住宅的色彩搭配上应注意三大原则：

墙壁的颜色应比天花深，比地板浅。风水学上，天花代表天，地板代表地，墙壁则代表着人。墙壁的颜色应在天花和地板之间，即要比天花深、比地板浅，这样天、地、人才能达到和谐。

地板颜色应比天花板深。天花板应尽量使用浅色调，而地板则要比天

花板的颜色深，形成天清地浊的形势。否则，会带来住户做事颠三倒四、本末倒置的不利影响。

不要用太多的红色或黑色做屋内的主色，因为太红或太黑容易使人眼睛负担过重，兴奋神经，给住户造成情绪暴躁、做事冲动极端等不利影响。

除此之外，房屋内部风水的好坏，还可以依据宅主的直觉来判断。之所以能根据直觉判断风水的好坏，是因为风水是以"气"为万物本源，而宇宙由气生成，万物之间都有气场，气场无处不在，充满整个空间。当气场作用力均衡时，就能达到相生的良好效果，这时人就会感觉舒畅自然，这就说明风水很好。当气场失序，出现问题时，人就会感觉很糟糕，这就说明这里的风水对你不好。

比如一间房子，什么地方最适合休息？什么地方最适合工作？什么地方最适合吃饭？什么样的家具款式最让人放松？家具怎样摆设让你最便利？这些都是能凭个人感觉来定的，然后根据具体的感觉进行居家布置，你就能创造出良好的风水。

3．好风水房屋的坐向

俗话说"入屋看门口，祸福知八九"，那何谓"门口"呢？"门口"即是指住宅的坐向，入宅后正对着门口的方向称为"向"，而"向"的反向即为"坐"。坐向对住宅的风水布局和屋主的福祸有着举足轻重的影响，因此，坐向是住宅风水布局的重要环节之一。

关于中国住宅的最佳坐向，中国风水术的各大流派对此看法不一。但总的来说，要符合日照、通风、顺应地磁与河流及山脉走向等要求。现代风水住宅的坐向原则之一就是坐北朝南。中国人之所以将正房的朝向确定为坐北向南，从实用功能的角度看，主要的原因是这种房子冬暖夏凉，光线充足。在冬天，阳光也一样能照射到房间的深处，令人有明亮温暖的感觉。到了夏天，当太阳升到接近头顶的上空之时，屋内也受不到强烈日光的照射，除此之外，温暖湿润的东南风也可以透过窗与门吹进屋里，使人感到凉爽舒适。而现代城市楼房建筑由于街道走向，不可能个个都符合这个要求。但原则是不变的，所有可以建设成坐北朝南的楼房都应该遵守。不能坐北朝南的建筑，要想办法变通，综合考虑各方面的因素，使之通风、采光、日照的效果趋于最佳。

（1）判断房屋坐向的基本方法

房屋的方位是很重要的，如果房屋的坐向一开始就不对，往后的室内风水怎样加强或弥补，效果都是有限的。因为气流、磁场是不可能改变的，太阳的升起、落下的方向等大环境的因素更是不可改变的。所以，选对正确的房屋坐向，也就象征着选择风水好的住宅已经成功了一半，可见其重要性。

在室外大环境下，可以借由指南针、罗盘来判断方向。如果住在一栋大楼里，此时要以大楼的大门或屋外的水流、主要干线为基准，来判断房屋住宅到底"向"哪里，"坐"哪里。下面针对不同的建筑内容和基本的定向方法，以表格的形式进行介绍。

不同建筑类型的定向方法表

建筑类型	定向方法
独门独院、一楼、平房	以"大门""水流""主要干线"为向，在大门滴水或大门中央下盘
大厦、二楼以上	以"阳台""窗户"为向，在阳台或房屋中央下盘
乡村和城市	以入室门为向，在房屋中央下盘
院落、社区	以大门为向
大区域	以主干路为主，以来的方向为"向"，以出去的方向为"坐"
城市	如有江河以两条推论，无江河以主干道推论，以入口为"向"，出口为"坐"
国家	以大江大河为准，入口为"向"，出口为"坐"

（2）选定房屋坐向的参考因素

在古代，建筑朝向的确定是件十分重要的事情，不仅要考虑气候、日照和环境，还涉及政治、文化方面的因素。而在现代，房屋的"定向"在于确定建筑物与环境的关系，这也是非常重要的事情，一般主要从建筑的整体规划、阳光、风向三个方面的因素来考虑。

整体的规划：建筑的坐向除了要考虑阳光、风向等因素之外，也应考虑城市整体布局规划。因此，城市建筑的定向，无论是街道的走向还是建筑物的朝向，都必须先符合整体规划布局，在此基础上再考虑阳光、风向的因素。

一些好的住宅，在整体环境的规划上就会考虑到社区固有设施与学校、戏院、游憩场所、停车场、高速道路、公交车站、警察局、消防队等场所的关系，以求为居住在其中的人提供更多方便，带来更和谐便利的居住环境。

阳光因素：在这里首先要考虑热量，太阳的角度在冬天和夏天会有所

▲ 风水学最讲究阳光空气，所以选择房屋，不但要空气清爽，还要阳光充足，从而让室内保持良好的光线，同时也能带给人好的心情。

不同，理想的房屋定向是在冬天吸取较多的太阳热量，在夏天则尽量阻挡太阳热量；因此建筑的风水规划应使其角度与长度，在冬天允许阳光通过，在夏天则能阻挡阳光射入。

其次，太阳光线中的紫外线具有杀菌及改善室内卫生条件的效果。紫外线的强度在一天中会随太阳高度角的增加而增加，一天中正午前后紫外线最强，日出后及日落前为最弱。在冬季各朝向居室内接受的紫外线，以南向、东南和西南朝向较多，东、西朝向较少，大约只是前者的一半。东北、西北和北向的居室，接受紫外线更少，还没有南向和东南向的三分之一。

最后，建筑物室内的日照情况，同墙面上的日照情况大体相似，也要充分考虑冬季、夏季太阳照到室内深度的大小，不同空间对阳光的需求也各有不同。如厨房应考虑上午有阳光照进来，而客厅下午应有阳光，因此厨房与餐室应设于房屋的东侧或两侧较佳，客厅则设于南侧或西侧，以便接受下午的阳光，而卧室可设于阳光较缺乏的一面。

风向因素：风向与建筑朝向的关系也十分密切，它对冬季室内热损耗程度及夏季室内自然通风影响很大，因此选择建筑朝向，不仅要考虑阳光，也要注意风向。

在北方干燥寒冷的地区，为了减少冬季寒风的侵入，这个地区的建筑，大部分主要居室布局，应避开对着冬季主要风向的方位，以免热损耗过大，影响室内温度。而在南方炎热潮湿的地区，则为了加强建筑物的自然通风效果，应使建筑物朝向与夏季主要风向的角度尽量小于45度，这样室内就有更多的风吹入，使湿气容易随风排出。

（3）房屋定向的原则

要买好房，当然得对整体建筑的朝向有所掌握，这样才能在大方向上，对房屋的风水做到心里有数，购买房屋时才能更放心。建筑朝向的选择必须全面考虑当地气候条件、地理环境、建筑用地等情况，在节约用地的前提下，要满足冬季能获得较多的日照，夏季避免过多的日照，并有利于自然通风。

以阳为向："以阳为向"是指房屋的朝向要向着阳面，这样才能保证充足的自然光源。说得更简单一点，即房屋的朝向能使得室内在该有日照的时候就要有日照，不能大白天居住的地方还没有阳光照射进来。

以动为向：《易经》上说："动为阳，静为阴"，如流动的水即被归类为"阳"，而静静矗立的山脉则被归类成"阴"；公路上有车流动被归类为"阳"，建筑物静止不动则被归类成"阴"。如大厦外面有一条河或大道，这些环境对住宅有直接的影响，都应以动为向，静为坐。

宽广为向：一些方形建筑四面皆是街道，则应以宽广、低矮的一面为向，高、窄的一面为坐。如有一面是广场、学校操场、公园等，就以这宽广的一面为向。

根据建筑形状定向：所谓建筑形状是指方形、三角形、多边形、半圆形、"丫"形、"T"形、"L"形等建筑。其中除方形外，其他都是不规则的，则应根据其特点分别立向，但总的原则仍然是"以阳为向"。

4. 选择好风水住宅的基本方法

在了解了好风水的家居，对环境的选择要求后，还应该对好风水住宅的基本选择方法有所掌握，这些方法都结合了住宅本身的五行以及周围建筑的形状来定住宅的凶吉。

（1）五行定住宅凶吉

风水学中，楼也分五行，不同形状的大厦和建筑物亦同样有五行之区别。圆形大厦，五行属金；长形大厦，五行属木；方形大厦，五行属土；波浪形大厦，五行属水；至于三角形大厦或呈不规则形状者，则五行皆属火。而在上述五类基本建筑形状当中，又以长形及方形最适宜居住，圆形及波浪形次之，最不宜居住的就是三角形住宅。

生局：生局，即生我之局。生我者，即表示居所五行被附近建筑物的五行生旺。如本身居所大楼属土，对方大楼属火，为客火生我土，吉论。

煞局：本身居住大楼五行被附近建筑物的五行克制。如本身居所大楼属土，其他大楼属木，为客木无我土，是煞局，凶论。

泄局：居住楼宇五行被附近建筑物的五行泄耗。如本身居所属木，对方大楼属火，为客火泄我木，凶论。

财局：本身居住楼宇五行克制附近建筑物的五行。如本身居所属火，对方大楼属金，为我火克制客金，凶论。

旺局：本身居住楼宇五行与建筑物五行相同。如本身居所属木，附近大楼又属木，为互相助旺，对工作与财运都很有利，吉论。

"Y"型大楼属火　客火　主土　生　生局

客木　克　主土　煞局

客木　生　主木　泄局

"Y"型大楼属火　主火　客金　克　财局

客木　助旺　主木　旺局

▲ 不同形状的建筑物分属于不同的五行，这里给出五种不同的五行局的示意图，以便读者能更好地根据建筑物楼顶的形状来定住宅的凶吉。

（2）"天心十道"定住宅凶吉

除了以附近建筑物形状结合五行来定住宅的吉凶外，还可使用"天心十道"来定楼宇的吉凶。"天心十道"即前朱雀、后玄武、左青龙、右白虎，又称为"四兽"。"四兽"是指居所前后左右四个方位，通常朱雀代表前方的朝山或明堂，玄武代表居所的靠山，至于青龙和白虎即是代表左右两旁的砂手。

假若"天心十道"有任何一方出现空缺，皆属凶格。在阳宅风水上，可利用"天心十道"来选择楼

玄武（后方）

白虎（右方）———— 青龙（左方）

朱雀（前方）

靠山　白虎　青龙　明堂　靠山

▲ 除了平地外，露天的停车场和公园等都可视为是明堂。

宇。方法很简单，首先想象以大楼本身为十字线的中心点，后方的高楼便是玄武靠山，前方的建筑物便是朝山（朝山和大楼本身最好有明堂相隔），而左右两旁的楼宇则是青龙砂和白虎砂。

若符合上述条件者，一幢楼宇的峦头方为吉论。假使大厦任何一方出现空缺，便不符合"天心十道"的法则，通常会出现下列问题。

一是后方没有楼宇（缺玄武），玄武为靠山，故缺此方者，不利风水；二是左方或右方没有大楼（缺青龙、白虎），青龙、白虎又名左右手，所以此方有缺者，在风水上也是不利的；三是明堂之外没有楼宇（缺朝山），代表财富难以积聚，因为朝山的作用是令明堂之气（即财气）不易散去，故缺此方者，对财运不利。

如果大厦四方都不见楼宇护持，名为"孤峰独秀"，是四方无靠、孤立无援之格局。由于四方没有遮拦，这种楼宇很容易犯"风煞"，除非楼宇立当旺卦线，否则居住在里面的人，在风水上不利。

小钱也能买到"最优质"的户型

户型是住宅最基本的要素之一，是住宅风水是否当运、是否兴旺的一个重要标志。现代社会房价居高不下，如何以同样的价钱、同样的面积，寻找到设计既合理又美观的户型，如何以个人经济能力能承受的价钱买到更实惠、更舒适的住宅，都是现代都市人迫切想知道的问题。

选择一种户型，就选择了一种独特的生活方式。无论户型是大是小，创新与否，好户型的共同优点一直没有变。擦亮眼睛，抓住这些优点，你自然能眼高一筹，拿下最优质的户型。优质户型主要有如下特征。

1.采光充足

南北通透的户型采光最好，且最好有一间卧室或者客厅是南向，这样可以直接采光。如果是偏东南或西南也可，但角度最好不要大于45度，以保证房子能够直接获得日照。

2.通风良好

户型最重要的一点就是拥有良好的通风。只有每个房间都通风，室内才会有财气。如果属于温和的通风，就是风水上的"藏风聚气"，可保证家宅财运顺畅、行事亨通。如果是单面朝向的户型就必须安装通风设备，在外墙相对的墙面上开窗形成穿堂风，或在外墙相邻的墙面上开窗形成转角通风。不过需要注意的是，如果风与气流太过疾速地强烈灌入，就会形成"风煞"，影响财运。小户型的房间因为空间有限，一旦天气变化，就很容易形成对流强烈的疾风，这时应尽量不开窗，或将外墙的窗封闭，即可化解风煞。

▲ 小户型住宅内需保持良好的通风，方能"藏风聚气"，打造出吉祥好风水。

3.动静分区

根据人在住宅空间内的活动频率，可将其简单的划分为"动区"和"静区"。"动区"指人活动频繁的区域，主要包括客厅、厨房、卫生间、餐厅等。"静区"则指住宅内人活动较少的空间，主要包括卧室、书房等。为了避免家人活动相互干扰，良好的住宅必须动静分区明显，"前厅后卧"是一种经典的动静分区明显的户型结构。此外，要注意户门不要直对客厅，以营造住宅相对安静的环境。

4.污洁分区

住宅的洁污分区对住宅设计同样非常重要，如此才能保证生活的卫生洁净，减少病菌对人体健康的影响。在一个户型中，卧室、客厅是相对干净的"洁"区；而厨房、餐厅和卫生间是住宅供水和排污的集中空间，会经常用水和产生垃圾，卫生条件相对较差，是"污"区。两个区域在户型的设计图上尽量分开，如让厨房远离卧室和客厅，可尽量将其安排在靠近户门的地方，避免了拎着菜穿厅过房。而卫生间和厨房同属于"污"区，且两者都是水管集中地，可将其相邻设置。

5.主次分开

　　主次分开是指主人房要与其他成员房间有所区别，主人房一般选择朝向好（向南或向景观），视野开阔、采光通透的单间，最好能单独设立卫生间，着重提高主人的生活质量和保护其私密空间。现代很多都市家庭，白天夫妻两个都要上班，为了照顾老人和孩子，就会请一个保姆，设置的保姆房就应与主要家庭成员的房间有所分别。

▲ 住宅的主次要分开，可以将次卧或是儿童房挨着客厅区域，而主卧则可设置在室内的另一侧区域。

6.保护私密性

隐私是每个人都非常重视的东西，为了充分尊重与保护家庭每一个成员的隐私，社交空间、私人空间应有效分隔。首先，要保护好对外的私密性，卧室和卫生间属于家庭内部空间，就应与客厅、餐厅等会对外开放的空间分离。这样客人去往客厅时，就不用经过卧室和卫生间，引起不便。其次，家庭成员之间的空间要保持私密性，主卧、儿童房和老人房最好隔开，留给每个人自己的私人空间。如果住宅面积较小，难以保持距离，就可将房门设计成相对或并列的形式，同时隔墙要做好隔音工作，充分尊重每个人的领地。

7.具有安全性

安全性是指一个良好的户型应该具有防盗、防火、抗震和抗御自然灾害的能力，使家庭成员有安全感。还要观察住宅内是否有危险区域，如几个房间的门不能凑在一起，以免发生家庭撞伤事故。

小户型购房四字诀

武侠故事里常谈到内功心法、秘籍，练武之人一旦掌握，就战无不胜，所向披靡，可见"练功有心法，方得上层武学"。其实将这个道理运用到选房中来，也是百试不爽的。选房若是有"秘笈"，方能选到风水好房。这个"秘笈"总结起来就是四字诀："望""闻""问""切"。

通常人们选房都会考虑地理位置、交通、价格、环境、配套、建筑质量、物业管理、开发商品牌等因素，不同置业者对上述因素的考虑程度不同。有的人囊中羞涩，可能会更注重价格因素，一些有钱阶层则可能注重环境与配套，一些商务人士出于职业考虑会更注重地理位置和交通。所以，在购买房屋时，还要根据自己的需求来对这"望""闻""问""切"四字诀进行运用，才能发挥更好的功效。

1.望：瞻"钱"顾后

首选说"望"，"望"字该做何解？最重要一点，首先望望自己的荷包。有什么样的经济能力就买什么样的房子，量力而为。

第二"望"，衡量自己经济能力范围内，什么样的房子最令自己满意。对楼花及现楼各有不同的衡量方法：楼花你一般只能看到模型、展板、楼书，可能还会有样板房，但不能过于相信这些东西。另外一定要看有没有预售许可证。现楼就容易一些，可以看到楼宇外观、小区内环境、周边环境和实际的房子。

第三"望"，要学会观望，不要急躁入市。在对比中观望等待比冲动性地购买要聪明得多。消费者选房子一定要练就一双"火眼金睛"，以辨别真伪。

2.闻：仅有售楼书是不够的

事实表明，仅有售楼书是远远不够的，要从多种渠道去了解楼盘。说得简单一点就是要"八卦"，懂得去"道听途说"，尽量多地去收集楼盘的相关新闻、信息，了解其口碑，多听批评，少听称赞，才能明确房子的优劣。虽然在收集信息时，听到的观点可能有些偏激，但这也正暴露了一些你在正规的宣传渠道所不了解的东西。

▲ 用图像处理软件制作出的小区效果图，反映出小区内住宅的外观效果。

与此同时，现在报纸、电视、互联网媒体非常发达，"网络水军"泛滥成灾，充斥了虚假信息，千万不可偏听偏信，应该要目光如炬，客观判断，尽量亲力亲为。

3.问：不耻"下"问取真经

不管是"望"还是"闻"，都是被动地接受信息，消费者在选择房子时还应有所行动，主动出击，这就是我们的"问"字诀了。

"问"即询问。第一问，要问售楼人员；第二问，要问施工单位；第三问，问前面几期或者同期购买的业主；第四问，问专业人士。有的人也许会觉得这样问太繁琐、太辛苦，但你这样做了，才能避免犯大错。如果售楼人员面对你的询问前后矛盾，前言不对后语，对一些该履行的承诺顾左右而言他，则此楼盘八成有问题。如果询问施工人员，就可以从侧面了解楼宇建筑质量，假若施工人员抱怨几个月不发工资，楼宇质量就很有问题。如果询问其他业主，他们说有上当受骗的感觉，就要考虑退避三舍。如果一些具有丰富专业经验的人士对该楼盘评价不高，那么它可能有缺陷存在，你就该三思而行。

4.切：看房把握切入点

"切"即切入主题，是消费者掏钱出来买房之前最后一步也是最重要的一环。前面所讲的"望""闻""问"仅属于前期准备、热身、铺垫而已。因此前面三个口诀只是对楼盘的总体把握，"切"入主题，才是真正地审视房子本身，如房子的内部格局、功能、质量等细节。对于选房，这里有几个心得要告诉大家。

不是现房的可以观察其建筑工地是否热火朝天、有条不紊，是否持续施工。是现楼的则看小区，小区是否干净整洁、管理有序。看房要做到白天看、晚上也看，晴天、雨天都得看。晚上看可了解房子附近吵不吵，雨天看可了解房子渗不渗水、漏不漏雨。地面、天花板一起看，墙面、墙角都不放过，多敲墙壁听听是否实音、有无空隙声。看房不要光看客厅，还要看厨房、洗手间，家中水、电、煤气系统都集中在这两处，是易漏水、漏电，易出现安全事故的地方。风水格局极为重要，要看房型设计合不合理，功能齐不齐全，通风采光是否科学，是否符合自己的需求。

看房子只要把握以上这几个要点，就可以做出比较理性的判断了。

TIPS 风水小课堂

※ 搬入新家的注意事项

家，是人生爱的归宿。住房，作为家的载体，承担了整个家庭的梦想和追求。乔迁新居就是很重要的事，所以有"乔迁之喜"的说法。中国人对搬家非常讲究，为了祝福新家，让以后的生活能更顺利，身体更健康，福运连年，财运亨通，很多地方仍保留着搬家时的民俗，如择吉日、拜天神、拜地主等。但是，有些人在入住新居时，对于人们以往的民俗不管不顾，认为那都是迷信的东西，而随便搬入新宅。事实上，大部分的习俗都是有一定的科学和人文道理，如果随随便便入住，很可能出现住宅不宁、疾病频发、口舌之端等问题。

为了求得新家生活的顺畅幸福，搬家的习俗都不可废，相信大部分中国人也依然乐意去遵守中国文化的这些传统。

1. 搬家要选"黄道吉日"

中国人在搬家前都要看黄历，选一个黄道吉日作为搬家的时间。看农历上的吉日，哪天宜入宅搬家，还要注意不要与家人属相相冲，如果相冲则应另选日期。在此基础上找出当年当月当天的具体适宜时辰，定出适宜的搬家时间。通常情况下搬家时间尽量要在午前，因为中午以前叫做阳，中午以后就叫做阴。尽量在阳的时间搬家，以免夜间搬家可能影响你的运气。

2. 选择新枕头搬家

位理学认为"入伙"是人丁气场的转移，因此需要枕头先入伙，按照家人的数量，启用新的枕头开门入宅。按照个人的床位分别摆放。在新加坡等地的华人，还在枕头内装有信封，内藏138元，以图"一生发"之意。

3. 新屋要"火庵"

"火庵"原本是指在盖房子前，在尚未动土的土地上做些火烧的类似仪式。而一般我们购买的都是建好的房子，当然也就不知道建筑商当时是如何做"火庵"的，所以在搬进新家之前的前三天，可将新居的灯全部打亮，亮上三天三夜，直到第四天才搬进新屋，这就是火庵。亮三天三夜的意思是，以明亮的灯光为"火"，照亮房屋，以收旺宅之效。

4. 当天或事后请客

入厝当天请客，如果当天太忙可事后选个日子请客。或者搬了新家之后，请好朋友来喝茶也可以。让家里人气更旺一点。搬家后的第一天或第一周内要闹房，即一定要请亲朋好友、左邻右舍到家中热闹一番；或聊天或吃饭或娱乐等，越热闹越便于驱邪。

5. 家有孕妇不宜搬家

如果家里有孕妇则不宜参加或目睹整个搬迁过程。在搬迁日吉时内，最好做点烧水、煮饭、拜神、燃放鞭炮等工作。一定要搬家的话，可以请孕妇先回娘家住一阵子，等搬好后再入新居。

6. 招财习俗

入住当天一定要烧一壶开水，寓意财源滚滚。同时塞住各种池盆（厨房、卫生间等），开启水龙头，要细水慢流。因为细水长流，寓意盆满钵满之意。屋宅内还可以开

Tips 风水小课堂

着风扇，四围吹风，但不要向大门吹，有风生水起之意头。

　　搬家时最好携带一只装满了米的米缸或米桶，桶中摆放一张写有"常满"的红纸，或是摆放有168元的信封，取其"一路发"之意。搬家的那一天，第一次走进去的时候，手上一定拿一些贵重的东西。手里可以提着米桶、存折或装有138元(一生发)的红包。也就是第一次走进新屋时，不可以空手走进去。表示这家里未来会很充实，财富越来越多的意思。搬家那天"灶"一定要开火，不要冷灶。可以煮些甜的东西，像甜汤圆或甜茶，吃点甜，求个喜气。搬家当天千万不能生气，绝对不可骂人，尤其是不要漫骂小孩子，一定要说吉祥话，做吉祥事。

　　7. 入宅后注意事项

　　搬家当天不要在新家睡午觉，否则以后容易患病。当晚睡觉，主人要在躺下几分钟后又起来工作一小会，表示睡下还要起来。而还没搬家前，可以在房间内进行小地方的敲敲打打，休整休整，而一旦搬进去之后，尽量就不要再施工了，但搬东西可以，如果要再施工的话，就一定要择日了。

　　8. 思念家乡

　　如果搬家时路途较远，那么随身行李中要带一把米、一把泥土和一小瓶水去新家。尤其是对于从一个省市搬到另一个省市更应如此，且不说出国了。如此能防止水土不服和思念家乡。

买了小户型房

如何运用传统风水学营造一个完美的家

　　所谓"成也萧何，败也萧何"，这句话也可以套用在风水上。风水是居住环境中相当重要的一项，运用得好就能成为助力，当然，若是运用不当或是没有即时规避不利的风水布局，也会对居住者的运势造成相应的影响。既然选择了小户型住宅，就需要对小户型住宅的风水有一个深入的了解。这里从小户型风水面面观、小户型的装修布置、详解住宅十三大功能区的风水、完全破解四种小户型风水、掌握租房必备风水知识五个方面对小户型的风水进行解析，从而帮助你提升居家品质，打造出兼具好风水、美观、实用性的"美家旺宅"。

第一章

小户型风水面面观

对于住宅而言，大有大的舒适，小也有小的精致。小户型住宅就是典型的『麻雀虽小，五脏俱全』。虽然在面积上不算大，但也是一个『家』，也能为我们提供一个必要的生存居所。在这个室内空间中，怎么装潢布置，也是有一定的风水原则的，这影响到住宅的风水是否吉祥。

营造一个吉祥的居家风水

家是世界上最温暖的地方，为人提供休憩的港湾，对人的生活、情感、事业等方面也有着直接与间接的影响。我们爱家，更要爱自己，学点风水知识，为自己打造一个吉祥的居家风水，不仅能提升居家品质，更能为自己的运势提供助力，让家的风水和你的运势同兴同旺。

1.居家风水即宅地、宅居和宅运

概括地讲，居家风水是环境决定论的生活变通哲学，不同的环境和事物会对人体产生不同的影响，要确保人运势的顺畅，首先要营造一个吉祥的居家风水。

现代的居家风水在理念上是吉祥的居家风水与个性人居生活的完美结合，它更多地体现出人们的生活态度，体现出宅地、宅居、宅运中的"美宅旺家"的要求。

宅地即住宅的环境区位，包括住宅外围环境中的楼相、水、路、绿地、植物等；宅居即宅事，指的是住宅内部空间中门、房、灶、床、厕的事宜；宅运则是指在三元九运规律下，居住者的婚运、情运、姓名运、驾车出行运等反映居住者在宅中的风水事宜。

客观地说，居家风水是一门实用学问，为居家生活增添魅力。掌握这些知识，不仅能使我们的生活更加滋润，还能让渴望主宰自己生活的人因为与吉祥结缘而获得一种淡定、从容的生活。

2.如何营造一个吉祥的居家风水

要营造一个吉祥的居家风水，必须要注意三点：一是因人而宜的规划实施，这是原则；二是个人吉祥风水生活观必须与社会形成和谐的良性互动，这是前提；三是结合自己的命理、属相、生辰八字和天干地支、流年凶吉，在不同的环境状态下进行合理布局，这是具体的操作方式。

▲ 风水倡导对环境的保护，对人的关怀，个性化与环境的协调统一，居住者的舒适度、方便性都能得到质的提高，使家的风格就是我的风格。

除了以上这三点注意事项外，现代居家风水也应该由其情理变通入手，这也是风水的"灵魂"。

首先是居家风格的体现，需从情理变通，在符合居家风水原理的情况下，也要满足居住者个性化的需求。如希望家居呈现朴素的田园风情，就可以在吉祥风水法理的指引下，通过合理布局、风格装饰，将吉祥气象融入田园诗意之中，使你诗意地安然栖居。

其次是家居物件的选择，也需满足居住者的个性化需求。在传统观念中，家居物件的选择首先强调其实用性，然后再看其外表。不过，随着经济与人们意识的发展，有不少讲究家居个性的人却反其道而行之，将"具有设计感"作为选择家居物件的重要考量标准。如在选择家具时，越来越多的人会遵照"品牌——款式设计——材料——价格"的逻辑顺序来选择。其实只要不对居家风水造成不好的影响，怎样选择家具物件都没有关系。这样既不妨碍营造一个吉祥的居家风水，又满足了人们对自由、对个性、对生活的独特追求。

最后是家居物件的摆放，在符合居家风水"理"的情况下，也应满足居住者的情感需求。一桌、一床、一门、一灶的布局处理是"理"，为营造一个吉祥的居家风水设置了标准；而居住者的情感需求，包括情志、情致，也能反作用于布局"理"法，为营造一个吉祥的居家风水起到推波助澜的作用。只有既能满足居家风水的"理"，又能满足居住者的"情"，使居家风水与居住者达到一种和谐的顶点，方能营造出一个最吉祥的居家风水。

小户型好风水必备五要素

在居家风水里，对于住宅的户型是有所区别的，视野开阔的大户型和小巧精致的小户型在居家风水布置中的侧重点是有所不同的。随着社会形态的转变，加上房价的不断攀升，小户型住宅俨然成为现代人的主流选择，我们可以通过合理的风水布局将小户型的住宅打造成"风水旺宅"，从而催旺财运，让屋主的运势稳步上涨。

小户型住宅好风水的必备五要素包括：满足需求的使用面积、充足的采光、良好的通风、良好的层高条件以及相对独立的空间，这五个要素相辅相成，满足这些要素，就能在大方向上让小户型的风水变得更为吉祥。

1.满足需求的使用面积

对于小户型的面积大小，目前国家并没有相关的标准，不过可以参考由国家制定的《经济适用住宅设计标准》，看你的居室是否能满足居家生活的使用需求。《标准》指出，经济适用住宅每户应为独立套型，各功能区应具有相应的独立空间，或由相同面积叠加的复合功能空间。每户住宅应有卧室、起居室(厅)、厨房、卫生间、储藏空间和阳台。每户住宅应有良好的采光、日照、通风，卧室、起居室、厨房应直接对外采光。在户型方面，《标准》将新建经济适用住宅的面积按户型分为三类。

（1）一室一厅

使用面积应在40～45平方米。

多层的建筑面积在54～60平方米。

高层的建筑面积在60～66平方米。

（2）二室一厅

使用面积应在55～60平方米。

多层的建筑面积在74～80平方米。

高层的建筑面积在82～88平方米。

（3）三室一厅

使用面积应在70～80平方米。

多层的建筑面积在94～107平方米。

高层的建筑面积在104～117平方米。

注：使用面积与建筑面积指标均未包括阳台面积。如果是利用坡屋顶空间的跃层户，其面积标准可有所提高。

2.充足的采光

任何一个房间都需要良好的采光条件，这里的采光是指在自然光源的照射下的光照效果。在这样的光照下，房间才会有"阳气"，从而聚集权势、地位的能量。好风水的住宅采光是让自然光线能具有曲度、温和地进入室内，避免光线直接照射，让室内既具有光线也留有阴面，协调阴阳以助贵气常留。

对于小户型住宅来讲，由

▲ 任何一个房屋都一定要有采光，这样住宅才会有阳气。当自然光源不充足时，就要利用室内灯光设计来加强。

于室内空间不是很大，在采光上存在的问题一般是采光面较大，导致光线过足，从而形成"光煞"。在这类问题的处理上，我们可通过安装布质的窗帘或是百叶窗来进行适度的遮挡，从而减轻光照程度，将"光煞"化解掉。针对采光特别强的房间，还可通过尽量少开或不开窗的方式阻止光线，让"光煞"无法进入屋内，避免影响家居风水。

3.良好的通风

房屋内除了要具有充足的采光效果外，还需要良好的通风环境，才能让整个室内的空气流通舒畅，以聚财气，这也就是我们风水上经常说到的"藏风聚气"。拥有这样的家居风水，能让屋主具有财运顺畅、行事亨通的好运势，使其人生顺遂通畅，获得财运的机会绵延不断。

▲ 小户型住宅空间拥挤，必须要保持良好的通风，这样秽气才能及时排出，同时形成良好的"气"，从而增强宅主的运势。

Tips 风水小课堂

※ 风煞

家居风水认为，但凡对人有不利因素的风都可以称为"风煞"。如狭窄的巷道，由于气流涌动而产生的宅管效应，让风变得急促而散乱，被风吹的人自然感觉非常不舒服，这就是一种风煞。还有，如一些小户型住宅的走道，同样是气流的作用，让风变得强劲而凛冽，贯穿整个走道，楼层越高，风势越烈，这样的住宅在风水上业说是不吉利的，犯了风煞，应当尽量避免，以免多生事端。

4.良好的层高条件

良好的层高条件其实就是指房屋的内部高度要足够，不能让居住在其中的人感受到空间窘迫、压抑。而一般小户型住宅的原始面积就比较小，如果层高再不足，那么整个室内的空气循环就会不佳，容易使人身心不舒服，事业发展也容易处处受到打压、逼迫，即使拼命努力，仍然难以翻身摆脱困境。所以，选择具有良好层高条件的房屋是非常必要的。一般的普通住宅，层高在2.7米或以上，就不会出现空间压迫感了。

5.相对独立的空间

一般来说，如果是50平方米的小户型是会有隔间的，至少厨房、客厅、房间是独立的区域。但是，20平方米的小户型就不一定了，碍于空间的限制，许多开发商都是强调空间弹性运用，也就是没有隔间。风水学上认为，厨房主掌理财，房间主掌个人运势、婚姻、桃花，客厅主掌家庭和谐、领导地位。如果居住的房屋内，厨房、客厅、房间全是开放的空间，彼此界线不明，居住、使用混在一起，就意味着各个区域的运势没有格局界线，就容易产生互相冲撞、拖累的情况。

退一步讲，如果空间实在有限，进行隔间改造的可能性不高，那么此时还可以用布幔、家具等软隔断来取代真实的硬性隔间，也能起到调整风水的效果。

▲ 现代住宅风水学认为，住宅内不同功能区也同样是家庭不同成员的运程反射区，对功能区进行好风水布置，会直接影响到家庭成员的流年运程。

小户型先天劣势分析与破解之道

我们一直说"小户型住宅"，那么什么才算是小户型呢？其实对小户型的定义要从不同的方面来看，若是从住宅的面积上来进行划分，面积在120平方米下的住宅都称之为小户型。而在小户型中也能分出不同的格局，可以是一室一厅、两室一厅、三室一厅，还可以是复式户型。但不管怎么说，总体面积在那里，所以，小户型住宅先天最大的劣势就在于这个"小"字上。

面积小，先天空间就不足，此时，不论是在气势、磁场、能量等各方面都无法与其他大户型的住宅相比，而与独栋别墅相比则更显不足。同时，在住宅格局的设计上，碍于空间的限制也会带来一些不便。小户型住宅的这些劣势，是可以依靠风水的巧妙布置来改善的，从而提升能量、增强运势。

1.气场不足

首先是气场。对于小户型住宅而言，在气场方面有两点是需要注意的，一是小心自家住宅的气场被别人家的气场吸走；另一点是自家气场不足造成运势阻塞不畅通。

问题一：自家住宅的气场被别人家的气场吸走

小户型住宅首先要小心的是自家的气场被别人家的气场吸走。这句话怎么理解呢。我们假设把整个住宅看做是一个人体，若是住宅的空间小，就像人的肺活量比较小一样，当遇到住宅的大门与其他住宅大门相对的时候，彼此在气场上是相对峙的，户型小一些的气场就很易被对面的气场吸走。这两户人家的大门之间的空间，即外明堂区域，这个区域主管两户人家的人际关系、业务发展、贵人提携，一旦其中一户住宅因为室内空间小而导致气场被其他住宅吸纳走的话，那么住在这间较小的住宅里的人，自然也会失去一些人际关系或业务的发展先机，更甚者还会与贵人失之交臂，在运势上也就输给别人了。

破解之道：要解决这个问题，在风水原理上可通过在外明堂、大门上、大门内等区域放置一些增加吸纳磁场的物品，以加强自家住宅的气场。这样的布置就好像在肺活量小的肺部加装一个打气用的气泵一样，可以帮助提升肺活量，加强吸纳空气的作用，自然气场也就足了。此时，运势也就会慢慢地好起来。具体的物品选择，可以放置水晶洞，还可摆设一个洞小肚大的瓮，在瓮中放上天然的水晶或碎石，再加上一些具有磁性的黑胆石或磁铁，都能起到相应的风水作用。也可将大门外的天花板灯打亮一点，利用白光的电灯照亮该空间，再加上一盏投射灯，投向大门门板上，也能起到加强气场的效果。

问题二：气场不足造成运势阻塞不畅通

这个问题其实与第一个问题殊途同归。小户型的空间小，其能容纳屋内的空气体积自然也比较少。而对于居住在里面的人来说，空气稀少，氧气也跟着稀薄，交杂人吐出来的废气，使得整个屋内的气场不足，人也容易陷入混沌不明的困境。

▲天然水晶洞具有放射与接收磁场的能力，在家中摆放一个水晶洞，可有效增强家居的能量，令自身及家人财源广进。其放置方位与晶洞大小不忌。

破解之道：要解决这个问题，主要的方法是保持室内外空气的流动。可在室内开启小风量的电风扇，经常让它运转，使屋子里的空气能够流动。一旦气场能够维持流动，运势自然顺畅，本来推动不了的项目可能很快就可以获得解决，过去无法达成的目标也可以逐步得以实现。

2.光线易形成光煞

除了气场之外，还有一个重要的因素就是光线。小户型住宅由于室内

▲ 当房间内光线太强、阳气太盛时，就需根据光线的强弱程度设置窗帘，以有效弱化光线，破解光煞，保护房屋的私密性。

空间不是很大，当光线照入屋内时，往往直接照穿整个室内，让屋子没有阴处，形成光煞。在风水上来讲，一旦阳光充斥整个屋子，就好比整个空间被阳光所征服，必须臣服于外力，所有努力都见光死，难以达到聚集收藏的成效。屋内的人即使努力打拼奋斗，一辈子追求事业、前途、权力、地位，威望，最后只落得一身劳苦。

破解之道：要解决小户型光线的问题，就是要想办法在室内空间中留下阴面，确保阴阳协调。可在房屋采光面的门或窗上加装窗帘，起到半遮阳光的效果，避免光线照射到室内的所有空间。只要室内留有阴面，空间有明暗，风水就能阴阳协调，从而也就化解了光煞的问题。此时，居住在屋里的人在运势上也会更加顺风顺水。

3.风易形成风煞

空气总是在大小不同的空间进行对流，因此，当室外大环境的空气进入到小户型住宅中时，对流的空气自然直接进入到整个室内空间。又由于

▲ 如果你的家没有阳台，大的落地窗也不错，也算居室有了"鼻子"，从而有效控制室内空气的对流，避免形成风煞。

空间较小，空气流动速度只要快一点或是风势强劲一点，住在屋内的人就能马上感觉到风在室内空间肆意刮掠，这种对人体不好的风也可以称为风煞。当室内有风煞时，空气的流动就会加剧，会把室内的人气一扫而空，从而吞没整个空间。住于屋内的人自然无法留住气场，聚集运势，所以也容易为财辛苦，最后却落得一场空。

破解之道：要解决这个问题，让我们的努力有收获，就要在风水上进行改造。改造的原则要从调节空气进出的量的方面考虑，要想办法让气流温和地循环。可在房屋通风面加装门或是窗户，随着天气变化加以开关，控制空气进来的流量就可以调节屋子里的空气对流，形成温和的循环。只有让室内的气流具有了良好的循环，身处其中的人才能获得平静，摆脱过去因为求财的操劳奔波，人生之路才能够持盈、守富，稳健发展。

小户型风水四大忌

　　小户型的住宅在风水上有一定的先天劣势，可通过相应的方法进行调整，而在调整风水局时，还应注意小户型风水的四大忌，要尽量规避这些忌讳，才能让风水更好地为居住在室内的人"服务"，带来更好的运势。

1.忌厕所位于大门内的内明堂

　　对于小户型的住宅，特别是一室一厅的户型，最容易设计成厕所位于大门入口旁的格局。这样的设计无非是想充分利用空间，尽可能地让小户型的空间更有效利用；或者是为了内部空间的视觉延伸，所以才将厕所设计在大门内的内明堂位置。而我们都知道，在家居风水中，内明堂区域主掌房屋的财路、财运风水，代表进财的能量。而厕所是排泄的地方，秽气较重。当内明堂遇上厕所，主掌财运的区域被厕所的秽气所占据，或是厕所门正开，直接冲突挡到财路，住在里面的人财运肯定一团乱，缺乏财运，不但赚不到钱，更甚者可能因为运势衰而碰到烂事，或是被人陷害、背黑锅，终至破财消灾。

　　此时的权宜之计是，可在内明堂区域与厕所之间做一个区隔。可以用软屏风，有一定的遮挡效果，让秽气不要直冲内明堂区域。同时，还需在厕所内建立良好的通风除湿系统，免得秽气外泄影响居住者的运势。

2.忌厨房位于大门内的内明堂

　　厨房位于大门内的内明堂处，也是小户型住宅很普遍的现象。这个设计和将厕所规划在内明堂区域的原理是一样的，主要还是碍于空间受限，只能将厨房的区域做此规划。从风水上讲，厨房主掌房屋的财库风水，如果内明堂被厨房所占据，或是厨房门正开在这个位置，就意味着财路进门后没有经过客厅、餐厅、房间，而直接进入到财库的部分，此时内明堂财路、财运空间受到胁迫，就容易因为赚不到钱又急于赚钱而疲于奔命。一旦财路进门，如果没有机会经过客厅、餐厅、房间等空间，营造出室内气场的良好流动时，住在屋里的人虽然赚得到钱，也存不了多少；即使努力将钱留住，也是刻薄自己和家人所存下来的钱财。

如果是选购或租赁现房的，自然要将此作为重要因素来考虑，千万不要选择厨房和内明堂相近的住宅，避免一进门就看到厨房的格局。如果是期房，也要留意设计图，小心避开此忌讳。万一期房的格局如此，宁可多花一点钱，也要事先要求房产商对设计图进行适当的修改，略作调整，以期符合好风水的条件。

3.忌横梁横跨在房屋中间

按照建筑结构和格局设计的原理，横梁部分本来就应该设计在墙面上。但有时可能因为原本的空间限制，像是一些畸零地，或是其他有碍建筑结构承重分配的因素，甚至是设计师的监工失误，造成横梁横跨在墙面之外或是横跨在室内中间，这样不但有碍观瞻，也会引发风水问题。特别是小户型的住宅，空间本来就不大，这时候如果横梁居中，就会产生强大的压迫感，同时也有碍空间的陈设。从风水上而言，房屋横梁横跨在开放空间的中间或上面，将造成"天罗地网"的格局。这样的格局对于居住在房屋内的人尤为不利，就像整个人被套牢一样，完全无法施展能力，事业前途渺茫，即使眼前原本有好机会也会错过，因为根本无法把握良机。

4.忌选大房分隔出来的小户型

有这样一种小户型，就是将一套大房分隔成大小不等的几套小户型，几套房屋共用一个大门，这样的小户型千万不要选。因为大门是住宅的纳气口，当大小户型混杂时，居住者的运势也相互影响。居住在这样的小户型里，人就好像落入"四面围攻"的境地，居住者未来的发展前景、运气、机会很可能就被其他更有能力、更强势、更有关系的人取走。

此外，选择小户型时，如果同一楼层全部都是小户型的房屋，建议你挑选全部小户型中的较大或最大面积的屋子。这样的选择可以有"鹤立鸡群"的意义，使自己在相应的条件下可以更突出，从而拔得头筹。更有机运可以表现自己，脱颖而出，拥有一席之地，开启未来的人生光明之路。

小户型开运六大必胜技

　　小户型的使用面积非常有限，在通过对有效空间的最大化利用、家具摆放进行功能分区后，如何让房间在兼顾功能的情况下又孕育出好风水呢？下面我们就来介绍这个非常实用的小户型开运六大必胜技，保证让你的小户型处处祥和。

1.选择多种面积格局的住宅楼

　　会选择独立式一居室居住的人通常都是基于经济的考虑，在节约成本的同时要让自己住得舒适，但在选择小户型格局的时候就应该注意了。

　　尽量不要选择在一个大的空间中隔出好几个房间的套房，因为这样的套房必须与其他人共享一个大门，而且房屋容纳了许多人，这样的环境、风水、气场相当混杂，而且户多、进出的人口多，对单身女子来说是不安全的。这种住宅不宜长久居住，住久了人的运程也不会兴旺。

▲ 选购小户型时，最好购买有多种户型规划的楼盘，这样就可以借助"大"住宅的力量，让大屋带动小屋，以增长一居室的气势和运势。

　　选择小户型时，最好可以选择同楼层内有其他不同房型的一居室。通常来说，一栋大楼内会有多种房型，面积大的会设计成二室一厅或三室一厅，供一家人居住；面积较小的则可能设计成一居室或一室一厅，供单身一族居住。在选择一居室时，以此类混搭在一般住宅中的较佳。这样就可以借助"大"住宅的能量，让大屋带动小屋，以增长一居室的气势和运势。不过要注意的是，尽量避免选择门对门的房屋。

2.窗户应开在"走好运"的方位

选择到好的套房后赶快来看看套房的窗户，俗话说"好不好运看窗口"，窗户开在房间的何处对居室的风水是有影响的。

如果窗户开在东北、南方、西方、西北方，那么刚好位于"走好运"的方位上，住在这样的房子里自然会感到气运两旺。而不幸的窗户是开在东南方、西南方，那么这几个方位的窗户在目前刚好走到较不好的运势，住户的健康及婚姻可能都会受到影响。

3.选择光线较好的房间

如果选择购买独立式的套房，就需要选择光线较好的房间，千万不能买没有光线的套房。在风水学上来看，光线就是房子的命脉，即宅命。套

▲ 空气、光线影响居住品质，任何一个房屋都一定要有采光，才会有阳气（贵气）。光线温和地进入屋内，才能阴阳协调，贵气福气都完备。

房如果完全没有光线，在白天也只能靠人工光源来进行室内照明的话，那么居住在这样房间里的人，不论是男性还是女性，爱情运、事业运都会不佳，甚至还会越住个性越忧郁。许多终日住在阴暗套房里的人，甚至需要服用安眠药才能入睡，这在风水学上被称为"犯阴煞"。

4.浴室要通风

由于小户型面积较小，在规划上会尽量考虑不让床紧挨浴室的墙面。如果确实没有办法，出现了让卧床紧挨浴室墙面的情况，再加上如果浴室不通风，洗澡后水汽不能快速发散，慢慢通过墙面浸润，然后被棉被吸收，我们使用了湿气重的棉被，日子一久就会觉得腰酸背痛。所以，除了对整体格局上的考虑，还要注意浴室的通风效果，如果浴室很通风就不会出现上述问题。而从风水上来讲，浴室是藏秽之地，如果通风环境比较好，则能让秽气快速散去，从而整个房间的气场就比较通顺了。

▲小户型的浴室空间通常较小，为了保证风水气场的顺畅，就一定要保持良好的通风，让浴室产生的秽气能够及时排出。

5.电磁炉或微波炉要放在旺运的方位

一般情况下，独立的小套房没有单独的厨房，多以开放式的设计为主，常使用独立的柜子结合电磁炉进行厨房空间的设计，但一个房间没有厨房，则不容易聚财，此时可把电磁炉或微波炉放在可以旺运的方位，用于招财、增加人际关系。一般来说，旺运的方位在房屋的西北方、南方、东北方、西方。

值得注意的是，在有些小套房里会设计简便的水槽及单炉，这些物件的摆放位置也很重要，不可将其放置在进门必经之处，这在风水学上称之为"漏财"，屋主容易出现财务问题，应注意调整这些物件的摆放位置。

6.进门不能见床

小户型住宅都容易出现"进门见床"的格局，特别是蜗居套房，由于使用面积有限，不得不把床放在进门就能看到的位置，这样的布置在风水上非常容易犯桃花，而且是烂桃花。但屋主也请放心，我们还是有破解之道的，其方法也很简单，可在床前放屏风、柜子或使用门帘来进行遮挡，以阻烂桃花之气。此外，在选择屏风、柜子或帘子的颜色时，也要根据家门的方位来选择。

如果家门位于东方，可以选择以白色为主的屏风、柜子或帘子。

如果家门位于北方，可以选择米黄色或黄色为主的屏风、柜子或帘子。

如果家门位于东南方，可以选择以金色或白色为主的屏风、柜子或帘子。

如果家门位于西南方，可以选择绿色为主的屏风、柜子或帘子。

如果家门位于东北方，可以选择红色、粉红色、紫色为主的屏风、柜子或帘子。

如果家门位于西北方，可以选择米白色或黄色为主的屏风、柜子或帘子。

"移动的住宅"——打造汽车好风水

汽车又被称为是"移动的住宅"或"第二住宅",其风水的讲究也不亚于房屋。现代都市工作一族,除了家居、办公环境之外,就是在车里的时间最长了,因此汽车的款式、颜色、产地等因素对车主人的平安、财运、健康等的影响也越来越大。所以,选择汽车时一定要学会运用风水原理,打造出吉祥如意的汽车好风水。

▲汽车是一处流动的住宅,因为流动,它带给人们的风险也更多,要为您的爱车保平安、招好运,就应学习一下汽车好风水的打造方法。

1.根据个人喜用神选择汽车幸运色

要打造吉祥如意的汽车好风水,首先要知道自己八字命理的五行喜用神是什么。喜用神即调节八字,使命运趋向平衡、稳定,能给你带来好运的那种五行。如你的八字是癸卯－乙卯－甲寅－乙亥,这是一个木气旺盛的八字。按五行命理,木旺喜泄,火能泄木,那么火就是这个八字的喜用神。若是实在不懂八字五行的朋友,则需要找命理师帮你审查你的八字,找出喜用神的五行来。

如果喜用神是木,则代表东方,颜色为绿色,为中性偏暖的色调;如果喜用神是火,则代表南方,颜色为红色,为暖色调;如果喜用神是土,则代表中间位置,颜色为黄色,为中性偏暖的色调;如果喜用神是金,则代表西方,颜色为白色,为冷色调;如果喜用神是水,则代表北方,颜色为黑色,为冷色调。根据你的命运喜用神属性,金、木、水、火、土五种颜色中,一定会有一至两种颜色是你的喜用神,亦即幸运颜色。此时可选择与自己幸运色相同的汽车颜色。

幸运色为绿色的人，可选择颜色为绿色的汽车；幸运色为红色和黄色的人，可选择颜色为红色的汽车；幸运色为白色的人，可选择颜色为白色的汽车；幸运色为黑色的人，可选择颜色为黑色的汽车。

在选择了汽车的外观颜色后，还可选择汽车内部空间坐垫、靠垫色调。幸运色为黑色、白色的人，可以选择冷色调的坐垫、靠垫；幸运色为红色、黄色的人，可以选择暖色调的坐垫、靠垫；幸运色为绿色的人，可以选择中性色调的坐垫、靠垫，或者干脆选择淡绿色的坐垫、靠垫。如果喜用神是两种颜色的，可以结合选择之。

2.汽车颜色还需与五行搭配

我国古代先哲将宇宙生命万物的基本构成要素分类为五种，即五行。座驾中的"五行"，也是金、木、水、火、土，对应五行的汽车同样有着最适合的形和色。

木：含瘦长形元素座驾（如兰博基尼MirUa），对应颜色为青、碧、绿色系列。

火：含尖形元素座驾（如部分流线型跑车），对应颜色为红、紫色系列。

土：含方形元素座驾（如越野、切诺基），对应颜色为黄、土黄色系列。

金：含棱角形元素座驾（如凯迪拉克），对应颜色为白、乳白色系列。

水：含圆形元素座驾（如甲壳虫系列），对应颜色为黑、蓝色系列。

很多车都属"混合型"，即融多种元素于一车之中，这样则需具体考虑哪"行"为主，再选择对应颜色为佳。其他的中间色可依主色系分别归类，但该颜色应在主色所具的属性之外兼具辅色所具的属性。

每一个对色彩较为敏感的人都有他所喜欢的颜色，人对某种颜色的喜好是随着不同时间段和不同心情而有所改变的，而这种变化是吻合五行规律自然变化的。但平时要注意和谐地配搭，尽量避免违背自然规律。单凭一时喜好作某种五行相悖关系的选搭，从而无意间引发潜在冲突实不可取。

五行间相生相克的基本关系如下：

相生：木生火、火生土、土生金、金生水、水生木。

相克：木克土、土克水、水克火、火克金、金克木。

交通意外的大多数成因是五行的金与木交战，只要我们多采用"水"，就可以把金木交战的程度化解或减轻。我们怎样在汽车内多采用"水"呢？最简单的方法，就是在行车时要把冷气开着（当然不可把温度调得太低或风速太高），因为冷气属"水"。

五行与颜色的关系：

通过专业分析，我们发现五行与颜色的关系如下。

喜金的人：应驾驶白色、金色的车，内部的布置亦要多采用白色、金色。

喜木的人：应驾驶绿色的车，内部的布置亦要多采用绿色。

喜水的人：应驾驶黑色、蓝色的车，内部的布置亦要多采用黑色、蓝色。

喜火的人：应驾驶红色、紫色的车，内部的布置亦要多采用红色、紫色。

喜土的人：应驾驶黄色、啡色的车，内部的布置亦要多采用黄色、啡色。

如果喜木的人经常开白色的车子，就造成金克木的格局，因为白色是金的主元素，大家都知道，金属的斧头是专门用来砍伐木头的。当然，也不是说绝对不可以开白色的，只是开白色车子出现事故的几率比较大。

3.选择汽车品牌也要配合五行

五行属金的著名汽车品牌：奔驰、宝马、凯迪拉克、别克、雪佛兰、阿斯顿马丁、宾利、迷你、道奇、雪铁龙、克莱斯勒。

五行属木的著名汽车品牌：捷豹、莲花。

五行属水的著名汽车品牌：玛莎拉蒂、布加迪、水星。

五行属火的著名汽车品牌：法拉利、菲亚特、悍马、马自达、保时捷、福特野马。

五行属土的著名汽车品牌：丰田、本田、日产、斯柯达、大众、兰博基尼、土星、沃尔沃。

五行混杂的汽车品牌：劳斯莱斯（木、金）。

4.选个吉祥的车牌号

如果车主命理需要金生水，那么我们在选择车牌号时注意选择7、8、9、0这几个数字多的；如果命理需要水生木，那么我们要注意选择含有0、9、1、2的数字多的车牌为吉祥号码。不过这种理论属于"吉凶暧昧"的一种，最好还是用"梅花易数"的方法来占算，这样会准确一些。

5.根据自己的生肖选择合适的装饰物

很多人喜欢在自己的爱车里悬挂或粘贴一些喜欢的装饰物，如生肖卡通、观音佛像什么的。如果选择的东西对自己有利，也是有很好的调理功效的。而对于这些车内的装饰物件，并不是自己属相是什么就挂什么生肖，若是选择不合适，就会出现生肖冲克的现象。所以，我们在选择动物饰品装饰爱车时，要根据车主不同的生肖来选择动物形的饰物，下面就为大家介绍一下各个生肖的车主爱车中忌放的动物饰品：

鼠，忌摆放马；牛，忌摆放羊；

虎，忌摆放猴；兔，忌摆放鸡；

龙，忌摆放狗；蛇，忌摆放猪：

马，忌摆放鼠；羊，忌摆放牛；

猴，忌摆放虎，鸡，忌摆放兔；

狗，忌摆放龙；猪，忌摆放蛇。

6.驾车时要特别小心的生肖

从命理学上来讲，交通意外的发生大多数是由五行的金与木交战而造成的。从生肖上来看，肖鼠或猪的人，发生交通意外的机会比其他生肖的人要少。即便是在同一场车祸中，其受伤或破财的严重性也会比其他属相的人要轻一些。而肖虎、兔、猴、鸡的人，发生交通意外的机会比其他生肖的人要多。如果是在同一场车祸中的话，其受伤或破财的严重性比之其他属相的人要重。

所以，肖虎或兔的人，除了不可以在车内放置猴或鸡的物品外，亦不可摆放与金属有关的装饰物。而肖猴或鸡的人，除了不可以在车内放置有虎或兔的物品外，亦不可以摆放与木有关的装饰物。同时还要注意，在开车的时候不要把音响的音量调得太高，因为高音或噪音会形成金煞，会增加交通意外发生的几率。

此外，还可以采用"水"来化解火减轻金与木交战的程度，从而减少交通事故发生的概率。方法是可以多开空调，还可在车里准备一瓶保湿喷雾，行车间歇可以为车内增加湿度。同时还可在车内挂放一道平安符或替汽车全身洒净开光，亦是一种减少交通意外发生的有效方法。

第二章 小户型的装修布置

要将小户型住宅营造出温馨的感受，除了需要对其风水有一个总的了解外，还应掌握一些装修布置方面的知识，如住宅的清洁管理、个性布置、配色定律等，下面分别进行介绍。

小户型住宅的清洁管理

据统计，人的一生有三分之二的时间是在室内空间中度过的，而其中大部分时间又是在家中度过的。由于居室内环境会对居住者造成不同方面的影响，所以必须重视居室内的清洁管理，特别是小户型的住宅更需要关注，浴室、厨房等使用率较高的区域，其卫生状况都不容忽视。

1.定期清洁浴室

小户型的家居住宅通常浴室和洗手间都是一体的，在功能上是为居住者提供洗涤、排泄的地方，在风水上讲则属于秽气制造之所，就算有相对独立的空间，也要经常打理，使其整齐、清洁、干燥、没有秽气，这样就不会影响风水，也不至于妨碍事业运和财运。同时，在经常打扫之余，还可在浴室内摆放空气净化器、绿化植物、干茶叶等协助消除空间内的秽气，净化风水。若是遇到要调整浴室或洗手间的位置很难的情

▲ 小户型卫浴间面积通常不大，却是每天排除身体污秽的地方，在风水上与秽气、衰事等事相对应，定期清洁卫浴间，使秽气远离房屋，风水自然好上加好。

况，如果能够定时清理，使秽气远离房屋，财运自然也就不会受到太大的影响。

2.保持厨房的清新

居室中的厨房是提供美食佳肴的所在，厨房的环境卫生也关系到居住者的饮食健康，同时，厨房还在家居风水中主管财运，代表了宅居住户的财帛、食禄状况，所以不管是出于任何一方面的考虑，保持厨房的卫生，使其干净、整洁、清新，都是非常有必要的。且很多小户型住宅的厨房区域都是半开放或全开放式的，保持厨房的整洁清新也能让整个室内环境得到净化。

厨房的整理除了日常在做完饭后对灶台、水槽等的固定收拾清理外，还应该定期对厨房油烟机进行清理，使其正常运转的同时保持清洁的外观，同时对存储碗筷的储物空间进行清洁整理、消毒杀菌，确保饮食安全和卫生。此外，一般家庭的厨房多以白色或浅色系进行装饰，适当增加盆栽植物可以柔化厨房粗犷的线条，为厨房注入活力。

▲ 厨房是煮食之地，用水量多而潮湿，烹调食物不可避免地会产生垃圾，不定期清洁就容易滋生细菌，对人体产生危害。因此，保持厨房的清洁对居住者的健康来说至关重要。

小户型的个性化布置

这里从设计的角度出发，对小户型住宅进行布置，打造出既拥有好风水，又拥有美丽外观的个性小户。此时，可以从一些为户型"瘦身"的收纳方案入手，也可以从星座、血型出发，进行个性化的家居布置。

1.十二个月的收纳方案

对于小户型的住宅，在有限的空间中要合理地摆放那么多生活必需品，就要给小户型进行"瘦身"，所以，收纳是一个永恒的主题。这里通过对各个功能区的分析，制定了一份1年12个月的收纳计划，能够帮助你充分了解不同区域的收纳技巧，个个击破，让你每个月都有新收获。

（1）1月的收纳方案

1月又称"元旦月"，是一个辞旧迎新的过渡，在这个月里，人们总是忙着赶制上一年的总结和这一年的计划，相对来对会比较忙，也经常会把工作带到家中进行，此时，家中的工作区域成了这个时间段里利用率最高的地方。工作区的收纳应合理灵活地利用空间，特别是对文具用品的收纳需仔细分类放置，才能提高人们的工作效率。

（2）2月的收纳方案

中国传统春节长假是在2月，在这个月里，人们会亲自下厨制作年夜饭、招待客人等，厨房的使用频率大大提升。所以，要找到最完美的厨房收纳方案，才能让生活过得更有条不紊。厨房的收纳因人而异，对于不经常下厨的新手来说，多功能的家具和细分配件能帮助你养成良好的收纳习惯，避免在下厨做饭的时候手忙脚乱。而家庭主妇的厨房里一定多了不少烹饪器具，可以同时向墙面灵活索取空间，拓宽收纳领域。

（3）3月的收纳方案

随着春天的临近，在阳春三月里，沙发是收纳工作的重中之重。沙发若是看上去乱乱的，肯定会影响到客厅的整体效果。所以，不仅是沙发，对于该区域的收纳问题必须从自己和家人的生活习惯着手，一切应以功能性为先决条件，如果能拥有一个可以收纳的沙发、叠加的小边桌、收纳小凳等，都会让沙发区域周边释放出不小的空间，打造出一个整洁的沙发区。

（4）4月的收纳方案

4月天气温暖，最适合洗洗晒晒，此时可对衣服进行整理，为换季做好准备。这时可将冬天的衣物进行收纳整理了，同时也可将夏天的衣物整理到经常使用的衣柜中。其实，对于衣柜的收纳整理就如同海绵挤水一般，宜多利用可折叠的变形家具，各种收纳小配件等，将换洗衣物和洗涤用品收罗起来，归类整理，也方便在换季的时候能更快速地找到相应季节的衣服。避免每次一到换季的时候，家里的衣柜就负担太大。

（5）5月的收纳方案

天气晴好是出游的好日子，在这个月里，许多家庭会进行户外活动，这也让家里的各种土特产、纪念品慢慢累积起来，这时候就得好好规划一下家里的储物间了。一般小户型家庭很少有独立的储物间，那就利用家里的畸零空间，安装一些轻巧的搁架，用来存储这些搜罗到的心爱之物。

（6）6月的收纳方案

6月就是正式进入夏季了，由于阳光的照射力度加强，天气逐渐升温，此时人们更愿意待在室内，所以，在居室内，一个舒适的、良好的阅读区域在此时就显得特别重要了。而对于书籍、杂志的存储，就不得不求助于书架了。灵活的书架可以放置在任意空间，或是利用家中的角落辟出一个小小的阅读区。

（7）7月的收纳方案

传统的暑假开始于7月，在这个月里面，孩子都放假了，不用去学校，那在家的时间也多了，此时，就要注意儿童房的收纳问题了。在方案上要更追求实用性，强调功能上的灵活度和造型上的美观度，因此，简化陈设和清爽整洁的色彩最适合该空间。把凌乱的杂物收纳进床头柜、衣柜和床下等处，给孩子营造一个充分的睡眠空间。另外，儿童房的收纳还应强调各类材料的安全系数，保证孩子们能够快乐成长。

（8）8月的收纳方案

炎炎夏日，没有比舒舒服服地泡个澡来得更惬意了，如果卫浴间凌乱不堪可是会影响到你的心情。对于卫浴间的收纳，平日里就该养成良好的习惯，其中巧妙利用边角的空间就是非常重要的一点。用一些易安装的收纳配件把整个卫浴间都全副武装起来，小户型空间的收纳压力自然也就减弱了。

（9）9月的收纳方案

又是一个换季的时节，整理的问题重新提上日程。如果在4月对衣柜区域进行了很好的整理后，那么在这个月里，对于衣帽间的整理就要轻松很多。叠放区是衣帽间里常用到的地方，衣物应整齐划一存放于此。悬挂区里的衣物应分开一段距离放置。而杂物区多用来存放首饰、配件等，可以利用一些收纳盒、分隔栏等工具进行收纳。

（10）10月收纳方案

国庆长假，有些人会为了避开旅游高峰而选择宅在家里。此时，除了书籍能陪伴我们度过假期外，当然也离不开那些碟片了。此时，在这些影音区里大多放置着各类娱乐视频设备、CD碟片和遥控器，因此收纳的重点应放在杂物的存储上，一个小矮柜就是很好的选择，可以将这些物品通通打包，隐藏于无形中。

（11）11月的收纳方案

11月已经快入冬了，而冬天则是进补的好时候。此时，除了厨房区域的收纳外，居室中的餐厅空间也日渐趋于多功能化，于是餐边柜成为必选的家具之一。造型多变的餐边柜还能营造出餐厅的独特气质，更好地为用餐服务。

（12）12月的收纳方案

年底走亲访友的机会增多，玄关作为进门时的第一印象，也到了花费一番心思打造的时候了。玄关的收纳重点在于如何用有限的地方，规划出合理的空间布局，并在强调实用性、功能性的同时，适当地加入细节的点缀，就能让这个空间在瞬间大放异彩。

2.十二星座居家个性布置方案

现在很多年轻人对星座越来越感兴趣,其实星座是与西方的占星术相关联的,理论上来看,不同星座的人性格也会有所倾向,当然,在家居布置方面肯定也有很多不同的地方,我们在布置家居住宅时,也可根据星座来选择适合自己性格的家居布置方案,下面就让我们一同走进十二星座的个性家居世界。

（1）白羊座

白羊座是个温柔的星座,在家居布置上应以简洁、明快、活泼的风格为主。客厅摆设简洁,主题明确,卧室灯光柔美。最重要的是,家具最好选择能移动的,以便能随时创造出新的、不同功能的空间。

（2）金牛座

金牛座的守护星是金星,是掌握美的星座,这个星座在家居布置上比较重视个人美感和独特的设计感,其布置的风格宜清新自然、简单舒适,在房子的装潢、外观上都会颇费心思,力求让整个室内充满艺术的美感。同时,务实的牛儿还会要求房间中必需的东西一定要有哦,这样的家居环境才是牛儿们的上上选。

（3）双子座

双子是个矛盾的星座,具有多变的双重性格,这一点当然也体现在家居装饰上。他们喜欢流行、新颖、趣味的一切物品,不喜欢一成不变的东西,就好比衣柜、梳妆台等,最好是组合式、可拆卸的,这样方便重新组合,创造出不同的新奇感,以符合双子的玩乐性格。同时,双子座的房间还很重视分类,什么东西摆在哪,分在哪一类都要条理分明、清清楚楚而且整洁干净才好,不然这些混乱会让双子座精神紧张,对向来神经过度敏感的他们可是很大的伤害。

（4）巨蟹座

都说巨蟹是一个恋家的星座,这个星座的人喜欢待在家里,所以,"窝"对他们来说几乎和自己本身一样重要,这也是这个星座的人比较注重空间的舒适性的原因。在家居装饰上通常会选择白、银和珍珠色等安静的颜色来装扮房间，还会运用柔和的灯光来将客厅布置得温情脉脉，窗帘也会使用较厚的材质，以起到良好的遮蔽效果，保护居家隐私，这样才能让他们在这个舒适的家里安居。

（5）狮子座

可爱的狮子们是一个拥有"小霸权"习惯的人，他们在家居布置上要求简单大气，有一定的侧重点，如一张大床、书桌或沙发都可以，这个重心会是狮子们精心布置的对象。同时，狮子们还会缩减卧室、厨房、阳台等区域，把空间让给客厅，好营造大气的门面效果，还会在角落里摆上一些表现自我风格的东西，如一幅画或是造型特别的壁钟等。当然了，狮子也是爱美的，他们的衣服很多，还会需要一间规划得宜、宽敞明亮、有大镜子的衣帽间才能满足他们的需求。

（6）处女座

处女座是个很坚持的星座，对他们来说，太过于窄小郁闷的空间可是很容易让他们发疯的，所以居室的空间一定要大。其次，处女座有点小洁癖，他们追求精致的生活，以整齐清洁为居家生活的第一要件。再者就是，他们还是一个完美主义者，对家居装修会一丝不苟，比较偏好"极简"的家居装饰风格。

（7）天秤座

天秤座对家居布置是比较有感觉的，注重空间感和色彩感，喜欢居住在一个宽敞开阔的空间里。同时，秤子们还会对居室的颜色上进行设计，深蓝色能够帮助他们加快脚步做出判断，红色则能加强他们的企图心。他们喜欢用花或是画来提升家居气质，打造出一个别致的家居空间。

（8）天蝎座

历来就属蝎子们最喜欢神秘，这个星座的人重视个人风格，他们独树一帜，在家居的色调上偏好深色系，喜欢用黑色和紫红色这样浓重的色彩来装饰自己的居室，这样营造出的居室环境能让蝎子觉得镇定而且安全，也增添了神秘感。此外，蝎子们还对不同于平常的饰物有着浓厚的兴趣，异国的装饰品能让蝎子的房间弥漫出一些贵族气息。

（9）射手座

射手座平常就是个大而化之的星座，他们比较重视的是生活上的"气氛"。喜欢到处跑的他们常常带回一些战利品，如各国的摆饰、手工艺品等。这样会使得房子像博物馆一样，充满了浪漫的异国风情。基于射手们比较随兴的特点，在房间布置上也不会刻意要求"井井有条"，但还是会保持整洁，做到乱中有序，营造出一种不经意的美感，让人觉得随兴但是自在。

（10）摩羯座

魔羯们的房间一向整齐干净，不会出现什么杂物堆积的现象，他们喜欢有实用性的摆饰，还会将浓重的个人情感与个人爱好融入居家装饰设计中，同时还会不遗余力地寻找贵重的丝织品、大气的家具，他们是把"古典美"发挥到极致的星座。

（11）水瓶座

水瓶座是个优雅的星座，也很具有艺术细胞，由于他们拥有强大的好奇心，所以会淘来不少稀奇古怪的东西，藏品颇丰。他们会设计出一个储物室来安放这些收藏，且又不影响住宅的舒适和美观。同时，瓶子也是很前卫的，他们接受开放性的空间设计，喜欢具有现代化及简洁风格的家具，喜欢灰色及白色等具有简洁感觉的颜色。

（12）双鱼座

双鱼座是一个有点小神经质的星座，他们的居室更重视气氛，所以他们的房间总少不了一些摆饰和有纪念价值的东西，虽然会有些混乱，但把东西归类整理似乎成了鱼儿们的日常家居活动。同时，在家具的选择上，鱼儿喜欢气质型的物件，如彰显都会气质的摩登现代造型床，以及以特殊材质制成的、具休闲品味的纸纤造型床等。值得注意的是，在房间内放上鱼缸是不错的装饰，还可以为鱼儿们带来好运。

3.不同血型的个性家居布置方案

不同血型的人性格各异，在家居布置方面的侧重点和喜好也是不同的。有些人比较重视厨房或者餐厅的布置，有些人则更加注重打造客厅的氛围，有些人会热衷于卧室的装饰，有些人则更喜欢花心思在小小的阳台上面。了解这些不同的讯息，能为不同血型的人带来更好的家居风水格局，甚至还能对整体运势有所帮助。

（1）A型血人

A型血人在性格上可以说是慢半拍的乖宝宝。A型血人遵守规矩，注重建立生活秩序。做事都会思前想后，顾虑会比较多，所以总会比别人慢半拍，当然，慎重小心的工作态度大大降低了失败率。

循规蹈矩的A型血人向来秉持着不想成为异类的思想，所以在家居装修方面趋于保守，强调营造温馨感，过于花哨、充满个性的风格会让他们无所适从。但是，就像每一个星座都有它特定的喜好一样，A型血的人

▲A型血的人最重视厨房和餐厅的布置，喜欢精致的餐具，重视营造温馨的居家氛围。

在整个居室环境中，最重视的就是厨房和餐厅。也正因为这样的人性格比较直接，有话直说、不拐弯抹角，所以在家具的选择上会更看重舒适度。而对于餐桌的选择，可以是淘来的旧货，围在一起的4把椅子就算风格不太统一也无伤大雅，因为A型血的人很执拗，会通过自己的方式把这些杂乱的物品摆弄出相同的感觉和风格。若是想讨好A型血的人，不妨送上一套精致的餐具，或是一些功能性的厨房小家电，用来布置餐厅的布艺摆设也会是很好的礼物。

（2）B型血人

很多人都觉得B型血人是典型的没心没肺，简单地说，就是个性比较张扬。这个血型的人讨厌条条框框，不按常理出牌。如果说A型是隐忍型，那么B型就是情绪化型。但是B型血的人具有很好的创意，是一个喜欢与众不同的人，所以，在家居布置上，打造出一个充满特色、个性洋溢的小窝才符合其张扬的个性。而要将这些张扬的一面表现出来，就莫过于对客厅区域的布置了，这也是为什么B型血人最重视客厅

▲B型血人个性张扬，有个性的沙发或抱枕等可以凸显性格特色的布置最讨他们的欢心。

区域的原因所在。

B型血人对于客厅区域的布置灵感会来源于其钟情的一种风格，在这个时候，B型血人又是十分笃定的，一旦认定了现代派的沙发搭配复古橡木腿边桌，就一定会这样去布置。同时，为了"适度"地让人了解自己的品位，在布置上还会将自己最爱的杂志和书籍放在桌上显眼的地方，如时尚杂志、家居产品目录、青年作家的最新小说等。然后再搭配上一张创意与功能性兼具的小茶几，就成为一个凸显性格特色的展示空间了。值得注意的是，要讨B型血人的欢心，家居方面的礼物可以是一些很有特色的东西，一盏中古世纪的灯饰，一组造型独特的沙发抱枕等，反正就是要特别，就冲着特别去就对了。

（3）ＡＢ型血人

ＡＢ型血人是很复杂、很神秘的。有的人说ＡＢ型血人有点神经质，其实不然，只是他们的精神世界十分奇特，奇特到让一般人无法理解而已。这个血型的人会异想天开，会生出很多奇怪的想法。他们不像A型血的人，不想被人认为是异类，而AB血型的人根本不介意这一点，他们是与人有一定距离的人，所以，在家居布置上，不同于A型血人的循规蹈矩，也不同于B型血人的个人张扬，他们更注重细节，小至一个灯罩、一只茶托，亦要尽善尽美，追求清新自然风。

所以，AB型血人在整个家居布置中最重视的反而是大多数人认为可有可无的阳台。这个血型人的

▲ 几盆精致的盆栽、一个小桌、两杯茶，如此悠闲的阳台时光，是ＡＢ型血人最钟爱的生活。

特点是细腻、敏感、异想天开，这些特点同时也体现在了居室的布置上。他们最爱摆弄花花草草，为了保有这一方自然小天地，宁愿舍弃扩大室内使用面积的机会，也要坚持自己的爱好。鉴于此，送给AB型血人的礼物就可以是一些造型别致的饰品花艺，或一些小巧精致的绿植盆栽。

（4）O型血人

O型血人堪称集浪漫与现实于一身，他们比较善于调和理想和现实之间的矛盾，而且向来从容不迫。这个血型的人是四大血型中最不能抵御外在诱惑的，自制力很弱，但是也像他的性格具有综合性一样，在一旦确定目标后，自制力就会变强。为了省钱买部最潮最酷的电子设备，可以半年不添置任何新装。

▲ O型血人性格较为自由散漫，最钟爱卧室，喜欢将其布置得温馨舒适，从而掩盖自己不爱收纳的坏毛病。

在家居布置上，O型血人基于天生的浪漫性情，比较希望自己的家弥漫着浓浓的浪漫情怀；而同时出于现实的考虑，也会注重实用性。这个血型的人最重视的区域是卧室。因为在这个空间中可以发挥其无可救药的浪漫情怀，而懒散的性格还想让这个私密的空间掩盖自己不喜欢收拾的毛病。"收纳"是这个血型人的一个弱点。

小户型装修配色的黄金定律

▲生活的多姿多彩，源于世界千变万幻、五彩缤纷的颜色组合，作为与我们生活息息相关的居家环境，在一定程度上，色彩就决定着整个家居装修的风格。

在小户型家居布置上，色彩搭配得当最能出彩。只要色彩搭配和谐，哪怕再简单朴实的空间，也能巧妙营造出一个温馨时尚的家，让人犹如生活在一幅美妙的画卷中。要搭配出靓丽的色彩效果，以下定律你不能不知，不可不遵守。

空间配色一般不能超过三种，否则会显得很凌乱。三种颜色是指在同一个相对封闭空间内，包括天花板、墙面、地面和家具的颜色。每个空间，如客厅和卧房可以有各成系统的不同配色，但如果两个空间相连在一起的，如共用的客厅与餐厅，则视为同一空间。其中，白色、黑色、灰色、金色、银色不计算在三种颜色的限制之内。

金色、银色是万能色，也是装修最常用的，可以与任何颜色搭配，用在任何功能空间。其中，金色不包括黄色，银色不包括灰白色。还要注意的是，金色与银色通常不能同时存在，在同一空间只能使用其中的一种。

在没有专业室内设计师指导的情况下，用颜色营造居室的层次效果，通用的原则是：墙浅、地中、家具深；反之，不好的配色则是墙中、地深、家具浅。此外，天花板的颜色必须浅于墙面色彩或与墙面同色。当墙面的颜色为深色时，天花板则必须采用浅色，天花板的色系只能是白色或与墙面同色系。

餐厅尽量使用暖色调，红色、橘黄色都能增进食欲。但厨房则要避免使用暖色调，其中，黄色系除外。

卫生间最好用暖色装修，千万不要用黑色或者深蓝色，这两种颜色容易聚集阴气，给人阴冷的感觉。

想营造时尚明快的家居氛围，就不要让大红、大绿(植物除外)出现在同一个空间内，这样看起来有点俗气，显得主人很没品位。

想表现简约、明快的家居品位，小房子就不要选用那些印有大花小花的东西，比如壁纸、窗帘等，尽量用纯色设计，增加居室的空间感。

在没有专业人士指导时，给家居进行装潢布置坚决不要把色系相同但材质不同的材料放在一起，否则，你有一半的机会会犯错。

小户型装修报价审核常识

相比其他空间更大的住宅，小户型住宅的装修则需要花更多的巧心思。在选择装修公司时，业主们通常首先关注装修报价单，细心的还会"价比三家"，多跑几个装修公司，多拿几个装修报价单，然后往往会选择报价最低的。然而到装修完成后，业主们却发现，实际的装修花费往往比装修报价高出很多。这是因为很多装修公司利用消费者不懂行，在报价上玩花样。

总体来说，家饰装修中的费用应该包括：设计费、主材费、辅助材料费、工时费、管理费和税金。但需要提醒消费者的是，不要单纯以价格来选择家装企业。因为装修项目工程量的多少是影响整个装修造价的直接因素，且装修公司的规模、资质、等级、管理制度的不同，其收费标准也有所不同。在审核装修报价时，除了要综合这些基本情况外，还要特别注意隐藏在其中的"加法"和"减法"。

1.留意装修报价中隐藏的"加法"

有些装修公司在初期报价中往往很低，在装修合同完成后却往往出现很多增项，装修价格大大提高。如本来与设计师谈好的内容，然而合同中没有注明，消费者也没有注意到，这样尽管签订装修合同时价格并不高，但等到工程竣工时，却增加了很多内容，花销随之增加。最常见的"加法内容"包括：在签订合同前，装修公司并不报清楚水电路改造的价格，不分明暗管，而在最终的结算中却全部算最高价；或在水电改造施工时，有意延长水电管道的长度，消费者因此受到额外损失。

2.核实装修工程中的"减法"

在用慧眼识别装修报价中隐藏的"加法"后，还要学会核实其中隐藏的"减法"，保证家居装修的质量。如业主通常会对木工、瓦工等这些"看得见、摸得着"的常规工程项目比较注意，监督较紧，但对于一些隐蔽工程和细节问题却知之甚少。如墙面漆、水道改造、防水防漏工程、强电弱电改造、空调管道等工程，施工质量好坏与否在短期内很难看出来，也无法深究，不少装修公司或施工人员就会在此做文章，减少工程成本。如内墙通常要刷3遍墙漆，但施工队员只刷了1遍，表面上看不出有任何区别，但实际上却降低了工艺标准，时间一长，毛病就会暴露出来。

3.核实装修报价中的"分项计算"

有些装修公司为了标明自己做得比较正规，往往将某一单项工程随意地分解成多个分项，按每一个分项分别报价。很多业主通常会觉得这样的公司才是正规、懂消费者的公司，却不知其中的"猫腻"。如做大门，把门扇、门套、合页等五金件分别作为单独的项目计价，然后把分项价格各提高一小部分，就在不知不觉中使总体价格提高了很多。由于受专业知识的限制，消费者往往不能识别其中的秘密，也说不出这种报价不合理的原因，因此也就只有交钱了。实际上，这种分项计价很容易重复计费，使得大部分消费者被"宰"了还不知是怎么回事。所以，在出现这类分项计费时，业主就一定要放大眼睛，追问每一项目的价格缘由，仔细审核各项目要求是否合理。

▲ 为了省钱，很多家庭在装修时都会选择自己提供装修材料，专家建议业主们一定要到正规装修材料超市和大卖场购买材料，并仔细查看合格证、检测报告等。

装修合同中的注意事项

　　要让小户型的住宅化身优质的居住空间，设计与装修都非常重要。为了寻求更好的装修效果，大部分的家庭都会委托家装公司进行家居装潢。为了防止装潢过程中发生纠纷，业主一定要与家装公司签订《家庭装修承包合同》来保障自己的利益，签订合同时还要从以下方面多加注意。

　　选择正规的家装公司。签订合同之前，业主应先审查装饰公司的手续，查验装修合同当事人的身份，看对方是不是经工商行政管理部门核准登记，并经建设主管部门审定具有装饰施工资质的企业法人。

　　写明居室装修施工内容及承包方式，施工内容应当具体、明确，按照居室装修部位分别写清装修内容、使用的材料、具体施工要求及承包方式。

　　写明工价、付款方式和开工、竣工日期，对装饰公司的预算报价进行严格审定。无论采用何种承包方式，合同中的工价价款都应写清楚，不能含糊。合同中的总价款包括材料费、人工费、管理费、设计费、垃圾清运费、税金及其他费用。交付家装款要由业主亲自交到公司财务，并索要建筑安装专用发票，尽量防止出现其他人代收家装款的情况。税金由业主承担，这是装修业的特殊要求。详细写明有关材料供应的约定内容。装修材料供应的约定涉及家居装修质量和工程款项的重要问题。如果委托装饰公司选择建材的话，无论是包工包料还是包工不包料都应在合同附件的材料清单上详细写明材料的名称、品牌、规格、型号、质量等级、单位、数量、单价，对装修的材料标准尤其要注明，包括外墙、内墙、顶棚、地面、厨房、卫生间、阳台等，每个部位使用材料的品牌、型号都要清楚标明，不能笼统地用"国内名牌"、"国际名牌"之类的字眼。同时业主还应保存材料样品以便日后检查对照。此外，供料单上还应明确写明材料送达的时间和地点，同时还应约定好违约金的赔付比例。

合同要由法定代表人签订，如有委托代理人的，需要复印委托书，同时向装饰公司索要工商执照的复印件和资质证明的复印件，这两个复印件都应该加盖公司章，还应索要项目经理和工程负责人的身份证复印件或公司正式职工的工作证复印件以及联系电话。

上述装修合同有3种形式：即承包人包工包料，部分包料，承包人包工、住户自己包料。在装修中还应注意以下几种情况，装修公司包料的，要向其索要购买的材料明细表、合格证、发票；业主自己包料的，选用的材料必须符合国家标准，有质量检验合格证明、有中文标志的产品名称、规格、型号、生产厂名、厂址等，禁止使用国家明令淘汰的装修材料。

依法定标准验收竣工质量。检测不合格的，如属承包人的责任，承包人应返工，并承担相应损失。需要注意的是，由于家居装修要满足多层次的不同需求，同一房型往往有着不同档次的装修，因而不可能也不应当将不同层次的装修适用同一标准。

装潢完工后，针对不同的项目有不同的保修期，客户可依具体情况与公司商议，保留原证件或扣留部分款项作为装修的质量保证金。

预算项目变更时，双方应该重新签订协议。

第三章

详解住宅十三大功能区的风水

有这么一句广告语：「让建筑赞美人生」。这充分说明了在建筑与人的关系中，谁才是真正的主体。建筑如此，住宅就更是如此了。

不论是小户型还是大户型、独栋别墅，其真正的目的都是为人服务。在这个居住的空间内，都会具备相应的功能区域，如大门、客厅、卧室、厨房、厕所等，对其精心设计，才能实现小户型的室内完美布局。

大门的风水布局

不管是小户型住宅还是独栋别墅，对于居住在其中的人来说，要进入住宅，首先得经过大门。大门是分隔内外空间最重要的标志，大门对外的部分能显示出家庭的观念和对外在世界的态度、看法。如门口贴有吉祥对联，表示这个家庭重视对外世界，具有对外发展的潜力和基础。同时，大门在风水上是住宅的吐、纳气门户，关乎全家人的流年运程等各方面的情况，所以在整体风水的把握上就需要更加用心了，大门的门向、尺寸、颜色都是有讲究的。

2.大门的门向

现代建筑中的门有两种形式，有整栋公寓大厦楼下的大门和楼上每户住宅自己居室的门的区分。而无论是大楼的门还是住宅的门，其门向对住

▲ 大门是住宅的气口，是连接空间和大千世界的咽喉，也是住宅趋吉避凶的首要屏障，大门的朝向正确，常年可见紫气东来。

▲ 大门是分隔内外空间最重要的标志。大门对外的部分能显示出家庭的观念和对外在世界的态度和看法。

宅风水都有决定性的影响，而影响门向的却又是地理环境中水的流向，下面针对不同门向的具体情况进行分析，让你找准吉祥的大门取向。

（1）中门，即朱雀门

房子的前方是湖、海、川、沟、河、江、池、沼，有水流或水汽聚集，或有一宽敞绿菌、平地、停车场，即是有明堂，就适宜开朱雀门，即将门开在住宅的前方。古人说："门中正，家道成"，有条件开中门的住宅是很吉祥的。

（2）左门，即青龙门

所谓"左青龙，右白虎"，青龙门在左，白虎门在右。风水学里以路为水，讲究来龙去脉，若建筑所处地势右边高于左边，那么地气从高而多的地方向低且少的地方流去。如果大门前方有街或走廊，右方路长为来水，左方路短为去水，则宜开左门来牵引、收截地气。

（3）右门，即白虎门

与青龙门正好相反，白虎门在右，水由左边流向右边，也就是地势左边高于右边，河水或马路的水流或气流由左边向右边流，这样的房子就适合开虎门。

（4）后门，即玄武门

所谓玄武门，是指大门开在住宅的后面。一般独栋式房屋都适合开后门，一是对安全有利，二是利于住宅呼吸，这样有进有出，吐放纳新，住宅的能量循环正常，对宅主健康和事业就有极大帮助。

2.合理选择大门尺寸

小户型住宅在大门的选择上需要更合理，大门的尺寸需与房屋成比例，不可出现门大宅小或宅大门小的情况。因为屋子大门小会闭塞气流，使得旺气进不来，则百事不顺；若屋子小门大则会泄气，而泄气会散财。同时，在居家风水中，住宅大门的尺寸大小有其象征意义，这也是不容忽视的。

首先，门不能太高。若门太高，人进出门时会习惯性往上看，有爱慕虚荣、喜欢被人拍马屁的心理暗示，自己处理事情也会眼高手低。有

▲ 如果住宅面积不大，门却开得太宽，就不能藏风聚气。不仅钱财留不住，人丁也会离散、身体也会虚弱。

▲ 如果门开太窄，进入时会不舒服，有压迫之感；从门向外看，视线变窄，心胸也容易变窄，容不下他人。

的大门的门楣太高，甚至超过了天花板，这样的格局会造成家中人口越来越稀少。

其次，门也不能开太低。若门楣太低，出入都必须弯腰低头，时间久了，人的目光习惯性向下方看，遇到强势的事物，也更容易选择低头退让，变得目光短浅、怯懦自卑。也因为想得不够长远，就会一辈子寄人篱下、受人欺负。

第三，门不能开得太宽。门开得太宽，就不能藏风聚气，不仅钱财留不住，人丁也会离散、身体也会虚弱。此外，门开太阔，家中老人会倍感辛苦。

第四，门也不能太窄。如果门开太窄，进出会不舒服，有压迫之感，从门向外看，视线变窄，心胸也容易变窄，容不下他人。适当的门宽，至少要能容得下两个人擦身而过。

最后，门框内的高度和宽度，如果用公文尺测量出来的数字是黑字，则不符合风水之道。若想化解，可加高门槛到符合红字之尺。宽度如果为黑字，改门当然最好。如果无法改门，建议在门槛上安置一组五帝钱来化解。

3.大门的颜色与屋主的五行

大门的颜色也有风水讲究，古人一般喜欢将大门漆成红色，以表示吉祥之意。而从现代的角度看，若是坐南朝北的房子，则北风容易直接吹入，导致屋内空气比较干燥，若此时大门刚好是容易让人亢奋的红色，便会对人的情绪产生负面影响。当然，也不是说就不能使用红色作为大门的颜色，大门使用什么颜色，关键在于要让大门的颜色与屋主的五行之色相匹配，这样既装饰了大门，也能为风水加分。

若房主的命格属金，那么大门则宜选择白色、金色、银色、青色、绿色、黄色、褐色，可使住宅呈现吉祥。

若房主的命格属木，那么大门则可以选择青色、绿色、黄色、咖啡色、褐色、灰色、蓝色。

若房主的命格属水，那么大门则可以选择灰色、蓝色、红色、橙色、白色、金色、银色，比较吉祥。

若房主的命格属火，那么大门则可以选择红色、橙色、白色、金色、银色、青色、绿色等颜色。

若房主的命格属土，那么大门则可以选择黄色、褐色、灰色、蓝色、红色、橙色、紫色。

4.大门的颜色与方位

从风水开运学上来讲，大门的颜色还有化煞的作用，当住宅大门开在不利于宅主运势的方位时，在大门上刷上合适的颜色，即可有效消除煞气。

（1）向西方、西北方的大门

西方和西北方都属金，是东四命的不利方。东四命的五行分别有属木的、属水的和属火的。如果是属火的，由于火克金，那就可以直接使用火的颜色克制金煞。火的颜色主要是红色、深橘色，这些颜色很鲜艳，最好只在铁闸中央部位涂即可，其他部分可使用较浅的色泽。

如果命理属水，由于水能泄金，故可用水的颜色泄金煞之气。属水的颜色主要是蓝色。

至于属木的人，亦可取其水泄金生木之意，故亦可使用属水的颜色化煞。

（2）向西南、东北的大门

西南及东北属土，亦是东四命的不利方。属木的东四命，由于木能克土，故可把大门涂成属木的颜色，如绿色。

属火的东四命，由于火生土，土煞泄火之气，故不宜用属火的颜色来对应，可用属金的颜色来化煞。

属水的东四命，由于土能克水，所以亦不宜用属水的颜色来对应，可用属木的颜色来化煞。

（3）向东方、东南方的大门

东方及东南方属木，为西四命所忌。西四命的五行分别是属金及属土。如属金的人，其大门在木方，由于金能克木，所以可用属金的颜色克木煞，如金色、杏色、白色等。

如果其人属土，由于木克土，所以亦应使用属金的颜色。

（4）向北方的大门

北方属水，亦为西四命所忌。金能生水，故属金的人不能用属金之色，否则会泄己生煞。

土能克水，故属土和属金的人可用属土之色克制水煞，如黄色、棕色等。

（5）向南方的大门

南方属火，也是西四命所忌。火能克金，故属金的人不能用属金之色。但是火生土，土能泄火煞之气，属土的正好使用土色化煞，属金的人亦可以使用土色化煞，生旺自己的五行，可谓一举两得。

5.大门的布置要领

布置大门的风水局除了要在大的方向上掌握大门的门向、尺寸、颜色的运用外，还有一些小的注意事项。首先是住宅大门的外观造型，不宜做成拱形，拱形的大门看起来像墓碑，使得阳宅看起来像阴宅，非常不吉利。同时，大门是住宅的颜面，所以宜新不宜旧，如果有磨损破败之处则应及时更换或修复。

其次是大门开的位置，不宜在建筑物的横梁下。如果一进门就受到横梁的压制，居住在其中的人会终日郁郁寡欢、难以得志，要出头都比较难。

最后，现在大多数的住宅都是电梯公寓，而电梯是一个具有动向的所在，所以大门不宜正对电梯门，正对电梯门会犯"开口煞"，则家人容易生病，家财也会被吸走，所以也要注意了。

6.巧用大门风水催旺财运

财运对于一个家庭来说是非常主要的，要旺财气，首先得从大门入手。下面总结了几种常见的催旺财气的方法，希望能给大家带来诸多益处。

（1）门旁摆水可催财

所谓"山主人丁水主财"，有水的地方便能发挥财气的作用。利用好大门的功能可以为家中催财及招财，最简单的催财方法就是在门旁摆水，只要放在大门口附近便能生效。

（2）开门见绿

而除了水之外，所有水栽植物及插花都有催财的作用，而且一开门就见到绿色植物，生趣盎然，又可达到养眼明目之功效。

（3）开门见红

"开门见红"也叫开门见喜，即通过在入门处摆放吉祥物件，或将入口处墙壁涂红，引来财气。这样入屋放眼则有喜气洋洋之感，给人温暖振奋、心情舒畅的感觉。

（4）开门见画

"开门见画"即开门时就能见到一幅雅致的小品或图画，一能体现居者的涵养，二则可缓和进门后的仓促感。

玄关的风水布局

玄关是连接室内室外的重要通道，它对整个房屋内的气场流通起到了至关重要的作用。要让玄关有效地发挥家居风水上的作用，同时又兼具居室的美观性，就必须注重其相应的布局。

1.需在家中设置玄关的情况

相对来讲，对于小户型的住宅，特别是面积有限的一室一厅，是不宜设玄关的，因为这样会令住宅空间减少，显得更拥挤。而对于面积稍微大一些的两室一厅或三室一厅，则可根据实际情况而定。但是，如果一些住宅的外环境不好，需要在家中设置玄关以化解不利因素的，就又另当别论了。下面罗列出需要在家中设置玄关的情况，以供参考。

（1）大门面对尖角、柱和柱状物

邻居的屋顶、车库、阳台和建筑的侧面都有可能形成一个尖形的角，若客厅或房间被墙角冲射，在装修的时候，最好是把锐利的墙角用一些圆形木柱包裹起来。如果已经居住在这样的区域里，除设玄关外，还可采用在尖的物体或转角周围种一些活的藤类植物，或是在尖的边缘与门之间悬挂一些风铃，使这些负能量转向，从而进行化解。

（2）大门外有电站、电线杆

从物理学的角度讲，靠近高压电线、大型变电所、强力发射天线、高亮度泛光建筑的住宅，因各种辐射、电磁场的影响和干扰，会给人带来心理和情绪上的问题，很容易让人情绪烦躁、失眠不安。如果已经居住在这样的区域里，除可设玄关外，还可在门上方放置一面凸面镜或者在入口处放置一个风铃进行化解。此外，还可在自家门前走道旁边的范围内种一些生长良好的灌木或小的树木，以阻挡不利的风水。

（3）大门面对死胡同、细长的街道、T形路口、走廊

如果大门正好对着一条细长的街道，则对安全不利。同样，从住宅向屋外看，如见两座大厦靠得很近，两座大厦的中间出现一道相当狭窄的缝隙，便会产生穿堂风，也会对健康不利。再者，如果开门见一条长长的走廊，也对安全不利。如果已经居住在这样的区域里，又不能改变门的方向，此时除设玄关之外，还可在大门处悬挂珠帘隔断空间，或是直接在门楣上贴一面镜子，也可在门外放置一对狮子，这些方法都能在一定程度上起到化解的作用。

（4）大门与阳台成一线

这种格局可以让人一眼看透大门与阳台，其室内空间的私密性就变得很差了。居住在这样的住宅里的人会常被外界的声音、景观影响，且气场的对流会比较大，对人体健康不利，此时就可以设置玄关，起到遮挡和回旋气流的作用。

（5）大门对窗或后门

门和窗户是气流进出屋内的开口，如果住宅的入口正好对着后门、巨大的窗户或者光滑的玻璃门，形成前后门相穿，使理气穿堂直出，不能聚集于屋内，导致穿堂风拂动，就会对人的健康造成不利。如果已经居住在这样的区域里，除设玄关转换能量方向外，还可在前门与后门之间，或前门与窗户之间悬挂一个水晶球或管状风铃，将能量保留在室内。

▲如果住宅的入口正好对着后门、巨大的窗户或者光滑的玻璃门，形成前后门相穿的格局，应设置玄关。

（6）开门见梯

屋宅本是聚气养生之所，当楼梯迎着大门而立时，室外的空气会和室内的空气形成对流，对人体健康极为不利。此时除了可以设玄关外，还可在门与第一级台阶之间悬挂一个水晶球，让能量能够回旋。

（7）开门见厕

厕所是供人们排泄的空间，本身并不算干净，更因厕所是极秘密的场所，所以大门也不宜直对厕所。同时，地下排水管也不宜跨越大门和玄关之间，以免财水内外交流时，在此受污，导致家人健康不佳，财路不顺。遇到这种格局，除了在进门处要用屏风或玄关隔开外，还可以常把坐便器的盖盖好，把厕所门关紧。如果厕所不是直接对着大门，就可在厕所门口放一面镜子。

（8）开门见灶

灶台的风不能太过拂动，否则很难生火。要化解这种风水格局，首先可以改造厨房门的位置，其次还可在进门处用屏风或玄关进行遮挡，隔开空间。

（9）开门见镜

镜子会反射动静之气，让室内气息随时而转，不固定在某个位置上。所以，最好不要在家里放过多、过大的镜子，镜子对着入口更是不利。如果人走入室内时正对着一面镜子，就会感到迷惑，弄不清方向。玄关的镜子在风水中有很重要的地位，但这绝不意味让它直接对着大门。家里悬挂一面镜子只是为了驱散那些消极的能量以防止它们进入室内。除设置玄关外，还可以将门内的镜挂在一侧壁面上，让玄关看起来既开阔又宽敞。

（10）开门见墙角

开门就看到墙角不仅视觉上不美观，而且心理上也不舒畅。所以，在装修时就要尽量避免，最好把尖角作半圆形处理，若是遇到确实不好处理的情况，也可通过设置玄关、屏风或挂小物件的方法来进行化解。

▲ 玄关的间隔应以通透为主，使用通透的磨砂玻璃可以营造玄关明亮、整洁之感。

2.玄关美化的四要素

不管是从风水上来说还是从设计上来看，在玄关处还是应该注意其美观性的。在做室内设计时应尽量设法去美化玄关，在美化时需要注意通透、适中、明亮以及整洁四个要素。

（1）通透

玄关应以通透为主，因此玄关用通透的磨砂玻璃比用厚重的木板好，即使必须采用木板，也应该采用色调较明亮而非色调厚重的木板，色调太深便会有笨拙之感。

（2）适中

玄关不宜太高或太低，要适中，一般以两米的高度最为适宜。若是玄关太低，身处其中便会有压迫感；而太高，则没有效果，无论在风水方面还是在设计方面均不妥当。

（3）明亮

玄关宜明不宜暗，所以在采光方面必须多动脑筋，除了采用较通透的磨砂玻璃或玻璃砖之外，木地板、地砖或地毯的颜色都不可太深。玄关处如果没有室外的自然光，便要用室内灯光来补救，例如安装长明灯。

（4）整洁

玄关宜保持整洁清爽，若是堆放太多杂物，不但会令玄关显得杂乱无章，而且也会对住宅风水大有影响。玄关凌乱昏暗而甚为压抑的住宅，距离家道中落就不远了。

3.玄关天花的安置

对于小户型的住宅，在玄关区域都要注意其气流的流通，这才是关键。玄关的气流宽敞才有利于家中的气运。所以，在玄关天花的安置上，有宜高不宜低的说法。这是因为如果天花板太低，

▲玄关天花的灯饰排列宜圆宜方，圆象征团圆，方则象征方正平稳，有益住宅的气运。

容易给人造成压迫感，在风水上也是不吉利的，象征着备受压迫、难以出头。天花板相对高一些，这样就使空气易于流通，对住宅的气运也是大有裨益的。

玄关天花板的颜色宜轻不宜重，如果天花板的颜色过重则不好搭配相应的地板，容易造成天花板的颜色比地板的颜色重，形成"上重下轻"的格局，象征长幼失序，不利家庭的和谐。而选用较浅颜色的天花板，比较好搭配地板，且风水上呈现"上轻下重"的布局，较为合理。

天花灯宜方圆忌三角，若将天花灯等组排列成三角形，会形成"三枝倒插香"的风水格局，对居室大大的不利。玄关顶上的灯饰排列宜圆宜方，圆象征团圆，而方则象征方正平稳。

4.玄关地面的设置

玄关的地板宜平整，可使家宅运势顺畅。同时，玄关的地板不能太过光滑，太过光滑的地面容易让人滑倒，从家居安全上讲是不好的。地板还应尽量保持水平，不应有高低上下之分。

玄关地板的颜色宜深，深色象征厚重、根基沉稳，符合风水之道。如一定要用一些明亮的色彩，则可用深色石料包边，而中间部分采用较浅色的石材。倘若需要在玄关区域铺设地毯，道理也是相同的，地毯的颜色宜选用四边颜色较深而中间较浅的。

▲玄关地板的颜色宜深，深色象征厚重、根基沉稳，符合风水之道。木地板的花纹最好斜向屋内。

5.玄关饰物的选择

玄关位居要冲，在装饰物件的摆放上需要多加小心。古人喜在家宅门口摆放狮子、麒麟等威猛而具有灵性的猛兽，作为住宅的守护神。而现代的居室则不可能在住宅的屋外进行大物件的摆设，此时可退而求其次，在进门的玄关处摆放镇宅物件，可选择摆放较小的狮子或麒麟，使其面向大门，同样也可起到护宅的功效。

开运镇宅的物件可以是各种动物造型的工艺品，值得注意的是，这些物件切忌不可与户主的生肖相冲，以免自己制造出入门犯冲的风水格局。下面对十二生肖相冲的情况进行介绍，帮助你扫清宜忌障碍。

生肖属鼠 忌 马　　生肖属马 忌 鼠

生肖属牛 忌 羊　　生肖属羊 忌 牛

生肖属虎 忌 猴　　生肖属猴 忌 虎

生肖属兔 忌 鸡　　生肖属鸡 忌 兔

生肖属龙 忌 狗　　生肖属狗 忌 龙

生肖属蛇 忌 猪　　生肖属猪 忌 蛇

6.玄关植物的风水作用

在小户型住宅中，玄关的使用空间是有限的，有的只是一条走廊或过道，它是到客厅的必经通道，且大多光线较暗淡。由于玄关是家庭访客进入室内后产生第一印象的区域，因此，适当摆放一些绿色植物，能绿化室内环境，增加生气，令吉者更吉，凶者反凶为吉。花、观叶植物等有生气的东西都具有引导旺盛之气的作用。盆栽的花可以使空间安定，特别适合已婚者。单身的人可以用插花来装饰，但是切忌放置空的花瓶。

在玄关摆放植物时需注意，宜以赏叶的常绿植物为主，例如铁树、发财树、

▲在玄关适当摆放一些绿色植物，能绿化室内环境，增加生气，以铁树、发财树及赏叶榕等常绿植物为宜。

黄金葛及赏叶榕等等。如果利用壁面和门背后的柜面，放置数盆观叶植物，或利用天花板悬吊黄金葛、吊兰、羊齿类植物、鸭跖草等，也是较好的构思。而有刺的植物，如仙人掌类及玫瑰、杜鹃等切勿放在玄关处，以免破坏那里的风水。而且玄关植物必须保持常青，若有枯黄，就要尽快更换。

当玄关位于东北位时，应以白色作为主要的装饰色调，装饰的花卉也应以白色为最佳，照片或装饰画的白花也可以。在玄关处放置粉红色花卉有利于人际关系，并保持心情的愉快。

客厅的风水布局

客厅是住宅中非常重要的区域，是居家迎宾待客之地，从客厅的环境状况就可看出主人的涵养与气度。客厅也是一家大小聚集、聊天、放松和休息的多功能合一之地，良好的客厅风水造福于每个家庭成员。

1.客厅风水布置宜忌

客厅是舒展内心的地方，在装修布置上不妨多花些心思，做到舒适方便、丰富充实，使居住者或来访亲朋都能有温馨祥和的感觉。

（1）客厅采光宜忌

客厅的空间环境首重光线，采光宜亮忌暗，在阳台区域最好不要摆放太多过于浓密的植物，以免遮挡客厅的光线。而客厅的壁面也不适宜选择颜色太暗的色调，避免客厅阴暗。阴暗的客厅由于采光不足，无法形成好的气场环境，居住在其中的人就容易产生疾病。

（2）客厅方位宜忌

客厅是住宅中所有功能区域的衔接点，一进宅门就能见到客厅的屋宅，属于吉宅。客厅最好安排在整个室内空间的中央位置，中央是屋宅的中心位，客厅设在此代表房子的心脏，坐在客厅里，能够顾及客人和家人。相反，如果客厅在整个室内空间中的位置很偏的话，则让人感觉家里的生活不规则，没有秩序，所以客厅宜居中忌偏。

　　风水不仅与装饰相关，也与方位相连。从住宅的整体来看，客厅最理想的方位为东南、南、西南与西方。东南方取"紫气东来"之意，从而使得房间明亮而有生气；而南方客厅的南面要有阳台，才能采光和通风，使人充满激情；客厅设计在西南方则有助于创造安宁而舒适的气氛，设计在西方则有助于创造娱乐和浪漫的气氛。

（3）客厅形状宜忌

　　受"天圆地方"观念的影响，中国传统房屋大多是方形的，取其"四平八稳"、"堂堂正正"之意。客厅也不例外，在形状上当以"四隅四正"为本。所谓"四隅四正"，简单来说，就是指四方形，其次是长方形。

　　客厅也忌有太多尖角，有尖角出现，不但有煞气，还会令客厅失去和谐统一。若要化解这种情况，可使用木柜或矮柜填补空间中的空角处。倘

▲风水中，客厅为方是最佳的形状，取其"四平八稳"、"堂堂正正"之意，不仅方便纳气，还有利于居家活动。

若不想摆放木柜，则可把一盆高大而浓密的常绿植物摆放在尖角位，这样可消减尖角对客厅的煞气，降低尖角对客厅风水的影响。如果客厅呈 L 形，可用家具将之隔成两个方形的区域，做成两个独立的房间。

（4）客厅摆设宜忌

要让客厅充满生气，添加相应的饰品摆设是非常有必要的。客厅宜摆鱼缸、盆景等物件，能起到"接气"的作用，让室内的装饰效果丰富。在客厅的财位摆放鱼缸还能起到招财的效果，鱼的数目以单数为最佳。盆景则以常青的绿色植物为主，盆景的尺寸不宜过高，以免形成客厅内多余的隔断效果。

客厅墙面也可通过悬挂画幅来进行装饰。若悬挂植物、山水、白鹤、凤凰等画幅，则没有太多的忌讳，而若是悬挂龙、鹰、虎、狮等猛兽时，则需要留意画中猛兽头部的朝向，宜将猛兽头部朝外，形成防卫局势，切忌朝内，会威胁自身。

2.客厅中沙发的摆放风水

小户型的住宅，因为空间比较有限，除了卧室就是客厅，客厅的使用率自然就比较高，而其中当然少不了沙发、茶几、地毯等摆设，这些物件的摆放其实也与风水有所关联。

沙发是客厅里不可或缺的家具，很多人在客厅沙发的摆设上都比较随意，其实，从风水的角度出发，沙发应放置在生旺之位或财位上最为合适。因为沙发是全家人聚集活动的场所，气场要旺，所以摆在生气足、财气聚的地方就是最好的。

而客厅的生旺之处及财位，则要根据门口位、窗户位、客厅的坐向、左右环境对客厅的影响以及主人命中五行的喜用神等才可确定准确的位置。如果是单身贵族，还要顾及桃花位等。布局沙发时还不可失四灵格式，四灵即青龙、白虎、朱雀、玄武。只有这样布局，才能有效提升整个客厅的气场，从而达到"财丁两旺"的效果。

对东四宅（即震宅、巽宅、离宅、坎宅）而言，沙发应摆放在客厅的正东、东南、正南及正北这四个吉利方位。对西四宅（即坤宅、兑宅、乾宅、艮宅）而言，沙发应该摆放在客厅的西南、正西、西北及东北这四个吉利方位。

▲从风水的角度出发，沙发应放置在生旺之位或财位上最为合适，沙发形状以长方形及椭圆形最为理想。

沙发方位与住宅方位对照表

宅卦	住宅方位	沙发方位
坤宅	坐西南方，大门向东北	首选东北、次选正西
乾宅	坐西北方，大门向东南	首选正西、次选东北
巽宅	坐东南方，大门向西北	首选正北、次选正南
艮宅	坐东北，大门向西南	首选西南、次选西北
震宅	坐东方，大门向西	首选正北、次选正北
兑宅	坐西方，大门向东	首选西北、次选西南
离宅	坐南方，大门向北	首选正东、次选正北
坎宅	坐北方，大门向南	首选正南、次选正东

3.客厅中茶几的摆放风水

从功能上来讲，茶几是用来摆放水壶及茶具的家具，除了可摆设饰物及花卉来美化环境之外，也可摆设电话及台灯等，既方便又实用，也是客厅不可缺少的家具。大多数情况下，沙发和茶几是配套的，在摆放了沙发

144

▲ 茶几的摆放应遵循"沙发为主，茶几为辅"的原则。沙发为主，宜高大，茶几为辅，宜矮小。

▲ 茶几的形状以长方形及椭圆形最为理想，圆形亦可，带尖角的菱形茶几绝对不宜选用。

后，在沙发的前边或旁边必定会有茶几。

在茶几的摆放上应遵循"沙发为主，茶几为辅"的原则。沙发为主，宜高大，茶几为辅，宜矮小，如果茶几的面积太大，就是喧宾夺主，并非吉兆。选取茶几时，宜以平为原则。如果人坐在沙发中，茶几高不过膝最为理想。此外，摆放在沙发前面的茶几与沙发之间必须有足够的空间，若是沙发与茶几的距离太近，则有诸多不便。

值得注意的是，茶几的形状以长方形及椭圆形最为理想，圆形亦可，

福运天天来

风水学认为，客厅中，沙发是主，茶几是宾；沙发较高是山，茶几较矮是水，二者相互配合，山水有情，便能旺丁旺财，为家庭带来好运势。

带尖角的菱形茶几绝对不宜选用。倘若沙发前的空间不充裕，则可把茶几改放在沙发旁边。在长方形的客厅中，宜在沙发两旁摆放茶几，这两旁的茶几犹如青龙、白虎左右护持，令座上之人有左右手辅佐，不但利用了空间，而且符合风水要求。

4.客厅中地毯的摆放风水

地毯多与沙发、茶几摆放在一起，别看它只是一个简单的装饰，也能起到改变家居风水的作用。由于地毯经常覆盖大片地面，在整体效果上占有主导地位，除了利用地毯的花色和图案引进好的气场来提升财气外，客厅方位与地毯的颜色也有重要关系。下面以表格的形式对客厅方位与适合摆放什么颜色的地毯进行详细的介绍。

客厅方位与地毯颜色对应表

客厅所在方位	开运颜色	适宜摆放的地毯
北方	蓝色	北方主导事业，若想找个好工作或想增进事业运，可在客厅的北方放置圆形或波浪形的蓝色地毯，有利事业的蓬勃发展。
南方	红色	南方属火，因而在此方摆放直条纹或星状图案的红色地毯，可使家人充满干劲，带来名利双收之功效。
东方与东南方	绿色	东方与东南方五行属木，绿色是树木的主颜色，有生机勃勃的意义。在此方铺设波浪图案或直条图案的绿色地毯，对家运与财运有正面的催化作用。
西南方与东北方	黄色	西南方与东北方五行属土，同时这个方位是主导智慧与婚姻的。黄色在中国代表着尊贵、财富。若能在此方位放上星状或格子图案的黄地毯，即能带来旺盛的财运，使婚姻更加和美。
西南方与西北方	白色、金色	白色与金色象征高贵与纯洁，若能在西南方与西北方铺放格子图案的白色或金色地毯，可带来好的贵人运与财运，也可增加小孩的读书运。

▲在中国传统风水学中，时钟不仅具有八卦的功能，同时也具有风水轮的效应，通过时钟的摆动声和打鸣声能够提振室内的气场，给居住者带来更多的稳定感，催旺居家风水。

5.客厅中时钟的风水

时钟是每个家庭的必备品，除了能提示时间外，还可起到一定的装饰作用。而在中国传统风水学中，时钟不仅具有八卦的功能，同时也具有风水轮的效应，可以催旺居家风水。

时钟的摆动声和打鸣声能够提振室内的气场，当家中没有人时，气是静止的，时钟的摆动能在室内形成振荡，从而增加室内的气；而当家中有人的时候，节奏规律的摆动声能给居住者带来更多的稳定感。由此可见，时钟是一件非常重要的家居物件，时钟的选择和悬挂位置就需要特别注意了。

首先，时钟的形状很重要。时钟是一直不停走动的，具有"动"的形态，而圆形也具有一定的"动性"，在家居装饰上如果选择圆形的钟，则会形成"动上加动"的风水效应，会导致居住者嘴角事非多、夫妻不和等负面影响。而其他的如三角形、六角形等特殊的形状，会在空间内形成尖煞，更不适合放在家中，所以时钟的形状应选择具有稳定感的方形，不管是长方形还是正方形都能给家居环境带来祥和的稳重感。

其次，挂在家里的钟不适宜过大。特别是小户型住宅，当以挂钟为首选，根据墙面的大小来决定时钟的大小。但切记，不管墙面空间多大，时钟的大小都不能太大，尤其是不能为了赶时髦去选择一些落地的大木钟，这样既影响室内的空间，同时，大木钟的打鸣声过大，产生的回声在狭小的空间里容易产生"声煞"，让居住者心烦意乱，夜间更容易让人心生恐惧。

在选择了相应形状和大小的时钟后，将时钟挂在室内的哪个地方最为合适就成为我们接下来要解决的问题。首先，时钟的数量不能太多，一个房间一个就足够了，一居室的房间卧室一般可以不用悬挂时钟，可以将时钟悬挂在客厅。

不管是出于方便还是美观，很多人都会在客厅悬挂时钟。从风水角度来讲，挂钟有招财进宝、辟邪气、助主人运势等作用。但是，时钟的悬挂方位是有讲究的。

时钟可摆放或悬挂于朱雀方，因为朱雀方即是前方，前方本属动者，宜动不宜静。

时钟可摆放或悬挂于青龙方，因为青龙方为吉方，所以客厅的左方也宜摆放时钟。

时钟不要摆放或悬挂于白虎方，因为白虎方为凶方，所以客厅的右方不宜放时钟。

时钟不要摆放或悬挂于玄武方，因为玄武方为后方，宜静不宜动。

沙发的上方不宜悬挂时钟，否则常坐这方位的人身体容易出现问题。

福运天天来

对于小户型的住宅，室内空间难免会形成冲或煞，时钟的作用之一就是可以避煞。可将时钟对准有煞气的方向悬挂，将煞气挡住或转走，以安家宅。在其他位置挂时钟，最好能坐南向北，以保家宅平安兴旺。

在卧室内摆放或悬挂时钟，大致与客厅摆放方法相同，但床头床尾不可悬挂时钟。

下面以表格的形式对生肖与时钟的悬挂方位进行对照介绍，以便让文字的表达更直观。

生肖与悬挂时钟方位对应表

生肖	悬挂方位
鼠	房间东北角的北墙
牛	房间北墙的正中间
虎	房间西北角的北墙
兔	房间西北角的西墙
龙	房间西墙的正中央位置
蛇	房间西南角的西墙
马	房间西南角的南墙
羊	房间南墙的正中央位置
猴	房间东南角的南墙
鸡	房间东南角的东墙
狗	房间东墙的正中央位置
猪	房间东北角的东墙

6.客厅方位与颜色风水

客厅是居室中的一个比较开放的空间，它的颜色对整个室内空间的色调有一个主导的作用。客厅颜色除了要让客厅呈现出大方美观的视觉效果外，客厅的颜色与风水也是息息相关的。

客厅颜色的运用从根本上来讲是以住户的喜好为主的，除了要兼具美观、实用外，还应配合住宅的格局。当然，也得配合客厅大门的朝向，从而加强客厅的风水局效应。

客厅坐向与颜色对应表

客厅坐向	颜色的运用
家宅坐东	大门向西的客厅应以黄色系来统一全室，因为东向客厅五行属木，黄色属土，为木之财。
家宅坐南	大门向北的客厅应以白色为主色，因为南向客厅行属火，白色属金，为火之旺财。
家宅坐西	大门向东的客厅应明亮适中，以绿色为主色。因为西向客厅五行属金，乃金气当旺之地，绿色属木，为金之财，用绿色作为主格调，可收旺财之效。
家宅坐北	大门向南的客厅应以红色为主。因为北向客厅五行属水，红色属火，为水这财。
家宅坐东北	大门向西南的客厅不宜太宽阔，应多采用白色、土黄色、咖啡色为宜。
家宅坐西北	大门向东南的客厅必须明亮，应尽量采用大量的白色系。若暗色调超过四面墙壁面积的一半，则不利。
家宅坐东南	大门向西北的客厅在颜色的运用上宜浅、宜宽，多采用绿色系，多花木装饰会更好。
家宅坐西南	大门向东北的客厅设备宜多，家具宜用厚重的材料，应采用黄色或原木色系，忌狭窄。

7.客厅饰物颜色风水

在风水学中，我们除了可以根据客厅的方位来选择客厅的主色系外，还可对客厅中饰物的颜色进行搭配运用，让客厅的风水更旺。下面针对客厅方位与代表的运程进行介绍，同时结合相应方位讲解宜摆放饰物的颜色，让你能轻松搞定客厅风水局。

（1）正东^{宜用}→绿色

正东方主健康运，代表居住者的健康状态，在这个区域放置茂盛的植物可促进家人的健康。另外，将属水的物品或山水画放在这个方位也有帮助，因为水可养木。

（2）正南^{宜用}**→红色**

正南方主声名运，象征着为家庭带来声名和肯定。正南方属火，喜用色是红色，适合悬挂凤凰、火鹤或日出的图画，红色地毯或红色的木制装饰品也很合适。在这个方位装设照明灯可增加声名运。

（3）正西^{宜用}**→银色**

正西方主子孙运，代表着这个住宅中主人子孙的运势。此方五行属金，喜用色是白色、金色和银色。金属雕刻品、六柱中空金属风铃、电视和音响都很适合摆在此方位。由于土可生金，所以摆设白色花瓶或天然水晶也有同样的功效。

（4）正北^{宜用}**→黑色和蓝色**

正北方主事业运，代表着居住者在工作、事业上的发展。此方五行属水，喜用色是蓝色和黑色。在这个方位放置属水的物品对居住者的事业运有帮助，如鱼缸、山水画、水车等，或是黑色的金属饰品也可以，因为金能生水。

（5）东北方^{宜用}**→黄色和土色**

正东北方主文昌运，关系住宅中人的仕途。这个区域属土，喜用色是黄色和土色。陶瓷花瓶等属土的物品适合用来增强这个方位的能量，天然水晶也很有效。

（6）西北方^{宜用}**→白色**

西北方主贵人运，代表着屋主遇到贵人的机会。白色可以强化客厅西北方位的能量，有助于增加贵人运。这个方位属金，所以适合摆放白色、金色或银色的金属饰品，如金属雕刻品或金属底座、附白色圆形灯罩的台灯。另外，用红绳串六个古钱或悬挂六柱中空的金属风铃，也可招引贵人运。

（7）东南方^{宜用}**→绿色**

东南方主财运。东南方五行属木，喜用色是绿色，所以在这个方位摆设属木的物品有招财的效果，而其中又以圆叶的绿色植物效果最好。绝对不要在这一方位摆干花，因为干花阴气太重。

（8）西南方—^{宜用}→黄色

西南方主桃花运，多用黄色进行开运搭配。如果想增进婚姻或恋爱运势，那么客厅的这个方位最为重要。西南方位属土，催化的方法与东北方相同。在此处放置台灯可增加能量。另外，天然水晶和全家福照片也有相同效果。

8.客厅的风水植物

在居室内摆设植物已逐渐成为一种时尚。客厅是家庭中最常放置室内植物的空间。实际上，植物、花卉不仅具有观赏价值，还象征着生命和心灵的成长与健康。从科学的角度来分析，植物能够降低人们的压力，能提供自然的屏障，让人们免受空气与噪音的污染。而从风水的角度来理解，植物的能量能让停滞在角落的气流活络起来，也可软化因锐、尖、有角度的物品而产生的煞气。

在客厅摆放植物，首先要选择相应的植物种类。一般摆放在客厅的植物

▲ 客厅植物高低错落的自然状态可以协调家具的单调，最有视觉效果、最昂贵的植物都应该放置于客厅。

花卉品种有：富贵竹、蓬莱松、罗汉松、七叶莲、棕竹、发财树、君子兰、球兰、兰花、仙客来、柑橘巢蕨、龙血树等，喻意吉祥如意、聚财发福。

其次要注意客厅植物的搭配及摆放位置。最有视觉效果、最昂贵的植物都应该放置于客厅。客厅植物主要用来装饰家具，以高低错落的植物自然状态来协调家具单调的直线状态。而配置植物，首先应着眼于装饰美，数量不宜多，太多不仅杂乱，而且生长不好。选择植物时须注意中、小搭配。植物应靠角放置，不妨碍人们的走动。除此之外，还要讲究植物自身的排列组合，如前低后高，前叶小、色明，后叶大、浓、绿等。这样一来，展示在我们眼前的是一道兼具层次美、节奏美、和谐美的迷人风景。植物比例的平衡也极为重要，而对比的应用也不容忽视。客厅富丽堂皇的装潢可以用叶形大而简单的植物增强，而形态复杂、色彩多变的观叶植物可以使单调的房间变得丰富，给客厅赋予宽阔、舒畅的感觉。

最后，如果是采用大量植物对客厅进行装饰，那么植物配饰中心一定要选择最佳视线的位置，即任何角度看来都顺眼的位置。一般来说，最佳视觉效果是在离地面2.1～2.3米的视线位置。同时要讲究植物的排列、组合，如"前低后高"，"前叶小色明、后叶大浓绿"等。为增加房间凉意，可在角落采用密集式布置，产生丛林之气氛。但需注意的是，室内的植物不可顶到天花板。住宅的天花板代表头部，木克土在顶部，顶部为人的头部，所以这种情形就会造成居住者头部有胀痛的现象。

卧室的风水布局

从功能上讲，卧房是人休息和睡眠的地方，是一个让我们疲惫的身心可以得到短暂休憩的港湾。而在传统风水文化中，阳宅三要为"门、房、灶"，可见卧房风水是居家风水的一大要素。所以，在家居布置上，除了要对玄关、客厅等功能区域的风水布局有所掌握外，还需要对卧室的风水有所了解。

对于一室一厅的住宅，此时的室只能作为卧室使用。而对于两室一厅的住宅，一般是使用一间作为主卧室，另外一间则作为婴儿房或儿童房，主要给孩子使用。而在三室一厅的住宅中，此时的搭配就更多元化一些，可以是"主卧室+儿童房+书房"或"主卧室+儿童房+老人房"，这里先对主卧室的家居布置与风水进行介绍。

1.主卧室的位置

好风水带来好运气，卧室风水的好坏关系着夫妻感情、家庭和睦、财运官运、身体健康等家庭幸福因素。卧室布局得法，则气能生动，夫妻生活和谐甜蜜，享乐又健康；布局失当，则犯冲犯忌，轻者精神不振，夫妻生活单调乏味，影响夫妻感情，重者说不定还会对后代造成不利影响。

主卧室的位置应该在整个室内空间的东方，是为大吉。卧室朝向东方，每天迎着朝霞起床，能使居住在其中的人精神振奋，自然好运不断。

其次是东南方，这个方位也是能促进健康的方位。对长女或尚未结婚的女性来说，这个方位是可以得到好姻缘的地方。

再次是西北方，这个方位和西南方都是阳光照射不到的地方，也是

▲ 主卧室的位置在整个室内空间的东方时，是为大吉。卧室朝向东方，每天迎着朝霞起床，能使居住在其中的人精神振奋，好运不断。

养精蓄锐和产生健康心态的地方。该方位是能量的发源地，因此，作为主卧室的话，在提升运气方面会效果极好。

最后，卧室也可以朝向北方，也是为吉，但这个方位由于太阳照晒时间不常，应注意居室内的防腐、御寒等措施，避免这些因素影响居住者的健康。

而最不适宜设置卧室的方位则是正西方，房间被西晒，房内温度相对升高，暑气重，对人的健康不利，同时使得卧室在温度上的舒适度也大大降低，是为不吉。

2.卧室的形状

风水学上认为，主卧室的形状以四方形为最佳，不仅有利于家具的摆放，看上去也美观大方。如果由于建筑条件的限制，没有挑选到正方形的卧室，也可挑选长方形的卧室。不过，主卧室的长度和宽度的差距越少，风水越好，所以，应该尽量避免卧室的空间出现狭长的方形或多边形，这

▲ 四方形和长方形的主卧室不仅有利于家具的摆放，看上去也美观大方，营造出稳定、静谧的卧室气氛。

样的房间作为卧房，由于其本身在形状上是一种动态的能量，就会与卧房要求稳定、静谧、安详的主旨相冲突。

此外，有的人为了追求视觉上的新奇，把卧室装修成斜边、凸角的形式。这些也都是不好的风水布局，因为奇形怪状和损位缺角的住宅，其内部之气会停滞或流动无规律，能量场的分布也很不均衡，会对人的身心健康及日常生活造成影响。

3.卧室门的位置

在家居风水中，卧室门的位置是有讲究的。首先，主卧室的门不能正对厨房门，以防止做饭时的湿热之气、油烟与卧室内的空气发生对流，进入到卧室内，影响卧室的空气质量。其次，卧室门不可正对卫浴门，因为沐浴后水汽与厕所的氨气都很容易扩散到卧室内，而卧室内多有极易吸收湿气的棉麻布品，从而加大了卧室的湿气，影响人体健康。最后，卧室门还不能与储藏室的门正对。由于储藏室多用于存储一些不常用的东西，多

▲ 卧室与卫浴门相对时，会加大卧室的湿气，影响人体的健康。出现这样的情况时，可在两者间加一道推拉门，并养成随手关门的好习惯，以减少湿气的排放。

少带有霉味，且容易藏污纳垢，就风水上来看，易让卧室沾染不洁之气，也需尽量避免。

4.卧室中床的摆放

卧室之所以称为卧室，是因为有人在其中"卧"，而"卧"则离不开"床"这一承载物件，主卧室中床的摆放也是影响卧室风水的一大要素。

卧室中的床在摆放时需将床头紧贴墙壁，做成靠而有背的布置，这样人在床上休息时，头部靠墙会给人安全感，也有利于运势。

在摆设床头的位置时，还应考虑房间的整个构架，不能将床头随意依靠墙壁，还要弄清楚墙壁背后是什么空间。若墙壁背后是厨房，会有一灶台与床头相接，是为不吉。且就温度上来讲，对卧室的温度也会有所影响。

床头宜斜对着卧室房门，这样的放置让人在床上休息时能够轻易地看

▲卧室中的床在摆放时需将床头紧贴墙壁，做成靠而有背的布置，这样人在床上休息时，头部靠墙会给人安全感，也有利于运势。

到房门，从心理上讲，人若能在第一时间清楚地看到房门，能给人一种稳定的安全感。同时，斜向房门的床头摆放也可让人吸纳从房门进入的新鲜之气。

床头切忌正对或背对房门。不管是床头还是床尾，都不能正对房门，这样的摆放让人在进入卧室的第一眼就能清楚地看清室内的所有情况，让休息的人没有安全感。

5.卧室的颜色

卧室的装饰很大程度上取决于色彩的搭配。一般居室大致可分为五大色块：窗帘、墙面、地板、家具与床上用品。若将软、硬板块的色彩有机地结合，便能取得相应的装饰效果。

卧室颜色的选择应以柔和为主，具有温馨感，使人感觉平静，有助于休息。绿色是稳定而均衡的颜色，男女老少皆宜。卧室的墙壁选用暖色调有助姻缘和增进夫妻感情。卧室的墙面尽量不要用玻璃、金属等会产生反射的材料，这样容易干扰睡眠。油漆有利于墙体呼吸，还能避免睡觉时能量被反射，最适宜作为卧室颜色的涂料。卧室也不宜采用白色大理石，容易给人空虚和不实在的感觉，也会令人产生寒冷的感觉。

未婚女性的卧房，以清爽的暖色系（粉红、鹅黄、橙、浅咖啡）为佳，如果选用冷色系（白、黑、蓝），就会降低桃花运。

▲未婚女性的卧室，以清爽的暖色系（粉红、鹅黄、橙、浅咖啡）为佳，如果选用冷色系（白、黑、蓝），就会降低桃花运。

另外，卧室整体色彩的选择还要依卧室的方位而定。根据五行的原理，卧室颜色与方位有以下得对应关系，可根据方位来选择适宜的颜色。

卧室方位与颜色对应表

卧室方位	颜色
东与东南	绿、蓝色
南	淡紫色、黄色、黑色
西	粉红、白与米色、灰
北	灰白、米色、粉红与红色
西北	灰、白、粉红、黄、棕、黑
东北	淡黄、铁锈色
西南	黄、棕色

6.卧室风水六大忌

卧室是用于休息的场所，人在家中的时间大部分都是在卧室中度过的。卧室内的环境也会间接影响人的休息和睡觉时的质量，卧室环境的好坏也与风水相关。对于三室一厅这样的家庭，主卧室的风水是至关重要的。了解以下六点卧室风水中的禁忌，就能避免出现相应的风水问题。

（1）卧室中忌放太多电器

日常生活中必需的家用电器其实都带有一定的辐射，只是这些辐射都在国家允许的指标范围内。但由于卧室主要用于休息，人在睡眠时的气场相对较弱，若卧室电器过多，整个辐射量就会变大，从而影响人的健康。

特别是有的人喜欢在卧室看电视，还特意在正对床的位置放置大屏幕的电视，虽然方便了观看，但这样的格局让人在睡觉时脚正好正对电视屏幕，电视的辐射会影响双脚的血液循环，对健康不利。

卧室的电器过多，风水学上称这样的布局为"火宅"。火旺而伤人，主要影响居住者的健康。不管是从风水的角度或从健康的角度来看，这样的布置都是不合理的，应尽量不要在卧室摆放多余的电器，尤其不要将电视正对脚。在睡觉时还可将不适宜的电器的电源拔掉，才能减少辐射。

（2）卧室卫生间门忌正对床

在现代家居中，针对三室一厅的住宅，在室内空间足够的条件下会做"双卫"的规划，即在主卧室的空间内增加一个卫生间，让住户的生活更方便。这样的设计本意上是好的，但在规划上切忌将卧室卫生间的门正对床。

风水理论认为，卫生间五行属水，湿气比较重，若卧室中卫生间的门正对床，则容易使床潮湿，也容易影响卧室的空气质量，时间一长自然会导致住户腰酸背痛，从而加剧肾脏的排毒负担，影响健康。

（3）卧室空间忌过大

就算是主卧室，空间也不能过大，面积一般在20平方米以内就足够了。风水学上有"屋大人少是凶屋"一说，认为房子大会吸收"人气"，这里的"人气"就是我们常说的能量场。人体其实就是一个往外散发能量的能量场，如果房间面积过大，而又是卧室这样比较私密的空间，进出房间的人又比较少，这样人在这个空间中就需要释放更多的能量，这也是人在大的卧室中居住会感觉无精打采、容易疲惫的原因。

（4）卧室忌带阳台或落地窗

卧室如果带有阳台，算上阳台区域的面积后，也让卧室的空间在无形之中增加了，这与屋大吸人气是同样的道理，也会增加人在睡眠过程中的能量消耗。

卧室如果带有落地窗，也是不可取的。科学试验发现，落地窗的玻璃结构无法保证人的热能，并通过特殊的摄影手法，对人在"有落地窗"和"没有落地窗"的卧室中的能量场光谱图进行对照比较，明显发现前者低于后者。所以为了居住者的健康，在卧室里尽量少开大面积的落地窗，如果受房间格局的限制，那么在窗帘的选择上就应该选择相对厚实一些的材质来进行遮挡，以缓解人的能量场的过度散发。

（5）卧室窗口忌朝东或西

卧室与客厅不同，客厅是公共空间，而卧室是私密空间，由于功能性的不同，在风水上的讲究也有所不同。卧室的窗口忌朝向向东或西，因为窗口朝东或西的房间，早上或下午的阳光都会比较强烈，过强的光线会刺激神经，影响休息，同时也容易形成"光煞"，从而导致血光之灾。

（6）床正上方忌有吊灯

在床的正上方如果装有吊灯，则会出现灯压床的格局，煞气会比较重，对健康不利。床的上方空应间保持空旷，在床边使用光线柔和的落地灯或是台灯来进行照明。

从另一方面考虑，人躺在睡床上时，眼睛能看到床正上方的吊灯，会给人一种心理暗示，怕吊灯不稳往下掉，从而增加心理压力，也许这个压力你没能察觉到，但在潜意识中会影响睡眠。在装饰卧室时，只要注意到这个问题，是完全可以避免的。

7.不同方位卧室的风水

对于小户型的卧室，很多都是作为夫妻房使用，卧室的风水好坏也直接影响着夫妻感情，因为夫妻与卧室具有一种不可思议的密切关系。就卧室风水而言，卧房方位对居住者影响最大。在进行居家布置时，一般是要结合居住者的八字，找出最适合他们命理的方位做为卧室，从而对家庭的运势起到辅助、提升的作用。

（1）西卧室

西卧室是指卧室在西方，其实，这个方位对酉(鸡)年生的人以及七赤(金星)年生的人，都有很好的能量。

一般人都这么认为，某方面的效果太大，另一方面便会出现缺点。如将卧室放在西方，头部又朝着西方睡时，往往会睡过头，在这种情况下，丈夫多半会忘了和太太亲热。此时，要调整这样的风水，让人们既能睡得安稳，又能享受夫妻的快乐，可着手进行改善。如果卧室的空间足够的话，可将睡床尽量靠北方。如果卧室不够大，可将床头朝向东方或南方，如此一来，夫妻生活应该如漆如胶了。

（2）西北卧室

对任何人来说，特别是男性，住这种方位的卧室都会带来幸福，尤其是戌（狗）年、亥（猪）年出生的人，以及六白（九星之一，配属金星）年出生的人，可以获得更大的幸福。

卧室在这个方位的夫妻，一切都相当完善。除了夫妻的感情非常好以外，丈夫在社会上的地位也会随着年龄的增加而提高，并且发挥很大的力量。工作方面相当顺利，并获得太太的支持。中年以后还可将卧室扩大，可将书房纳入其中，用书柜进行区分和间隔。而室内的装饰要以柔和的暖色作为基础，可以使两个人感到轻松，得到更大的快乐。

（3）北卧室

对子(鼠)年与一白(九星之一)年出生的人来说，住北方的卧室为吉。把卧室设在北方的夫妻需要注意，不能过度沉溺于自我的世界，要用更大的世界观来看待事物，在公司需多照顾一下部属，且主动与左邻右居打交道，不能嫌麻烦，应该多关怀他人。同时，居住在这个方位的夫妻，不管

▲卧室处在北方，光照没有南方强烈，住在北方卧室的夫妻，不管是金钱运还是爱情运都属于勤苦型。

是金钱运还是爱情运都属于勤苦型。这种卧室必须注意暖气设备的放置，倘若把暖气设备放置在正北方则会降低金钱运与事业运。

（4）东北卧室

对于丑(牛)年、寅(虎)年、八白年生的人，以住东北的卧室为吉。卧室在这个方位的夫妻可以过着富有变化的人生，但是应该注意生病或受伤。此时就要进行调整，倘若希望过着幸福的生活，应该让卧室每天都有新鲜的空气流入。同时，不要在卧室堆放肮脏的东西，清洁的房间不但能令人感到舒爽，而且会使运气好转，能够提高金钱运与健康运。若是为了提高人体的能量，还可在室内放置一些观叶植物。

（5）东卧室

对于卯(兔)年、三碧年生的人，以住朝东的卧室为吉，睡在这个方位的人会有比较积极的人生。这种人多半给人喜欢热闹的感觉，所以"东"这个方位的卧室比较适合年轻人。而对中年夫妇来说，这个方位的卧室反而不适合，对喜欢悠闲的夫妻也不适合。住在这个方位的女性

▲ 对于卯（兔）年、三碧年生的人，以住朝东的卧室为吉，睡在这个方位的人会有比较积极的人生。

很少会甘心做家庭主妇，多半希望成为职业妇女，充满了斗志，非常适合当女企业家。住在这个方位的男性在公司相当受重视，可说是第一流的企业人士。

（6）东南卧室

对于辰(龙)年、巳(蛇)年，四绿年生的人，以住朝东南的卧室为最好。卧室朝东南方的夫妻，感情多半非常融洽，夫妻俩对于服装的品位都很高，且对流行也相当敏感。此外，由于有良好的人缘，所以夫妻俩在邻居的口中有很好的评价。

东南方位让人有一种轻快的感觉，长久住下来连性格都会变得开朗，长住东南方的人会给人一种凡事都不在乎的感觉。因为这不是凶方位，所以不必急着移动卧室，如果担心处事太轻率的话，不妨在西或西北位置的房间喝茶、看书，补给西北的运气。

（7）南卧室

对于午(马)年、九紫年生的人，南方位是可以给予智慧与美的方位。南卧室阳光充足，住此卧室的夫妻多半比较阔气，而且对文学、美术方面都相当感兴趣。卧室在南方的人除了喜欢摆阔之外，兴趣也相当广泛，对于投机的事业相当关心，当他想做一件事时往往会兴奋得无法入睡。这种人因为性格比较开放，所以不善于隐藏秘密。此外，卧室在这个方位的人不容易有意外之财，因此千万不要炒股票和购买债券。

（8）西南卧室

对于未(羊)年、申(猴)年，二黑之年出生的人，以住这个方位的卧室为大吉。从大范围来讲，任何人住在这个方位，都可以使运气亨通，因为这个方位接受了一种不可思议的大地热量。在朝西南的卧室的夫妻，性格多半比较稳重，这种特质又以女性最为明显。通常，女性会很勤奋地工作，很少发牢骚，缺点是容易衰老，所以，最好能时常穿着比较鲜艳的衣服。室内装潢最好采用蓝紫色系列，更重要的是保持清洁，这对孩子与不动产有莫大的助益。

婴儿房与儿童房的风水布局

在小户型住宅空间允许的情况下，可将一间卧室布置为婴儿房或是儿童房，这个布置可根据不同家庭的具体需求而定。但是，不管是布置为婴儿房还是儿童房，在风水上都应有所注意。

除了一室一厅的住宅没有这个功能外，两室一厅或是三室一厅的住宅都能分隔出婴儿房或儿童房。从功能上讲，婴儿房是一个专用于育儿的空间，以便对孩子进行全方位的照顾。因此，该房间的设计就要花费心思了，从房间墙面的材质到颜色的选用，从房间家具的选用到婴儿床的位置，从奶瓶奶嘴到玩具植物等等，都有一定的要求，以确保宝宝的安全健康。

而儿童房可以是婴儿房的延续，此时可根据孩子的成长情况来定。孩子在婴儿时期，婴儿房的装饰以及风水布局更多的是讲究安全性，而

▲ 孩子在婴儿时期，婴儿房的装饰以及风水布局更多的是讲究安全性，而当孩子成长到一定的年龄，会更注重其私密性。

当孩子成长到一定的年龄，对于空间环境的要求又会不一样，会更注重其私密性。因此，在风水布局上必须充分考虑这些独特的要求，要善于借助装修，通过色彩、采光、家具、窗户、窗帘和饰品，寻求各种能量的支援，使孩子们在学习时能借力上进；玩乐时能想象力丰富、天真活泼；睡眠时能宁静安详、舒适柔和。

1.婴儿房的位置

从风水上来讲，婴儿房的位置和布局会对婴儿的成长产生很大的影响。由于婴儿一出生后几乎都在睡觉，并且婴儿的身体机能很稚嫩，因此绝对不能让婴儿住在刚刚装修好的房子里。

婴儿房一定要朝阳，以保持良好的光线，同时空气也要能对流，保证房间通风顺畅。在房间的方位上，以东方为好，向阳的设计让阳光能透进室内，而阳光中的紫外线可以促进维生素D的形成，防止婴儿患小儿佝偻病，但应注意避免阳光直接照射婴儿脸面。在室内时还应注意，不要让婴儿隔着玻璃晒太阳，因为玻璃能够阻挡紫外线，起不到促进钙质吸收的作用。此外，婴儿和母亲的被褥要经常在阳光下翻晒，这样可以杀菌，以防止婴儿皮肤和呼吸道发炎。

同时，婴儿房应尽量避免外人来往，更不要在屋里吸烟，以减少空气污染。还要避免噪音和油烟，绝不能与厨房相对，以免受冲。

2.婴儿房的床位

婴儿房床的摆放应该是独立的，最好放置在房间的中央，这样有利于婴儿的成长与自我意识的形成。还可在房间中调整婴儿床的摆放方位，使其呈"头北脚南"，在风水上来说，这个方位最适合初生的婴儿。切忌的是，婴儿床不能放在靠窗靠门处，直接吹风对孩子身体健康不利；也不要靠近家具，避免家具滑倒伤害孩子；更不要靠近电源。

3. 婴儿房的颜色

婴儿房的颜色以浅淡、柔和为宜，不宜用深色。研究证明，婴儿喜欢自然的颜色，如淡蓝色、粉红、柠檬黄、明亮的苹果色或是草绿色。用原色喷出的图画也会使房间显得明亮、活泼，同时对婴儿的中枢神经系统有良好的镇定作用。建议婴儿房的墙面使用柔和清爽的浅色，家具选用乳白色或原木色，同时根据宝宝年龄的增长和喜好变换不同色彩的装饰画或墙绘，给宝宝一个多姿多彩的环境。

▲婴儿房的墙面应使用柔和清爽的浅色，家具选用乳白色或原木色，装饰画或墙绘随着宝宝年龄的增长和喜好而变换。

4. 婴儿房的温度与卫生

婴儿房要保持恒定的温度和湿度，夏季室温应在24～28℃为宜，冬季在22℃为宜，湿度在40%～50%左右。冬天可用暖气、红外线炉取暖，但一定要经常通风，保持室内空气新鲜，通风时注意不要让风直接吹着婴儿。为了保持室内空气新鲜，应用湿布擦桌面，用拖把拖地，不要干扫，以免尘土飞扬。

5. 儿童房的方位

在中国，孩子被称作是早晨七八点钟的太阳，所以黎明时能最早接受阳光能量的房间是最理想的儿童房。儿童房首选设在住宅的东部或东南部，这两个方向能刺激孩子的健康发展，预示着儿童天天向上、活泼可爱、稳步成长。住宅的西部五行属金，下午会接收阳光，也可以用作儿童房，但是此方位更适合于儿童睡眠，不利于儿童房的游戏功能。

其次，可根据家里孩子的性别和年龄来选择不同的房间位置。例如，东方为震卦，代表长男，东南为巽卦，代表长女，然后据此来安排的房间的位置。

再次，将孩子的房间设于何处，应该按照其年龄做决定。在孩子年纪尚小时，儿童房应紧邻父母的房间；等到孩子10岁以后，房间最好与父母的卧房保持一定的距离，以便各自拥有独立的生活空间。

另外，需要注意的是，儿童房不宜设在房屋中心，因为房屋中心是一屋的重点所在，只适宜用作客厅，倘若用作儿童房，则有轻重失调之弊，对宅运会有不利的影响。同时值得注意的是，儿童房也应该远离厨房和厕所，以免油烟、污秽之气的干扰。

6.儿童房的颜色

儿童房的颜色对小孩的心态有很重要的影响。儿童房的颜色可以适当活泼一些，以营造活泼、愉悦的氛围，可以是明亮的淡黄色、浅橙色，但切记不能使用太过刺激的大红大紫的颜色，避免孩子受刺激，还可以选择奶白色、粉蓝色及苹果绿等颜色，起到和谐颜色搭配的效果。同时还应避免黑色、咖啡色、灰色等较为深沉的颜色，避免让孩子的情绪受到影响而变得呆滞、忧郁。

儿童房的颜色最好是选择一种或两种颜色作为房间的主色，这个比例大约为整体的65%，然后搭配其他颜色来进行。

为了让儿童房的风水更佳，还可结合不同儿童的五行来进行房间的颜色搭配，五行不同的儿童，房间的颜色运用也不同。如五行属木的儿童，可选用浅绿色或浅蓝色作为房间的主色。若是以浅绿色为主色，则房间中的色彩应有65%是浅绿色，其余的35%可选用其他色彩来衬托。

儿童房颜色与五行对照表

五行	金	木	水	火	土
本色	奶白色	浅绿色	浅橙色	浅蓝色	鲜黄色
生旺色	淡黄色	浅蓝色	浅绿色	奶白色	浅橙色

7.儿童房的照明

合适且充足的照明能让儿童房具有温暖感、安全感，有助于消除孩子独处时的恐惧感。所以，儿童房的全面照明度一定要比成年人的房间高，一般可采取整体与局部两种方式布置。当有人陪同孩子玩耍时，以整体灯光照明，当孩子需要休息的时候，可选择局部可调光台灯来加强单线区域的照明。

▲ 如果孩子怕黑无法入睡，可在儿童房里放上一盏带有卡通图案的小夜灯，让孩子觉得有趣，改善怕黑的问题。

此外，儿童房的照明最好使用柔和的壁灯，壁灯在墙壁上的位置可以高一些，这样能增加小孩的活动空间，台灯或落地灯不适宜儿童房，会为儿童的安全带来隐患。如果孩子怕黑无法入睡，可在儿童房里放上一盏小夜灯，可以选择一些带有卡通图案的，让孩子觉得有趣，同时也起到了照明的作用，这样就能有效地改善孩子怕黑的问题。

8.儿童床位的摆放

儿童房中床的摆放位置也比较重要，不能像婴儿床一样放置在房间中，也不能摆在房间的横梁下，需将床头靠墙。具体来说，儿童床的床头以朝向东及东南位较好。因为东及东南位五行属木，利于成长，对小孩身高和健康很有益处。但如果小孩夜间难以入眠，则可将床头朝向较为平静的西部及北部。而床头朝向南部会导致儿童脾气急躁，朝向东北部会导致儿童粗心大意，朝向西南部会导致儿童胆小拘束，朝向西北部会导致儿童过于早熟。

若家中的孩子是独生子女，还可将儿童床的床位与父母的床位摆放在同一个方向上，有助于增加孩子和父母之间的感情。而如果家中有两个或多个小孩共同使用一间儿童房，此时可以将小孩的床放在同一方向上，减少孩子之间的矛盾，使其相处更和谐。

9.儿童房的装饰

儿童房在装潢上不能太繁复，家具不要过大，应预留出更多的空间给孩子玩耍。在装饰上不要使用大面积的镜子或悬挂太多风铃，避免太过分散小孩的注意力。同时不能放置太多电器，避免电磁辐射的影响。玩具应以钢琴、汽车或有利于启迪智力的玩具为主，材质以木质为最理想。如果想培养孩子的独立性，可在房间内增设小的书桌或小的储物柜，让孩子自己动手整理自己的东西，培养他们的动手能力。

另外，最好不要在儿童房内放植物。一来孩子比较娇嫩，植物的花粉可能会刺激儿童稚嫩的皮肤以及呼吸系统，产生过敏反应；二来植物的泥土及枝叶容易滋生蚊虫，对儿童的健康不宜。尤其是带刺的植物，如仙人掌、玫瑰等，绝不适宜摆放在儿童房中。

10.儿童房中玩具的颜色与生肖宜忌

在儿童房中当然少不了儿童玩具了。在选择儿童玩具时还应注意玩具的颜色是否与孩子的本命生肖相宜，选择相宜颜色的玩具可以给孩子带来健康、平安、吉祥，还会令孩子的智力得到开发。

各生肖相宜的颜色

与肖鼠、猪的儿童相宜的颜色是白色、蓝色、黑色。

与肖猴、鸡的儿童相宜的颜色是黑色、蓝色、白色。

与肖蛇、马的儿童相宜的颜色是红色、黄色、绿色。

与肖虎、兔的儿童相宜的颜色是黑色、蓝色、绿色。

与肖龙、狗、牛、羊的儿童相宜的颜色是红色、黄色、咖啡色。

▲ 在选择儿童玩具时，选择相宜的颜色可以给孩子带来健康、平安、吉祥，还会令孩子的智力得到开发。

11.儿童房的巧收纳

儿童房是孩子活动和休息的空间，要保持这个空间的干净整洁，就需要做到有效的收纳整理，才能让整个房间显得有条不紊。在整理房间的过程中，也可让孩子参与其中。

（1）书架巧变储存格

体积纤巧的L形书架组合成方便的储存格，可用来放置儿童读本、各式小玩偶、奶瓶。

（2）旧物巧利用

原来是三个独立的小橱柜，可将其叠放，粉刷成天蓝和粉黄，交替相间，增添了童趣。强化的钢化玻璃，使物品一目了然，安全实用。

（3）滑门式储物柜

柜子层板上摆放玩偶，底下装上滑动装置，轻松推拉，既可随时拿取，又可以合上玻璃柜门把它们藏起来。

▲体积纤巧的组合书架组合成方便的储存格，可用来放置儿童读本、各式小玩偶。

（4）旋转式橱柜

区分成不同层架的旋转式橱柜，可以用来整理鞋子和玩具，柜侧还可装上挂钩放些可爱的包包和其他饰品。

（5）借助彩色收纳箱

游戏时间结束，窗座下的彩色大箱子可以让孩子的玩具收纳工作变得轻而易举。

（6）临时性收纳筐

简单的收纳筐是儿童房必备的收纳好帮手之一，十分轻巧灵便。等孩子长大了，摆在架子上的收纳筐可随时替换成学习的课本。

（7）翻新壁架

壁架的使用伴随性强，架子上的展示物会随着孩子的成长而变化。学会利用涂料和五金零件对旧的儿童家具进行改造，个性化的设计才是最实用的。

（8）妙用床下空间

利用床下空间收纳玩具最适合不过，一来拿取方便，二来好打扫卫生。利用床下做收纳的关键在于要把东西全部装箱，而不是散着放在床底下。

（9）添加图片标签

为收纳节省时间，加注标签是一个办法，但年幼的孩子还不识字怎么办呢？做一个图片标签贴在收纳用品上，即便孩子不识字也能明白。

（10）发掘垂直潜力

发掘儿童房和壁橱的垂直空间，加大使用度。考虑安装可调节的活动架子，随着孩子成长，架子的布局也能灵活地变动。如果壁橱高不容易拿东西的话，可以准备一个踏凳。

（11）提前准备衣服

事先分配好一周内每天要穿的衣服，分放在不同的抽屉里，然后打上从周一到周日的标签，这样可以避免孩子每天早上起来找衣服而耽误时间。每次洗完衣服往衣橱里整理时，这步工作可以交给孩子来完成，让孩子自己分配下周要穿的衣物。

老人房的风水布局

老人居住的房间在设计上应以舒适性为主，而在风水布置上也是有讲究的，房间的大小、方位、陈设、颜色等，都与老人的健康有所关联，需要引起重视。

1.老人房的方位

在风水上，老人的卧室宜安排在住宅的南方或东南方，这两个方位的光线不会太强烈，但采光却较好，比较适合老年人居住。

老人经过了几十年的生活，可能会养成一些自己的习惯，这些习惯是不容易改变的，此时就需要我们来适应老人，可将老人的卧室安排在较为隐蔽的区域，使其具有一定的私密性。但老人房不可离主卧室太远，也不可太吵闹，浴厕也要离得近些，让老年人去洗手间更方便。

2.老人房的空间不宜过大

都说"养儿能防老"，从户型上来看，一般购买三室一厅或以上面积住房的人，都有安排老人房，让老人能挨着自己的儿女，尽享儿孙绕膝的天伦之乐，安享晚年，这也代表全家人的福泽深厚。

现代的一些住宅，在设计的往往把老人房的空间留得比较大，以为宽敞一些比较合理，殊不知，这正与"卧室空间忌过大"的风水原则相悖。

根据中医理论，白天时，人体的体内能量和外部空间能量是一个内外交换的过程，人体通过吸收阳光、摄入食物等，可随时补充运动、用脑所消耗的能量。而一旦当人体进入睡眠状态，则只有通过呼吸摄入能量，人体能量是付出多，吸收少，如果房间过大，很容易引起精气的耗费。特别是老年人，身体能量整体衰减，在睡眠过程中则能量更弱，所以在房间的选择上可以安排较小的次卧房作为老年人的卧室，以减少精气的耗费。

3.老人房的陈设与装饰

在老人房的陈设上，如果空间面积允许，可以设置衣柜，但衣柜不适合摆在床头，尤其是紧挨床头，那样会给老人造成压迫感，影响睡眠，可放在床尾的对角区域。也可以摆放一张双人沙发，方便老人之间聊天。此时的沙发在老人房中的功能更接近休闲用的藤椅，不需要有太多的摆放要求，但有一点是很重要的，就是应该将沙发靠墙摆放。同时，尽量避免在老人房间里放置太多的金属类物品，因为金属类的东西色调较冷，不适合老人房温馨的氛围。此外，还可以为有阅读、学习习惯的老人准备一张大小适中的写字台，这也能让老人感觉到家人的体贴和关注。

在老人房的装饰布置上，最合适的是选用带有"平安益寿"和"招福纳祥" 等字样或寓意的装饰画，以求长寿吉祥之意，同时也是一个美好的愿望。

4.老人房的颜色

老年人居住的房间在色彩上忌用太鲜艳的颜色。鲜艳的红色装饰太过艳丽，具有视觉刺激性，会让人的精神处于兴奋状态，对老年人的身体健康不利，特别是有高血压、心脏病的老年人，室内装饰绝对不能使用红色。当然，老人房也不能使用灰色、黑色、深蓝色等过于阴郁的颜色，会加深老人心中的孤独感，长时间在这样孤独、抑郁的心理状态中生活，

▲ 老人房的颜色宜稳重，白色、米色与棕色的搭配既低调又不失活力。

会严重影响老人的健康。

老年人在晚年时都希望过上平静安详的生活，为迎合这样的心愿，老人房在布置上要尽量制造出缓和、放松的气氛，所以色调应以淡雅为首选，如淡绿色、米白色、浅棕色、淡蓝色等。

此外，还可根据老人房的方位选择相应的颜色，能起到开运的作用。下面对老人房的方位和相应的吉祥颜色以表格的形式展现出来，方便对照查看。

老人房颜色与方位对照表

老人房的方位	吉祥颜色
东与东南	淡绿色、淡蓝色
南	淡紫色、咖啡色
西	粉红色、白色、米色、灰色
北	灰白色、米色、粉红色
西北	灰色、白色、粉红色、黄色、棕色、棕黄色
东北	淡黄色、铁锈色
西南	黄色、棕色

5.老人房的家具摆放

老年人的睡眠质量一般不太高，为了能使他们有高质量的睡眠，家具应尽量以最佳的方式来摆设。

首先，床应按照卧房床位的法则正确摆放。其次，应根据老人的需要，增添家具，并合理摆放。如衣柜不适合摆在床头，尤其是紧挨床头，那样会给老人造成压迫感，影响高质量的睡眠。最后，还可添加一些其他的设施，如写字台等。特别是对于有阅读、学习等习惯的老人，一张大小适中的写字台能为其带来很大的方便。此时，可将写字台与床头摆放在同一方向。在写字台上不应摆放超过两层高的小书架，如果有很多

▲ 对于有阅读、学习等习惯的老人，卧房中一张大小适中的写字台能为其带来很大的方便。

书需要摆放，可以在写字台的侧面设置一个书架。

6.老人房的植物选择

老人房以栽培观叶植物为好，这些植物不必吸收大量水分，可省却不少劳力。老人房里可放些如万年青、蜘蛛叶兰、宝珠百合等常青植物，象征老人长寿。此外，桌上可放置季节性的球类植物及适宜水栽的植物，容易观察其发根生长的，可让老人在关心植株生长中打发空闲时间。

仙人球、令箭荷花和兰科花卉等，这些植物在夜间能吸收二氧化碳，释放出大量氧气；米兰、茉莉、月季等则有净化空气的功效；秋海棠则能去除家具和绝缘物品散发的挥发油和甲醛；兰花的香气沁人心脾，能迅速消除疲劳；茉莉和菊花的香气可使人头晕、感冒、鼻塞等症状减轻。

7.老人房温度的保持

老人房温度的保持对老人健康有非常重要的作用。在寒冷的冬天和炎热的夏天，人体会消耗大量的能量用来弥补温度带来的负荷。为了避免身体能量的过度消耗，老人房的温度应尽量达到冬暖夏凉。冬天时，老人房的温度应在16～20℃之间；夏天时，老人房的温度应保持在22～28℃之间。当太阳出来后，浑浊的空气消散了，此时很适合打开窗户，使新鲜空气进入房间，调节室内的温度。

书房的风水布局

随着人们居住条件的改善，就算是在小户型的住宅内，在面积允许的情况下，越来越多的住宅都配备了一间独立的书房。从功能上讲，书房的功能很多元化，兼具了工作与生活的双重性，同时也是一个公用的空间，可以是家庭中的办公区域，也可以是孩子做功课、写作业的场所。一个好风水的书房不仅对屋主的运势有利，也利于孩子的文昌运。所以，书房的风水也就变得更加重要了，要仔细考量。

1.书房的格局

书房在住宅的总体格局中归属于工作区域，但与普通的办公室相比，更具私密性，是学习思考、运筹帷幄的场所。独立的书房可以是父亲拥有的独立的领域或疆土，同时也可以是孩子们做功课玩游戏的重要场所。非独立的书房可以是起居空间或卧室的一个角落，以写字台及书架家具简单构成。

在空间上，书房主要由收藏区、读书区、休息区组成。一般情况下，如果书房的面积不是太大，可将收藏区沿墙边布置，读书区靠窗布置，休息区则占据余下的空间。而对于面积较大的书房，布置的方式则更灵活一些，豪华一点的风格可在书房中央设置一个圆形可旋转的书架，留一个较大的休息区或者小型的会客区供多人讨论。

2.书房的布置

书房一般都设有写字台、电脑操作台、书柜、座椅等家具，若是针对一些带有会客功能的书房，还需配备沙发、茶几、矮柜等家具。而这些家具的摆设，除了要根据格局的划分来布置外，还应考虑其功能性。

书柜应靠近书桌，以方便存取物品，还可留出一些空格来放置装饰物件，活跃书房气氛。

书桌应置于窗前或窗户右侧，以保证看书、工作时有足够的光线，并可避免在桌面上留下阴影。

书桌上的台灯应灵活、可调动，以确保光线的角度、亮度。另外，在书桌上还可适当放置一些盆景，以体现书房的文化氛围。

书房的墙面、天花板色调应选用典雅、明净、柔和的浅色，如淡蓝

▲书桌置于窗前或窗户右侧，以保证看书、工作时有足够的光线，并可避免在桌面上留下阴影。

色、浅米色、浅绿色；地面应选用木地板或地毯等材料；而墙面最好选用壁纸、板材等吸音较好的材料，以取得书房宁静的效果。

3.书房的采光与通风

在书房装潢设计时，除了合理规划出分区，并摆放好想要的家具家饰外，最重要的是要保持书房良好的通风与采光。读书是怡情养性的事情，能与自然相融合，头脑就会更清醒、通畅。此时，书房的朝向就很重要了，可以选择采光较好的房间，让整体空间的光线更柔和。同时，书房还要经常开门、开窗，通风换气，流动的空气也利于书籍的保存。

反之，如果书房的通风不畅，将不利于房间内电脑、打印机等办公设备的散热，而这些办公设备所产生的热量和辐射会污染室内的空气，长时间在有辐射和空气质量不高的房间中工作和学习，对健康极为不利。

4.书房的照明

书房由于其功能是办公、看书的区域，在光线的要求上除了要有良好的自然光线外，还需要均匀、稳定、亮度适中的人工照明，以满足阅读、写作和学习之用。

照明高度和灯光亮度非常重要。一般台灯宜用白炽灯，瓦数最好在60瓦左右，太暗有损眼睛健康，太亮刺眼也对眼睛不利。写字台、桌子台面的大小、高度也非常重要。台面的大小可根据手的活动范围以及因工作需要而配置的道具和书籍等物品来决定。因此，在选购书房灯具时，不但要考虑装饰效果，还要考虑灯光的功能性与合理性。在书房工作时，不要为了省电只开桌上的灯，天花板灯也应该开着，使书房保持明亮。

5.书房的颜色

书房颜色的运用也会对工作和学习的效率产生很大的影响。在工作

▲ 书房的颜色要柔和且使人感到平静，尽量避免使用跳跃和对比的颜色，总体上适宜以浅绿色和浅蓝色为主。

比较紧张的环境里，书房宜采用浅色调来缓和压力；而在工作比较平淡的环境里，书房宜采用强烈的色彩以振奋精神。但总的来说，书房的颜色要柔和且使人感到平静，尽量避免使用跳跃和对比的颜色，以便创造出一个有利于集中精神阅读和思考的空间。

值得注意的是，书房的颜色还应按照个人的命卦和住宅进行具体搭配，但在总体上比较适宜以浅绿色和浅蓝色为主。这主要是因为文昌星五行属木，故此可采用属木的颜色，有助于屋主的文昌运。且从健康角度来说，绿色具有保护视力的作用，对于缓解眼睛疲劳最为合适。

6. 书桌的摆放

书房的布局除了整体布置外，书桌的摆放也是非常关键的。

书桌不能摆在房间正中央，因为这是四方孤立无援格，前后左右均无依无靠，主学业、事业都孤独，很难得到发展。

书桌要向门口，可保持头脑清醒，且只需一抬头就能整体掌控在书房内发生的任何情况，但不能让书桌正对书房的大门，以免相冲。

　　书桌的背后宜有依靠，这种摆法象征着主人可得贵人眷顾，上学的学生易得到老师的宠爱，上班的人士也容易得到上司的赏识。

　　书桌不宜正对窗，因为这样的摆放在"家相学"中称为"望空"，对屋主不利。撇开风水来说，书桌正对窗外，书桌后的人容易被窗外的景象所吸引，分散注意力，难以专心工作、学习。

　　书桌和座椅也不能位于横梁或是空调、吊灯的下方，否则会令人有被压迫的感觉，无法集中精力学习和工作。同时，家人的官运和财运也会受到影响，特别对从政人士的仕途影响较大。

　　书桌也不宜正对镜子。因为书桌上一般都放有台灯，如果灯与镜子太接近，会产生灯光从镜子里直射出来的感觉，令人情绪紧张、头昏目眩。同时，镜子里照射出的影像还会分散人的注意力，影响人的工作和学习。

▲ 书桌摆放在房间的文昌位，有利于学业运。书桌背后最好有书柜或者墙面依靠，象征靠山稳健，容易得到支持。

7.书架的摆放

书架的功能是将主人的藏书分格进行摆放，从而让主人能够快速地查找需要阅读的书籍。书架的布置主要根据主人的职业及喜好而定。但一定要记住，杂乱的房间会影响一个人的风水，作为读书、工作区域的书房，如果不加以良好收纳，会给好的文昌风水带来负面影响。

（1）带滚轮的活动书架

如果常用的书刊数量不多，一个方形带滚轮的多层活动小书架就可以满足需求。此书架可根据需要在房间内自由移动，要注意的是，不要放在走廊和过道，最好是靠墙摆放，这样既方便取用，在房间中也不会显得突兀。

（2）屏风式书架

对于厅房一体户，还可以利用书架代替屏风将居室一分为二，外为厅，里为房。书架上再巧妙地摆设小盆景、艺术品之类，有较好的美化效果，也能挡住冲门的煞气。

（3）敞开式书架

对于房间较小而书籍较多的情况，可充分利用墙壁配置成敞开式书架，这样会方便取放书籍。所配置书架的色彩应与室内装饰的色调一致，以免像阅览室。

（4）床头式书架

在靠墙的床头做一个小书架，并装上带罩的灯，既可放置长用书籍，又便于睡前阅读，加强与伴侣的交流。不过这种书架不宜过大过高，因为过大过高的书架容易给床上休息的人以压迫感，不利于睡眠。

（5）连体式书架

把两个敞开式书架叠放，背部都朝向书桌，再把一个敞开式书架放在书桌上，并使其背面与叠放的书桌背部相依靠，可形成一个多用途的立体书架，既可供孩子使用，又可供大人工作、书写使用。

8.书房的装饰风水

与儿童房、老人房、客厅等功能区域相同，书房也可进行适当的装饰、美化，以协助营造安静、平和的书房氛围。

书房墙面所挂画幅要讲究一种平衡，需要结合主人的秉性来具体分析。如果主人的性格比较安静，就可选择比较"偏阳"的画幅，可以是展示力量阳刚之美的抽象画或装饰画；而主人比较好动、性格比较外向的，则可以选择属"阴"的画幅，如大气沉稳的山水画等，为书房营造出安宁的气氛。

▲ 书房也可进行适当的装饰、美化，以协助营造安静、平和的书房氛围，体现居住者的品位。

餐厅的风水布局 ————————————◦

所谓"民以食为天"，在居室的内部环境中，餐厅就是一个补充体能，可以让你饱餐一顿的地方。布置良好的餐厅风水可使家庭和睦、身体健康、财源广进。在这样好风水的餐厅中，可以让人精神放松，在用餐时有一个轻松愉悦的感受。而良好的餐厅风水不仅有利于用餐者之间的交流，还能促进家庭成员和睦相处。既然良好的餐厅风水有这么多的好处，这里我们就来了解一些相关的注意事项。

1.餐厅的格局

在餐厅风水中，方位和格局非常重要，如果能把餐厅设计在住宅的生旺方，吸入生旺之气，就可以使家人的运气畅通无阻，吉祥如意，反之则诸事不顺。

所谓"东食西寝"，这是风水学的基本概念。东边充满了朝气蓬勃的能量，因此面向东面的餐厅为大吉。

餐厅区域的格局要方正，不可有缺角或凸出的地方，长方形或正方形的格局最佳。如果因为其他的原因，不得不将餐厅放置在房子的尖角处，那么可以考虑用橱柜来弥补缺憾。

餐厅的门不适合正对住宅的大门，会使来访的客人直接看到餐桌。餐桌象征着家庭的

▲餐厅区域的格局要方正，不可有缺角或凸出的地方。长方形或正方形的餐厅格局最佳，能使家人的运气畅通无阻。

财富，被来访的客人看见是不合适的，应尽量避免，如果实在避免不了，可以使用屏风遮挡。

餐厅的门不宜与卫生间的门相对，出现这样的情况将比厨房的门正对着卫生间的门更糟糕。厨房里的食物仅仅处在烹制过程中，而餐厅里的食物处在享用过程中，在享受食物带给人愉悦的过程中，来自卫生间的异味会严重地影响就餐情绪。

2.餐厅的装饰

餐厅的装饰与客厅的装饰一样重要，可在这个区域内增加装饰画、植

物等，悬挂的画幅可以是简洁的装饰画。还可以运用镜子等物件增大餐厅区域的空间感。

首先，餐厅区域要求空气流畅、环境整洁，不可放置太多的装饰品，保持简洁大方是主要原则。在装饰画幅上可以选择和谐背景的图画，赏心悦目的食品写生、欢宴场景或意境悠闲的风景画均可。放在餐具柜上的真水果，鲜翠欲滴，也有着同样的效果。

其次，在餐厅的墙面或是餐具柜上还可镶嵌小面积的镜子，能够映出食物及餐桌，还可拓展空间视觉感，增强食物的能量，是餐厅中非常好的立面装饰。餐桌布宜以布料为主，放置热物时应放置必要的厚垫，特别是玻璃桌。

最后，餐厅的灯光一定要柔和，才能增加用餐的温馨气氛，强化家庭成员之间的感情交流。餐厅的灯以白炽灯为主，宜使用可调节亮度的，让灯光保持弹性。吃饭时可使用低亮度的灯光，在其他时间则可改用明亮的灯光。

3.餐厅的绿化

餐厅的绿化和点缀非常重要，可以通过在餐厅摆放植物来为其注入生命和活力，增添愉悦的气氛。而健康、茂盛的植物是气的汇集物，能将生生不息的能量带进家里。餐桌或餐桌的旁边放置盆栽或鲜花能使人在进餐时增强食欲，同时也可以让餐厅增添几分生气。

适宜在餐厅摆放的植物有番红花、仙客来、四季秋海棠、常春藤等。由于餐厅是用餐的地方，所以切忌在餐厅摆放如风信子、香水百合等气味过于浓烈的植物。此外，餐厅植物摆放时还要注意植物的生长状况应良好，形状需低矮一些，以免影响相对而坐的人进行交流。为了让空间更具有立体效果，还可将有色彩变化的吊盆植物置于餐厅的分隔柜上，划分餐厅与其他功能区域。

▲ 一般来说，餐厅的颜色都是随客厅的色彩来搭配的，墙壁颜色多以素雅为主，可以衬托食物的美感与增加进食的心情。也可使用暖色系的色彩，有利于促进食欲。

4.餐厅的颜色

目前，很多家庭的餐厅和客厅都是相通的，所以一般餐厅的颜色都是随客厅的色彩来搭配的。墙壁颜色多以素雅为主，如灰色与白色，不能太刺眼，油漆尽量不反光，这一切都为了衬托食物的美感与增加进食的心情。也可使用暖色系的色彩，有利于促进食欲。

值得注意的是，餐厅在整体色彩搭配时，地面色调宜深，墙面可用中间色调，天花板色调则宜浅，以增加稳重感。在不同的时间、心理状态下，人们对色彩的感受会有所变化，这时可利用灯光来调节室内的色彩，以达到利于饮食的目的。家具颜色较深时，可通过明快清新的淡色或蓝白、绿白、红白相间的台布来衬托。

5.餐厅的采光与照明

从风水角度来讲，餐厅光线不足就是阳气不足，对家人健康不利，而充足的日照会使家道日益兴旺。因此，餐厅最好在南面开窗户，以利采光。

如果自然采光不足，可以采用柔和明亮的照明来补充。淡淡的灯光静静地映照在热气腾腾的佳肴上，可以刺激人的食欲，营造出家的温馨，也能促进身心健康。

餐厅的照明应将人们的注意力集中到餐桌上，所以餐桌上的照明应以吊灯为佳，如用单灯罩直接配光型吊灯投射于餐桌，也可选择嵌于天花板上的照明灯。朝天壁灯也是一个相当好的光源，比起吊灯，它会为房间增添更多的戏剧性，而且光线由墙面透迤而上，再从天花板反射而下，柔和整个光线。此外，桌灯与立式台灯也都能创造出温馨的气氛，适合摆放在屋里的任何角落，这种照明既具有装饰性，又会使产生的光线色调柔化整个餐厅氛围。

如果餐厅设有吧台或酒柜，还可以利用轨道灯或嵌入式顶灯加以照明，以突出气氛。在用玻璃柜展示精致的餐具、茶具及艺术品时，若在柜内装小射灯或小顶灯，能使整个玻璃柜玲珑剔透，美不胜收。

6.餐桌的风水

餐厅的风水当然离不开餐桌的配合，餐桌是一家人共同吃饭之处，它的吉凶旺衰对居家风水影响很大。它不仅影响着一家人的食欲，对饮食健康也有着重要的影响。因此，不得不慎重考虑餐桌的选择与摆放。

首先，餐桌宜选圆形或方形。中国的传统宇宙观是天圆地方，日常用具也大多以圆形或方形为主，传统的餐桌便是最典型的例子。传统的餐桌形如满月，象征一家老少团圆，亲密无间，能够聚拢人气，营造出良好的进食气氛。方形的餐桌，小的可坐四人，称为四仙桌；大的可坐八人，又称八仙桌，象征八仙聚会，属大吉。方桌方正平稳，象征公平与稳重，因此被人们广泛采用。圆桌或方桌在家庭人口较少时适用，而椭圆桌或长方桌在人口较多时适用，设置时宜根据人员数量加以选用。

其次，餐桌不宜摆放在与户主五行不配合的方位。如男主人属于东四命，便要避免在西、西南、西北以及东北这四个方位摆放餐桌。如果主人的命格是属于西四命，便要避免在东南、东、南及北方摆放餐桌。

　　此外，餐桌颜色的选择也以符合宅主的五行为佳。现在餐桌颜色的选择比较多，各种色彩的餐桌只要用心找都可以找到，有的厂家还可以为客户量身定做不同颜色的餐桌。然而从风水上来说，餐桌的颜色最好能配合宅主的五行，再搭配具有生旺作用的颜色，就能让宅主运势顺畅，有催旺福运的作用。

餐桌颜色与宅主五行的具体搭配表

宅主五行	餐桌颜色	配合的生旺色
金	白色	银色、咖啡色、黄色
木	绿色	青色、黑色、灰色
水	黑色	灰色、白色、银色
火	红色	紫色、青色
土	咖啡色	黄色、红色、紫色

7.餐具的风水

　　现在，许多人的家居生活已经关注细微的地方了，选择适合自己家居氛围的餐具时，应注意餐具的风格要和餐厅的设计相得益彰。一套形式美观且工艺考究的餐具可以调节人们进餐时的心情，增加食欲。

　　中国人历来都是崇尚自然的，在餐具上也体现出了这一传统，竹的筷子和陶瓷的汤勺是我们的主要餐具。传统的碗、盘、碟、筷等，一般造型典雅、

▲一套形式美观且工艺考究的餐具可以配合餐厅的整体设计，调节人们进餐时的心情，增加食欲。

形态饱满祥和，多用龙、蝙蝠或桃子等吉祥图案作为装饰，能给就餐者带来好运。而随着时代的进步，餐具的取材也越来越多样化，如玻璃材料的贝壳平碟，用贝壳材料制成的贝壳勺、花朵碟、珊瑚果盘，玻璃材料的花朵碗，用自然椰壳材料制作的椰壳烛台，用铝合金镀银材料制成的银叶小碟，用铁、钢材料制成的铁制扭纹刀叉等。

用自然材料制作成的餐具和反映自然的餐厅家具搭配起来，会有非常浓郁的自然效果。一般来说，木制餐厅家具颜色都较深，想突出它的话，宜选择颜色较明亮的餐具一起使用。深色调的餐厅家具不宜和颜色艳丽的餐具配套使用，否则易产生不协调的效果。

厨房的风水布局

厨房是家居住宅中不可缺少的一个重要部分，是烹饪食物的场所，同时也掌管着屋主的财运，在功能上除了要具备相应的家具设备外，还要将其布置得明亮、舒适，给烹饪食物的人带来一个舒畅的好心情。给厨房布置出一个良好的风水局，能让屋主的财运更上一层楼。

1.厨房的方位

厨房是烹饪食物的场所，在风水的五行上属火，抓住这个特点，对厨房在住宅空间的位置进行安置，找对方位布对局，就可增强住宅的气场，催旺财运。下面结合厨房本源的属性与各个方位的五行属性进行介绍，帮你破解厨房风水局的方位之谜。

厨房在房间的北方。由于北方五行属水，故有水火相济的说法，主家人平安。

厨房在房间的东方或东南方，由于这两个方位五行属木，故为木火通明之局，主贵人运，居住其中的人能得到贵人的帮助和提携。

厨房在房间的东北方，由于东北方五行属土，故为火土相生之局，是融合之相。

厨房在房间的南方，由于南方五行属火，此局火气太旺，故只能作为小吉论。

厨房在房间的西北或西方，由于这两个方位五行属金，是为火金相克之相，故为不利。

厨房在房间的西南方，由于西南方五行属土，同时结合西南方气流较强，则有土掩火之势，故也为不利。

2.厨房的颜色

不同的色彩能给人不同的视觉感受。厨房的色调应与整个居室在风格上大体一致，多以柔和、洁净为主，当然也要根据屋主的性格爱好等具体情况而定。一般来说，浅淡而明亮的颜色能让厨房显得更加宽敞，纯度低的颜色可以赋予厨房温馨、亲切的感受，而倾向于暖色调的颜色让厨房充满了活力，可以增加食欲。

▲一般来说，浅淡而明亮的颜色能让厨房显得更加宽敞，纯度低的颜色可以赋予厨房温馨、亲切的感受。

3.厨房的照明

所谓"厨房有窗，进财有方"。厨房除了要保持日常的清洁、干燥外，如有自然光线进入到厨房中就更加理想了，阳光的照射可以让厨房的空气保持清新，还可除菌。

一般家庭的厨房中，除了基本照明外还应有局部照明。可分别针对工作台面、洗涤器、炉灶或者储藏空间安装相应的照明设施，以保证每一个工作程序不会受到照明不足的影响。如常在吊柜的底部安装隐蔽灯具，并使用玻璃罩住，以便照亮工作台面。在墙面上安装些插座，以便工作时点亮壁灯。厨房里的储物柜内也应安装小型荧光管或白炽灯，以便看清物品。当柜门开启时接通电源，关门时又将电源切断。这些精巧的设计能还你一个干净明亮的厨房空间，让你瞬间产生当大厨的冲动。

4.厨房的绿化

绿色传递给人一种平稳、和谐的感受，在厨房空间中可通过借用各种建材或厨具来进行装饰，如瓷砖的图案、漆料的颜色等，都可以选择相应的样式或色彩来绿化我们的厨房。同时，由于厨房是操作频繁、物品零碎的工作间，烟和温度都较大，因此不宜摆放大型盆栽，而吊挂盆栽则较为合适。其中以吊兰为佳，居室内摆上一盆吊兰，在24小时内可将室内的一氧化碳、二氧化碳、二氧化硫、氮氧化物等有害气体吸收干净，起到空气过滤器的作用，此外，在疾病的防治上，吊兰具有活血接骨、养阴清热、润肺止咳、消肿解毒的功能。

另外，虽然天然气不至于伤到植物，但较娇弱的植物最好还是不要摆在厨房。厨房的门开开关关，加上厨房里到处都是散发高热的炉子、烤箱、冰箱等家电用品，容易导致植物干燥。在厨房里摆些普通而富有色彩变化的植物是最好的选择，这要比放娇柔又昂贵的植物来得实际。适合的植物有秋海棠、凤仙花、绿萝、吊竹草、天竺葵及球根花卉，这些植物虽然常见，若改用较特殊的套盆，如茶盆、赤陶坛、黄铜壶等栽培，看起采就会很不一样。

▲ 在厨房里摆一些普通而富有色彩变化的植物，要比放娇柔又昂贵的植物来得实际，净化空气的同时，也美化了厨房环境。

5.厨房炊具的摆设

现代很多家庭都用到微波炉或电饭煲，在摆放这些物品时，应将其置于住宅主人的四个吉方之一。电饭煲和微波炉的插座应位于吉方，同样的原则也适用于烤面包机和焖烧锅等。

在厨房中，还免不得使用各种刀具，诸如菜刀、水果刀等，这些都不应悬挂在墙上或插在刀架上，而是应该放入抽屉收好。厨房内也不宜悬挂蒜头、洋葱、辣椒，因为这些东西会吸收阴气。烹饪用具、锅不宜挂在墙壁或摆放在外面，应清洗擦拭干净后放入厨柜内。炊具不可放在窗前或窗下，此种摆法象征家庭无依无靠。炊具也不可放在梁下，如果无法改变炉位，可在梁上用红绳悬挂两支竹箫，以化解煞气。炊具还不可冲到橱柜或桌子的尖角，或是正对楼梯。餐具应与调味料、食品分开存放。

6.炉灶摆设的禁忌

在厨房的摆设上，当然少不了炉具和灶台，而这些东西在摆设上也有风水忌讳，要小心应对。

（1）忌开门见灶

在中国传统的风水观念中，认为炉灶是一个家庭烹饪食物的场所，故不宜太暴露，尤其不宜被门路所带进来的外气直冲，否则家中易多损耗。这正如古书所说："开门对灶，财畜多耗。"

（2）忌与房门相对

炉灶是生火煮食的地方，

▲炉灶不宜正对门口，当炉灶被门路的外气直冲时，可设置推拉门，从另一侧开门以化解煞气。

甚为燥热，故此不宜与房门正对，否则会对房中的人健康不利。

（3）忌与卫浴间相对

炉灶是一家煮食的地方，故此地应该讲究卫生，否则便会病从口入，损害身体健康。而卫浴间藏有很多污物及细菌，故此地不宜临近厨房，尤其炉口不可与卫浴间相对。

（4）忌贴近卧室

炉灶生火而炙热，煎炒时所产生的油烟对人体不利，炉灶贴近卧室则更不适宜。

（5）忌背后空旷

炉灶宜背后靠墙，不宜空旷，倘若背后是透明的玻璃亦不吉，因为这正如古书所云："凡灶，忌窗光射之，主凶。"

（6）忌安在水道上

炉灶属火，而水道乃排水之物，水火不容，故此两者不宜接近，倘若炉灶放置在水道上则不吉。

（7）忌横梁压顶

风水学上有"横梁压顶"不吉利的说法，睡床上方有横梁压顶固然不吉，而炉灶上有横梁压顶则更不适宜，否则家人多病，尤其是对妇女健康不利。

（8）忌斜阳照射

在风水学上，认为厨房向西，特别是煮食的炉灶受西方阳光照射，不吉利，会令家人的健康受损。

（9）忌尖角冲射

风水学认为，尖角锋利，容易造成损害，故对于尖角冲射很忌讳。而炉灶是一家煮食养命的所在，倘若受到尖角冲射，便会对家人的健康有损。

（10）忌水火相冲

厨房是水火相冲的空间，但是如果能平衡二者，做到水火共济的局面，则可促进厨房风水的和谐。炉灶属火，而洗碗盆则属水，故此两者不宜太接近，灶位应避免紧靠洗碗盆。炉灶更忌夹在两水之间，例如夹在洗衣机和洗碗盆之间。

7.厨房风水开运法

厨房的风水关系着整体的家居风水，除了结合整体布局来调整厨房的风水外，还可运用不同的方法对厨房进行开运，以增加家宅的整体运势。

（1）注意五行生克

厨房里一般都设有水槽、煤气炉等设备，从风水上讲，水槽产生的水汽与煤气炉的火气是相冲的，所以煤气炉不可紧邻水槽，尽量不要与水槽对冲。同时，煤气炉不可正对厨房门和厕所门，如果煤气炉正对厕所门，那么厕所门一定要关上。此外，煤气炉不宜独立在厨房中央，因为厨房中心位置火气过旺，会导致家庭失合。

（2）炉口的摆设

现代厨房所用的煤气炉都有炉口，是指煤气的进气口，位于点火开关的后方。炉口的方位应尽可能朝向男主人或女主人的生气方，起到开运和烘托运势的作用。

（3）厨具的摆设

从厨房用具的摆设方面也能起到开运的效果。如果厨房中用到微波炉或电锅，应将其置于主人的四个吉方之一。同样的原则也适用于烤面包机、焖烧锅等。

▲ 将厨房的炉口朝向宅主的生气方，可有效增加其运势。

（4）平衡阴阳

前面提到厨房是水火相冲的情况，但是如果能平衡二者，做到水火共济的局面，则可促进厨房风水的和谐。在风水上，厨房被定义为属阴的区域，不是全家人经常使用的地方。然而，如果将厨房的一角当成用餐区，则可增加厨房的阳气，使厨房阴阳平衡，也可起到开运的效果。

卫浴间的风水布局

卫浴间是住宅的重要组成部分，是用于清洁手部、脸部、头发和身体的地方，也是容貌修饰以及生理排泄的场所。在居家生活中，卫浴间包含了盥洗室、浴室和厕所三种功能，更有人还赋予了卫浴间洗衣房的功用，所以，基于这么多功能的合并，卫浴间在设计上应当以简洁、实用为主。除此之外，在装修时还应对卫浴间的风水予以特别关注，才能让你拥有一个良好的家居风水局，运势就能持续升温。

▲卫浴间的格局应是规整的长方形或正方形，要宽敞、明亮、通风，且卫浴间中一定要有窗。

1.卫浴间的格局

住宅的使用面积决定了住宅格局的划分，相对于一般的小户型住宅，在使用面积上最多能划分出5平方米左右的空间作为卫浴间，此时就需要充分地运用布局了。

卫浴间的格局应是规整的长方形或正方形，要宽敞、明亮、通风，且卫浴间中一定要有窗，而且最好光线充足，空气流通，只有这样才能让卫浴间的浊气更容易排出，保持空气新鲜。有些住宅的卫浴间是全封闭的，没有窗户只有排气扇，这样的布局就是不合理的，完全封闭的卫浴间对居住者的健康是非常不利的，就算使用空气清新剂，也只是改变了空气的味道，而对空气的质量则并无帮助。

2.卫浴间的方位宜忌

卫浴间在住宅中的方位是家居风水的重要因素之一，所以，在家居布局时，哪些方位能设置为卫浴间，哪些方位不能设置为卫浴间，都是需要注意的。

（1）适合设置卫浴间的方位

从风水上来看，卫浴间是聚集污气的地方，潜伏有杀机，所以布置卫浴间时宜将其设在住宅的凶方。

在八宅风水学中，根据先天八卦的组合，将八个方位排列了，一个次序：生气位，为贪狼星；延年位，为武曲星；天医位，为巨门星；伏虎位，为左辅星；祸害位，为禄存星；六煞位，为文曲星；五鬼位，为廉贞星；绝命位，为破军星。卫浴间本非洁净之地，所以不宜放在吉位，如生气位等，而必须放在绝命位、五鬼位、祸害位、六煞位，以对其压制，取以毒攻毒之效，则不凶反吉。

（2）不能设置卫浴间的方位

首先，卫浴间不能设在套宅的中心，其原因有四点：①根据《洛书》方位，中央属土，而卫浴间属水，如将属水的卫浴间设在属土的中央位置，就会发生土克水的忌讳。②卫浴间设在套宅的中央，供水和排水可能均要通过其他房间，维修非常困难，而如果排污管道也通过其他房间，那就更加麻烦了。③住宅的中心就相当于住宅的心脏，至关重要，心脏部位藏污纳垢，是不能称作"吉宅"的。④卫浴间位于住宅的中央必定采光通风不好，加之卫浴间原本就是水重之地，潮湿的空气长期闷于室内，极易滋生细菌病毒，对我们的健康也不利。

其次，卫浴间不宜设在住宅走廊的尽头，因为从卫浴间流出的潮湿污秽之气会沿着走道扩散到相邻的房间。而且卫浴间设在走道的尽头，若没有良好的抽湿系统及朝外的明窗，则气味就会很重。浊气不散，会令吉气消失，从而影响整个宅运的和谐顺畅。

3.卫浴间的颜色

卫浴间的色调能改变整个空间的气氛，在整体色彩的运用上，如果运用得当可以让空间变大。因此，对于面积有限的卫浴间来说，最需要运用色彩来装饰和营造大空间的感受。

卫浴间的整体色调应保持一致，最好能体现出卫浴间简洁、实用的功能。色彩以冷色调搭配同类色和类似色进行深浅变化为宜。可以是浅灰色的瓷砖、白色的浴缸、奶白色的洗脸台，再配上淡黄色的墙面，即可让整个卫浴空间呈现出干净的视觉感受。还可以是清晰

▲ 温暖的橙黄色搭配纯白的卫具,结合柔和的灯光,既有利于营造卫浴间温馨的氛围,更能扩大它的空间感。

单纯的乳白、象牙黄等暖色调的墙体，搭配颜色相近、图案简单的地板，结合柔和的灯光，不仅让卫浴空间视野开阔，也让整个卫浴间给人清雅洁净、心旷神怡的感觉，让人在这样的环境中感到非常的放松。

4.卫浴间的照明

卫浴间的照明，白天应当以自然光源为主，通过窗户的设计，让自然光能满足卫浴间基本的照明要求。照明的灯具主要满足夜晚照明的需求。

卫浴间的整体照明宜选择日光灯，柔和的亮度就足够了，但在化妆

镜旁需设置独立的照明作局部灯光补充。镜前局部照明可选日光灯，以增加温暖、宽敞的感觉。值得注意的一点是，由于卫浴间是用水比较频繁的地方，在卫浴间灯具的选择上应以具有可靠的防水性与安全性的玻璃或者塑料密封的灯具为佳。而对于灯具的具体造型，可根据住户的喜好来进行选择。

5.忌将卫浴间改做卧室

现代都市，房价真的是到了寸土寸金的地步。有些家庭为了节省空间，会把双卫格局中的其中一间浴厕改做卧室，以获得尽可能多的使用空间，但这样却违反了风水之道，而且严格来说，亦不符合环境卫生。

从风水学上来说，浴厕一般被视为不洁之地，是应该设置在凶方来镇压住凶星的。卧室邻近浴厕已不太适宜，更不可把浴厕改作卧室。而从环境卫生来说亦不适宜，因为虽然把自己那层楼的浴厕改做卧室，但楼上楼下却并不这样，如此一来，自己那层卧室便被上下层的浴厕夹在中间，相当难堪。此外，楼上的浴厕若有渗漏，变会直接危害到住在下面的人，不符合环境卫生之道。故此，应该尽量避免把浴厕改为卧室，但若改作储物室则没有多大问题。

6.卫浴间物品放置事宜

在许多住宅的格局中，卫浴间一般都带有浴室的功能。卫浴间五行属水，也主财，对整个家庭的收入与财运有很大的影响。卫浴空间潮气重，较易脏污，若卫浴间长期处于脏乱的状态，其中弥漫的"杂乱之气"必然会造成使用人的运气下降。因此，合理地收纳卫浴间，尽量降低"杂乱之气"对住宅风水的影响就显得尤其重要。

在卫浴间里，可以将浴室用的转角架、三脚架之类的吊架固定在壁面上，放置每日都需要使用的瓶瓶罐罐等洗浴用品。也可用合乎尺寸的细缝柜收藏一些浴室用品、清洁用品。同时，用浴室专用的置物架增加马桶上方的置物空间，放置毛巾及保养用品等。还可在面盆下面的空间

▲ 在面盆下设置一个较大的储物柜，并做好防湿防潮的密封工作，将浴巾等卫浴物品收纳其中，既充分利用了边角空间，还方便了生活。

放一个较大的储物箱，但是要注意储物箱的密封效果，并且需要卫浴间有较好的干湿分区。将洗漱台做成一个开放式的抽屉，收纳毛巾、浴巾、洗漱用品和护肤品，在拥有良好的透气性的同时，还可以成为一个展示空间。同时，拖鞋、鞋垫可以选取用与墙体颜色反差较大的色彩，如柠檬、海蓝、浅分红、象牙色等清淡的颜色，会为卫浴间带来洁净感。香皂、洗发液应整齐摆放，但不必封闭于柜内，因为美好的香味能使空气清新，有利于放松心身，清扫用具不宜露在外面。毛巾、卫生纸等用品，用多少摆多少，牙刷不宜放在漱口杯上，应放在专用的牙刷架上，电吹风属火，用后应收入柜内。

总之，这些都是很好的空间收纳法，可以让您的卫浴间更井然有序。充分利用卫浴间的闲置空间作为得力的"收纳助手"，只要整洁，小空间也不会显得那么拥挤。

阳台的风水布局

在家居环境中，与大自然最接近的地方就是阳台了，它是居室的纳气之所。住户可以在阳台上晒晒太阳、呼吸新鲜空气，还可以纳凉、晾晒衣物等，可见阳台也是一个必不可少的活动场所。在阳台的使用上也需要注意一些风水问题，比如阳台的朝向以及阳台的格局等，了解这些能帮助我们规避一些风水问题，避免让居室不吉。

1.阳台的朝向

现代住宅中的阳台多是开放式的，易受外界影响，所以阳台的朝向就不容忽视了。阳台朝向的不同，会造成接受光照时间长短上的差异，自然也就形成了不同的风水局。

所谓"紫气东来"，这里的"紫气"即祥瑞之气，阳台朝向东方，祥瑞之气经阳台进入住宅之内，一家人必定吉祥平安。而且日出东方，太阳一早就能照射进阳台，整个居室内显得既光亮又温暖，居住在其中的人也会因而感觉精力充沛。

有道是"熏风南来"，阳台朝向南方则"熏风"和暖宜人，令人陶醉，在风水学上也是极好的。

阳台若朝向北方，最大的缺点是冬季寒风入室，会影响人的情绪，再加上若是保暖设备不足，就极容易使人生病。

太阳东升西落，阳台朝西

▲ 开放式的阳台易受外界影响，所以阳台的朝向十分重要，其中以朝向东方和南方为最佳。

会每日都被西晒，太阳照射时间过久会让热气到夜晚仍未能消散，从而影响居住者的健康。

2.阳台的格局

除了阳台的朝向外，阳台的格局也是比较重要的。

首先，阳台不宜正对住宅大门，这样容易让气流穿堂而过，不利健康。此时可通过在玄关处设置屏风或是使用玄关柜在大门和阳台之间形成隔断，对气流进行阻隔；还可在大门入口处放置鱼缸或在阳台养盆栽及爬藤植物，都能起到化解气流的作用。

其次，阳台不宜正对厨房，因为厨房忌气流拂动。此时可制作一个花架，种满爬藤植物或放置盆栽，使其内外有所阻隔。同时也可将阳台落地门的窗帘尽量拉上或是在阳台和厨房之间的动线上以柜子或屏风作为遮挡，起到阻隔的作用，不让阳台直通厨房即可，但前提是以不影响居住者的行动为原则。

此外，对于小户型的住宅而言，阳台的面积都不会太大，此时就要合理地利用空间，使小空间发挥更大的作用。阳台顶部一般都有晒衣服用的吊架，可以用铁丝吊上花盆，将吊兰、吊竹梅等植物摆放在此处。在阳台的前面的墙台上可以摆放一些盆栽，如绿萝、常春藤等，使之下垂生长，还可以摆放一些喜光的盆栽植物，既美观又开运。

3.阳台的布置

从室内的布置上来看，装修布置阳台时要注意排水、插座、遮阳篷以及灯具等几个方面，下面分别进行介绍。

（1）排水

阳台的排水功能是非常重要的，特别是没有封闭的阳台，如果下雨就会大量进水，所以在装修时要考虑阳台地面的水平倾斜度，保证水能流向排水孔。

▲ 阳台除了要注意防雨之外还要防晒，所以可以为阳台添加遮阳篷，在材质的选择上可以是一些比较结实的纺织品。

（2）插座

在装修的时候，阳台要预留插座。这是为以后的功能扩充所做的硬件准备，若在以后的居住中，想在阳台上读书，或者听音乐、看电视，那么在装修时就要留好电源插座。

（3）遮阳篷

阳台除了要注意防雨之外还要防晒，所以可以为阳台添加遮阳篷，在材质的选择上可以是一些比较结实的纺织品，也可用竹帘、窗帘来制作，建议做成可以上下卷动或可伸缩的，以便按需要调节阳光照射的面积、部位和角度。

（4）灯具

阳台的照明也是非常重要的，灯具自然就不能少了。阳台灯具可以选择壁灯或草坪灯之类的专用室外照明灯。如果喜欢凉爽的感觉，就可以选择冷色调的灯；如果喜欢温暖的感觉则可用紫色、黄色、粉红色的照明灯。

4.密封阳台的利与弊

由于空间的局限，有很多购买小户型住宅的人家会将阳台封闭起来，以扩大居室的使用面积。而封闭后的阳台可作为写字读书、健身锻炼、储存物品的空间，也可以作为居室的空间，这样就等于扩大了卧室或客厅的使用面积。同时，阳台封闭后，多了一层阻挡尘埃和噪音的窗户，有利于阻挡风沙、灰尘、雨水、噪音，可以使相邻居室更加干净、安静。如果是在北方的冬季，还可起到保暖的作用。而从安全防护上来讲，房屋又多了一层保护，能够更好地防盗，起到安全防范的作用。

当然，这也有其不利的因素。将阳台密封后，从风水上来讲则有违风水之道，因为关闭了纳气之门。同时，阳台被封会造成居室内通风不良，使室内空气难以保持新鲜，氧气的含量也随之下降。居室内家人的呼吸、咳嗽、排汗等会造成自身污染，加之炉具、烹饪、热水器等物品散发出的诸多有害气体，都会因阳台被封而困于室内。久居其中，易使人出现恶心、头晕、疲劳等症状。

过道的风水布局

过道也是块风水地。小户型住宅中，一室一厅的户型由于受面积的限制，过道区域不会太明显，而两室一厅或三室一厅的户型，在空间的安排上可能会出现过道，它起到了联接各居室的作用。作为室内的"交通线"，方便行走是过道主要的功能要求，因此，过道的地面应平整，易于清洁，空间上要留有适当的宽度以便通行。而对于过道的装饰，其美观程度主要反映在墙饰上，因此要尽可能把握"占天不占地"的原则。

1.过道的方位

在风水上，很多人会忽略过道区域，而实际上，过道攸关一个人的社会地位、信用以及整体运气。过道在家相上很难变成吉相，但位于东、东南、南、西南的过道，基于通风、遮光的作用而言，也可能成为吉相。

过道宽度应保持在1.9米以上，且有栏杆、屋顶，并有数根支柱支撑以突出个性。若

▲过道攸关一个人的社会地位、信用以及整体运气。保持过道的畅通无阻，财运才会如意。

能如此，则无论在任何方位均为吉相。居室入口处的过道常起到门斗的作用，既是交通要道，又是更衣、换鞋和临时搁置物品的场所，是搬运大型家具的必经之路。由于沙发、餐桌、钢琴等的尺度较大，因此，在一般情况下，过道净宽不宜小于1.2米。通往卧室、起居室(厅)的过道还要考虑搬运写字台、大衣柜等物品的通过宽度，尤其在入口处有拐弯时，门的两侧应有一定余地，故该过道宽度不应小于1米。通往厨房、卫生间、贮藏室的过道净宽可适当减小，但也不应小于0.9米。各种过道在拐弯处应考虑搬运家具的路线，方便搬运。俗话说"路通财通"，就是要保持过道的畅通无阻，财运才会如意。

2.过道的绿化

居室的过道空间往往较窄，但它是玄关通过客厅或者客厅通往各房间的必经之道，且应光线较暗。此处的绿化装饰应选择体态规整或攀附为柱状的植物，如巴西铁、一叶兰、黄金葛等；也可选用小型盆花，如袖珍椰子、鸭跖草类、凤梨等，或者吊兰、蕨类植物等，采用吊挂的形式，这样既可节省空间，又能活泼空间气氛。还可根据壁面的颜色选择不同的植物。假如壁面为白、黄等浅色，则应选择带颜色的植物；如果壁面为深色，则选择颜色淡的植物。总之，该处绿化装饰选配的植物以叶形纤细、枝茎柔软为宜，以缓和空间视线。

▲ 过道的绿化装饰应选择体态规整或攀附为柱状的植物，如巴西铁、一叶兰、黄金葛等，可以调节视觉，帮助空间的过渡。

3.过道的光源

对于一些面积稍大的住宅，房间与房间之间多会形成一条小过道，当然，面积更大的，过道就会更大、更长。

一般大厦内屋外的过道便是电梯大堂。门外过道要光亮，故24小时必须有灯亮着。现今大部分大厦都装有灯，不需要自己动手安装，但这些灯如果坏了而大厦管理人员迟迟未修理，那自己就得想办法尽快把它修理好，因为门前过道太阴暗，不利于家人的工作运。屋内过道同样要光亮，不可太阴暗，否则，不利于家人的运气。

4.过道的风水之宜

这里我们把过道的风水宜忌分开来进行介绍，以便让读者的思路能更清晰明了。下面通过整理，将过道风水之宜归纳为以下几个小点，分别进行介绍。

（1）过道宜保持光照

过道是气的通道，因为旺盛之气是随明亮的光和"S"形线进入屋子的，所以昏暗的走廊不利家运。在这里摆放的植物、桌子、书架等物品，都应该交错形成"S"状。在走廊的拐角处，气容易沉淀，所以在拐角处可用花或灯进行装饰，有意识地给空间照明。

（2）过道宜整洁、通畅

干净整洁的过道会给居住者带来好心情，也方便居住者随意行走。如果在过道堆放过多杂物或者垃圾，就会影响居住者的心情和生活，使生活失去方向，不利家运。

（3）过道边墙宜重点装饰

过道装饰的美观主要体现在墙饰上，可在一侧墙面安装内有多层架板的玻璃吊柜，放些纪念品等物；也可挂上几幅尺度适宜的装饰画，起到补缺的作用，更能增添文明、雅致的气息；或在面积稍大的一面墙上，挂一块较宽的茶镜玻璃，下方墙脚处放置盆景或花卉来衬托。如果茶镜能反衬出室外的树木等景色，则有借墙为镜，延展空间的良好效用，上下、内外相映生辉，生生不息。另外，塑料墙纸品种、花色、图案极多，如需使用应认真加以选择，以达到最佳效果。

（4）过道边墙宜有艺术感

作为室内的主要"交通线"，如果在墙边铺上七彩的卵石，放上小海星、小贝壳等饰品，整个空间会更充满艺术感，也会给家人的日常生活带来好心情。

（5）大面积过道宜摆放绿色植物

若是过道比较宽敞，可在此摆放一些观叶植物，叶部要向高处发展，使之不阻碍视线和出入。摆放小巧玲珑的植物，会给人一种明朗的感觉，也可利用壁面和门背后的柜面，放置数盆观叶植物，或利用天花板悬吊抽叶藤、吊兰、羊齿类植物、鸭跖草等。至于柜面上，可放置一些菊花、樱草、仙客来、非洲紫罗兰等。每周与室内的花草对换一次，以调整一下绿色植物的生长环境。

（6）尽头是厕所的过道宜安门

有些客厅与卧室之间存在一条过道，过道尽头是厕所，不但有碍观瞻，而且在风水上也不宜。而在过道安门后，坐在客厅中就不会看见他人出入厕所，既避免了尴尬，也避免厕所的秽气流入客厅。

（7）过道地面宜铺设实木地板

过道地面主要有实木地板、瓷砖和地毯三种装饰材料。中式风格的过道装修中，最好选用实木地板而不要用复合地板。虽然复合地板的图案多样、色彩丰富，但却太过于强调现代气息。而实木地板色彩单调，但正是这种单调的色彩给予过道地面以宁静、古典的气息。且实木地板更具高品位的质感，与室内其他实木家具等搭配和谐。

（8）过道地毯宜耐磨

选择过道的地毯时要考虑铺设的位置和该处的行走量。过道是走动频率较高的区域，要选用密度较高、耐磨的地毯。一般而言，素色和没有图纹的地毯易显露污渍和脚印；割绒地毯的积尘通常浮现于毯面上，但尘污容易清理；圈绒则容易在地毯下面沉积灰尘，较难清除。优质地毯有不褪色、防霉、防蛀、阻燃等特性。选购人工或机织地毯时，应注意是否有厂方提供的防尘、防污、耐磨损、防静电等保证。

5.过道的风水禁忌

在介绍了过道的风水之宜后，同样也要对过道的一些风水禁忌进行介绍。下面通过整理，将过道风水禁忌归纳为以下几点。

▲过道是走动频率较高的区域，要选用密度较高、耐磨的地毯，颜色和花纹宜深不宜浅。

（1）过道忌将房子一分为二

首先，过道忌将房子分隔为两部分，否则即是把风水气场分散成两半，不利家庭的财运。同时，风水学认为，在住宅中央穿过的过道把整个家一分为二，这样会导致家庭不和睦，影响夫妻感情，是风水中的大忌。

（2）过道内忌有横梁

横梁是装修设计中应注意的问题，也是较难处理的一个部位。如果小过道内出现横梁，一般会做假天花来化解，这样既美观大方，又解决了风水方面的问题。否则，有碍美观的同时也会使人的心理有压迫感，家人工作可能会出现阻力，影响家运。

（3）过道忌五颜六色的灯光

过道的使用频率很高，为了方便人们的日常生活，不管是室外过道还是室内过道，均宜以明亮而不刺眼、单纯而不单调的暖色系灯光为主。切记搞得五颜六色的，这样只会适得其反。

（4）小面积过道绿化忌杂乱

居室的过道是行走最频繁的地方，摆放的绿色植物切忌杂乱无章、缺乏主题。不宜把插花、盆栽、盆花、观叶植物等并陈，这样既阻塞通路，令人走路时受到阻碍，也容易损害植物。

（5）过道地毯忌不透气

地板是阳气很强的，如果在上面再铺上不透气的地毯，就会阻隔阳气，导致家里阴气增加，所以要选择通气良好的地毯铺设过道。地板是吸收大地能量的过滤器，但深色、陈旧的地板不能充分地吸收大地的能量，所以应该用明亮色调的地板或地毯铺设过道。

（6）过道不宜使用过多的大理石

用有自然纹理的大理石或有图案花纹的内墙釉面瓷砖铺贴墙面，可起到良好的装饰作用。大理石是高级装修材料，价格昂贵，用它装饰墙面，庄重大方、高贵气派。但如果要讲究经济实用的话，过道中不宜大面积使用。

窗户的风水布局

在功能上，窗户和门一样，是阳光和空气进入室内的口，也是私人生活与外界沟通的通道。好风水的住宅，窗是必备的，而窗的形状、数量以及窗帘的选择，都是非常重要的细节，掌握这些细节与风水的关系，能让小户型住宅不仅更适宜人居，同时也能带来好的运势。

1.窗户的形状与五行

在窗户的设计上，窗户最好是向外或两边推开的，但要以不干扰到窗前的区域为原则。而向内开的窗户会使居住者变得胆小、退缩，同时向内开的窗户也经常会被窗帘或百叶窗阻挡，变得很难开启。如果窗户是向内开的，可在窗户下摆放盆景或音响，加强此处区域的功能。除此之外，窗户的形状、方位与五行相关，运用得当则有助于加强家居的能量吸收和增加活力。窗户的五行形状包括了金形圆、木形长、水形曲、火形尖、土形方。

（1）直长形窗

属木形窗，适合在东、南与东南方，能使住宅的外立面产生一种向上的速度感，并会在家庭中形成积极向上的氛围。

（3）圆形或拱形窗户

属金形窗，在住宅的西南、西、西北与东北最为适宜。能产生一种凝聚力，形成团结的氛围。

（2）正方形或长方形窗

属土形窗，其最佳位置是在住宅的南、西南、西、西北或东北部。它能使住宅的外立面产生一种安定、稳重的感觉，并会在家中形成平稳踏实的氛围。

（4）尖形或三角形窗户

属火形窗，在住宅建筑中比较罕见，由于其过于尖锐和太具杀伤力，故不利居住者生活在其中。

（5）波浪形窗户

属水形窗，在住宅建筑中

▲ 正方形或长方形窗属土形窗，其最佳位置是在住宅的南、西南、西、西北或东北部。它能使住宅的外立面产生一种安定、稳重的感觉，

并不多见。主要是设计师为了表现装修设计的效果，将窗户内的形状用波浪形的元素来装饰。波浪形从风水的角度分析并无碍。

2.窗户的数量

从风水上来讲，窗户是一个居室的气口，通过窗户能让居室内外的气进行流通。但是也要注意，窗户不可过多，如果窗户太多则会使得内气难以平静，也会使居家生活易紧张，难以松弛；如果窗户太少，则无法吐故纳新，内气抑郁其中，易导致居住者产生内脏方面的疾病。

客厅或卧室的窗户若过大或数量过多，容易使内气外泄。尤其是家居中的大型落地窗，夏天会导致过多的阳光或热量进入室内，导致家庭关系不和；冬天又会使室内的热气迅速散失。如果发生这种情况，可通过悬挂百叶窗或窗帘来补救。相比之下，百叶窗比窗帘更易于吸纳外气，所以效果要比窗帘好。

3.窗框的颜色

窗户的窗框和墙壁漆成不同颜色，可将外部景致明显地纳入窗中，形成一幅天然的风景画，能为居住者带来活力和创造力。但选色最好要注意，若能选择与方位配合的颜色，则对宅运有益。

现在为八个不同方向的窗框配色。

向正东的窗户宜用黄色、褐色；

向东南的窗户宜用黄色、褐色；

向正南的窗户宜用白色、银色；

向西南的窗户宜用蓝色、黑色；

向正西的窗户宜用绿色、青色；

向西北的窗户宜用绿色、青色；

向正北的窗户宜用红色、粉红；

向东北的窗户宜用蓝色、黑色。

4.窗帘的选择

无论是客厅还是卧室，窗帘都是必不可少的家居用品之一。它不仅能起到遮挡光线的作用，也能起到隔热降温的效果，同时还兼具了设计的美观性，可谓一物多用。窗帘与风水的关系其实是窗的方位与风水的关系。随着太阳角度的不断变化，可在东、南、西、北四个方向分别布下"窗帘阵"，加强风水效果，同时，这也与窗帘的颜色、厚薄、质地有关，应根据具体情况慎加选择。

（1）东边窗

适宜用百叶帘和垂直帘。因为东边房间窗户的光线总是伴随着早晨太阳的升起而出现的，所以能迅速地聚集大量热能，因为热能多通过窗户的金属边框迅速扩散，所以东边窗适宜选择具有柔和质感的百叶帘和垂直帘，它们具有纱一样的质感，并能通过淡雅的色调和柔和的光线给人产生视觉上的清爽凉意。

（2）南边窗

适宜选择日夜帘。南边的窗户一年四季都有充足的光照，是房间最重要的自然光来源地，能让屋内呈现淡雅的金黄色调。但是和暖的自然光含有大量的热能和紫外线，在炎热的夏季，这样的阳光显得有些多余。因此，目前比较流行的日夜帘是个不错的选择。白天的时候，展开上面的帘，不仅能透光，将强烈的日光转变成柔和的光线，还能观赏到外面的景色，其强遮光性和隐秘性会让主人在白天也能享受到燥热季节的凉爽与宁静，并能提供良好的光线。

▲ 南边的窗户一年四季都有充足的光照，是房间最重要的自然光来源地，能让屋内呈现淡雅的金黄色调，适宜选择日夜帘。

▲ 西晒的窗户阳光照射时间过长，会造成室内温度过高、家具被晒褪色、食物不易储存等问题，需安装有防晒功能的窗帘，如百叶窗、卷帘等，以免阳光直接照射在室内造成诸多负面影响。

（3）西边窗

西边窗应注意防止西晒，并保护家具。由于西晒的时间较长，会使得整个房间的温度升高，尤其是炎热的夏天，窗户应经常关闭，或予以遮挡，所以应尽量选用能将光源扩散和阻隔紫外线的窗帘。百叶帘、风琴帘、百褶帘、木帘和经过特殊处理的布艺窗帘都是不错的选择。

（4）北边窗

适宜选择百叶帘、风琴帘、卷帘、布艺窗帘等。这些类型的窗帘对于尽情享受生活、追求艺术画面感的人来说是最为理想的选择，而且从窗户的采光角度来讲也是最为适宜的。

第四章 完全破解四种小户型风水

在出现初期，小户型被多数人看作是一种过渡空间，对它的居住功能更是充满质疑。然而时至今日，诸多小户型在保持其高性价比优势的同时，其类型也在不断丰富、功能也不断完善，居住舒适度和健康的标准也在不断提高，在小小的空间里，精巧的设计，多功能的家具，让每种小户型都有不同的精彩上演。

一室一厅 ▶ 小小蜗居，大大智慧 ——————◀ 40～70平方米

　　对于小户型的住宅，在按照一定的规格对各类户型进行划分后，针对这种独门独户的一居室小户型，时下给出了一个时尚又新颖的名称——"蜗居"。小小的蜗居，一般只有40～70平方米的居住空间，通常只有卧室、客厅、厨房和洗浴间，可以说是"小中之小"，而如何让小小的空间承载生活所需的全部功能，则需要动用我们大大的智慧了。

　　虽说一居室的空间不大，给居家布置和生活带来一些不方便的制约因素。但空间小并不见得就一定得让自己刻意将就，相反，通过对小窝进行装潢设计，搭配合理的风水布局，保证让你拥有一个既温馨浪漫，又幸福吉祥的"甜蜜空间"。

　　在对一室一厅的户型进行设计和装潢时，出于具体房屋面积的考量，除了要做到将空间放大利用，消除小面积家居环境带来的局促感外，还可以结合家具家饰来对居住环境进行设计装饰，从而让房间呈现出宽敞、通透的空间效果，让一居室也提供给住户"小身材、大印象"的居住感受。

1.增大内明堂空间

　　有书曾言："内明堂之宽狭宜适中，不能太宽阔，太宽则近于旷荡，旷荡则不能藏风，不藏风则气难融聚；又不可太逼仄，太狭窄则气象局促，太局促则无华贵雍容之态。"而在一室一厅的空间里，最大的硬伤就在于其"窄小"的面积，要想在这个小小的蜗居里既住得舒适又拥有理想的风水格局，就需要将设计的重点放在居家布置上，巧妙地运用一些小技巧，让有限的室内空间得到最

▲内名堂区域的灯光要尽量明亮，才能照亮这个区域，形成好的居室风水。

大化的运用，最重要的就是净空内明堂区域，这不仅可以化解房屋的煞气，将吉祥气象融入居家生活之中，又能带给居住者好的运气。对于该区域的布置，可通过五个方面来进行。

（1）内明堂要干净、敞亮

内明堂区域不仅在功能上位置关键，而且从家居风水上来讲，内明堂主管财运，因此，在该区域绝对不要摆放或堆积太多家具或物品，尽量让内明堂保持干净、敞亮的状态。

（2）提升内明堂的照明

内明堂越大，引入的财运就会越多。对于小户型的住宅而言，可通过在明堂区域增加适度的照明设施，如发白光的电灯等，制造出柔和的光线，让内明堂区域更通透，增加空间感。也可在墙上悬挂手绘的山水画，促进住宅精、气、神的生成流转。

（3）在内明堂摆放玄关柜

在内明堂空间的设计上可发挥创意，将内明堂打造成具有区分内外空间的小区域。此时不妨摆放一个玄关柜，可以用做鞋柜，起到收纳的功能，同时还可在柜子上面使用具有穿透性质感的毛玻璃做为隔间，让视野不受玄关柜的遮挡。

（4）消除秽气

很多家庭在内明堂的底部或是靠近电视柜的地方，会设置一个小鞋柜。需要注意的是，鞋柜上的鞋子应经常清洗、暴晒杀菌，去除秽气，以免影响整个内明堂甚至整个住宅的风水。

福运天天来

通过相应的设计和改造，对内明堂的空间进行最大化的处理，让内明堂有了足够的空间感。加上风水的合理布局和开运物品的助力，提升整体运势的同时也加强了财运。

（5）招财旺运

在拥有了明亮、空间感足够的内明堂后，想要催旺住宅风水的住户还可在内明堂的柜子或是玄关柜上摆放具招财功能的黄水晶，借用开运招财物品的助力以开启小户型房子的财运力量，为住户招来更好的财运。

2.明亮外明堂空间

小户型的房屋不管有无隔间，都要尽量地净空空间，风水才不会出现劣势，不会有碍居住者的好运。在清除完内明堂区域堆积的杂乱物品，净空内明堂的空间之后，要让小小蜗居的空间更大，还应该为这个爱的小窝打造一个明亮的外明堂。

很多时候，小户型住宅楼的楼层走道空间很小，采光条件也不乐观，要想营造一个明亮的外明堂非常不易，此时可通过灯饰照明等设计来增强外明堂的空间感和明亮感。在外明堂区域设置照明灯光，可以使用从门框上方往下的射光，光线比较柔和，起到良好照明作用的同时，也为外明堂的空间做了一个采光烘托，以衬风水。因为"外明堂"主掌业务关系，应以理性的白光作为照明的主要光源，使宅主在推展业务时保持冷静理性，时时掌握业务动向。另外最好再加一盏黄色光的灯，或是用黄色灯罩透出黄色的光，催动广泛的人际业务关系从而在金钱上获利，或招来贵人在金钱财运上的协助力量。

由于小户型住宅面积有限，很多没有入户花园的设计，导致外明堂区域与走道之间没有明显的区分。此时，可以在本就不多的空间中，动点小心思，在进门前的区域放置一张软垫，可以是柔软的织物，也可以是草编的脚垫等，以起到区分的作用。

> **福运天天来**
>
> 传统风水学认为，外明堂是居室大门外的空间，主掌居住者的人际关系、贵人运、工作事业的发展运程。对外明堂进行合适的整理，不仅能提升居家环境的品质，更有利于促进宅主业务发展的空间，提升事业运、财运。

在日常生活中，有的住户为了方便，经常将整理出的生活垃圾随手放置在自家大门的外侧，以便出门时记得处理垃圾，这是一个好生活习惯，但这个习惯却严重影响了外明堂的风水，垃圾多积染了秽气，将秽气放置在掌管事业运的外明堂区域，会让居住者的运势走下坡路。所以最好的方法还是多走几步路，将清理出的垃圾及时丢弃到楼层或住宅小区指定的垃圾堆放点。

3.家具巧隔功能区

一室一厅的房子面积很小，像餐厅、玄关等功能区可能就完全不存在。这时，就需要开动智慧来充分利用房间中的每一寸空间，将家具做为隔断，缩小家具的体积和占地面积，让房间发挥"麻雀虽小，五脏俱全"的风水功能，让居住者顺风顺水，事事如意。

在内明堂区域可通过在鞋柜的立面添加镂空的折叠或推拉门，使空间形成一个半隔断的效果，既隔出了小玄关的区域，也与客厅进行了功能区分。

还可根据实际的需要，定制伸缩式的餐桌，平时收放在柜子中，在需要时拉出来，既可形成小的餐桌，也可作为工作台使用，兼具了多种功能性的同时，还可将用餐区域与客厅进行功能区分。

对于卧室内的空间还可根据需要，适当地增加梳妆台、书桌等家具，这些物件在风水上对应着住户的财富、恋情、文昌等元素，能加强居住者的运势能量。同时，多选用可以折叠或移动的梳妆台、书桌等物件，加大家具的灵活运用，让空间的区分更加自由多变，这也能方便居住者的生活。

▲ 使用镂空的折叠门或是推拉门，都能起到很好的间隔作用，需要时拉开就能快速隔出一个单独的空间。

对于厨房空间可使用分离式的餐桌，也可使用带小轮可移动的样式，方便在备餐中整理空间不够时拉过合并使用。打造出一个半开放的小餐厅，保证备餐和用餐的便捷性。

通过家具进行隔断布置，除了可以增加外观上的审美以及功能的适用性之外，还可以改善很多风水问题，避免影响运势。譬如，当房间的格局比较狭长，房间的大门直线侧对着客厅的书桌或其他家具时，可通过调整家电的位置，将冰箱这类家电放置在书桌旁，使其与衣柜等家具对称，从而让房间的格局方正起来，动线流畅，同时又能以多种物件来抵挡大门直线侧对书桌的问题，破解风水中的一些冲煞。同样的直线侧对的问题也会出现在厨房区域，此时可在厨房的一侧放一个简易的小餐桌，并在燃气灶的侧边用一块屏风挡住炉火与小餐桌的直线侧对问题，就能快捷简单地破解这个风水问题了。

福运天天来

风水学将世间的万事万物，都归结为循环生克的金、木、水、火、土五种形态，通过洞悉彼此间的生克互变，以求趋吉避凶。住宅的各个功能区也可裂变为五行，通过巧妙的设计隔断，小户型的各个功能区就能发挥其独特的作用，同时相互协调相互催动，形成一个循环相生的互动系统，从而打造出一个生机勃勃、聚气纳气的理想好宅。

4.善用色彩增大空间感

在家居装潢设计中，色彩可以说是非常重要的一个元素，而色彩的搭配也是和空间相关联的，运用得好则能为房屋的装饰效果加分。一般居室在色彩运用上大致可分为五大色彩区域，包括窗帘、墙面、地板、天花以及家具，若能将这些较大面积的空间的颜色进行有机地组合，便能取得很好的装饰效果。

总体来讲，对于居室内的色彩总体的规则是宜淡不宜浓。现在很多人

▲ 室内空间中的颜色也要根据不同人的需要来定，可选择以浅黄色为主色调，搭配适当的淡紫色，让空间内的色彩具有设计感的同时也很和谐。

有一个设计上的误区，喜欢在居室中涂上一些彰显个性的色彩。这些设计手法针对面积大的大房间比较适合，因为面积大，可供创造的空间也大，住户根据个人喜好和风水选择适当的色彩来装饰房屋，有充分的过渡区域来对这些个性的彩色元素进行调和。

在小户型的空间里，即使是有单独客厅空间的一居室，在房屋内进行过多色彩的处理，这样非但不能突出主人的品位，反而给人杂乱无章的感觉。要让有限的房间显示出更大的空间感，在房间色调的选择上就要有所讲究了。通过一个基本色调，做一些有控制的变化，是小户型设计时的明

福运天天来

合适的居室颜色搭配不仅能扩大空间感，同时对居住者运势的发展和感情的稳定有一定的作用。如选择可爱的粉红色可以增加屋主的桃花运，选择清秀的绿色则能带给人稳定安全的感觉，有助于居住者的运势稳定和身体健康。

智之举。具体的色彩选择上，多以清爽、浅淡、柔和的色彩为佳，如米白色、浅绿色等，这些颜色会让人感觉放松、愉快，同时带给人扩展、后退、延伸的视觉感受，会让人感觉空间比实际更大一些，让房间开阔而通透，从而增大空间感。

5.合理选择家具营造开阔感

每一户小户型住宅的空间，几乎都无法避免家具占用住宅有限面积的问题，但只要懂得设计规划，再小的户型也可以顺利解决家具阻隔空间的困扰。

虽然一些华丽的家具能增加整体设计的奢华感，但小户型房屋在家具的选择上应以简洁为主，尽量避免一些体积庞大、结构复杂的家具，要少而精，以小巧精致为主打风格，多采用使用弹性较大的可拆装和组合的家具，让家具贴合使用环境，真正做到"小体积、大容量"。同时，整体家具的高度最好低一些，这样能让空间有一种延展的感觉，提升上下空间的

▲ 在一室一厅的空间内，选择较小的家具能更大地节省出走动空间，为居住在其中的人提供方便和舒适感。

内部体积感。

多功能家具集多种功能于一体，占地少、灵活性大、功能转换简便，实用性强，是家具中的首选。不过选择多功能家具，不仅要考虑到家具的组合多变性，更重要的是要从家庭实际需要出发，考虑到生活中所需的家具功能，然后找到最能兼顾所有功能的产品。比如，家里经常来客人，可地方小得根本没地方睡觉，多功能的沙发床就成了你最好的选择。

家具的选择要适用，有很多屋主为解决小户型房屋的空间问题，

▲ 一室一厅的户型可以使用凹缩款式或悬空的一些组合家具，这样既具有了家具应承载的功能，也在空间上有一定的开阔感。

索性把室内的书柜、碗柜、储物柜等物件设计成悬空，这个创意虽然能避开家居庞大占空间的问题，但是装设悬空的橱柜会让屋内上半部的空间更小，住在里面的人呼吸吐纳出来的废气在窄小的空间内循环，不仅健康会受影响，而且风水的气场也不通畅，运势也会越来越窒碍难行。要解决这一问题比较简单，尽量将悬空橱柜的踢角部分设计成悬空抬高凹进去的款式。这样一来，就可以增加柜子底下抬高的踢角空间，改善空气环流。同时达到视觉延伸的加分效果，从凹线往地板看的时候，产生往内延伸的空间感。

福运天天来

如果房屋不能给居住者足够的活动空间，居住者的能力就会受限，事业、爱情等方面的运势都会受到影响。只有气场通畅、格局开阔的住宅风水，方能给居住者大展拳脚的空间，才能引入贵人，促进居住者运势的顺利发展。

6.改善墙面增大空间

墙体也是重要的空间组成部分，起到区隔空间的作用，但小户型中的墙体往往会造成空间的封闭感，除了可通过在墙面上涂上颜色辅助空间设计外，还可对墙面进行改善以增大空间。

在一居室小户型住宅中，客厅是除了卧室之外的主要活动场所，在客厅的墙面上除了颜色的装饰外，还可通过添加镂空效果来增加空间感。实际操作时可在客厅墙面上镂空出多个长条形的玻璃透光窗，嵌入木质的隔条，形成一个小的凹陷区域，一来打破了空间的封闭感，给单调的墙面增加装饰性的元素，同时也为客厅的采光加分。

在客厅空间中还可通过镜子来增加空间感。可在客厅的墙面或是储物柜上的合适位置安装镜子，以通过反射效果增大室内空间感。同时，镜子本身就可以直接当做镜面进行使用，在客厅中若以镜子做为壁面，结合层板的使用就可在墙面上制作出陈列空间。既增加了空间感，又带有储物的功能，真是"一物多用"的最佳方法。

▲ 在客厅区域的墙面上还可适当添加一些镜子、镂空雕花等元素进行装饰，能增大室内的空间感。

7.空间并用让空间最大化

不是所有人都能住在好几层的豪华别墅里，也不是所有人的家都拥有宽大而独立的储物间，但是只要善加利用家里不起眼的空间，尽量将开放的空间进行并用设计，就能让小空间变大，让空间加倍，打造出最贴切的居家生活空间。

▲ 针对一室一厅有限的空间，还可将冰箱或洗衣机等物品与其他的空间进行共用，以求让空间最大化。

在一些小户型房屋的设计上，有的带有一个很小的阳台，此时可将阳台区域与客厅区域进行并用，将卧室区域外推至阳台区域，让原本放床的区域成为客厅，就能合理地增加室内的空间。

在空间的并用上还有诀窍，可将留出来放置洗衣机的空间与洗理台同时处于一个空间，上面是洗理台，用层板隔出空间，下面则放置滚筒式的从前面开启的洗衣机，从而节省出相应的空间。

借由并用的原理，我们也可将空间的并用效用应用到客厅的冰箱与衣柜空间上，在制作整体的阁柜时适当配合冰箱的尺寸并预留出空间，让冰箱"嵌入"到整体的柜架中，形成空间共享，同时也让房间的格局更规整。值得注意的是，若是阁柜的高度无法完全适合，还可通过使用布帘的装饰遮挡冰箱空出的上部区域，尽可能地做到让房间格局整体化。

8.储物空间的最大化

一个家庭所需的生活物品必然繁多而复杂，但对蜗居小房来讲，其生活环境空间本来就已经够狭小了，杂物一多居家空间必然变得拥挤杂乱。当空间变得杂乱无章时，风水必然会受到影响。杂乱所引起的能量阻塞不仅会影响居住质量，还会对居住者的生理、心理以及心灵等各方面产生不利影响，干扰运势发展。

要保持空间的干净敞亮，在居家布置时必须进行浓缩和取舍，除了减少不必要物品的购买外，同时还应多学习收纳高招，可在小空间里进行多种储物设计，在有限的空间中开发出无限的收纳

▲利用洗手台下的区域设计出一个洗手台，可做储物柜使用，同时还可结合一旁的空间，定制出符合大小的储物柜，让储物空间最大化。

空间，为这些生活必需品找到一个合适的"家"，让居住环境更加整洁明朗。

养成定时整理的习惯，将一些根本没用或是用不到的东西，如空箱子、废电器、旧报纸等及时清理。同时要及时收纳整理一些短时间不用或长期不用的东西，如棉被、冬衣等季节性物件，以免空间变得杂乱而又狭迫。

如果居室内有空心柱，还可对这个区域进行应用，可将空心柱制作成衣柜或储藏柜，加大储物空间，让最小的地方存储最合适的东西。

蜗居小户还可通过对卧室区域的地面进行设计，可架高木地板，区分出室内的功能空间，同时可将部分的地板区域添加支撑架，打开架子后下面就是一个巧妙的储物空间，最适合收纳一些较为大件的杂物。

小户型住宅的浴室区域都很小，通常只能容纳洗手台、马桶以及淋浴头等必备设施，而对于浴室上部的空间，可运用层板隔出一层储物空间，

以方便放置一些卫浴用品。

对于卫浴区域的运用还有一个小妙招，若是空间足够放置一个方形的洗手台，此时不妨将洗手台的下方好好利用，设计出一个储物柜，这样既节省了空间，同时也让储物空间再次得到优化。

床是我们生活中一个很占空间但又必需的家具用品。在床的选择上可以购买带有床头箱和掀床设计的床铺，就可以一物多用，将平常用不上的物品收纳到床头箱或掀床内部，让有限的居住空间更加整洁，不至于被家中杂物占据，从而影响美观、影响风水。

福运天天来

家庭的各个空间都有着不同的收纳秘诀，发挥自己的创意，完美小户型收纳招数，让家变得更整洁，空间更宽阔。只有这样，居住在其中的人才会拥有更好的生活质量，方能更好地发挥自己的能力，运势自然也会好转，爱情、事业的发展也将越来越好。

9.巧用天花板曲线增加流动感

小户型房间要营造出大空间的氛围，在装修的整体理念上是宜简不宜繁的，可以巧妙地在房屋中间区域应用曲线，从视觉上增加空间的流动感。

设计房屋中间区域可通过添加天花板来进行。一般情况下，对于较小的空间，在设计时能不做吊顶就不做。如果遇到特别需要做吊顶的情况，或是居住者特别钟爱吊顶设计时，则最好选取曲线形式的吊顶，它比普通直线形吊顶更能丰富房屋的线条，为房间增添一些层次感。

天花板的设计也可不做吊顶，用只走房屋边线的手法来进行。此时可在屋顶天花板上镶嵌小的石膏边线，添加一定的曲线效果，而天花板上的射灯在走势上也可做成曲线，令空间中的光线形成曲线链条，加强延伸感。

在装潢设计中，也不能完全摒弃传统的直线设计，相对于曲线的延伸，直线能够营造一种稳定坚实的感觉。在一些户型结构偏长方形或挑高比较有限的房子里，在墙面的部分可做一些直线纵向纹理的处理，不仅有助于延伸房屋的纵向空间感，还有助于保持风水动静的平衡。

10.避免使用垂挂式的吊饰

一居室的房子因为空间狭迫，除非是挑高格局或空间高度足够，否则在设计任何装潢家饰时都要尽量避开垂挂式的设计。特别是吊灯、吊扇等垂挂式的家饰，会让已经狭迫的小户型房屋空间更具压迫感，同时还有可能造成风水上的"天罗"问题，让房屋居住者的运势被困，难于翻身。

要避免小户型住宅的空间出现压迫感，可加强房间的通风和采光。在采光装饰的选择上，需要避开使用吊灯，可多选用壁灯或是紧贴天花板的方形装饰灯。而加强通风的设备也要避免使用吊扇，可选用立式可调方向的风扇，能随居住者的需求进行方位的调整，加强室内的通风效果。

▲小户型的客厅基于空间的限制，不是很适合安装吊灯，也是为了避免出现天罗地网的局面，可使用平顶或结合天花的射灯来进行照明。

Tips 风水小课堂

※ 天罗地网

住宅风水里面常提到"天罗地网"是一种针对空间环境的特定指代，"天罗"指的是楼板（包含横采）出现空间压迫，"地网"则是空间的立面墙面出现狭制，让地面空间变小。空间因为楼板或是立面墙面产生紧缩感，代表着生活在屋内的人被紧紧包围，运势落入"天罗地网"，个人的事业发展也将受困其中。

11.巧用空间"留白术"

"留白"是常用的一种艺术创作手段，在住宅空间的装饰上同样适用。在室内空间中进行留白设置不仅为未来的生活留出了空间，而且也为现在的生活提供了各种选择。

由于空间的限制，住在小户型住宅里的住户一定要有"简单就是美""少就是美"的空间留白概念，在进行居家布置或开运陈设时，应尽量避免摆设体积过大的家具，省略一些陈设装饰。同时，还要善于使用收纳技巧，缩小物品占用的空间，避免占据更多地面空间，产生风水的"地网"问题。

▲在一室一厅的空间中，特别是客厅区域，应避免复杂的装饰，选用大小合适的家具，适当留出空间以增加室内的整体空间感。

小户型住宅的客厅空间一般不大，如果放置较大的餐桌会显得拥挤，此时就应弃用餐桌，而选用较小的吧台来代替餐桌。这样既能解决用餐的问题，也可充当操作台或书桌来使用。如果卧室空间不够则尽量不要放置大衣柜，就可以用便捷的布质衣柜来代替，不仅实用且方便搬运，还可随着居室的变化调整衣柜的摆放位置。如果房屋的主人刚好是个"喜新厌旧"的时尚潮人，那就更方便了。可以选用多功能组合、可延伸拉展、方便移动调整的家具，如带滑轮的床边桌、活动书架、窄长的储物架等。只要你肯多用点心思，家也可以是活动的艺术空间。

12.开放式厨房变相扩大视野

开放式厨房是指巧妙利用空间，将实用、美观的餐桌与厨房紧密相连，形成的一个开放式烹饪、就餐空间。一室一厅的家最好设置开放式厨房，然后可利用布帘等软隔断，分隔出操作室与餐厅的空间。这个方法还能有效地遮掩凌乱的厨房用品，这样在提高了空间整洁性的同时，还变相扩大了餐厨区的视野。

厨房通风措施要做好。厨房空间相对较小，而厨房设施的密度却极高，橱柜、厨房电器、灶台、管道等等，加之我们每日在厨房中起火做饭，使之成为一个烟气混杂的场所。不管是从舒适度

▲一室一厅的空间中不可能有单独的餐厅，所以一般都是隔出一定的就餐区域即可，餐厅区域的灯光宜明亮，以提供良好的用餐感受。

还是安全的角度来考虑，通风对于开放式厨房来说十分重要。在布置厨房内送、排风口时，一定要按灶具的具体位置加以考虑，不要造成排风时油烟的倒吸。为了安全起见，厨房的排气系统宜按防火分区划分，尽量不穿过防火墙，穿过时应装防火阀。

还可用色彩提亮就餐区。这个方法是在看腻了厨房家具时使用的，可选用华丽的彩色贴纸重新装修一番。色彩鲜亮的厨房，会让生活变得更加快乐有滋味。

增加厨房储物空间的家具。针对厨房储物的复杂性，要增加各式各样的收纳小帮手和道具，甚至最不起眼的"S"挂钩，也能在关键时刻起到大作用。

保持台面整洁。在厨房的布置过程中，最经常遇到的是，各类杂物在日常使用中，越积越多，导致台面被慢慢侵占，所以小空间更要保持整洁。

13.一室一厅小空间设计的四大忌

对于空间设计来说，大空间有大空间的设计预案，小空间有小空间的设计手法。其实不管空间的大小，只有选择正确的设计理念才是关键。对于一居室住宅，空间已经不算大了，如果采用了错误的设计概念，不但破坏了空间感，同时也降低了空间的使用性。下面提供了一居室小空间设计的几大禁忌，让你能及时避开家装的"雷区"。

（1）采用封闭式的隔间

一室一厅的小户型或者更小的独立式一室户，最好不要采用封闭式的隔间，因为封闭式的隔间会影响室内的采光和通风等因素。不管是光线太弱还是采光不佳，都会让室内空间变得更加狭小，也会让室内的通风不顺，空气不流通也会影响居住者的健康。

（2）让空间分隔过多

在有限的小户型空间中，隔间会造成空间的切割效果，而将各个空间切割为更小的区域则会让整个室内空间显得更加地狭小、局促。所以，一居室的小户型在设计上不能让空间有过多的分隔，可将同性质或相容性比较高的空间规划到一起，减少空间的分隔，这是小户型设计的一个原则。同时还应避免虚留专用通道的设计格局，以免形成没有太多实际用处的走道空间，从而将小户型住宅中的空间使用率发

▲ 小户型的面积较小，将餐厅、客厅等相容性较高的空间规划在一起，可有效增加空间的利用率。

挥到最高点。

（3）天花板的颜色太深

不管是一居室还是套房，室内天花板的颜色都不能太深。太深的颜色会让居住者的视觉产生沉重感，从而造成一定的心理压迫感，不利健康的同时也不利风水。最好是选用比墙面颜色再浅一个色系的颜色作为天花板的颜色，才能更好地营造视觉衍生感。

（4）选择尺码过大的家具

一居室的住宅，不管是客厅还是卧室，都不要选择尺码过大的家具，才不会让空间看起来太过局促。这也是基于小户型房多以"简约大方"为装修风格设计原则为基础而形成的一个禁忌。比如卧室的双人床最好不要选择2米×2.3米的大床，避免床占据太多卧室空间，而衣柜也不能选择5开以上的大衣柜，避免出现衣柜柜门不方便开关的情况。

福运天天来

现代年轻人追求品位，对家居设计与布置更是要求有品味。虽说小户型的"小"面积特点是不能更改的，但合理的设计就会使其变得小而精、小而全，在有限的空间里打造出一份属于你的个性生活。

14.催旺桃花的风水物

独居在小小的蜗居里，是不是很想快点找到你的另一半呢？要催旺桃花运，可小小的蜗居又不方便进行大的调整改造，不要担心，通过一些风水小物，如植物、摆设物件、水晶等，都可以达到桃花朵朵开的好运势。

（1）植物

风水物当然包括可招来好桃花的植物。植物的特性与意义不同，所招桃花也有所区分。因为古代以抛绣球的方式来寻找意中人，所以绣球花能招来好人缘；一串红的颜色鲜艳喜气，可以加强人缘；水仙花象征着感情纯真，也是不错的招桃花植物。

（2）摆设物件

桃花树摆件：可在一棵桃花树上放很多红封包、红线，可招桃花。

结子石榴：结子石榴被认为最易招桃花。

四只木鸭：放四只木雕鸭，鸭为甲，亦为木生火可催桃花。

九只龟：龟为火，代表火性很强之吉兆桃花。

开红灯：开红灯可加强九紫之能量，可催旺桃花。

（3）水晶

水晶有风云石之称，每种水晶都代表着不同的能量频率，并且能产生不同的磁场与功能。能招财，当然也能招来好桃花了。同时，要招旺桃花，还得根据不同人的五行来选择不同颜色的水晶，才能起到事半功倍的效果。

▲水晶具有聚集能量的作用，也可用来催旺桃花，不同的人应该根据自己的五行选择相应颜色的水晶。

五行与水晶颜色对照表

五行	水晶颜色
金	白色、金色
木	绿色、青色、粉红色
水	黑色、蓝色、灰色
火	红色、紫色
土	黄色、咖啡色

福运天天来

从风水学看，桃花运除了代表姻缘运与异性缘之外，还代表着人际关系的好坏。为自己的小家添点催旺桃花的风水小物，不仅可快捷有效地帮助你寻找到自己的另一半，还有助于融洽你的人际关系，催旺你的事业运势。

两室一厅 幸福之家，温馨洋溢 ——————— 55~90平方米

就大多数的中国家庭而言，买房是件大事，不管是一室一厅还是两室一厅的房子，在房价飙高的时期，能购买一套住宅就是经济实力的体现。同时，中国人买房除了考虑财力外，也受家庭成员结构的影响。目前，大多数成年人在组建家庭后往往都自立门户，并没有和父辈们生活在一起。所以，普通的二居房型已足够满足他们的需求，这也是时下越来越多的人偏好购买二居房型的原因。另外，二居房型还是一种很好的过渡房型，既能满足一家三口的使用，还能为家庭的扩大做好升级储备。

两室一厅的房子面积通常在55至90平方米之间，在这几十平方米中，往往包含了客厅、主卧、次卧、厨房、卫生间、阳台等几大功能区域。小户型"麻雀虽小，五脏俱全"，如何在这个小环境里充分利用空间呢？可通过合理的布置、巧妙的设计，结合家居风水的辅助，让平凡的两室一厅也能展现出与众不同的家居布置风格和品位。

1.巧妙布置扩大空间感

在现今社会中，小户型越来越受到年轻人们的推崇。虽然两室一厅的房子功能齐全，但由于它单个的空间都很小，在一些人眼里，两室一厅的小户型还是摆脱不了那股小家子气，体现不出大房的空间感。其实不然，只要进行合理的空间设计，从色彩、家具、布局以及空间划分等方面重点考虑，增大房子的空间感，小户型同样可以亮丽起来。

（1）色彩拓展空间感

色彩是打造空间感不可缺少的元素，选择合适的色彩会让整个空间看起来更加整洁宽敞。即使小空间内物品较多，也能从视觉上起到一些拓展空间感的作用。现在有很多人都喜欢给自己的居室涂上一些彰显个性的色彩，一定要避免使用那些过于饱满和凝重的色彩，以免让人产生压迫和局促的感觉。

要增加居室的空间感，整体色彩最好挑选彩度高、明亮的浅色调，白色是最基础的选择，其他如米色或淡绿色等色彩也可以使用。浅色调的色彩能够带给人扩散、后退的视觉感受，让人觉得空间比实际更大一些，同样也能带给人轻松、愉快的心理感受。

此外，使用色彩装饰房屋时，还应避免在墙壁上进行过多材质和过多色彩的处理，这样非但不能体现出主人的个性和品位，反而会让人觉得杂乱无章、喘不过气来。因此，在某一个色调的基础之上，做一些有节制的变化，是小户型装潢设计时的明智之举。

（2）简约家具带来更大空间

住宅里家具的形式和尺寸一般会直接影响我们的空间感受。从设计的空间感和风水"气"的流通需求来看，造型简单、质感轻、小巧的家具，尤其是那些可随意组合、拆装的家具比较适合小户型。如宜家的家具多以简单为特点，在结构上也多可进行组合和拆装，色彩也以浅色为主，同时还有很强的收纳功能，并不会因为体积小而影响"内存"。如果不顾小户型的空间特点，往家里添购一些体积庞大、结构复杂的家具，即便那些家具再昂贵再精美，也只会弄巧成拙，使房子显得拥挤窄小。

此外，在家具的选择上，也一定要综合考虑房屋的形状。家具尺寸和设计最好能和房间的边边角角充分融合，必要时可定做，避免空间的浪费，可根据物件的大小和形状形成适当的收纳空间。

▲ 在客厅区域的墙上可根据具体的尺寸制作出相应的收纳柜，可以是正面墙的都是收纳柜，让空间既体现出整体感又适用。

在家具的摆放上也有一定的学问，主要应考虑到人与家具之间的关系，让家具与主人活动的空间保持一定距离，尽量不要在空间上发生冲突。同时，可以在居室的角落里摆放一些小型家具，如花架、角柜等，既能充分利用空间存放物品，也起到美化居室的作用，可谓一举两得。

（3）布局延伸空间层次

要让小户型空间的使用功能尽量扩大、延伸，应多多利用空间的重叠效应。当平面空间不够用时，就可以向上发展，解决空间上的不足。如将一面墙设计成搁板柜，收纳日常用品与装饰品，若东西太多太杂，可设置帘子将其遮住。如果房屋层高够，可在厨房、餐厅、玄关、阳台等空间顶部安装收纳柜，会比在地面放置家具或在墙壁设置搁板效果好。此外，还可利用原墙面的厚度，设计嵌入式的书架或柜体，创造更多的收纳空间，嵌入式设计不仅实用美观，同时也不会占据小户型的空间。

（4）功能空间可相互渗透

小户型的空间划分首先要满足实用功能，合理地分配各个功能区。但在布置时要善于利用相互渗透的原理，功能相似的区域可纳入同一空间，相互渗透，从而增加室内空间的层次感和装饰效果。如会客、用餐等人多的区域，可纳入同一空间，适当地进行统一布置。而睡眠、学习则需相对安静的区域，属于另一空间，这两个性质不同的活动空间则应进行分离，以免影响家人休息或活动。

对同一空间进行空间划分时，一定要避免绝对的空间划分，以免浪费空间。比如独立的玄关就会占去客厅的空间。住宅在空间分隔上分硬装修和软装修两种，同一空间分隔最好采用屏、滑轨拉门或可移动家具来取代原有的密闭隔断墙，这样可使整体空间增加通透感。

福运天天来

从风水学上说，相对开阔的住宅空间有利于"气"的流转，营造出一个和谐顺畅的内环境风水场，带动家庭的运势发展和家庭关系的和睦。从环境物理学来说，改善小户型的空间布置，消除空间的紧张感，还有助于缓解由此给居住者带来的紧张、压抑和不适情绪。

2.提升房子的脸面

房子如同脸面，小客厅、小餐厅、小卧室如何在客人到来的时候不失主人脸面？这就要看家居布置的功力了。家居的布置有时像给房子穿一件衣服，或者是化一个妆，好的家具布置能充分反映主人的品位和个性，提升宅主的脸面。

（1）美化客厅接待空间

客厅是接待客人的最主要场所，应特别注意此处的布置，尽量节省空间，为客人提供便利，这样客人来访时就不会觉得局促。电视机是客厅中最主要的电器，在半空中设置电视托架就可有效节省空间。明亮的照明也可让小客厅变大，在客厅上方设置吊灯作为主光源，同时在电视墙设置别具特色的墙面灯，既能增强客厅的空间感，还有美化客厅的作用。

（2）空间共用省出休憩空间

谁家都有亲戚朋友来访的时候，一间主卧、一间书房刚够小两口的使用，来了客人难道真的让人家到客厅打地铺？日常生活中，如果书房对你非常重要，但又解决不了缺乏客人休息空间的难题，不妨试着空间多用，将书房和客房完整地融合在一起，就能轻易解决这一问题了。如将床安装在书柜里，平时收起来不让床铺占用位置，完全就是一个独立的书房；来客时则可将床拉出，

▲要共用空间，还可在书房区域放置一张沙发床，以便解决客人的临时居住问题，提升室内空间的功能性。

就成了临时客房，客人也有一个独立的空间，休憩起来就会更舒适。如果不想占用书柜空间，在书房里放置一张折叠沙发，不用时收起，来客时再打开，同样可以节省空间。

福运天天来

话说："一个篱笆三个桩，一个好汉三个帮"。在现代社会，良好的人际关系会使你无论在生活中，还是工作中都占据主动，左右逢源。提升房子的脸面，不仅有助于你建立良好的人际关系，还能无形中提升宅主的个人价值，增加成功的砝码。

3.挤出来的工作区

两室一厅的小户型，一家三口住着都嫌挤，单独的书房肯定不能奢求了，可总得有一个地方上网、看书、充电学习吧？这就为屋主提出了一个难题。其实，只要稍微动点儿心思，突破思维，将空间功能多样化，解决这个难题一点都不难。

对工作区域要求不是很高，但是利用率颇高的年轻一族，可以试着摒弃床头柜，将工作台设置在卧床旁边，工作完毕直接就可以倒头呼呼大睡，这就完美结合了卧室与工作区的功能。

▲工作空间是可以灵活设计的，可放弃卧室区域的床头柜，将工作台设置在卧床旁边，即可形成工作区域，从而节省了空间。

再前卫一点的做法是把床垫直接放在地台上，旁边接出一块工作区域，卧床直接成为工作区的一部分。这样空间节省就更多，也更适合需要在非常规时间(比如半夜)起来工作的人们。

4.为孩子多腾出点空间

两室一厅的小户型要满足一家三口甚至五口的需求，在空间上确实是有点不够。因此很多家庭会将露台或者客厅隔出一个小空间，改造成儿童房。这样的儿童房空间看上去肯定是窄小而压抑的。不过再小的儿童房，只要经过巧妙的搭配和设计同样可以功能齐全，也能让孩子拥有一个舒适的自由空间。马上行动，为孩子打造一个完整的儿童房吧。

（1）向上向下要空间

针对有些家庭已经给孩子买了单层的儿童床，家长可以向孩子的床上和床下要空间。即床下可以做储物的抽屉，床上的墙壁可以做吊柜用来充当书柜。

（2）家具整体低一点

在为儿童房挑选家具时，最好用小一号的家具，这样不仅符合孩子的需要，而且还能让人感觉更空旷一些。同时，可以把儿童房的天花板做得五彩斑斓。请专业的墙面手绘师调出蓝天白云或者星空的样子，可使房间显得更高，还能扩展孩子的想象力且有助于思维能力的发展。

（3）少用硬装饰多用配饰

儿童房千万不能使用大量的硬装饰、固定家具，尽可能用软装饰来点缀房间，而家具则主要采用可以活动的组合家具，这样同样可以省出不少空间。

福运天天来

儿童房是孩子成长的第一个环境，是给孩子自由和安全的小天地。给儿童房更多空间，相当于给孩子更多成长空间。舒适的儿童房，可使孩子学习努力上进，玩乐时想象力丰富、天真活泼，睡眠时宁静安详、舒适柔和，令儿童健康成长且能够独立。

5.打造一个衣帽间

每个女人都梦想自己能有一个超大的衣帽间，可以容纳下所有自己钟爱的衣服和鞋子，可小小的两室一厅根本没有空间建一个独立式衣帽间，怎么办呢？不要担心，时下很多住宅在建造时，会留下若干凹进、凸出，甚至三角形的不规则角落，若是能够好好设计，把这些困难区域改置成衣帽间，就能将缺憾变成优势，还能拥有一间自己喜爱的衣帽间。

（1）嵌入式衣帽间

住宅内有凹进区域的，可以"以形就形"将其设置成一个简单的衣帽间。如果这块地方超过4平方米，就可以考虑

▲ 衣帽间的设计可根据住宅而定，若是在卧室区域有凹陷进去的区域，就可以设置一个嵌入式的衣帽间，丰富住宅功能区。

请专业家具厂依据这个空间形状，制作几组衣柜门和内部间隔，作成嵌入式衣帽间。这样的嵌入式衣帽间既节省了房间面积，提高了空间利用率，也容易打理及保持物品的清洁。

（2）夹层式衣帽间

如果住宅内恰好有夹层布局，则可利用夹层中的走廊梯位做一个简单的衣帽间，内部设间隔，使空间每个角落都得到充分利用，还可将其外门设计成推拉式，最大程度节省空间。衣帽间内部还需根据衣物的品类分区，一般分挂放区、叠放区、内衣区、鞋袜区和被褥区。

（3）开放式衣帽间

如果住宅内没有这些边边角角可以利用，但又非常需要衣帽间解决衣物存放的烦恼，可以试着设置一个开放式的衣帽间。就是利用一面空墙设置衣柜存放衣物，而不与其他功能区隔断。这样的衣帽间方便、简单、宽

敞、通风，只是不能防尘。如果家在风尘比较大的北方，可采用防尘罩悬挂衣服，用盒子来叠放衣物，若多设一些抽屉、小柜，则更为实用。

福运天天来

从风水上说，衣帽间只要不设置在卫生间区域，对住宅的风水都不会产生太大的影响。合理地设置衣帽间，能给家人一个合适的储衣场所和宽敞的更衣空间，为生活提供更多便利，提升家人的外在形象与自信。

6.刚柔并济，"软装饰"有"硬道理"

在买到房子后，很多人都急急忙忙地开展装修，将住宅"分隔"成不同的空间。其实，对于小户型，很多"硬装修"都是可以省下来的，将这些省下来的钱买一些比较好的家具，可能会更有利于居家品质的提高。当小空间减少了固定笨重的装修隔断，空间被挪出来了，人会活得

▲在居室内可使用垂吊的线帘分割空间，让这些软装饰发挥特定的功效，美化居室内的环境，提升家居品味。

240

更自在。

"软装饰"的装潢理念主张：在有限的预算下，居家空间的实用机能应以家具配置作为装潢的首要重点，至于天花、地板、墙壁的修饰则属于空间修饰的配角。当然对于一个家庭来说，住宅的各种功能还是要具备的。比如说，休息、阅读、吃饭、洗浴都要有各自的空间，但是有空间不代表"分割"空间。小户型要尽量不使用墙做硬隔断，而是通过一些软性装饰来区分空间。

比如，用一道珠帘来隔开客厅和餐厅；利用一个大书柜来区分卧室和书房。如果很少做饭，厨房还可以设计成开放式厨房，利用小吧台来做早餐区或是阅读区。值得注意的是，重视"软装饰"不代表轻视"硬装修"，如布线等要求反而更高，网线、电路都要考虑得更仔细、更周到，这样的家才会更实用、更科学、更温馨。

福运天天来

在居家风水中，住宅的方位、朝向、家具布置及饰品摆设，都能在无形之中影响住宅的风水。风水学注重居家功能区的完整、有序，以保持风水场生生不息的流转气象，从而对居住者的身体健康、财运、性格、心理、人际关系等诸多方面产生积极的影响。运用"软装饰"对住宅进行隔断，既能保持各功能区的风水性能，又扩展了空间，给家人事业和发展提供更多发展潜能。

7.绿色低碳，打造最环保乐活家居

日益恶化的周边环境，让越来越多的人更珍重自然，更注重健康的生活方式。在绿色环保备受追捧的今天，人们越来越呼唤纯天然的绿色家饰，以期营造一个清新健康的家，给自己和家人一个舒适健康的居住环境。合理运用家居饰品能为你打造一个心仪的环保居室带来一些帮助。

（1）打造绿色自然的家居

如果喜欢自然的色彩，想把大自然搬进自己小小的蜗居，就要从装潢选材开始，选择环保、无害、贴近自然的油漆色彩与装修材料，经过巧妙地造型、创意与组合，不仅能给小户型创造出更强的空间感，获得更明亮的效果，更重要的是能把健康、环保、节约资源的理念在家中一一呈现，营造出一个绿色环保的家。

（2）将绿色装饰融入生活

怎样才能改变自己小小蜗居沉闷的格调？不妨多用植物和花朵来美化住宅环境，让绿色陪伴你渡过家居生活的每一天。若嫌打理植物麻烦，还有干花饰品可以选择。它们是用新鲜的植物材料，经过脱水、干燥加工而成的，一般可连续使用几年，资源利用率高，既经济又环保。绿色饰品不仅仅局限于植物与花朵，取自自然的藤编家具、木相框等都是绿色环保家饰的适宜之选。

福运天天来

最好的居家风水就是与自然和谐统一。坚持绿色环保的居家生活，不仅是对好风水的坚持，更是对环境保护的支持。除了上述两项绿化居家生活的措施外，废物利用、节约水资源等习惯都是打造绿色低碳居家生活的有效措施，居家生活中不妨多多重视。

8.向墙面要空间，开发无用之地

对小户型住户来说，无论是一室一厅还是两室一厅，对空间的渴望似乎永远得不到满足。但是住宅的实际面积摆在那里，能去哪儿要空间呢？别担心，环顾一下自己的家，是不是还有未开发的空间，地面面积不够，可以试着向墙面要空间。

（1）客厅兼鞋、包、杂物收纳区

小户型的房屋里空间很小，很难设置专门的收纳柜。那么不妨挑选一组风格简约的电视柜，同时在电视墙上设置一组与电视柜风格相符合的壁

▲ 在客厅区域可通过在墙壁区域设置隔层，增加收纳的区域，同时配合相应的摆件，也起到了美化客厅的效果。

柜，家中零散的书籍、杂志、鞋子、包包、碟片等就都有了容纳之所了。如果这样还是不够收纳闲散物品，还可以通过在墙面上安装搁板来创造更多储物空间，即使是墙角也可以利用。

（2）厨房再"立体"一些

小户型中最小的地方可能就是厨房和卫浴间了。厨房物品繁多，觉得很拥挤，那么马上从操作台下手，通过挂杆和挂钩充分利用厨房墙面和上方的空间，让刀具、餐具、调味瓶罐、抹布、纸巾统统上墙，为厨房节省下空间，还便于操作使用。

（3）阳台变身"一体化"工作区

当屋内空间不够时，不妨向屋外发展。根据家中的需求，在阳台上开创一个"一体化"的工作区域，设置一个超大容量的收纳架，配合利用一些挂钩、篮子等小道具，无论是收纳杂物，还是洗熨衣物，都能一步到位，让一切都井然有序。

如果阳台紧靠厨房，还可以利用阳台的一角建造一个储物区，存放蔬菜、食品或不经常使用的餐厨物品。如果阳台面积够大，还可摆放少量的折叠家具，将其扩展为休息、聚餐用的休闲区。

（4）玄关过道开辟临时工作区

出门前经常会发现有些工作要处理。如果专门跑到书房去进行，又会很浪费时间。这时不妨考虑利用过道狭小空间，在玄关上的墙面布置一个可以灵活开关的挂柜，设立一处临时办工区，无论是收取快递、填写单据都非常方便快捷。

福运天天来

　　地面物品过多时也容易形成风水上的"天罗地网"，对住宅风水造成不良影响。向墙面要空间，不仅可避免这一风水劣势，还能充分开发住宅的无用之地，扩大小户型的空间利用率，为家居生活提供便利。

9.两居室中的畸零空间弥补术

这里的畸零空间是指畸形和零碎的空间。在购买房屋时，一般是不建议购买不规则的畸形和零碎空间的住宅的，但也不是说所有不规则的住宅都不能居住，此时也可通过一些空间的弥补术来进行调整，让住宅变得更实用。

这里以三角形的畸形空间为例进行空间修补。由于是三角形户型，会形成很多尖角，若此时使用横平竖直的线条来进行调整难免显得不适用。而要在不浪费空间的前提下将各个空间运用得当，不妨通过大量的圆弧线条以及折线的设计，让功能区变化丰富。同时配合迷你尺寸的灶具及电器，让狭小的空间也一样充满活力。

（1）将缺憾变成优势

在具体的操作上，还要剔除笨重规矩的家具，在背景墙、装饰摆件上都可以打破常规，将装修的困难区域改造成衣帽间，或是在靠近弧形窗户的位置，设计成阳光房。这些做法往往能将缺憾变成优势，成为畸零空间设计的点睛之作。另外，我们还建议多运用户型设计和顺势而设的布局，去遮盖房型的斜边缺陷。

（2）"小、嵌、透"三招节俭空间必备技巧

除了合理地规划空间，小户型的业主还需要学会一些必要的技巧，如材料、光线的运用以及家具、电器的选择。在畸零小空间里，可以通过选择迷你尺寸的灶具和抽油烟机，量身设计嵌入墙面的底柜等方式，以达到提高空间利用率的效果。总结起来就是"小、嵌、透"三种技巧。

▲在厨房空间中，配合住宅的户型，在设计上采用了整体的组合橱柜，同时加入嵌入式的烤箱、吸油烟机等的设计，让空间的感觉更整体。

"小"即使用迷你电器，使其能更契合小厨房。对于面积不大的厨房来说，选择小尺寸灶具十分重要，下方是间距30厘米的两眼电磁灶具，上方则安装了迷你型抽油烟机，最大限度地节省了空间。

"嵌"即使用隐藏式的设计以节省空间。无论是厨房底柜下方的嵌入式冰箱、洗衣机，还是客厅墙面中央镶嵌在凹槽里的平板电视，嵌入式设

福运天天来

居家风水讲求住宅的方正、规则，越是尖角突出或不规则性明显的住宅，其不和谐性因素就越多，从而导致宅主挫折感和消极感增加，不利于宅主的运势发展。通过家居布置弥补畸形空间，不仅有利于提高空间的利用率，还能弥补住宅缺陷，完美住宅风水，为宅主带来好运势。

计一直都是小户型节俭空间的首选。

"透"则是使用视觉效果放大空间。卫浴间没有可以采光的窗户，如果用硬性材料必然会造成闭塞和拥堵，所以可以采用透光性绝佳的玻璃墙进行围合。它不仅能提供足够的采光，同时还具有隔断水汽、气味的作用。

10.做一个旺夫的小女人

俗话说"家和万事兴"，妻贤子孝是人生的一种境界，同时也是男人最大的"财富"。男人希望自己的老婆有"旺夫命"，这是无可厚非的，因为这样的女人不但能帮助自己照顾好家庭，同时也会在丈夫的事业发展上起到很大的作用。其实，不仅仅是男人，很多的女性也希望自己是一个"旺夫"的女人，成为男人成功背后的贤内助。不想永远居住在小小的蜗居里，那就马上行动吧，也许下一个"旺夫"的女人就是你。

（1）命理环境

这里的命理环境指的是先天的风水，女人旺不旺夫其实是与其命理相关的。每个人出生时都有一个出生时间，如果把出生时的年、月、日、时辰用阴阳五行来表示，即可得到我们的生辰八字，即"命理"，这就是先天的风水。这个先天风水跟我们的家庭环境、居家环境，还有出生时的政治、经济、社会这些环境因素都有很大的关系。如果出生时间吉祥，则先天风水就好，那我们就可以说这个人的命好。如果一个女孩一出生，从先天的风水来看，八字旺夫那么就预示她将来会嫁得好，能为夫家带来很多好的运程，这就是所说的"旺夫命"。由此来看，女孩的生辰八字是能否旺夫的重要因素。

（2）方位环境

人的命运其实是由时间和空间构成的，时间是不可以改变的因素，而空间是可以改变的，这里的空间就是指人所处的环境，即后天的风水格局。除了先天风水外，还有很多风水可以让女人们嫁给贵夫或旺夫，这个可以通过自己的努力来改变。

方位能影响运势。从方位环境上看，如果一个女人能从交通不便、经济落后的环境中跳脱出来，到交通便利、经济发达的大城市生活，并且能长期居住，这种变化就是一种好的趋势，会带给她更多的机遇，同时也给她的生活带来了很大的变化，能交到更多的朋友，也就更有可能会嫁贵夫或旺夫。

（3）工作和行业环境

都说"物以类聚，人以群分"，从工作所处的行业环境来看，如果一个女人能较稳定地长期在一个环境较好、规模较大、行业较好的单位工作，且岗位又相对比较稳定，那么其性格也会比较温和，而且在这么好的环境里接触到的人也都是运势不错的，所以嫁贵夫或旺夫的机会也就上升了。而相反的，如果工作不稳定或经常换工作，又或长期加班或经常在外出差，都会让她的感情呈现出众多的不稳定因素。

（4）从缘环境

民间有句俗话叫"女儿能不能干，要先看丈母娘"，其实，这也是"从缘环境"的体现。简单来说就是，如果这个女孩的母亲是一个非常能干、精明的人，这样的人不管是在家里还是在外面，都有一定的领导能力或威望。那么，女儿在这样的环境成长，多少会感染母亲的一些习性和性格，很有可能她也会嫁贵夫或旺夫。

（5）心理行为环境

心理行为环境是指要保持良好的心态，因为对旺夫的女人而言，心理素质其实是很重要的。要不断提高自身素质，不要过于爱慕虚荣，还要注意控制自己的言行，对待恋爱的态度也不能太随便。同时还要保持良好的习惯，要有恒心和耐心，所谓"守得云开见月明"，说不定下一个传说中的灰姑娘就是你。

福运天天来

温柔善良的你总是很希望帮助爱人获得成功。做一个旺夫的小女人，不仅要给你的爱人理解、支持和帮助，还要促进他提高，让他事事顺利、大富大贵。旺夫的女人不仅能给她的爱人带来好运，更有助于女人收获美满的婚姻，过上人人称美的幸福生活。

三室一厅 和谐天伦，平安喜乐 —— 〈70~120平方米〉

　　住宅，不管其面积有多大，归根结底是为人"服务"的，它提供给我们一个稳定的居住地，可以遮风挡雨，给予我们基本的生存保障。而拥有了房屋不见得就是完整的家，我们还得在这个空间内增添生活所必需的家具、装饰，并对这个居住空间进行必要的设计装修。最重要的是还得在这个空间里住进我们深爱的家人，才能成全这份对家的眷恋与挚爱，才能让这份感情得到完整地回归。

　　三室一厅的住宅就是为这样的家庭而准备的，在经济允许的条件下，购买这样的住宅的人是考虑到了老人和孩子这两个因素的，所以对房间的要求就相对多一些。这种户型的房子使用面积通常在70至120平方米之间，在房间的功能划分上有客厅、卧室、老人房、儿童房、厨房、卫生间、阳台等区域。我们可以结合不同的需要对这些区域进行合理地布局和装饰。当然，风水同样也是我们关注的重要问题。在整合了种种因素后，不仅让我们的三室一厅更美观，同时也让生活在这个空间里的人感到舒适。试想，在这个空间里居住着成熟稳重的丈夫、温婉贤淑的妻子、可亲可敬的双亲、懵懂天真的孩子，因为有了这些人的存在，也才真正意义上营造出了其乐融融、天伦之乐的氛围，才能让平凡的我们在这样温暖的家中尽享人生的平安喜乐。

1. 提升居家品位的布置术

　　三室一厅的住宅在小户型住宅里，就使用面积而言已是相对宽裕的。在这样的空间中，应该通过怎样的装饰、布局，从而提升居家的品位，这也成为很多人最现实的困扰。何况"品位"又是因人而异的，所以在具体的操作上就更显得力不从心。在这里我们总结整理了一些针对三室一厅户型的装饰布局方法，希望对你的家居布置有所帮助，从而能够让你找到适合提升自己居家品位的一剂良方。

（1）拆除墙体隔间，加大活动空间

就目前来看，小户型住宅的单个室内使用空间普遍都在20多平方米左右。然而对于一些对空间有更要求的人，却希望能拥有"三房两厅"的格局，如此势必让房间变得狭小。针对这种情况，不妨在合理的位置，将其中一个房间一侧的实体墙拆除，进而改用拉门来

▲ 软性织品对提升室内空间的品味是有决定性的影响的，可通过更换这些物品来提升家居品味。

进行空间间隔，在拉门打开时就能与公共空间构成一个较大的空间，需要隐私时，即可关上拉门，创造出独立的空间，增加了空间的灵活性。

（2）运用软性织品，打造舒适的生活环境

居家空间内，人们与纤维的接触无疑是非常频繁的。但凡窗帘、寝具、毛巾、踏垫、拖鞋、椅垫、桌巾等，这些选用各种不同纤维聚集而成的软性织物，与生活的质感都是息息相关的。它们不但直接与我们的肌肤接触，更会影响到我们的感受，可以是温暖的、安逸的、舒展的，等等。所以在使用空间时，可多多地使用这些软性织品来对家居环境进行装饰。如居室中的地板，不管是哪种材质，日子久了总会觉得少些变化，若能在地板上铺上地毯，地面的"表情"就会更丰富，空间内的感觉也会有所不同。此时若能善用地毯，就能提高居家品位，让自家的居室环境紧跟潮流。同时，若是家里的桌面或柜体不是那么漂亮，也可在这些家居上选择合适的软性织品来加以衬托，从而通过家饰的添加打造出不同的居室生活环境，展现属于你的个性品位。

（3）不限规格隐藏隔间，提升居室品味

人在潜意识里都有贮藏物品的习惯，在一个空间内生活的越久，所堆积的物品就会很多，此时，杂物也会变多。这些小物品是破坏舒适感的关键，只有在室内创造出良好的收纳环境，才能维持室内空间的舒适感。我们可以在规划空间时，利用梁柱、假墙或畸零空间设置隐藏式收纳柜，做出隐藏的隔间，将这些杂物放置在这些区域，就能让杂乱隐于无形。从而还给我们一个干净整洁的家居环境，也能起到提升居家品位的作用。

（4）布置也有哲学，层次是关键

居家布置也有哲学原理，要讲究层次。所谓居室内的层次，是指家居环境中各个物品之间的一种协调关系，从而体现出摆设的展示重点，让整体具有设计感，提升居家的品味。

在家具的选择上，可以巧妙地使用色彩或花纹便能够营造出整体感。如果觉得墙壁或是天花板的部分过于单调，也可多设置一个小置物架，摆上各式各样的装饰品，或是利用银色的金属物品强调出利落的气氛。而如果画所占的面积最大，周围物品的色系都要呼应画的色系，如果灯是主角，周围饰品则要避免复杂，如此一来，即使东西多，也不会让人感到繁杂了。若是同时摆设几件摆件，就应亲自动手，可站远一些，拉远视觉距离，以查看饰品和家具比例是否协调，只要比例协调，看得舒服，就是最适合自己的布置。

（5）选用天然建材，增添空间内涵

在传统的理念中是把重点放在建材上的加工上。近年来，随着天然环保的概念进入到了住宅的设计中，设计师会选择木、石、玻璃、金属等材质，表达最忠于原味的个性风格。借由天然建材的选用，让居住者可以感受到室内设计与自然间紧密的关系，从而起到在居室空间中体现天然环保设计概念的作用。

此时，建材的"质"就成为了影响空间气质的关键因素，空间是否令人感到放松，建材的颜色、材质、造型都会产生影响。若想维持空间的单纯，可利用建材的特质来形塑风格。例如，近年流行的抛光石英砖、橡木染白木地板、银狐大理石等，就是以浅色基调来营造大气与宽敞，以浅色适度搭配沉稳色彩，更有定心的作用。

（6）巧用设计风格，搭配家居布置

居室环境的设计是最讲究风格的，整体风格若是对了，感觉就会协调。每个家居都能找出一个大致的风格与色调，依着这个统一的基调来布置是不容易出错的方法。首先是确定家居的整体设计风格，然后再依照这个风格找到对的装饰品。若家居的风格较为简洁利落，那么具有设计感的装饰品就很适合整个空间的调性。如家居所呈现的感觉比较接近温馨的乡村风格，以自然的装饰物为主最适合。

▲居室内空间设计要注意整体设计风格的统一，通过家具、墙面、天花等方面的整合运用，让空间呈现自然而质朴的中式田园风。

（7）多用绿色植物，增加空间舒适感

大部分的人或许不知道，植物的绿色是非常健康的颜色，同时也是创造惬意美好生活的能量。如果打算在室内规划一个空间作为休憩之用，那么在旁边用简单素色的花器种上一株绿意盎然的小树，或是利用普通方架摆着几盆迷你盆栽，立即转换的自然气氛会带给居住在室内的人一种完全不一样的新鲜好感。

> **福运天天来**
>
> 　　对于一些三室一厅的住户，在阳台上可能会有铁窗这类装饰元素，此时可利用阳台种些藤蔓花草，以软化铁窗生硬的线条，也让室内盈满绿意。可以选择紫藤花，这种花在春秋两季开花，紫蓝色的花串，有垂坠的美感。还可以选牵牛花，会顺势攀爬，而且很容易栽种。

2. 最经济实惠的"旧房翻新术"

　　在居家的装修上，除了新房的装修外，还有一种叫旧房翻新。旧房都存在装修风格老化的问题，比如十多年前流行的吊顶，裸露木纹装饰等老式传统的装修风格，如今已经显得非常过时了。想要装修得更简洁时尚就必须对原先的装修进行翻工，这就犹如修改一幅已经成形的作品，要花费的工夫可能比新房更多，那在整个的设计装饰过程中，怎样才能做到既经济又实惠呢？这里为大家提供了几个要点，以供参考。

（1）旧材料的结合使用

　　想重新装修的旧房子分很多种情况，有些房子是自己或家人住过的，还有些是二手房，旧的装修已被使用过一段时间。不论是自己的旧房还是别人的旧房，重新装修时最好不要"推倒重来"，因为有些材料虽然使用过，但是距产品寿命还有很多年，这样的旧材料完全可以继续使用。还可以将以前的板材取下来，做成搁物架、板凳、椅子等，这些简单

▲对于一些老房子的旧材料，可以制作成比较简单的凳子，同时，对于一切比较整体的砖，还可将其整合为富有创意感的红墙，摆放在合适的区域即可。

的活计请一般水平的木工来做都不成问题，关键在于自己的创意。

（2）改造砖混老房要谨慎

户型不合理、面积太小、功能分布不合理、采光不合理等等，这些是老房子存在的"常见病"。因此，许多人认为旧房新装等同于砸墙、敲地等一系列重建性工程。事实上，老房子多是砖混结构，墙体首先起到承重抗震作用，其次才是围护分隔作用。如果只是为了实现理想化的空间格局而打掉承重墙，将使墙体的承重和抗震能力减弱，造成安全隐患。在这里要提醒装修旧房的人们，重新改造自己的家，一定要考虑到房屋的结构和安全问题，可在此基础上大胆创意，否则一旦"动起手来"，将会造成难以弥补的损害。

（3）"改造工程"最好专业化

在家装业界，"改造工程"是指三面（墙面、地面、顶面）改造、门窗改造和水电改造这三项改造工作。

三面改造要对房屋进行实地勘察，看有无明显裂纹、是否平整、有无脱落和起砂等现象。如果存在这些情况，就要进行修补处理，包括铲除墙面油污、粉化的墙漆等，用水泥砂浆修补基层、裂缝、孔洞。另外，修补后要刷一道底漆予以覆盖，一来使基层牢固，二来可以防止今后基层因泛碱和受潮而出现变化，然后用按比例稀释的乳胶漆进行饰面。地面有暖气管、中水管的最好不要在地面开槽，因为非常容易碰到管道而导致破裂。

门窗改造要留意门窗是否老化，老房的门窗中松木质和铁门窗比较多，白松木的门窗容易起皮、变形，经过热胀冷缩后保温性会非常差。而铁门窗容易生锈，同时导致密封不严，必须换掉。

水电改造前最好做一下闭水试验，另外许多旧房子存在电线老化、违章布线的现象，也需要重新改造。对于水路的改造要进行彻底检查，看其是否锈蚀、老化。如果原有的管线使用的是已被淘汰的镀锌管，在施工中必须全部更换为铜管、铝塑复合管或PPR管。还要检查是明管还是暗管，明管既不美观也不卫生，最好改成暗管。同时要辨别是PPR热熔管还是PB管或者铝塑管，不同水管的施工工艺不同，如果工人在焊接时没有按照不同管子的工艺进行焊接，时间一长水管很容易爆裂。而对于旧电路改造，需要将原先的线路拆除，这些工作既费人力也消耗资金，同时还要请专业人士来施工，否则给日后生活会造成安全隐患。

福运天天来

很多人在装修二手房特别是老房子时，想让房间面积加大，因此就喜欢把老房卧室和阳台相连的墙体打掉。但老房子的墙体有顶住楼板的作用，打掉后阳台可能有下倾现象，非常危险。因此在改造老房子时，一定不能随便打掉墙体。

3. 规避小户型装修的七大误区

前面我们讲过，对于小户型的住宅，通过一些装修设计手法就能让小户型在空间上有一个变革，在视觉上给人一种大的改变。但同时也要注意，装修上还有一些小忌讳，如不能使用复杂的吊顶、室内布光单调、镜子的盲目运用等，只有在装修时回避这些问题，才能让小空间更简洁温馨。

（1）复杂的吊顶

小户型的居室大多较矮，所以吊顶应点到为止，较薄的、造型较小的吊顶装饰应该成为其首选，或者干脆不做吊顶。如果吊顶形状太规则，会使天花板的空间区域感太强烈，不如考虑做异形吊顶或木质、铝制的格栅吊顶。

▲客厅空间的吊顶关系着整个空间给人的感受，所以忌复杂的多层吊顶，也可使用半圆形的吊顶，让空间更有新意。

当然，也可以在材料上做文章，选用些新型材料或者一些打破常规的材料，既富有新意又无局促感。

（2）室内的单调布光

由于天花板的造型简单，区域界线感不强，这无形中给灯具的选择与使用造成了较大的难度。人们往往只放一个或几个主灯了事，显得过分单调。小空间的布光应该有主有次，主灯应大气明亮，以造型简洁的吸顶灯为主，辅之以台灯、壁灯、射灯等加以补充。另外，要强调灯具的功能性、层次感，不同的光源效果交叉使用，主体突出，功能明确。

（3）镜子的盲目运用

镜子因对参照物的反射作用在狭小的空间中被广泛运用，使空间在视觉上有扩大的感觉。镜子的合理利用又是一个不小的难题，过多会让人产生眩晕，没有安全感。要选择合适的位置进行点缀运用，比如在视觉的死角或光线暗角，以块状或条状的布置为宜。

（4）不够周全的强弱电布置

因为小户型住宅的居住者中以年轻人居多，对电脑网络依赖度高，生活又随意，所以小户型对电路布置要求很高。要充分考虑各种使用需求，在前期设计时做到宁富勿缺，避免后期家具和格局变动后造成接口不足的尴尬。

（5）划分区域的地面装饰

小户型的空间狭小曲折，很多人为了装饰效果，突出区域感，会在不同的区域用不同的材质与高度来加以划分，天花也往往与之呼应。这就造成了更加曲折的空间结构，衍生出许多的"走廊"，造成视觉的阻碍与空间的浪费。

（6）过多占用空间的电器

冰箱不能贪大图宽，应尽量选用横向适中、高度可延的款式，这样可节省地面有限的使用面积，也不会影响食物的储藏量。

至于影音设备，电视可选择体薄质轻、能够壁挂的产品，尽量减少电视柜的占用空间。有条件的话，可考虑选择投影设备，让墙面的设计更加简洁。音响设备尽量安装在墙面与顶面，既可以获得好的音效，又不会让面积紧张的地面更加繁杂琐碎。

（7）过于宽大的家具

小户型家具的选择应以实用小巧为主，不宜选择特别宽大的家具和饰品。购买遵循"宁小勿大"的原则，同时还要考虑储物功能。在床的周边应该选择有抽屉的，衣柜应选窄小一些且层次多的，如领带格、腰带格、衬衫格、大衣格等等。最好先在图纸上规划好家具的尺寸，再选择购买。

▲ 小户型面积有限，布置家居时应多以小巧、规则的家具为主，尽量不要选用一些宽大的、弧形的家具，从而让住宅空间看上去更简洁和谐。

福运天天来

出于对居家生活品质的要求，人们对于住宅都有一股想要装修的冲动，而很多人不管结构如何，盲目地把承重墙、风道、烟道拆掉，或者做下水、电与气的更改。这样做，轻则会造成节点，产生裂痕，重则会影响整栋楼的承重结构，缩短使用寿命，所以要特别注意。

4. 小户型装修地板使用诀窍

小户型住宅在装修时为了营造出宽敞而实用的效果，除了在房型改造上多下功夫外，大面积铺设的地板也可以起到了画龙点睛的作用。

（1）地板的选择

在地板的选择上，除了要选择适合自己住宅户型的，最重要的一点还是要看地板是否环保。毕竟健康消费第一，审美感受第二。因为地板在家中所占面积很大，环保系数不好那就是一个长期的有害气体排放的毒源，所以挑选起来更要耐心、谨慎。

（2）地板的安装

在选择复合地板时，除了把注意力集中在地板的性能、价格、质量保证等方面，也不能忽略了辅料、配件、安装等被认为细枝末节的方面，尤其是防潮膜、胶水、踢脚线三大方面。防潮膜紧贴地面铺设，可隔绝潮气、保护地板。考虑到国内大部分家庭都是在水泥地面上进行铺装，所以建议使用厚度为0.2毫米以上并具抗碱性能的防潮膜，因为水泥地面的碱性会腐蚀普通塑料薄膜，使其腐烂丧失防潮功能。胶水的质量直接决定了地板铺装的质量和使用的耐久性，专业的地板厂家都有配合自己产品使用的专用胶水。在铺装的过程中，业主最好监督铺装人员在地板的槽口内打满胶水，再用专用敲板敲实，使板缝处形成一条均匀的胶线。市场上的踢脚线一般高度为8～12厘米，选购时尽量选与地板颜色协调统一的，这样可提升地板的档次，营造整个居室高档的氛围。

（3）地板的防潮

木地板防潮、防翘确实是个大问题，不少业主家地板都有出现霉点、白蚁等症状，从而大大影响了木地板的使用寿命。放置竹炭的方法比以前放花椒的方法确实更科学有效，因竹炭有吸潮与保湿的双重作用，可使地板中冬天不会干裂，受潮气时不会过于潮湿发生霉变。而且竹炭可以用来抑制有害微生物、霉菌、螨虫、蟑螂、白蚁的生长，铺设竹炭后的地板可长期免于白蚁等蛀虫侵蚀。在何时何地放置竹炭也是有讲究的，在墙壁边、窗台下、门口处、地板与地砖接壤处需要重点铺设。因为这些地方，有的湿度大或是湿度变化大，对地垄的寿命、地板的使用影响都非常大。一般是在地板铺设前均匀洒在水泥地表，1平方米面积使用1千克的竹炭颗粒。

（4）地板尺寸不宜过大

很多人喜欢大气而厚实的长宽板，但这类地板并不适合小户型家装。无论是哪种类型的地板，即便是强化地板，每块地板上的颜色和花纹也不完全一样，那些拼接后展现出的色彩跳跃与花纹搭配正是为了产生自然的装饰效果。如果在较小的房间里铺设的地板尺寸过大，那色彩与纹理的跳跃度过于平缓就会显得呆板，使房间缺乏层次感而显得不够协调。按照目前小户型单个房间面积约20平方米的情况，地板的尺寸最好不要超过标板的大小，更不宜过大。

（4）不宜采用深色地板

人们在选择地板颜色的时候大多数都是根据自己的喜好或者主题风格，其实地板颜色对人们视觉效果以及对户型感知的影响很大。深色如果运用不好就会产生压抑感，而在中小户型中这种压抑会被进一步放大。所以相对来讲，浅色系的地板会产生开放的跳跃感，使人在视觉感知中觉得户型变大了。而像橡木、枫木色等中浅色系，在很大程度上就迎合了当前户型结构的变化趋势。这些浅色地板的内张力，使得中小户型在获得更大视觉效果的同时也不失简约与温馨。而且现在比

▲居室内地板的颜色以浅色为宜，能起到放大空间的效果，且浅色系的地板与家具也比较好搭配。

较流行多颜色拼花，双色或多色地板拼块设计，也可以左右人们对于户型大小的感知。如果房间铺设面积在20平方米以内，富有跳跃感的三拼地板会是不错的选择。

福运天天来

若是在二次装修时，想在地砖上直接铺地板。那么就要注意了，首先要确定地砖是否平整，一定要在十分平整的情况下，才可考虑铺设强化地板或多层实木地板。因为这几种地板采用的是悬浮式铺装方式，直接将地板通过卡扣的形式连接在地表上，并没有固定在砖表面。但如果是想铺实木地板，那么就必须将原来的砖敲掉。因为实木地板必须打龙骨，而砖的表面是无法固定住龙骨的。

---

5. 轻松在家办公——七个角落化身自由工作区

时代的进步使办公区域早已不拘泥于只在书房之中，越来越轻薄的笔记本电脑和无处不在的网络，让在家办公的区域更随心所欲。无论是在客厅、卧室、餐厅、楼梯边等等，家中各个角落都会成为工作区，此时只需要一个适合的工作台就可以了。

（1）长形书桌

书房的书桌可以是长方形的，这样更能节省空间，它可以随意沿墙边来放置，依据光线而选择座椅的角度。材质可以质朴的原木为主，呼应着书架的设计风格，使整个书房不仅书香点点，也充满着自然的气息。

（2）橱柜

一个漂亮的橱柜也可以具有工作台的功能，这样就能毫无痕迹地混进起居室或餐厅。推拉式的隔板，完全可以容纳一台手提电脑，而精心设计的柜门则隐藏了塞满杂物的橱柜和抽屉。

（3）餐桌

餐桌一般都设置在光线比较好的区域，有这么一个现成的空间，当然不能放着不用了。在这里办公是非常好的选择，同时，在餐桌一侧的柜格里，还能放下很多资料或书籍，以便随手翻阅。

（4）边桌

日常工作繁忙，即使回到家陪伴家人时往往也不得闲。电脑、手机总不能离手，手发邮件是家常便饭，更需要时不时查阅文件。此时不妨在家中客厅沙发的旁边放置上一个小巧实用的边桌，可以摆放上临时的办公所需物品。边桌的高度和沙发高度相当，桌面虽不大，但足够放下15寸以内的笔记本电脑、手机或者文件。下部的设计可以允许它和沙发靠得很近，只需轻轻弯腰就能触摸到键盘，也可偶尔趴在上面写点东西，适宜的高度也不会让人觉得劳累。

▲ 可在沙发旁边摆设一个小方桌，平时可以放置装饰花瓶等，在需要运用这块区域时可将花瓶移走，瞬间就将该区域变身为一个工作区域。

（5）移动电脑桌

方便的可移动电脑桌是家里第二办公区的最好选择。它不占地方，能随时收起，高度和桌板的角度都能调整。桌板像书一样可以打开，用来放工作时的文件和水杯。它最突出的贡献是对健康有利，因为时常抱着笔记本电脑会有辐射，对人体健康有害。

（6）角落

相信家里总会有些零散的角落空间，只要充分运用我们的创意，就可将其变成一个可以办公的有用之地。如楼梯边角处，作为拐角区域，面积不小，可格局有限。不妨将它设置成一个家中的办公区域，做出一面内嵌式的书架放置书籍杂物，再摆放上一个长型书桌，灵活利用了墙角部位，再放上电脑、书本等办公用品和壁灯台灯等光源，一个舒适的办公角就打造完成了。在卧室角落的墙与墙之间容易成为空间利用的鸡肋死角。如果在夹角放一张紧贴墙的书桌，配上提升好心情的壁纸，即使没有窗户，工作也可以很舒适。

（7）梳妆台

都说睡前不适宜过度思考或是处理工作，但有时急事一来或是灵感乍现，都急需一个地方可以解决。不妨将卧室中的梳妆台兼做办公之用。此时只需要这个桌子多些抽屉、使用的面积更充足就可以了。可以考虑选择一些可以变身折叠型的桌台，这样可以让梳妆、办公两种功能转换起来更快、更方便。

▲在空间允许的情况下，可在卧室中放置一个梳妆台，该区域也可成为一个自由的工作区，挑选带有抽屉的还能存放一些办公用品。

6. 家居巧布置，实现不同财运

在居家风水中，与钱财有关的有几个区域。首先是厨房，代表的是财库位置；其次是进门后的内明堂，代表着一家人的财路、财运；再次是卧室内的梳妆台，掌管个人投资理财与私房钱财；最后是大门外的外明堂区域，如做生意要靠人气，公众人物要靠大众支持，演艺人员要靠影迷的，就要格外重视了。掌握好这些区域的布置，就能帮你实现不同的财运愿望。

（1）轻松赚钱巧布置

赚钱的速度快慢及轻松与否，首先是要根据个人的技能、智慧以及赚钱的策略来定，除了这些都平等的条件，看的就是运气了。有好的运气赚钱就会轻松许多，而如果只有好的赚钱条件却没有好的赚钱运气，赚钱就会像卖命一样，劳苦到生出病来，就会得不偿失。而这个赚钱的运气也是可以自己布置出来的。

要让赚钱的过程轻轻松松，就得注意家中的布局。若是家中有横梁横跨过大门内主管财运、财路的内明堂、玄关区域，或内明堂的区域内摆设时钟，都属于让赚钱非常辛苦的风水，所以要尽量避免。试想，横梁是整栋建筑物重量、压力集中的地方，因此若主管财路的内明堂有横梁或直或横的延伸的话，就像是赚钱的时候，肩上挑着极重的负担，当然轻松不起来。至于内明堂内有时钟，则像是赚钱的脚步有如秒钟一般滴答着，马不停蹄当然会很辛苦。

若确实没有办法避免，则可进行相应的破解。对于挂了时钟的直接将其移开就可以了，而对于有横梁横跨过内明堂区域的，在内明堂的楼板够高的条件下，可以利用装潢将横跨的横梁用天花板包起来，让横梁不外露。若不允许改变装潢，可于横梁的正下方墙面上，装设朝天壁灯，将灯光向上打。或钉一个层板，在层板上摆设一盆小盆栽或天然柱型水晶，利用光、植物的生命力或水晶的物理能量，来反推横梁所延伸下来的压力。

要提升赚钱的智慧就需要进行相应的布置了，此时需要将主管财路、财运的内明堂区域整理清洁、保持干燥，灯光要加强白光的亮度。同时还可在该区域或玄关处摆设器物，如风水盆、流水盆、涌泉或养鱼等，还可用写实的风水流水油画或天然黄水晶圆球在此区域以增强该区域的能量，让赚钱变得更轻松。

（2）握紧属于自己的钱财

这一项是针对当老板的人而言的，不管是干事业还是做生意，都离不开签合同，相信很多人都遇到过这样的事，本来谈好的单子，不料却只因为合约上的一个小细节让这个单子没签下来，这等同于"煮熟的鸭子飞走了"，平白就是一笔损失，看着都心痛。要握紧属于自己的钱财，我们就得在风水布置上进行自检了，看看是不是风水出了问题，以便及时调整。

首先是主管人际关系的外明堂区域，若是有消防栓、路冲、屋角、壁刀、电线杆等冲煞物正对着大门的情况，就会形成到手的财运飞掉的风水。可在冲煞物前用一盆盆景或屏障物挡住，阻挡冲煞物对大门的冲射。而如果门外没有冲煞物，那就要进一步地稳住快到手的业务，使其进财而不节外生枝，此时可将外明堂及内明堂整理清洁、保持干燥、除秽气。还可在外明堂及内明堂各摆设一盆黄色品种的金橘盆景，代表生意会开花结果。

（3）守住老公的钱不外流

中国是一个传统的国度，很多夫妻在钱财的问题上都没有西方国家的夫妻分得那么清楚，说简单点都是共同拥有的，没有划分界限分彼此。所以，守住老公的钱财其实也就是捍卫自己的财产和幸福。

从风水学上来看，这类钱财就与居家布置的卧室密切相关了。若是老公睡在靠临房门的位置，而卧室房门又紧贴或正对厕所门或大门。此时就要注意了，难免有破财之嫌。此时可在老公躺卧的位置与房门之间装设一盏壁灯、台灯或放一屏障物。还可在房门与厕所门或房门与大门之间放置屏风或屏障物，并注意养成随手关门的习惯，都能起到守住钱财的效果。此外，还可在卧室的西南方设一个财宝箱，西南为坤卦，把老公的存折放在卧室的西南方的财宝箱里，这样就可起到守住财库的目的。

（4）投资理财好风水

现代社会人们一说到投资理财，基本都是通过购买基金、股票、外汇、期货等方式来进行的。而一些人在事业上比较顺风顺水，赚了钱后去进行额外的投资，却往往落得惨败的下场，这是什么原因呢？这里就来说说这个代表个人财库的厨房区域的布置。

投资会失利代表财库受损，此时就要检查居家布置了，看有没有出现煤气炉直线正对或紧贴冰箱、水槽，或未隔开达五十厘米以上的情况。因为在风水学上煤气炉属火，而冰箱或水槽属水，若这两者正对或紧邻，都会出现水火相克的情况，所以就容易造成因投资酿成财产的损耗。要破解这样的布局方法也比较简单，只需使两者不要直线正对或紧贴即可。

▲ 要让厨房拥有好风水，水槽不能正对或紧挨炉火，但是可以与其成一定的对角，可选用转角的橱柜。

其实，从另一个方面来看，只要厨房整齐、干净、采光通风、无秽气，厨房及厨房内门直线正对火炉或其他门窗，煤气炉不直线正对或紧贴冰箱、水槽、窗户，横梁不压制煤气炉，厨具坚固耐用，厨房照明良好，不在里头养宠物等，就能获得帮助投资获利的基本能量。

（5）避免背负不必要债务而破财的居家摆设

在现实生活中还会出现因为帮人做担保从而使得自己背负债务的情况。此时当事人就应该反省了，除了自己交友不慎重的原因之外，是否居家风水上也存在问题呢。其实，布置不当的风水很容易造成帮他人作保而破财的结果，最主要是对理财的思路不清造成的，因此要利用风水的摆设，提升理性的能量，才不会糊里糊涂替人作保。

容易出现帮人作保而破财的风水格局是因为主管财库的厨房内有厕所，或是厕所就紧贴在大门内主管财路与财运的内明堂区域。要破解这样的布局首先一定要将厕所的秽气、潮气处理掉。此时就需要勤于打扫厕所，维持干净、干燥、清洁，同时还可在厕所内摆上绿色植物来吸收秽气、潮气。异味降低或完全消除了，自然不会影响这两个区域的风水问题。如果能做到随手关上厕所门，减少秽气外流的机会，并挂置十分之九长度的布门帘，防堵效果会更佳。也建议多利用现代科技的臭氧机或负离子机，来一并解决厕所的秽气问题，效果会更好。

如果在风水上没有上述问题，则可能是因为其他的因素造成因作保而破财，这类情况可以积极地借助风水上的摆设，来避免衰运上门。此时可在内明堂区域将理性光的白色灯光打亮一点，当这两个区域白天的光线不佳时，仍然要保持灯光的亮度，让自己更具有理性的能量，不会为任何感性的因素动摇，而能坚持不作保。还可在厨房和玄关两处摆设大小与空间比例适中的天然骨干水晶，来避免此类情况的发生，稳固自己的财库。

（6）不因子女而破财

中国的父母可以说是全世界最疼爱儿女的父母典范，而在这样的爱中，多少也有一些溺爱的成分。如果恰巧你的子女中有人花钱如流水或常作出错误的投资举措，那么就需要注意了，除了要检查对孩子教育是否存在问题外，还可结合风水布置来进行自检，看是否住宅出现了要背负子女债务的破财风水。

此时可将住宅面积平均分成九宫区，以"井"字形格出九个方位，利用指南针找出每个格子的方位，主管财库的厨房，若压在代表母亲卦位的"西南位"，主掌烂事的厕所压在"东南位"，则母亲积蓄不保，将会为长男偿债；厕所压在"北位"，则母亲将会为二男偿债；厕所压在"南位"，则母亲将会为二女偿债；厕所压在东北位，则母亲将会为三男偿债；厕所压在"西位"，则母亲将会为三女偿债。

要破解这个有问题的风水布局，也比较简单，首先将厨房及厕所整理清洁，保持干燥、干净，并于厨房及厕所放置一些黄水晶碎石头，可以用来招财，同时还可放置一些木炭也有辟邪、增益的效果。

7. 不必大动干戈让家焕发"青春"

在一个室内空间居住久了，对于家居环境也就没有新奇感了，这就是我们常说的"审美疲劳"。而如果要让自己的家重新焕发新的活力，其实是不必大动干戈的，适当的布置，可以选择一款新被单、一套新餐具、一个小小的擦桌布都会给你带来新的感觉。

（1）颜色是个先行军

在假期来临的时候最适合更换家的颜色了，特别是在夏天。何不将那些颜色厚重的窗帘、台布、床单、沙发垫统统收纳起来，换上象征夏天的白色、天蓝色，给自己一个度假的心情呢。窗帘、桌布等色彩的改变可以导致整个房间风格转向，采用接近海洋色的蓝色调，可制造视觉的舒适感，让人仿佛置身于清爽的自然环境里。起居室或者沙发上的靠垫可以换成柠檬黄、橙黄、天蓝等明快的色彩。如果喜欢活泼些的风格，则可以考虑清爽的水果或花草图案。还有浴帘，不妨换一个颜色更清爽的，让夏日的沐浴也有好心情。

（2）绿色植物来加分

要想亲近自然，感受清凉，又怎么少得了绿色植物呢。在阳台上放些花卉盆景，到花开季节时会非常娇艳美丽，种些爬藤类植物，到了夏天藤攀阳台，会让阳台生机盎然，让人心旷神怡。或在客厅、厨房等室内摆放

▲一成不变的空间、老旧的家具让你出现了审美疲劳，那就试着在房屋内摆放两盆盆栽吧，让绿色植物为家装点青春。

一两盆盆栽，即使不出家门也能享受自然带给我们的舒畅心情。

（3）新用品带来新感觉

全方位的改造会需要大量的资金，但部分换装却不失为一个省钱的不错选择。以厨房为例，如对传统的锅碗瓢盆早已经没了兴趣，为何不把餐具更新换代。市场上普通的白瓷、强化瓷，好一点的如骨瓷，镶着金边刻着印花，光洁高雅的餐具，光是捧到手里就令人爱不释手。不如趁着周末或假期的时间，去买一套好餐具，让盛饭、吃饭这些司空见惯的瞬间也变得生动曼妙起来。还有洗碗布和抹布，赶紧把已经用了很久的抹布淘汰掉，如今生态竹纺的抹布不仅更柔软，而且吸附杂尘能力也更强，在勤俭持家的同时也要掌握家居用品的最新技术，让全家人的饮食更安全、更卫生。

（4）墙面巧变身

墙面应是最容易做出变化效果的地方了。一般人会觉得墙面一旦上了颜色，自己如果不喜欢改动起来会很麻烦，所以一般都不对墙壁进行装饰。

▲ 可根据居家的整体风格，在客厅的墙上悬挂一些装饰画，从而丰富墙面，赋予家居空间不同的感受。

如果不想改变颜色，挂上一幅画也不错。卧室里挂上幅刺绣作品百合花，客厅里挂上一幅水墨画，书房里也可挂上一些励志的语句。房间里只要挂上一幅风格合适的画，立刻会让你的家蓬荜生辉。如果你喜欢现代简约风格，不妨来个手绘，还可从网上淘一些墙贴，墙贴造型很多，从花鸟人物到卡通风景，选好样子后根据自家面积量身定购，若是不喜欢了揭下来就可以了。

（5）家具位置换、换、换

家居布置最重要的就是看上去要整洁、清透，家具一定要排列有序不可过于复杂。要是觉得家具的位置摆放太没有新意，还可给家具来个"乾坤大挪移"。重新组合家具的时候，对称平衡感很重要。有大型家具时，排列的顺序应该由高到低陈列，以避免视觉上出现不协调感。摆放时还应按照前小后大排列，这样才能层次分明。

值得注意的是，在布置完家中的家具，确定了大的框架之后，对于家居饰品的筛选和摆放也要注意。家饰要和居家风格相互搭配，简约的居家

▲ 要让房间具有新的感受，可适当地更换餐桌、餐具等物品，为居室注入新鲜的视觉能量。

设计就应该搭配具有设计感的家居饰品。如果是自然的乡村风格，就应该搭配自然风为主的家居饰品。

福运天天来

对于阳台的美化，除了绿色植物还可以购买稍大一点的家具来进行装饰。如果你家阳台够大，购买一套藤式桌椅就很不错，藤式桌椅舒服、贴近自然，闲时品茗、会友，真是不亦乐乎。如果家中有人喜欢下棋，不妨添置一个棋盘放在飘窗上，闲来和家人朋友来上几盘，自在惬意。

---

8. 营造浪漫居家氛围，升温爱情

终于有了一个自己的家，在过惯柴米油盐酱醋茶的居家小日子后，你是不是会担心爱情慢慢降温，婚前浪漫激情的日子一去不复返呢？想让爱情持久保温，提升浪漫指数其实很简单，这里教你六招"风水催情术"秘诀，营造出浪漫居家氛围，必能让你的爱人爱你爱不够。

（1）辅助工具——灯光

有人说："爱情其实就是投进平静的湖中那一颗小石子"。这话不假，爱情是需要有点变化的。在平淡的空间中加上灯光的点缀，就能让空间顷刻充满梦幻色彩。在侧光映照下，空间会充满生命美感，如果房中有花及小饰物，还可以借着光影增加空间的深度，让整个环境充满"浪漫"的感觉，释放空间的爱情魔力，想不升温都难。

（2）辅助工具——音乐

因为音乐是爱情空间里必要的背景，可以提升浪漫磁场，开发内在的能量，让人有恋爱的冲动感觉。而要注意的是，音乐最好选择轻音乐、古典音乐或大自然的音乐，可长时间播放的音乐，使人沉浸在"浪漫舒柔"的气氛中，加强恋爱的讯息，进而启动"爱的程式"。

（3）辅助工具——香薰

据心理学家的研究，我们的嗅觉会影响记忆的最底层，直接影响潜意识，并最容易开发出惊人的潜在能量。现代社会，芳香疗法逐渐被大家认可，其实芳香剂也具有改变空间能量磁场的能量。可在房间内点上一盏熏香炉，当人们在陷入浪漫或快乐的情境时，同时还能闻到芳香，放松心情。而当下次再闻到此香味，自然回忆起快乐讯息、爱的讯息，让自己保持浪漫的情绪。

（4）辅助工具——鲜花

鲜花在室内环境中摆置的位置需遵照"男右女左"的原则。男生请放在客厅的右手边(以坐在沙发的方向为依据)，放一束鲜花，不能用塑料花代替。花瓣最好是大花瓣，而花瓶最好是瓷瓶或陶瓶，同时还要注意，不能让花枯萎，否则爱情还没报到，反而会带来灾厄和病痛。

▲要营造居室内的浪漫氛围，可在客厅区域摆放鲜花，同时还可将布艺沙发的换成带有花朵图案的沙发套，赋予空间一种浪漫质感。

（5）辅助工具——桌巾、坐垫、地垫、窗帘

环境随着摆饰不同会让人拥有不同的心情，从而给爱情更多的新意。可从桌巾、坐垫、地垫着手改变，接着就是窗帘，最好每季换个不同花色，使人能实际去感受这些小地方所散发出的爱情能量。

福运天天来

有些女生比较浪漫，有电影或小说中的情结，对其中描绘的浪漫情景情有独钟，此时如果能将这些讯息放置在最舒适的角落，自然唤醒爱的讯息，时间久了自然能开发出爱情的能量。

---

9. 影响事业运的生活小物件

生活中有很多小物件是我们经常使用到的，这些小物件对事业运程也是有一定影响的。利用物品增运、改运既要符合个人所好，又不能与个人的五行相冲，所以在物品的选择和使用上都应该小心谨慎。

（1）伞——加深印象的好工具

伞是最容易遗失的东西，但同时又是长长的东西，人常常会因为长的东西而结缘。如果想表现、想突破，增加事业上的运势，那出门时就应该经常都带着伞，这样既能在下雨的时候使用，还能增加运势，真是一举多得。

（2）文件夹——选择颜色改变工作运

在办公物品中，文件夹是最常使用的物品，要提升工作运则可以在文件夹的颜色上下功夫。如想提高营业额、提高年终奖等与金钱相关的收入，可用黄色文件夹；想通过企划案时，用红色的文件夹；想得到客户的承诺时，可用绿色的文件夹。

（3）钥匙——叮叮当当，运气逃之夭夭

我们常常会看到腰上挂着叮当作响的钥匙的人，其实这是很不吉利的做法，因为叮当作响的金属物体会将幸运与缘分赶跑。所以，不到万不得

已时请不要将钥匙挂在腰上，平日起居请将钥匙拿着走或者放在公文包里。

（4）照片——人物、地点是开运的要点

出于沾喜气的心理而言，与当时运气不错的人或事业很旺的人合影，都会对自己的事业有所帮助，带来好运。这也是为什么很多企业会将企业员工或领导与中央领导人或者名人合影的照片挂在公司墙上的原因。此外，除了可以借助这些权贵名流的影响之外，人们总觉得还可以沾沾他们身上带着的喜气。

▲与知名人物合影的照片，本身也是吸引人的话题。生活中与人多沟通交流，有利于提升人际关系和事业运。

福运天天来

要有好的事业运程还可随身佩带一些开运小物件，如玉坠、香袋、钥匙链等等，可以让你精神振奋、头脑灵活、灵感与创意也会源源不断地涌现，这样一来也就能抓住好的表现机会，从而让事业步步高升。

复式小户型 个性空间，双层体验 —————— 40～90平方米

除了一室一厅、两室一厅等经济户型外，针对小户型住宅还有一种复式的设计，最初的复式住宅是受跃层式住宅的设计构思启发而逐渐成形的，多以小户型为主，是一种带有创意感的个性经济住宅。这类住宅在建造上每户占有上下两层，房屋空间内由楼梯联系上下层。它类似于跃层式住宅，但层高要低、空间也更小。这种复式小户型住宅的出现打破了原有普通小户型单调的平面形式，把室内居住环境空间化、层次化，动静分离，功能分区更为合理。

复式小户型延续了小户型的特色，空间虽小，但只要找对设计路线，就能将小小的复式小户型打造成拥有宽广使用空间的大住宅，既节省了房屋的购置成本，同时也让居住者充分体验到楼中楼之感的双层空间。

1.复式小户型购买须知

分区完整的住宅，相对较低的价格，更多可变的空间，基于这种种的原因，让越来越多的人在房价高升的年代里更加钟爱复式小户型。它通过楼层的高差进行功能分区，给人一种"买平方得立方"的感受，但也正是由于可变性较大，在购买复式小户型住宅时就更需要擦亮你的慧眼了。

首先，要留意住宅的层高，这是最为关键的。据专业人士分析，层高在4.8～5.2米的户

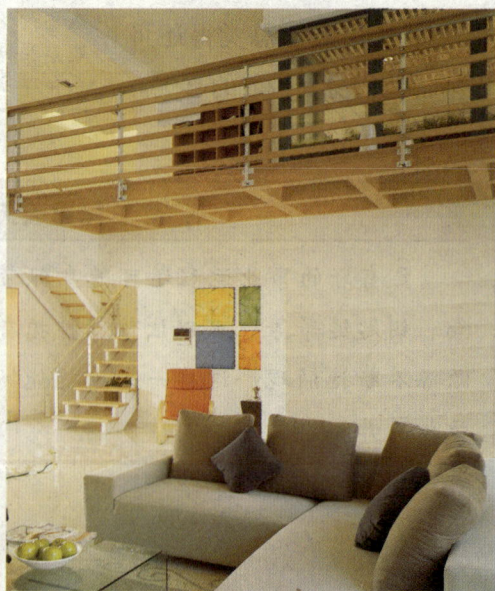

▲ 复式住宅由于层高的关系，在空间上往往给人更大的视觉感受，而在面积的整合利用上，则更多的给了我们进行创意的空间。

型才适合做复式小户型。这种复式的结构，尤其是二层赠送的空间的层高才能满足中国人平均身高的要求，不然就会使人感到压抑或出现弯腰、碰头的现象。

其次，要看它的使用空间和功能区域的划分是否完整，一般来说，复式住宅往往下层安排公共区域，供起居用，包括炊事、进餐、洗浴等，而上层则安排卧室，供休息睡眠用，也可隔出书房等区域，形成独立的空间，让户型的功能更完善合理。

再次，要注意这种房型的通风和采光问题，大部分这样的户型都是南北通透的，有整面的落地玻璃，这样才能保证上一层的阳光和通风；如果不是南北通透设计，购买时就应多多注意。

最后，需要关注所选户型的卫生间的安置或调整是否方便，因为不管是在装修设计上还是风水上，都不能将卫生间放置在房屋的中间区域，早做设想便能避免出现不能调整的一些硬件问题。

2.夹层空间规划的两大原则

复式小户型很受现代都市年轻人的推崇，除了价格上的优势外，它的独特之处还在于可通过错落有致的设计形成相对独立的空间，从而让生活更便捷。对复式小户型的装修，最要紧的是对室内空间合理规划，即通过夹层空间让整体空间呈现出拉长、拉高、拓宽的视觉效果。而要进行挑高的设计，则需要掌握以下两个夹层空间规划的原则。

▲ 复式的住宅要让空间具有开放性，就要注意居室内功能区的安排，客厅一般都是在楼下区域，合理布置能让空间显得更宽敞。

（1）强调上下层之间的开放性

复式小户型在平面规划上多用底层安排厨房、餐厅、卫生间，在二层安排卧室、书房等。装修时要注意上层和下层之间的关系，夹层的上部最好做成全开放或开放式的单间，这样能与下层的风水格局相互呼应。此时居住者站在上层视线也能轻松穿透整个住宅，拥有了开阔的视觉效果，运势自然更顺畅。

（2）空间需兼具开阔感和私密性

空间设计中的开阔感是指在有限空间中的视觉穿透度，而私密性则是指在相对独立的空间中能保有住户绝对的隐私权，不受他人的干扰和窥视。基于这个夹层空间的规划原则，在上层的设计时就必须将卧室和外面的起居室有所连接，同时还需要融合一些设计技巧，使空间形成半遮挡的效果，起到隔断的作用，从而达到兼具开阔感和私密性的个性设计。

福运天天来

对复式小户型进行合理布局，强调上下层空间的开放，一方面可以避免两层住宅的风水彼此冲突，增加整个住宅的运势，另一方面还能让居住者感到房屋瞬间开阔，活化室内环境，让整个住宅的风水更顺畅。

3.复式空间减压五大口诀

从建筑设计上来看，复式小户型住宅在有限的层高空间中扣除掉地板以及夹层的高度，所余下的空间还要划分为两层，空间是非常有限的。要解决空间压迫感的问题就需要记住以下的五大口诀，有了它们的帮助，一定能帮你打造出集适用、舒适、美观于一体的双层复式空间。

（1）切忌空间五五分

对于复式小户型住宅，要在原有的空间中增加出夹层空间，在夹层空间的设计上可采用高低交错设计的方法。根据住户的需求，通过合理的布置，让隔出的夹层空间一个楼层高一些，另一个楼层低一些，且通常都是楼下要比楼上夹层高一些。通过这样的方法来安排空间的夹层高度，以减少空间的压迫感。切忌不能将高度空间进行五五平分，否则不论是使用时，还是视觉上的空间感，都会令人感到压迫。

（2）开放的夹层隔间设计

在隔间设计上最好采用开放式的设计方法，由于夹层屋高度不足，本来就让人觉得空间较狭窄，若是再采用封闭式隔间会让空间变得更加压迫。除非房子单层的面积本来就够大，否则一定得采用开放式设计。

（3）部分挑高放大空间

复式中的夹层挑高部分不能全部做满，整体挑高既不符合复式建筑的相关规格，会对整个住宅楼的结构造成威胁，也不利于室内空间的规划安排。应将挑高的部分局限在于

▲ 对于复式住宅的挑高区域，可以安排为具有一定私密性的卧室或是书房，以求得一个宁静而自由的空间环境。

一个相对单一的功能区域，可在卧室或书房应用，也可以是一个小小的起居空间，但面积一般只能为整体面积的1/3，让挑高的部分形成对比，烘托空间。

（4）用好颜色放大空间

在小户型住宅色彩的运用上有一个可通用的方法，即采用浅色系为主的颜色。因为颜色也会影响空间感，若是屋内装修的颜色太深，会让空间更具无形的压迫感。同时，还要注意夹层屋空间天花板的设计，不能太过繁复，尽量简洁的同时也可做放空处理，有助于减少空间压迫感。

（5）运用大面窗开阔空间

复式小户型在夹层空间上若是挑高不够会让人的视野受限，从而感觉

▲复式住宅里很多都运用了大面窗的设计，这种方法能增大室内空间，同时也让居住在其中的人感觉到视野开阔。

到压迫感。可运用大面积的透明玻璃窗设计，让屋外的景观延伸至屋内，此时站在室内的任意一个角度，视野也会因为窗面的效果变得更为开阔，从而起到放大空间的效果。

福运天天来

在快节奏的现代生活中，室内空间需要具备放松身体和缓解压力的双重功能，适宜的居家布置不仅能让室内空间有效减压，还有助于藏风纳气，聚集正面能量，可以让人减少烦恼、远离忧虑，保持积极乐观的情绪。

4.复式小户型底层空间整合术

复式小户型住宅在整体的装潢设计上，最关键的是如何对下层空间进行合理的分隔利用，通过合理的规划让室内空间得以延伸，视野不被束缚，创造更开阔的空间效果，真正做到为居住者提供便利，既节省空间，又能将住宅彰显出居住者的个性。

（1）隔出玄关

在住宅的功能分区上，刚一进门的区域叫做玄关。它是住宅的咽喉地带，是从大门进入客厅的缓冲区域，让进入者静气敛神，同时引气入屋，在复式住宅中隔出玄关的空间对居家风水是非常重要的。

从实用性来说，可在正对大门处摆放一个屏风，或在大门侧边制作一个吧台式橱柜，形成遮挡的空间，即隔出了玄关区域。同时，半遮挡的空间具有遮掩作用，令外人不能随便在大门外观察到屋内的活动。

▲ 要不管是复式的还是平层的住宅，玄关区域都是非常重要的，要整合空间，就要想办法隔出玄关区域，同时也可加以植物进行绿化。

有玄关在旁护持，人在住宅里会觉得安全性大增，不怕隐私外露。

从风水的角度来看，从大门入宅的旺气与财气应尽可能在屋内回旋，为住宅充分利用后，才慢慢流出屋外。倘若大门与阳台或窗户形成一直线，则从大门流入之旺气及财气便会迅速地从阳台或窗口流走，旺气直入直出，是"泄水"之局，令家中的人丁及钱财均难以积聚。而补救之法，是在其间设一玄关，设法令大门之气转向流入屋内，而不直接从阳台或窗户流走。

福运天天来

传统的风水学中有"喜回旋、忌直冲"之说，如果大门直接与客厅、阳台等相连相通，不仅居住者的隐私得不到很好的保护，而且风水上认为大门外和大门内的气流性质不同，如果直接对冲会不利于风水。所以，玄关的设置就起到了缓冲的作用，让气场回旋，同时也有效地融合室内外空气。

（2）明朗客厅区域

客厅是家中迎宾待客之地，是一家大小聚集、聊天、放松和休息的多功能合一之地，同时也是连接餐厅、厨房、厕所等空间区域的一个纽带，通过材质的运用，区分出明显的客厅区域，使其明朗化，能让居住者的视觉更加开阔。需要注意的是，在复式的夹层设计时，客厅区域避免使用吊灯照明，以免造成空间的压抑感。

让客厅区域明朗化，也能让屋主财运的脉络更加清晰，还可通过在客厅进门的对角线方位的财位上摆放一些寓意吉祥的招财物件，如福禄寿三星、文武财神、鱼缸、花盆等，也可把睡床或者沙发放在财位上，在财位坐卧，日积月累，自会壮旺自身的财运。

（3）隔出餐厅

在复式住宅的下层空间里，隔出玄关后还可在内明堂中设置一个小小餐厅，可以安排在厨房与客厅之间，以尽可能节省食品从厨房到餐桌，以及人们从客厅到餐厅所耗费的时间和空间。如果是客厅兼餐厅的格局，在空间上应该有所分隔，可以用矮柜、组合柜或软装饰作半开放式或封闭式分隔。也可以利用玄关、屏风将区域划分得更明显一些，并借助顶面、地面、灯光的变化达到理想的划分效果。

从居家风水来讲，设置餐厅有以下几个吉方，即住宅的东、东南、南与北方。餐厅的方位必须根据具体的情况进行选择，才能营造出良好的用餐环境。最好的餐厅位置是设在

▲ 复式住宅的餐厅区域可安排在底层，可利用复式小户型楼层高的特点，对餐区的墙面进行装饰，带来不一样的用餐感受。

东南方，因为此方位空气足，光线好，比较容易营造出温馨的就餐氛围，有益健康。餐厅也适合设在住宅的东方，这个方向是太阳升起后最早照射的地方，能给人勃勃生机和活力。如果在此方位吃早餐，更能激发家人积极向上的进取心。

福运天天来

从功能上看，餐厅是补充体能的所在，而从风水上来看，餐厅与屋主的"色相"关系密切，布局良好的餐厅能产生愉悦的气氛，使用餐的人精神松弛，从而欣赏、喜爱食物，并有彻底消化的时间，还会有益于凝聚家庭成员的向心力，也有招财的作用。

5.厨房和厕所巧规划

复式小户型中厨房和厕所的面积一般都不会太大，也正因为其小，空间的规划就显得尤为重要，合理安排与利用空间，能让你的厨房和厕所变大许多。

厨房在住宅中象征着财运，将厨房规划在一楼最底部，有利于增加财富的积蓄。同时也可根据厨房条件，通过对造型、材料、色调等元素的组合来塑造视觉效果，让厨房产生开阔的空间感。还可利用厨房的用具或地面瓷砖上的横线营造宽度感，竖线则可增强高度感。

如果厨房兼有餐厅功能，就应该创造一个整洁、优雅、能诱导食欲的环境。可选用简洁、明快、造型舒适的厨具，

▲ 复式住宅的厨房也可规划在底层空间中，从风水上讲对积聚财富有利，而由于底层部分区域的空间限制，可结合灯光、植物等对厨房区域进行装饰。

在墙上挂一至三幅食品、花卉静物摄影，于适当的墙面处装设一盏造型雅致、灯光柔和的灯具等等，为厨房空间增运添财。

要保证住宅的风水，还应对厕所的位置进行规划，为了住户的方便，应将厕所设置在复式住宅的底层，可将其布置到厨房的斜侧，避免厕所门正对厨房门，影响屋主的财气，同时还要注意对厕所的清洁，及时打扫清洁，方能消除秽气，稳固财库的气场。

福运天天来

将厨房设置在住宅底部，既能守财有成，也不会因为守财而去苛刻地影响生活质量。通过合理的厨房布置，为主人烹调创造了操作方便、提高效率、节约时间的有利条件。结合新鲜的材料、精细的做工、整洁明亮的环境即可制作出美味健康的食品，在保证了屋主的身体健康的同时也让屋主拥有了良好的心情，稳固了家庭的整体财运。

6.楼梯设计的三大技巧

既然是复式住宅，当然离不开连接上下空间的楼梯，而楼梯在室内空间中的摆放位置、造型样式等的设计都是非常关键的。运用得好不仅能起到连接空间的功能作用，同时也能辅助营造出空间的层次感。下面针对复式小户型住宅中楼梯设计的三大技巧进行归纳，从而激活你的灵感，让"楼梯"的设计更加灵活多变。

（1）一字形钢结构楼梯节省空间

复式小户型住宅中一定会有楼梯的空间。楼梯在功能上要起到连接上下楼层空间的作用，同时需要在设计风格上进行把握，需要服从于整个住宅空间环境的总体设计风格，使之和总体设计融为一体。出于对室内空间和层高的尺寸的考虑，楼梯样式的选择显得更为重要，需要针对不同的户型进行具体的设计。

楼梯的设计形状主要有直形梯（即我们常说的一字形楼梯）、弧形梯、旋形梯和折形梯四种，楼梯的样式会直接影响到室内空间的使用面积。针

▲ 复式户型中楼梯是必不可少的，它能起到连接上层和下层空间的功能效果，同时还可结合一些装饰，让楼梯区域也很有个性。可以是简单的一字形楼梯，还可以是具有特色的弧形梯。

对复式小户型住宅，选择一字形楼梯是最省空间的，同时在装潢风格上可以加上钢结构设计，会让整个空间更具穿透感。

（2）折式楼梯让空间更具层次感

楼梯主要由受力的曲梁、踏步、扶手和栏杆四大部件组成的，聪明的设计师会将这些部件有机地结合起来，设计出集功能与美观为一体的楼梯。而针对小户型住宅，为了让居住者上楼和下楼更方便舒适，楼梯需要一个合理的坡度，若楼梯的坡度过陡，不但不方便行走，还给人一种"危险"的感受，所以楼梯坡度最好是缓坡，给人拾级而上的感觉。此时就可以采用两折式的楼梯，即常说的折形梯，这种楼梯会让空间看起来更具有层次感，此外在上层空间设计中，还应考虑居住者的身高，如果房主身高比较高，就可以选用折式楼梯，通过楼梯的高度拉高，让楼上的卧房空间更大，能让居住者直立的进入到空间中。

（3）楼梯设计在屋中央区分空间

在复式住宅的布局中，楼梯的位置很重要。一般的摆设方式都比较随意，要么靠墙要么将楼梯安置在进门处，这些都不是最好的解决方法，针对较小面积的复式住宅，可通过楼梯来变换空间。通过将楼梯摆在屋内正中央，从而将底层的空间区分为两个明显的使用空间。一边可作为客厅，另外一边则作为工作室、餐厅或厨房，楼梯下面还可作电视柜，用来放电视，这种设计方式不失为一种节省空间的良方。

> **福运天天来**
>
> 在家居风水中，一般楼梯是不能正对大门的，因为楼梯的作用不但能让人在其上行走，同时也兼具运气的走势，正对大门的楼梯将从大门进来的"气"隔开，不利于整个住宅的气场，所以楼梯切忌正对大门，若要正对大门，可增设一个屏风，起到遮挡的作用，并让"气"顺着屏风进入屋内。

7.装饰画与居室的搭配诀窍

装饰画的布置于居室的搭配非常重要。如果搭配得当，将使居室大放异彩，生活品质也随之提升。下面整理了几个搭配的小窍门，合理使用能帮你打造出一个非常有品位的家。

（1）找准摆放位置

不管是自己回家还是有客人到家里来，在进入家门后，视线的第一落点就是最适合放置装饰画的地方，这样才不会显得家里墙上很空，同时还能产生新鲜感。

（2）角部装饰画改变视线方向

过去人们以为装饰画只能摆在一面墙的正中部，然而在现代设计中，很多设计师喜欢把装饰画摆放在角部。角部即室内空间角落。角部装饰画对空间的要求不是很严格，能够给人一种舒适的感觉。在拐角的两面墙上，一面墙上放上两张画，平行的另一面墙放上相同风格的一张画，形成墙上的L型组合，这种不对称美可以增加布局的情趣，室内也不会有拘束感。同时，角部装饰画还有通过视线转变提醒主人空间转变的作用，从客厅到卧室的途中摆放装饰画，还能起到一个暗示指路的功能。

（3）使用抽象装饰画提升空间感

随着人们审美情趣的提高，挑选家居饰品时也要符合室内整体装修风格。时下越来越多的人喜欢创意家居的现代装修风格。这也让抽象画这一体系进入到人们的考虑范围。虽然很多人都看不懂抽象画，不过在现代装修风格的家庭中，抽象画却能起到点睛的作用，特别是体现现代风格的家装配上简单的抽象画，能够起到提升空间感的作用。

▲ 在空间感较强的复式户型中，客厅的装饰画也是必不可少的，可结合室内的整体风格来挑选装饰画。

（5）装饰画形状要与空间形状相呼应

如果空间墙面是长方形，可以选择相同形状的装饰画，一般采用中等规格的尺寸即可。如果有些地方需要半圆形的装饰画，只能在画面上做文章了，如可以留出空间，因为现在市场上还没有半圆形的装饰框。

（6）色彩选择有忌讳

装饰画不但可以摆放在客厅内沙发后面，电视机后的墙面上，卧室内，还可以摆放在厨房、阳台上。不过值得注意的是，在摆放时要根据不同的空间进行颜色搭配。一般现代家装风格的室内整体以白色为主，在配装饰画时多以黄红色调为主。不要选择消极、死气沉沉的装饰画，客厅内尽量选择鲜亮、活泼的色调。

（4）带有创意的楼梯装饰画

对于复式的住宅，楼梯是必不可少的。在楼梯放置装饰画能够提高整个居室的艺术气质。此时，不管是人正在上楼梯，还是从远处看，都能起到很好的装饰效果。为了让这个区域更具设计感，还可请专业人士直接在墙面上画图案，这种方法很有创意，可以按照自己的想法设计画样。另外，如果面积不大，可以在楼梯转弯处随着楼梯的形状摆放不很规则的装饰画，效果同样也不错。

▲ 楼梯区域是一个很好的装饰区域，可悬挂带有创意的装饰画来丰富该区域的墙面，这也给人一个近距离接触这个绘画的机会，以便细细品味。

福运天天来

　　装饰画是居室中最为常见的摆设，很多人觉得它无足轻重，不将它放在心上。然而事实上，这个小小的装饰画却是暗藏玄机，摆放得当，它们有助添丁旺财；摆放不当，它们却会影响运势，甚至招来血光之灾。因此，一定要谨记装饰画的搭配诀窍，不求风生水起，但求安居长乐。

第五章 掌握租房必备风水知识

随着社会的发展，出现了越来越多的「移民」城市。在这些城市中，本地人的比例非常少，多数是外来的人口。所以，出租屋就成为应时变化而出现的「产物」，也是现代很多人选择的一种居住模式。而对于出租屋而言，也是可以结合风水来进行选择和改造的，同样能打造出祥和吉利的出租屋。

租房的七大风水忌讳

租房也与买房一样，都需要小心谨慎。因为即使不是要购买它，但在接下来的很长一段时间里，你都会居住在这个屋子里的，所以房屋的风水也会影响你的整体运势。下面整理出租房时的七大风水忌讳，赶快来看看吧。

1. 不贪便宜

正所谓"天下没有免费的午餐"，在选择出租房时，就不能贪图房租太过便宜的房屋。一般低于市场行情的房子，必会有不利市场或租房方面的各种因素，比

▲ 选择出租屋时一定不能贪图便宜，而应选择风水较好，适合个人运势的房屋。

如房子在风水上犯煞，不利于人居住，也有可能在房间内曾经出过事故，这样的房子是"凶宅"，非常不适合居住。

2. 不近庙神

在住宅风水上，神前庙后都属孤煞之地，所以住宅附近有寺院、教堂等一些宗教场所都是不好的。且教堂、寺庙都是神灵寄托之所，会令附近的气场或能量受到干扰而影响人的运势。居住在宗教场所附近的人会运势低落，或是出现孤独、性格暴躁或过分善良常被人欺骗等问题，所以不管是买房还是租房，对于庙神之地都应敬而远之。

3. 不靠坟场

如果不是本地人，在外地人生地不熟的情况下，选择出租屋就更应该多方打听，要小心房子周围有你不知道的坟场。如果要出租的房子靠近坟场，最好不要选择这样的住宅。

4. 不住暗宅

对于一些没有窗户或是窗户很小的住宅，要是在房屋的朝向上也不对的话，就很容易出现大白天开着窗户屋内也暗淡无光的情况。由于光线不能顺利进入到室内，所以光线暗淡，这样的住宅属阴暗之宅，阴气过盛，阳气不足，最好不要常住。同时，如果房子太老，容易出现建筑的质量问题，成为危房，也是不适宜居住的。

5. 不住孤宅

所谓"孤宅"，本意上是指单独的一间房屋，在该房屋周围没有其他住宅的房子。这样的房子由于出入的人少，阴气也会比较重，也是不利于人居住的。

还有一种情况也称为"孤宅"，比如新建的楼盘，只有一家或少数几家人居住在整栋公寓里，这样的情况也可以说是孤宅，同样是人气少，比较不利居住，不过这种情况也会随着公寓入住率的提高而有所改善的。

6. 不靠深山恶水

租房的时候还应该注意，最好不要租住在靠近深山恶水边的房屋，这些地方都比较容易聚积阴气，于风水不利。同时，与高架桥同行的住宅也不适宜居住。

7. 不邻病家

如果是租单身公寓，则不存在与病家为邻的问题。而如果是与人一起合租，则有可能是和房东或是其他的房客一起住在同一个住宅空间中，此时在选择时，如果房子里住了重病或是久病不愈的人，这样的住宅也最好不要选择。

租客必看八条"潜规则"

现在很多人租房都是通过中介机构进行的，在房屋中介带你去看房的时候，你就需要擦亮慧眼了，需要对房屋进行方方面面的考察，才能避免在租房后才发现原来没发现的不良之处。下面收集整理了八条看房潜规则，希望能帮你避免一些租房中的小问题，让你租到合心合意的风水屋。

1.不看建材看格局

租房时进入到房间内，首先看到的是房屋的整体装饰，如果是装修比较精致的房屋，此时也不要被漂亮的建材迷惑了你的整体感官，应该理性地分析房间的具体使用情况，查看其功能区域的安排，更要注重房屋的整体布局是否合理，应以实用为前提。

2.不看墙面看墙角

在看房时，一般比较好的出租房在墙面上都是比较平整的，就算是有隐患也进行了适当地修整。此时就需要认真查看墙角的情况了，通过查看墙角就能看到墙面是否平整，有无龟裂或渗水的现象，这些情况都会在墙角部分暴露无遗。同时还应该查看房屋装修时的墙面接角、天花板、窗沿等处，做工是否细致，这些东西虽然是细微之处，却真真实实地影响着你住进房间后的直观感受。

3.不看晴天看雨天

有的人在找房的时候如果遇上下雨天，在不是非常急着找房子的情况下，就会因为天气的原因推迟看房的时间。殊不知看房就应该看雨天的情况，因为再好的伪装也敌不过雨水的冲刷。如果房子存在漏水、渗水的问题，在下雨天就会更明显地表现出来，特别是有些较老的房屋，若刚好是在顶层，就更应该关注房屋的渗水、漏水的问题了。

4.不看窗帘看窗外

　　有的人看房子，看到有窗帘的地方就会注意窗帘的美观程度。当然这也是需要注意的，但是这些都是住宅的"软条件"，是可以通过后期进行改变的。此时租客更应该注意窗外的情况，一定要拉开窗帘看一下室内的通风、采光是否良好，同时还需注意窗口是否邻近公路的方向，有无噪音等情况。

▲ 租房时除了看窗内房子的格局等内部情况外，还需注意窗外室外的环境情况。

5.不看电梯看楼梯

　　现在很多公寓楼都有电梯，电梯只要性能安全，能保证日常的运行就行了，此时还应关注公寓楼梯的情况，如楼梯间的出入口的位置、楼梯的坡度会不会太陡、楼梯间有无照明设施等等，因为在发生意外灾难的时候，这些问题才是影响逃生的关键因素。

6. 不看家具看空屋

　　虽说家具是居家生活的必需品，但从根本来说房屋本身才是影响人生活的真正空间。要了解一套住宅风水的好坏，首先要从房屋本身来观察，看它的格局、大小、形状、建筑质量等是否正常，是否符合好风水的标准。如此，观察清楚房屋的真面目后，再看房屋的家具配置等是否符合生活所需，最后再考虑是否租住。

7.不看装修看电器

看房时还得谨记，不要一味地关注房屋的装修，为了以后居家生活的安全、方便，也为了不在居室的琐事上浪费时间和金钱，应该更关注出租屋里的电器设施。可以分别查看房间内电器是否能正常使用，如电视机、冰箱、空调、热水器等，查看这些电器设置的使用年限是否超出规定年限，若有超出则请房东更换，以免出现安全隐患。

8.不问屋主问门卫

任何房屋在屋主的眼里都是好的，因为他购买了这个房屋，当然是因为觉得好才购买的。而任何中介机构的人也都会说他所推荐的房源是最好的，因为你的决定与他们的销售业绩是相关联的。那难道就找不到说实话的人了吗？别急！想要了解房屋以及周边的环境、邻居的情况等这些问题，此时可以询问住宅小区的管理员或门卫，他们在这边待的时间比较长，也与住户没有直接的经济关联，所以他们的回答应该是最真实可信的。

9.不看客厅看厨厕

从功能上讲，客厅可以看做是房子的门面，而厨房、厕所这些区域才是房子真正的"内部器官"。一般情况下，房子的水、煤气系统都在这两个区域中，也是最容易出现问题的地方，所以应该仔细查看以免留下隐患。

10.不看白天看晚上

繁忙的都市，白天大多工作在外，很少呆在租住房子内，晚上才会返回房屋休息调整。要了解租房的好坏，白天看完房型、外部环境等因素后，晚上最好再看一次房，了解入夜后住宅附近的噪声、照明、安全等情况，因为这些因素才是对你租房生活影响最大的因素。

避免租房陷阱——凶宅

"凶宅"一词一听就让人感觉浑身直冒冷汗。自从有住宅以来，凶宅就时有出现，一直伴随着人类的生活。无论国内还是国外，只要有人住进了凶宅，就会大难临头，不是得了重病九死一生，就是与死神"相吻"一命呜呼。因此，即使是在租房的时候，也应该选择一个相对吉祥的房屋，这对我们自身的运势和健康都是有利的，同时也要千万小心，避免租到不吉利的凶宅，否则轻者运气下降，重者大难临头。

1.什么是凶宅

从理论上讲，凶宅是客观上的而非心理上的，它并不神秘。如果这个房屋穿堂风很大，长期坐在里面肯定会头晕；如果房屋阴暗、潮湿，会对人造成很大的压力，对老人、小孩和体质弱的人会造成干扰。如果家里有小孩，但家具棱角过多，小孩就有可能造成伤害。其实这些都包含了凶宅的因素，不同的是，很多情况下可能问题会更严重。一般风水不好、不利主人、发生过大凶之事，或经常传出"闹鬼"一说的住宅都可以叫做"凶宅"。诸如以下屋宅，都可以认定为凶宅。

发生过非正常死亡事件的房子。如自杀、凶杀和恶性传染性疾病等。

总是出事的房子。这样的房子不吉利，如住在该宅的人都已非正常死亡。

房间的格局或周遭的风水使人运气不顺，走背运的住宅。

五行分配失调和宅地本身有缺陷，对宅内的人畜有危害的房子。

五行八卦中的气不顺、位不正，命中死门和踩在"鬼门线"上的屋宅。

由此可见，如果房子曾经发生过凶案、自杀等一些非常不吉利的事情或由于地基问题等，导致该屋宅险象环生，从而对居住在这里的人造成不良影响的房子，都可以被认定为"凶宅"。

▲租房最好选择房型方正的房屋，缺角严重的户型通常有很多风水问题，会对租住者的财运、职业运、桃花运等运程都造成不利影响，不能选。

2.什么样的房子不能租

在房价居高不下的年代里，不管是买房还是租房，价格都不便宜，而此时若遇到非常便宜的房子，就得小心了。

如果小区发生过凶杀案，诸如灭门惨案之类的，当然要谨慎购买或租住。毕竟无论是从风水上还是心理上都是十分忌讳的。因为风水就是人们为了实现最美好居住方式的一门学科或者学问。大到生态环境、小到邻里居所小环境，风水都从安全和心理方面进行了全面的考查。

小区宅基地过去是乱坟堆的屋宅也要谨慎购买或租住。

宅基地或者附近曾经是放射性工厂或诸如此类的军事基地、生化实验室等，都要谨慎购买或租住附近屋宅。

屋宅朝向诡异或南北方位倾斜15度的屋宅，要谨慎购买或租住。

套房内户型缺角严重，与诸多风水原理相违背的屋宅要谨慎购买或租住。

与自己命理五行格格不入的屋宅要谨慎购买或租住。

3.形成凶宅的两大原因

根据中国传统的位理学理论，形成凶宅有两大原因，一是由于房屋结构与周围环境不协调，二是室内布局的阴阳不协调。

自古就有"一物一太极"的说法，不管是一座大楼还是一套住宅，都可以把它看做是一个太极。此时房间也就具备了太极涵盖的生门、死门、休门、惊门等，同时它也就有了生方、旺方、衰方、死方。明白了这个道理，也就懂得房子的布局是需要有所讲究的，如果不协调，就会形成凶宅。而如家具奇形怪状、房间过于拥挤等，这些都属于室内布局内部阴阳不协调，此时就会妨碍生气不能畅达，浊气不能疏散，久而久之就会对人体、物体造成伤害，形成凶宅。同理，如果屋宅外面凶相毕露，各种煞气聚焦到屋内，也会形成凶宅。

4.凶宅的破解之道

对于经常出差、旅游的朋友来说，住宾馆、酒店，一般是很少有选择的。但宾馆、酒店也会有此类房间，如果自身时运不是很旺，就会一不小心就住在这些地方。若是因此沾染上秽气就会更加倒霉。这里我们建议在外出住店时，最好随身携带镇化的用具，比如桃木手珠或红色的中国结等趋吉避凶的开运物件，以随身安定所处的居所。

世间万物，任何事物都有其两面性，既然有凶宅，当然也有其化解之道。对于凶宅，可以用风水的位理学"砂水断风水"去应对。但是我们都知道，风水的位理学是一个整体概念，而要破解凶宅则需了解屋宅的结构、大门朝向、客厅窗户的方向、是不是明厅等众多的因素，同时还得结合屋宅主人的命理情况进行系统的分析，才能策划出相应的解决方案。这里针对不同的情况，分别介绍相应的凶宅破解方法。

如果屋宅以前的主人是外出发生事故，如车祸、溺水等，则宜净化除秽，安放镇宅用品，或供奉神像，请神入宅坐镇。

如果屋宅曾经是凶杀案的现场，那就不只需要净化除秽，还需要做个息灾的道场，最好供奉神像，请神入宅坐镇。

如果这个宅子曾经是杀人凶手居住的，那就需要注意了。因为那是杀人凶手性格逐渐扭曲的地方，房子里会充满他的怨气和厉气，命轻的人是镇不住的。此时不但要做息灾、解冤的道场，还需要供奉神像，请神入宅坐镇。

出租房的开运方法

总的来说，完全符合风水要求的房子是不多的，而且出租屋不是居住人拥有产权的房屋。同时出租屋又不是居住人自己经手装修的，所以在如大门的朝向、住宅周围的地理环境、房屋中的一些固定的设施等这些"硬件"条件是没有办法改变的。要改造出租屋的风水，就应该从细节入手，以下列举了一些出租房的开运方法，供大家参考。

1.增亮明堂区域

不管是自己的住宅还是出租屋，在风水上来讲，居室内的房门外属于外明堂的区域，是主掌居住者的工作、事业、职场运势的；而房门内的空间属于内明堂的区域，是主掌居住者的财运的。要调整家居风水，首先就需要调整这两个区域，如果条件允许的话，可以在房门外或门内的天花板位置增加一盏投灯，使其直接照射在门上，补充足够的光源。这种方法可以增加明堂区域的照明效果，让比较小的房间有一个宽敞明亮的感觉，同时也可以用补强灯光的方式来建立风水的能量磁场，既不占据空间，避免出现适得其反的风水问题，又可以旺盛职场运势。

2.养成良好收纳习惯

对于小户型的出租屋，在房门内的内明堂位置不要堆积杂物，不能让这些物品挤压空间，使得财路受阻，影响财运的顺利创造。同时，内明堂区域内还不能放置垃圾桶，否则会败坏内明堂的风水气场，让财运无法汇聚而来。

要有效的收纳，首先要善用空间，增加收纳场所，上至天花板，下至地板，一切家具、电器用品的顶部、内部只要保证安全，均可利用起来作为收纳空间。如在客厅墙壁上设置搁板和陈列盒，把不用的东西收纳在陈列盒内，再放在搁板上，有序整齐地排列，既实用又不会破坏客厅整洁的形象。其次，要善于利用小型收纳道具，即可用于收纳，还可用于居家装饰，收纳装饰两不误。再次，要学会分门别类放置物品，并养成物归原处的好习惯。此外，还要从根源出发，学会遏制自己的购物欲望，购物前要思考物品使用的长久性，以做到物尽其用，避免购入过多没有实用性的物品形成堆积。

3.调整家具摆放

租到住宅以后，还可通过改造室内环境，对房屋内家具的摆放位置进行调整，从而让室内气流可以温和循环。这样既能让房间具有自己的"感觉"，也能对风水有所帮助。

在安排房间内的空间时，要尽量拉开床铺与房门的距离，可以拉开、拉远一点，让空气可以在房门与床之间缓和地流动，有助于个人运势的顺遂亨通。如果床与房门之间的距离太狭窄，空气流通不够舒畅，一开门，空气就直接冲击到床铺，个人就会疲于奔命、艰辛劳苦，尤其体现在工作与财运上。

如果空间还足够的话，床铺左右两侧最好也留下少许空间，让空气环可以盘绕于床铺周围。如此一来，个人运势将有更多的舞台空间可以表现和挥洒，工作发展就会更顺利。

如还有空间的话，一定要再摆设一个梳妆台、书桌，这样才有个人财库、桃花恋情及文昌运势的能量。如空间不够用，则可将梳妆台与书桌合并使用。摆设梳妆台和书桌的位置点很重要：一不能影响动线，二与房门要拉开一定距离，三要在一个很安稳、无胁迫的角落，才能稳定个人财库、桃花恋情及文昌的运势。

4.选用风水植物

在日常生活中，人们都喜欢用绿色植物来点缀家庭环境，其实植物不但能净化空气、美化环境，某些植物还具有开运作用。如果最近流年不利，不妨摆放开运植物为你转转运吧。

▲ 兰花

（1）兰花

作用：聚合人气、掌握权力，也可拓展人际关系。

注意：兰花不好养，要多花心思照顾。适合放在办公室。

（2）菊花

作用：菊花有延年益寿，增加福分的象征，有助于气场磁场的稳定。

注意：长寿菊、大波斯菊、非洲菊都适合放在家中，但要注意阳光照射的问题，虫害也要留意。

（3）金橘

作用：金橘黄澄澄的模样，有代表金银财宝的涵义，对增加财源颇有帮助。

注意：不要把金橘拔下来，枯枝落叶更要时常清理。

（4）水仙花

作用：避邪除秽、带来吉祥如意，同时也可招财。

注意：水仙在没有开花前，宛如一根大葱，要保持它的新鲜，非常重要。

（5）富贵竹

作用：又称"万年竹"，是受欢迎的"摇钱树"，象征招财。

注意：不要浇太多的水，免得根部因此而腐烂。

（6）松柏

作用：所谓"迎客松"，是利用松柏长青的特质，促进人际间的和谐气氛。

注意：要有充足的阳光照射，不可放在阴暗的角落。适合放在办公室。

（7）仙人掌

作用：有挡煞的作用，如果租住的房屋周围有尖角冲煞，就可以在窗外或门外正对尖角的方向摆放仙人掌或仙人球进行阻挡。此外，还放在办公室防小人、增加自我防御能力。

注意：带刺的仙人掌不适合放在卧室，否则会遭致纠纷。

▲ 非洲菊

▲ 金橘

▲ 水仙花

▲ 富贵竹

▲ 松柏

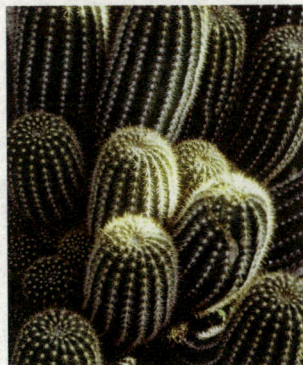

▲ 仙人掌

第三篇

居家布置
好风水招来好运势

　　我们都知道有句话叫"细节决定成败"，其实，不管是细节还是整体，在布置居室时，除了要求美观、适用外，也要与家居风水相契合，这才能最终断定住宅整体风水的凶吉。特别是小户型的住宅，在先天条件上会有所不足，所以在居家布置上，就应该更引起注意，这里从居家招财风水、升职加薪风水、恋爱风水、婚姻风水、性爱风水、孕育风水以及健康风水等七个方面着手，分别针对不同的情况介绍了相应的家居布置与风水的关联、布置宜忌、布置要领、技巧等，为你完全解析不同要求情况下的居家风水布置，打造出更适合人生不同阶段的风水旺宅。

第一章 居家招财

先人说道：「天下熙熙，皆为利来，天下攘攘，皆为利往」，可见财之重要性。财是人的养命之源，人们对钱财的追求是天经地义的，要获得相应的财富，除了通过自身的勤奋、努力外，运气、风水也很重要。

如何找到自家的财位

人们常说："一个人一生中能拥有多少钱财是注定的"，我们若是从这种命理的角度去探究一个人的财运与求财方法，就会一直处于被动状态，而居家住宅风水学却能改变这种被动的状态。此时可结合家中财位进行相应的布置，就能起到招财纳福的作用，此时，财位就变得更为重要了。

1.明财位与暗财位

风水学中的财位有"象征性财位"与"实质性财位"之分。象征性财位属于"明财位"，"暗财位"乃是实质性财位，但通常不适合用作催财布局，居家常用明财位布局催财。

2.寻找明财位

要找到住宅中的明财位，这里需要应用到"动静法"。所谓"动静法"，是在一间房间内包括了"动位"和"静位"，"动位"象征着气场总是处于一种变动、不稳定的状态，因此在"动位"做一些机动性质的活动比较有利。而"静位"是指气场稳定并且十分聚气的位置，适宜做一些比较稳定安静的事情。

根据"动静法"寻找房屋的"动位"和"静位"，主要是看该房间的

▲ 大门位置为动位、财位。

▲ 财运宜静，当大门在房间一角时，随着线条的拉伸，动位减弱，静位增强，所以财位就在对角。

▲ 当大门在房间中间时，财位就在大门的左右对角位置。

大门的所在，因为大门是在进出房屋时最具有流动性的区域，是象征气流一进一出的地方，因此从"动静法"上来看，大门是房间中最大的"动位"。而离户门越远，则"动位"减弱，"静位"增强，若将大门摆放在方形房间的某一边角的位置，那么，该房间离大门最远的位置就是与大门成对角线的位置了，因此这个与大门成对角线的位置的区域我们就称之为"静位"，即"明财位"。

基于这个法则，一个房间的财位应该根据大门在房间中处于不同的位置而有所变化。若大门开在正中间，那么明财位就有两个，分别在与大门成左右斜对角的方向；而当大门开在房间一角时，明财位则在与户门成对角的位置。即可理解为，大门在房间的右侧，明财位即在左斜对角的位置，若大门在房间的左侧，明财位即在右斜对角的位置。

值得注意的是，要准确地找到财位，最妥当的方法还是请教专业人士，向风水大师们仔细咨询一下自己的财运方位，以免找错了财运位置。

如何养财位

都说钱靠养，其实财位也一样。既然整理出了方法就要实际地运用起来，在找到了住宅的"明财位"之后，接下就应该说说怎么养财位了。"养财位"就是利用明财位来催旺屋主的财运。

1.明财位宜亮

"亮"即明亮，明财位是聚集气场的区域，如果明财位光线充足便可多聚"阳气"，从而使得居室生气蓬勃，反之，如果明财位光线不足则宜聚"阴气"，让房间显得暗淡无

▲ 明亮的财位可聚阳气，从而使得居室内生气蓬勃，对生财旺气有很大的帮助。

光，财运也会跟着滞待。所以，在居家风水中，财位宜明亮，最好有阳光或灯光的照射，这对生财旺气有很大的帮助。

2.明财位宜生

　　"生"即活，取其生机盎然之意，故可在明财位摆放一些常绿植物，尤其是以叶大或叶厚的黄金葛、橡胶树及巴西铁树等最为适宜，植物的不断生长会令家中的财气持续旺盛。

　　值得注意的是，放置在明财位的这些植物需是用泥土培植的，不能是水生植物，如水仙、荷花、黄花鸢尾、菖蒲等，以免见财化水。

▲ 在客厅的财位上摆放绿色植物也能加强财位的能量。

此外，明财位也不宜种植有刺的植物，如仙人掌、仙人球等，这些植物是用来化煞的，如果不明就理地摆放在财位，易弄巧成拙，对财位造成伤害。

3.明财位宜坐

　　"坐"即坐下，在居家物件中，"沙发"是我们最常坐的区域，故此应该加以利用。可将沙发摆放在家中的明财位上，当一家大小坐在沙发上休息谈论时，就可以多沾染财气，自然也会催旺财运，使得"家肥屋阔"了。"明财位宜坐"的法则应用于居家、办公皆可。还可在明财位摆放办公桌，亦可催旺个人的事业运和财运。

▲ 财位在大门的对角处，此时将沙发摆放在家中的明财位上，沾染财气的同时也能催旺财运。

4.明财位宜卧

　　"卧"即躺下，在居家物件中，"床"是我们最常躺下的区域，床一般摆放在卧室内，其方位的吉凶对运程也有很大的影响。若床摆在卧室"明财位"上，人们天天都在那里躺卧，日积月累自会对财运有益处。也有些人误以为睡床是沉重的家具，怕对明财位有所亚损，故不把床摆放在那里，实则浪费了很好的财位摆放，而在风水中，会压损明财位的往往是很高的立柜或房梁等。

▲ 卧室也有财位，可将卧床放置在财位上，日积月累自会对财运有所益处。

5.明财位宜净

　　"净"即干净、整洁，是指要保持明财位的整洁干净。明财位具有藏风聚气的作用，如果不卫生或杂物过多的话，会影响全家人的财运和健康运势。

◀ 要保持明财位的整洁干净，不能堆放过多的杂物，才能为家居带来好风水。

财位与流年

　　飞星派风水有一种流年财位的计算方法，简单来说就是需要旺卦气所流动的轨迹。此时，通过对每年的"流年财位"的分析，便能借助财位来催财。下面以图表的形式对流年财位方位给出了一个参考，以便进行快速的查阅。当然，这只是一个大的方向，适合一般的人群，若是专业人士则另当别论。

流年财位表

2004年东北方	2005年南方
2006年北方	2007年西南方
2008年东方	2009年东南方
2010年中宫	2011年西北方
2012年西方	2013年东北方
2014年南方	2015年北方
2016年西南方	2017年东方
2018东南方	2019年中宫
2020年西北方	2021年西方
2022年东北方	2023年南方

财位的布置

　　财位代表财神降临、钱财聚集之所，对财位进行合理的布置，能让财位助财运，起到催财、得财、存财、护财的目的。

1.财位的摆设物件

　　财位上可摆设的物品很多，可以按照按个人意愿进行布置，以美观、优雅、整洁，和其他家具搭配适当为上乘。也可以是带吉祥意味的物件，如聚宝瓶、招财树、水饰、象征财运的动物、图画、钱币、财神爷等。而在生意场所，财位如为柜台、财务室或老板坐位所在的话，比较好一些，效果尤为明显。

（1）聚宝瓶或花瓶

"瓶"取其"平安"之意，而"花"象征"源源而发"，所以可在财位上摆放聚宝瓶或花瓶。但值得注意的是，在瓶中忌放塑料花或干花。（见图1）

（2）招财树或盆栽

植物以阔叶、四季常青、绿意盎然者为佳，且要系上红缎带或红丝带，一来可增加喜气，二来可将植物"转阴为阳"，起到植物招财的作用。（见图2）

（3）水饰

水饰有水珠、水盘、水栽及湖水画等，均对财运有利。此时，水要用活水，方向要向内而不可向外。值得注意的是，瀑布图虽然也属于水饰，但因水势过急，为凶水，并无旺财的作用。（见图3）

（4）象征财运的动物

财位还可摆放金钱豹、钱鼠、招财猫、玉兔、骏马及蟾蜍等象征财运的动物。（见图4）

（5）图画

在财位的墙上还可挂上如财神爷图、招财进宝图、牡丹富贵图、富贵如意图、聚宝图等图画，起到旺财的作用。（见图5）

▲ 在财位上可摆放聚宝瓶或花瓶等摆件，美化居室的同时也能起到招财的效果。

▲ 在财位上可摆放招财树，能聚气旺财。

▲ 在有条件的居室内，还可摆放上风水轮等水饰，活化风水，招财生旺。

▲ 财位还可摆放玉兔等具有象征性的饰物摆件，象征吉祥。

（6）钱币

若财位无法放置其他的比较大的摆件，则可摆放钱币。也可用红丝带串外圆内方之古铜钱数个，挂在财位的墙上，起到招财的作用。（见图6）

（7）财神

财神的说法比较多，道教中，文财神为比干，武财神为赵公明或关公。另外，尚有五路财神、沈万三、陶朱公、石崇、刘海蟾等，土地公亦为财神。（见图7）

▲ 财位墙上可张贴财神图，可招财旺福。

▲ 财位可摆放钱币，能起到招财的作用。

▲ 在财位上还可摆放财神。

福运天天来

风水学里还讲究以五行之相生来决定在财位摆放的物件。若财位在东方，则取植物或水栽、水饰；财位在北方，则取水晶、水栽或钱币等；财位在西方，则取玉石或金饰；财位在南方，以盆栽或财神爷等为优先。

2.财位布置禁忌

财位的布置有诸多讲究，这里进行了总结，归纳为四大禁忌。

首先，财位不可受压。财位受压有被压制的意味，像沉重的家具，譬如衣柜、书柜或组合柜等都不要放在财位，具体还要结合室内设计来综合考量。

其次，财位忌受污受冲。财位应该保持清洁，杂物室、卫浴不能设在财位，否则会令财运大打折扣。

再次，财位忌反射物。财位不可摆设镜子、化妆台或玻璃等，因为这些物件会反射财气，使钱财不易留存。

最后，财位植物忌枯黄。财位上的植物枝繁叶茂，有助于财源滚滚。平常需要细心照顾，让它每天茂盛成长。若有枯黄的叶子，一定要尽快剪除，否则宁可不放。

▲ 在财位上最好不要设置镜子、玻璃等具有反射效果的物件，对招财不利。

福运天天来

在财位的布置上，除了四大禁忌外，也不可堆放杂物、垃圾、电器产品等，同时，财位所在之墙壁或天花板不可破损或脱落，每隔几年就应将房间粉刷一次，有破损者应及时修补，用以续气、抢气，家运才会兴旺。这些对财位的布置方法不仅适用于居家的客厅财位，对于办公室或生意场的财位也可应用。

选择适合自己的财神

传统的大致观念都是由财神掌管天下财富，而各地的财神也有很多种类，在财位上应摆哪一类的财神才是最合适自己的呢，这是一个需要关注的问题。

1.文财神

一般情况下，担任文职的人和受雇打工的人，在家中都适合摆放或供奉文财神。广义上来讲，文财神包括福禄寿三星、财帛星君、陶朱公等。在摆放文财神时，应向着自己屋内，而不应向着屋外，否则便会有向屋外送财的意思。

（1）福禄寿三星

"福星"手抱小儿，象征有子万事足的福气。"禄星"身穿华贵朝服，手抱玉如意，象征加官进爵，增财添禄。"寿星"手捧寿桃，面露幸福祥和的笑容，象征安康长寿。在很多情况下，福禄寿三星通常是三位一体的。把福禄寿三星摆放在财位上，不但满堂吉庆，且撇开风水不说，单是视觉上及心理上也是让人感觉非常舒服的。

▲ 福、禄、寿三星是数千年来黎民百姓心中最喜爱的神仙，可摆放在客厅或财位上，以增添福气、财运和寿元。

（2）财帛星君

财帛星君是一个面白长须的长者，外形富态，身穿锦衣，腰系玉带，左手捧着一只金元宝，右手拿着写着"招财进宝"的卷轴，面似

◀ 财帛星君专管天下的金银财帛，财位还可以摆放财帛星君的摆件图，也能起到招财的效果。

富家翁。相传他是天上的太白星，属于金神，他在天上的职衔就是"都天致富财帛星君"，专管天下的金银财帛，所以很多求财的人都对他非常尊敬，有些甚至日夜上香供奉。

（3）生财有道的陶朱公

陶朱公即范蠡，是春秋战国之际杰出的政治家、思想家和谋略家，同时也是一位生财有道的大商家。他一生艰苦创业，积金数万，善于

◀还可在财位相应的墙面上张贴陶朱公范蠡的图像，起到招财的作用。

经营、理财又能广散钱财，他在民间商人心目中代表了智慧，因此也被拜为文财神。

2.武财神

实质上，财神的选择没有太大的禁忌，这是根据所求不同而进行的。一般从事警戒、公共安全等职业，或老板、军人，或进行偏门、带有投机性生意的人，则适合在家中摆放或供奉武财神。在摆放武财神时，应将武财神面向屋外，或是面向大门，这样一方面可以招财入屋，一方面又可镇守门户，不让外邪入侵。

（1）赵公明

世人奉祀的财神，影响最大的当推赵公明。这位财神黑口黑面，法力高强。据《三教搜神大全》载，赵公明神异多能、变化无穷，能够驱雷役电、唤雨呼风、降瘟剪疟、保命解灾，人称"元帅之功莫大焉"。凡买卖求财，只要对赵公明祈祷，便无不称心如意，故而民间奉其为财神。旧时年画中，赵公明的形象多为头戴铁冠，手持宝鞭，黑

▲ 武财神赵公明黑面浓须、手持宝鞭，是长江以北供奉最多的财神，需经过开光方能有效。

面浓须，身跨黑虎，面目狰狞，因此人们又称其为武财神。

（2）关公

红面长髯的关公原名关羽，是三国时期的历史人物，同时也是中国家喻户晓、妇孺皆知的人物。他一生忠义勇武，坚贞不二，为释、道、儒三门崇信。有"武王"、"武圣人"之尊，他被世人附会成具有司命禄、佑科举、治病除灾、驱邪避恶等"全能"法力的神仙，民间各行各业对"万能之神"关帝顶礼膜拜。而在近代以来，越来越多的人把关公作为全能保护神、行业神和财神。这大概是因为关羽不为金银财宝所动，与世间一些贪利忘义之徒形成了鲜明的对比。此外，人们希望商贾坚守诚信进行交易，把公正的关公奉为财神，来维护传统的道德秩序。

▲ 武财神关羽右手持大刀，左手捋长须，是长江以南供奉最多的财神，也是港台地区供奉较多的财神。

3.偏财神

文武财神是民间所谓的正财神，在正财神之外，还有偏财神。民间的偏财神一般是指"五路财神"。五路财神都是吉祥神，也是民间喜庆年画中常见的人物形象，深受其崇拜。

清人姚富君说："五路神俗称财神，其实即五祀门行中之神，出门五路皆得财也。"其中的五路是指东、南、西、北、中五个方向，意为出门有五路神保佑可以得好运，发大财。

▲ 五路财神专施金银珠宝、迎祥纳福，所以要招财宜摆设五路财神聚宝盆。

而在《封神演义》中，五路财神指的是赵公元帅、招宝天尊萧升、纳珍天尊曹宝、招财使者陈九公和利市仙官姚少司。若要究其根本，在这五路财神中，利市仙官可说是地地道道的偏财神。《封神演义》中有记载，利市仙官是大财神赵公明的徒弟，后被姜子牙封为迎祥纳福之神。所以在民间所供财神中，不管是赵公元帅，还是赐福天官，身边总要配以利市仙官。其实利市仙官所管的"利市"包含了三重含义，一是指做买卖时得到的利润；二是指吉利和运气；三是指喜庆或节日的喜钱，如压岁钱等。所以人们信奉他，是希望得利市财神保佑自己生活美满、财源广进、吉祥如意。

4.准财神

在民间信仰的众多财神中，还有一类比较特殊，虽然不能算是财神，但此神也能为人们带来一定的财运，承担了一部分财神的职责，于是人们就将其作为财神看待。这其中当以刘海蟾为最具代表性者。

刘海蟾原名刘海，五代时人，官拜丞相，辅佐燕主刘宗光。据《太平御览》引《玄中记》云："蟾蜍头生角，得而食之，寿千岁，又能食山精。"说明当时的人们把蟾蜍当成了避五病、镇凶邪、助长生、

▲ 三足大金蟾口中吐出源源不断的金钱，具有招财效果，在摆放时头要朝向屋内，以免吐出的钱流向屋外。

主富贵的吉祥物，而金蟾则更被看做是一种灵物，古人认为得之可以致富。而据民间传说，刘海收伏了修行多年的金蟾，得道成仙。刘海戏金蟾，金蟾吐金钱。他走到哪里，就把钱撒到哪里，救济了不少穷人，人们尊敬他，感激他，称他为"活神仙"。为此，刘海也因"刘海戏金蟾"的传说而被抬上了财神的宝座。从此，"刘海戏金蟾"的形象先出现在大量的民间年画和剪纸中，历代画家也有不少这一题材的佳作传世。在这些作品中，刘

海皆是手舞足蹈、喜笑颜开的顽童形象，其头发蓬松，额前垂发，手舞钱串，一只三足大金蟾叼着钱串的另一端，作跳跃状，充满了喜庆、吉祥的财气。

5.大黑天财神

我们供奉的财神一般有文昌帝君、五路财神、文武财神、沈万三等，这些财神的形象在年画中都可以看到。但在密宗供奉的诸神中，却以"大黑天"为真正的财神。

相传大黑天是大日如来为降伏一个食人部族荼吉尼，化作那食人族的形相，以愤怒药叉形天神降伏族人，所以大黑天的法相比较凶狠。而在密宗诸天神中，有愤怒相的不多，一致认同的是，大黑天神是以

▲ 大黑天神是密宗供奉的财神，以愤怒相为主。

吓人法相降伏心魔的天神。大黑天具有战斗神、厨房神、冢间神及福德神4种性格。

（1）战斗大黑天

由于此神为无量鬼神眷属，且擅长隐形飞行，因此在战争时能保护那些向他祈求的众生。

（2）厨房大黑天

此神能使食物丰足，因此很多人在厨房灶前供养大黑天。

（3）冢间大黑天

此神乃佛教徒在坟场中祀奉的神之一。

（4）福德大黑天

相传大黑天与其眷属七母天女，能予贫困者大财富。

福运天天来

　　有些人不知道应该如何恭请财神，其实，财神像的大小应该和房子的大小匹配，太大或太小都不适宜。此外，恭请的财神还需要开光，招财效果方可更佳。

大门招财秘诀

　　风水学上讲，住宅有三要六事，三要是指门、房、灶，六事即门、路、灶、井、坑、厕，而这三要六事均把门当做第一要素，可见其重要性。

　　住宅之门接纳外界的气息，是生气的枢纽、住宅的面子，又是划分社会与私人空间的一道屏障，对我们的居家生活非常重要。同时，大门还影响着我们的运势，无论是流年事业运，还是流年财运、健康运等，都由此进入，所以在装饰上我们得更加重视。既然大门的风水力这么强大，那么是否可以通过对大门进行合理的"修饰"来改善我们的财运，招来更多的财富呢，答案是肯定的，下面我们对居家大门如何招财进行归纳与总结，让你完全掌握大门的招财秘籍。

1.保持自家门口的清洁

　　首先，从屋主的感受来看，早出晚归的生活比较疲惫，不管是上班还是回家后，看到一个整洁清爽的门面能带给人一个好的心情，而如果大门口堆放了一堆杂物、垃圾，不仅污染空气环境，也会影响到人的心情，平添烦闷。而没有一个好的心情，工作状态自然会受到影响，长此以往，事业也难以顺畅。其次，门口堆放过多杂物会或多或少占用到邻居的空间，垃圾堆放时间过长也会影响卫生环境，这样容易引起邻里纠纷，也是不必要的。再次，若你的大门正好处于通道和楼梯处的门口，如果堆积杂物过多，在危险发生时就会因拥挤而发生更为严重的后果。因此，不管从哪方面来说都应该保持自家门口的清洁，给自己和大家一个好心情、好环境。

　　从风水学上讲，住宅的大门是住宅纳气之口，气的出入主要在此，而天地的生气是从门窗进入住宅的，而门外堆放很多杂物，犹如设置了许多障碍，从而导致生气无法通畅地进入，而浊气也无法顺利地排出，这样就会使住宅的气场不佳，气运不畅则会在诸多方面给屋主带来很多不利的影响，如影响人的健康、财运、事业、人气等，一定要避免这样的事情发生。所以，保持自家门前的洁净是大门招财的首要任务。

2.大门的外观宜简洁大气

　　除了大门外的清洁外，住宅大门正面的外观也是需要重视的，大门不可呈现凹凸太多的设计和装潢，否则会显得低俗，同时，从风水学上讲也不是好的，会让屋主的运势跌宕起伏。大门还要采用厚实的材料，不可用三夹板钉成空心大门，所谓"气为空，运也空"，这对屋主是不利的。门框若有歪曲要立即换，否则影响观瞻的同时也会影响运势。

▲ 大门的外观可以是正反两面的，也可以是相同的，这里的大门采用了质地强烈的木格拼花，显得大气而华贵。

3.大门左右不可突出

　　传统的风水观念中有"左青龙，右白虎"一说，因此大门左右两边的情况也一定要注意。右侧为"白虎位"，最好不要让这个区域过于突出或是摆放什么东西，风水书中讲白虎探头必伤人，如果这个区域突出，家里人容易出事或经常生病。左侧为"青龙位"，最好也不要突出，若是局限于房屋构架的原因，实在没有办法，突出一点问题也不大。

4.自家的大门不可与别家的大门相对

　　现代的建筑很多都是由设计师设计建筑的，由于设计师对风水不是很了解，在住宅的设计上往往没有考虑到"门对门"的问题，所以在楼房中"门对门"成了住宅中主要的问题，这也是很多住宅在风水上被困扰的问题，因为要改动大门实在不是一件容易的事情。

门在风水中叫气口，在海神风水中叫动态口，是空气流通的、人走动的地方，它是动态信息出入的地方，直接影响着室内气场的变化，不同的气场决定着不同的吉凶。要解决门对门产生的风水问题，首先要记得经常关门，相对着的两个门经常关上后，就可以阻止气流的流通，气流处于相对静止状态，这样能减少气流相互的流动。其次还可以在两个门的下面或屋的内侧放一套五帝钱，这是很多人常用的一个方法。五帝钱是开运物件中用途很多的物件，所起的作用也比较大，所以是很有用的。最后还可以在门上贴海神门福。海神门福是一种专门用来化解门与门相对的开运饰物，它的作用很大，是现代化解门对门的主要化解方法。特别是对方家门上挂有兽头、镜子等对你家不利的东西时效果非常好，同时也是一种很好的装饰品，起到美化环境的作用。

5.大门不可对着电梯

随着高楼大厦的不断增多，无论是民宅还是公寓或是写字楼，门口对着楼梯的现象随处可见，在风水中，这种现象属于不吉的，因为气宜曲不宜直，重藏风聚气。门对着电梯，气直接进入到大门内，对屋主的财运最为不利，且电梯和人的声音也构成了煞气，至于吉凶的程度则与门和电梯的远近有直接的关系。此时可在大门外面贴一张海神门福，缓解煞气。

6.大门口放置脚踏垫

古代的大门前都有很高的门槛，一来是显示主人的身份地位，二来在风水中还可以阻挡外面煞气进入的说法。而现代公寓楼房的设计早已没有了门槛这个功能区，此时要解决风水中的挡煞的问题，则可在大门口放置脚踏垫，还可根据屋主的五行搭配不同颜色的踏垫进行化解，还可在踏垫下面放上一套五帝钱，可以起到旺财、解灾的作用。

7.合理布置大门内的玄关区

除了门外的布置，门内的明堂区域也是一处不可忽视的旺财宝地，玄关处是藏风聚气之地，可以在玄关处放置一些植物、风水轮、鱼缸等，或是悬挂富贵有余等均能起到旺财的作用。

▲ 小户型的住宅由于空间的限制，门内玄关区域的空间会略显狭小，但只要整洁干净，也为会风水加分。

8.在大门上贴门神

中国人喜欢喜庆，逢年过节时都要在自家的门上贴"福"字，寓意福到运到，寄托吉祥之意。几乎所有的家庭都贴，可见人们对大门纳吉气、招财运的作用是肯定的。特别是在传统春节时期，很多人家都会在大门上帖门神，以起到保平安的作用。

门神通常以"神荼、郁垒"、"秦琼、敬德"和"钟馗"最为常见。他们的特征是面貌凶猛、目光炯炯、气势威严，习惯张贴于大门。据说能辟邪除祟，使人安居乐业，获得心灵的平安。凡是门神，都是选孔武有力者，以提高吓阻势力。门神在后世民间已逐渐由驱邪延伸为招福，于是门神除了严厉威武的武将还增加了和蔼可亲的文官，其手中所持之物已由兵器变为象征加冠晋禄、招财进宝的象征器物。

▲ 秦琼

▲ 尉迟恭

▲ 武门神

▲ 武门神

▲ 文官门神

▲ 文官门神

客厅旺财术

客厅是家中功能最多的一个地方，朋友聚会、休闲小憩、观看电视等都在这里进行，是一个非常重要的活动空间。当客人进入到住宅内部空间后，首先停留的区域就是客厅，此时，从客厅的格局就可看出屋子主人的涵养与气度，这也是为什么装修上也常讲"客厅是房间第一印象的塑造者"的原因，可见客厅对整个宅运的影响力不可小视。不管是为了美观配合整体设计风格还是从风水上的趋吉避凶来看，客厅的地位都非常重要，所以在布置装修上须仔细考量，方能做到聚气生财、招财纳福。

1.客厅的方位要正确

要旺财，首先客厅的位置就不能摆错，最好将客厅设置在住宅的中央，或者在整个屋子的前方，不宜在房后。同时，在客厅的入口处不宜看到厨房灶台、房门及后门，走道也应该避免直向或横向贯穿全室。

▲ 客厅的方位宜在中央位置，即使没在中央，也应在整个住宅的前方。

2.客厅的财位要安定清净

客厅要招财，最重要的就是找准风水中的财位了，这关系到全家的财运、事业、声誉的兴衰，所以财位的布局及摆设是不容忽视的。一般而言，财位是在进入客厅门口的斜对角，对财位的要求是清静、安定，所以在财位上不宜悬挂镜子，因为镜子有反射的效果，容易阻碍家人的运势，使财运不济，所以应注重财位的干净整洁。

3.大门与客厅不能直冲

风水要诀"喜回旋、忌直冲"。大门与客厅之间可设置玄关或矮柜进行遮挡，使内外有所缓冲，理气得以回旋后聚集于客厅，住宅内部也得到隐蔽，外边不易窥探。

4.客厅的财位宜放置植物

客厅的风水关系着家庭的和睦、人际脉络的培养，最终会影响家庭的运势与前景。在客厅的财位上可放置助长运势的吉祥物，最好的方法是种植具有生命力的宽叶绿色植物。

所谓"有财则万事顺"，繁茂的盆景衬上财位能使运势更佳。盆景花叶须圆且大，忌针叶类及杜鹃。尤以发财树、万年青之类的植物最佳，因为这类植物象征着主人积极向上、乐观进取的人生态度，而且花瓶的高度最好是房子的一半高度以上。若花瓶的高度不够，则可用架子垫高，使人一进门便可恰到好处地捕捉到这道风景。

▲ 财位是一家财气所聚的方位，宜生宜亮。"生"是指生机茂盛，在客厅财位上摆放常绿植物，不仅能美化客厅，还具有极好的招财效果。

5.客厅采光要明亮

客厅风水还要重视房间的采光。客厅的采光要好，光线要充足，明亮的客厅能带来旺盛的家运，所以客厅壁面也不宜选择太暗的色调，若是阳台和客厅相连的情况，阳台上尽量避免摆放太多高大浓密的植物，以免遮档光线，影响风水。

▲ 客厅采光是很重要的，明亮而温暖的光线能给人带来一种家的归属感和安全感。

福运天天来

虽然植物具有开运的作用，但由于植物为室外之物，没有直接接触到阳光，属阴，此时可在植物或盆器上绑红色丝带或贴上红纸，将"阴"转"阳"，此时就可以摆放在客厅了。

怎样布置沙发能旺财

在精心打造居家风水时，除了对各大功能区域进行规划外，还需要对其中的家具单品的布置有所讲究。一张舒适的沙发是客厅不可或缺的，人们在选择沙发时会有诸多考虑，但如何让沙发让人坐得舒服之余还能起到旺财旺运的作用，那就真得好好研究一番了。

1.沙发宜摆放在吉方

　　沙发是使用频率非常高的家具，对于小户型住宅而言，一般将其摆放在客厅中，以供家人日常生活休闲之用，在位置的摆放上最好选择吉位，而如果将沙发摆放在不吉的方位，就会对家人的运势产生不利的影响。

　　根据《易经》的后天八卦原理，将住宅根据坐向不同，可分成东四宅和西四宅，其中震宅、巽宅、离宅、坎宅是东四宅，坤宅、兑宅、乾宅、艮宅是西四宅。

　　对东四宅而言，沙发应该摆放在房间的正东、东南、正南及正北这四个吉利方位。

　　对西四宅而言，沙发应该摆放在房间的正西、西南、西北及东北这四个吉利方位。

　　若再仔细划分，虽然同是东四宅，但因有坐东、坐东南、坐南及坐北之分；而同是西四宅，也有坐西南、坐西、坐西北以及坐东北之分，所以根据《易经》的后天八卦卦象推断，摆放沙发的选择还会有所不同。

▲沙发是一家大小的日常坐卧所在，可说是家庭的焦点，将其摆放在吉利方位，可让一家老少沾染这方位的旺气，阖家安康。

坐正东的震宅：首选正南，次选正北；

坐东南的巽宅：首选正北，次选正南；

坐正南的离宅：首选正东，次选正北；

坐正北的坎宅：首选正南，次选正东；

坐西南的坤宅：首选东北，次选正西；

坐正西的兑宅：首选西北，次选西南；

坐西北的乾宅：首选正西，次选东北；

坐东北的艮宅：首选西南，次选西北。

2.沙发宜呈方形或圆形

在购买和选择沙发时，也得从形状上考虑，尽量以方正或带圆形的沙发为好，这样不仅摆放的时候可以合理利用空间，有利于家人的亲密，而且不会因为形状怪异而产生不好的磁场。

从风水上来看，呈方形和圆形的沙发经得起旺衰气场风波的转换，能

▲从风水上来看，呈方形和圆形的沙发经得起旺衰气场风波的转换，能保持家运大吉大利，而一般小户型多选用方型沙发为主。

保持家运大吉大利。如果选择的是弧形沙发，摆放时候弯曲凹入的那面要朝向人，不可以逆对人。现在不少人追求时尚，喜欢选择没有靠背的沙发，这个最好摆设在靠墙的位置，以产生靠山的效果。

3.沙发背后宜有靠

靠即靠山，通常是指沙发背后有实墙可靠，这样就无后顾之忧，也才符合居家环境设计之道。如果沙发背后是窗、门或通道，从心理学方面来说，沙发背后空荡荡的，缺少安全感。从风水学的角度讲，则属背后无靠，有难以旺丁旺财的隐患。此时就需要注意了，若是没有靠实墙的沙发，则可在沙发背后摆放矮柜或屏风，称为"人造靠山"，可起到补救作用。另外，沙发背后不宜有水，因此不要把鱼缸摆放在沙发背后。在沙发背后的矮柜上摆放鱼缸等有水的装饰物也不好，而摆放常绿植物则既健康又科学。

▲ 从风水上讲，沙发背后要有靠，可以靠实墙，这样才能起到财旺的效果。

4.沙发套数以整套为宜

有的朋友因为客厅面积、形状的关系，整套沙发摆不下，就摆放半套或者一套半沙发。但沙发的套数讲究要完整，半套沙发会产生不吉的寓意。

5.沙发忌位于横梁下

不管是床、书桌、餐桌还是沙发，横梁压顶都是风水大忌。沙发顶上有横梁压顶，会让人有压抑之感，也会对家人的运势产生不利。要解决这个问题最好的办法就是将沙发移位，如果实在没办法改换沙发的位置，只能位于横梁下，则可用吊顶的方式来遮掩。同时，还可在装修前于横梁上放置吉祥物"五帝钱"，缓解横梁压顶之忌。还可在沙发两旁的茶几上摆放开运竹，以不断生长向上、步步高升的开运竹来化解横梁压顶。

6.沙发忌与入户门相冲

沙发与入户门成一直线，称之为"对冲"。这种情况最好是把沙发移开，避免与大门相冲，如果实在无处可移，就在二者之间设置屏风，这样一来，从大门进屋的气便不会直冲沙发。在入户门后面挂一个吉祥物"桃木中国结"，可以缓解门冲的不利。

7.沙发顶上忌有灯直射

出于照明的需要，有时人们会在沙发顶上安装灯饰。如沙发头顶有光直射并且太接近沙发，会令坐在沙发上的人情绪紧张、头昏目眩、坐卧不宁。此时可将灯改装，使光线不要直射在沙发上，射向墙壁，可略为缓解。

▲ 在沙发上方灯饰的安装上，应注意将光线调整为射向墙，不能直射沙发区域。

8.家具忌侧对沙发

有时人们会在客厅里摆放古董柜、花架等装饰性家具，这些家具最好不要以侧面正对沙发。否则会影响家庭和睦，不利人际关系。

卧室添财术

　　住宅风水三要中有门、房、灶，除了门就是房了，房即房间、卧房。卧房是家中最重要的房间之一，良好的卧房风水可使家庭和睦、身体健康、婚姻美满、财源滚滚。

1.卧室采光与风水

　　卧房象征着女主人在家中的地位、财富及妇容，要想使得家中财力后盾更强、女主人更加美丽，那么卧房就一定要收拾得很整洁，否则时日一久会聚积秽气，影响整个运势。

　　卧房和客厅不同，在住宅风水上有一个"明厅暗房"的说法，也就是客厅的采光要比卧房明亮，这就说明了卧房的光源要尽量柔和，才能有助于睡眠的品质。要具有足够的阴能量，借以营造适合休息和睡眠的空间，

▲ 住宅风水上有一个"明厅暗房"的说法，也就是客厅的采光要比卧房明亮，这就说明了卧房的光源要尽量柔和，才有助于睡眠的品质。

而且不可存有其他的煞气，才能够使人安心地入眠，睡得舒服，自然就有饱满的精神去赚取金钱。

有些人在晚上有开灯睡觉的习惯，还有的人喜欢在卧室中点一盏小夜灯，以方便半夜起床上厕所，但在光源的设置上一定要小心，特别避免卧房中的光源直接射到脸上的情形，以免加重干扰到另一个人的睡眠。另外，在风水上也要特别注意，若是卧房中有较大的灯组，在设置位置时一定不要让其位于床铺中心点的正上方，以免影响睡眠质量。

2.卧床与风水

除了卧室的采光外，在风水上来看，最重要的就是卧房中的床了，不仅床的样式选择要与家装的风格统一，床位的摆放也尤为重要。摆放得当也可以达到求财或催财的效果，而如果摆放的方位错误，则会让人难以入眠，还可能会发生一些梦魇，令人产生不安及心慌，更会使得居住者财源不顺、不聚，对身体的健康也会不利，所以应当慎重。

▲ 卧室内的整体风格要统一，如是选择欧式风格，那不管是床还是窗帘、装饰等都要是偏欧式风格的。

如果你的房间是中式的，就尽量不要摆设西式的床铺，如果是日式的房间，就不要搭配中式的八角床，要让装饰风格更为统一。在床铺的材质上一定要选择比较坚固的材质，四个角落要平衡，不可有高低不平的情形，两边要有两个小床头柜，才能使夫妻感情美满，同时有助于事业和财运。床头柜需要有抽屉，还可在其上方放一二盏小灯，更具有催财及聚财的功效，也可以得到贵人的助力，而使你财源广进。如果床头两边没有床头柜，代表此人一生无福无财，会比较没有夫缘或妻缘。

子曰："阴阳造端在夫妇"，人的生活要快乐，家庭就要圆满，夫妻的相处则更要和谐。在阳宅风水学里，卧房就是财库，而床位如果错放在男女主人的煞位上，夫妻将来必定失和分居、有外遇，还会破财，家庭也跟着破灭。夫妻之间的相处困难重重，要突破困难一定就要有戒律，除了夫妻之间要互相忍让、互相体谅之外，最重要的是如果床铺的方位不对，床角已经破旧，或有凹陷的地方就要及时的更正或修复，夫妻的生活才能其乐融融。

要让家庭和睦，招财纳福，床头最好要紧靠在实墙上。以科学的观点而言，若床头远离墙边，头顶上有空气流动的空间，则睡觉时容易感觉头上是凉凉的，会造成睡眠的品质不好。甚至有时会有后面有人站着的错觉，睡起觉来会很不安稳。而有些床铺紧靠着落地窗，而仅以窗帘来阻隔外界的光源，这在风水上会造成容易漏财，而且会造成健康方面的问题。其次，风水学上强调客厅是财位，房间才是财库，还可将床摆在财位上以聚财。以一间卧房而言，财位或旺方有可能是在进门的斜对角。而财位处需保持干净，这样赚钱才会比较快。另外也可以放上一些圆形或是盆型的聚宝盆，或是保险箱之类的物品会更有效。

枕头的摆放应该遵循"男左女右"的原则，男子法天道运行为阳，女子法地道运行为阴，人的身体是胎生物，人间的阴阳就像太极的阴阳一样互为消长，阴阳法则运用得好，便能得到好的气数，这就是后天返先天的诀窍。

3.梳妆台与风水

在人们的印象里，梳妆台一直都是女性专用的，其实从功能上来讲，梳妆台本身并没有性别的差异，也没有刻板的造型，只要是个人整理仪容、摆放化妆品、保养品、刮胡刀、护发造型磨丝、梳子等私人用品的柜子就是梳妆台。

风水学中，梳妆台掌管了财运中"私房钱"的部分，而在现代社会，说到存私房钱，也不再只是女性的事了，此时梳妆台的风水就显得尤为重要了。

要让梳妆台的摆放符和风水原则。首先，梳妆镜不宜冲门，因为在进入睡房时容易被镜子的反影吓坏。其次，梳妆镜不要正对床头，否则容易做噩梦或精神欠佳。值得注意的是，某些梳妆台在镜子部分有两扇门作装饰，在不需要使用镜子时可将其关闭，待需要使用时才打开。对于有这样梳妆镜的梳妆台，在摆放上就可以更随意一些。

▲ 梳妆台主私房钱，将其摆放在卧室的吉祥的位置，不仅给宅主的生活带来便利，还有利于增加个人私房钱的运势。

4.招财小物件与风水

与客厅的"明财位"不同，卧室的财位属于"暗财位"，此时可在卧室的财位放些招财的物件，与客厅的明财位"里应外合"。但需要注意的是，卧室的招财物件不能太明显地放在亮处，应当悄悄收在地毯下、衣柜里，让钱一进来就走不出去。同时，这些招财的小物件，且不说功效大不大，其实人的心理都应该保持良好的心态来对待钱财，随缘才好，不能强求，反而效果会更好。

（1）首饰盒

卧室的财位与客厅的财位判断方式相同，以卧室的门来断定东西南北。如果财位刚好是衣柜或五斗柜，可以把放珠宝的首饰盒、存折藏在柜子的某个角落，财运从此住在你家。

（2）168元新人民币

如果觉得在家里放太贵重的物品不安全，那么可用168元新人民币取代，取其"一路发"的含义。在阳宅学"紫白法"中的吉祥数字，1求功名，6和8求财求富贵，这样的搭配是符合风水学逻辑的。

运用这种方法招财时，可将"50元2张+10元6张+1元硬币8枚"包在红包袋中，放到卧室财位上的柜子里，如果财位上没有安放柜子或其他家具，也可将168元放在地毯下财位的方位上。而如果是新居，还可直接在地板还没贴合上去之前，把相同规格的"168元"放在卧室四个角落，再铺地板，中国传统说法是"安地灵"，让心绪安定，专心工作，自然旺财运。

（3）其他招财小物件

风水学中，财位与工作运相通，如果卧室放了书桌当书房用，可另外在有助人际关系的"长生位"放开运竹，取其"节节高升"之意，还可摆放带有猴子样式的玩具，取"升官封侯"之意。要判定屋主的长生位可结合其生肖来进行，下面提供生肖与长生位方位的对照表，以便查阅。

生肖与长生位方位对照表

生肖	长生位方位
猪、兔、羊	西北
虎、马、狗	东北
蛇、鸡、牛	东南
猴、鼠、龙	西南

用植物改善财运

在现今社会，已经很难再分辨正财或偏财，只要用风水加强其财运，命中有正财就会应正财，命中有偏财就会应偏财。在风水学上，招财的方法有很多种，最普通的是用鱼缸、植物、灯光等为道具来招财。其意义都是在"生"和"引"。"生"者即是用有生命或有生气的物质来增加财富；"引"者即是用热能或实质的钱币来引财。而最简单方便又最实际的方法莫过于使用植物招财了。

1.招财植物的选择

使用植物招财除了能美景、养眼之外，也能让整个空间有生生不息之气。而在招财植物的选择上，也有一定的诀窍，植物不可以是攀爬类，因为攀爬类植物有招是非疾病之害。同时，植物最好是常绿植物，叶的形状最好是圆形的，不要尖、细或长形，这样是取其圆满丰大和常绿的意寓，如万年青、金钱树、发财树等等。下面具体对这些具有招财功效的植物进行详细的介绍。

（1）万年青

万年青属天南星科，干茎粗壮，树叶厚大，颜色苍翠，极具生命力。大叶万年青的片片大叶伸展开来，便似一只只肥厚的手掌伸出，向外纳气接福，对居家风水有强大的壮旺作用，所以万年青的叶越大越好，并应保持长绿长青。（见图1）

▲ 万年青

▲ 金钱树

▲ 铁树

▲ 棕竹

▲ 橡胶树

▲ 发财树

▲ 摇钱树

（2）金钱树

学名艳姿，叶片圆厚丰满，易于生长，生命力旺盛，吸收外界金气，极利于家中财运。（见图2）

（3）铁树

又名龙血树，市面上最受欢迎的是泥种的巴西铁树。铁树的叶子狭长，中央有黄斑，铁树寓意坚强，补住宅之气血，是重要的生旺植物之一。（见图3）

（4）棕竹

其干茎较瘦，而树叶窄长；因树干似棕榈，而叶如竹而得名，棕竹种在阳台，可保住宅平安。（见图4）

（5）橡胶树

印度橡胶树，树干伸直挺拔，叶片厚而富光泽，繁殖力强而易种植，户外户内种植均宜。（见图5）

（6）发财树

又称花生树，它的特点是干茎粗壮，树叶尖长而苍绿，耐种而易长，

充满活力朝气。（见图6）

（7）摇钱树

叶片颀长，色泽墨绿，属阴生植物，极有富贵气息。（见图7）

福运天天来

　　人们常说："信则有，不信则无"，而使用植物招财，信则可附庸风雅，饭后茶余养上几株，既可招财又可为环境空间增加绿意，给生活增添情趣。若是不信，则还可徜徉其中领略文法的精妙，不管怎样，都是不错的选择。

2.招财植物位置的摆放

　　在工作的地方招财比较复杂，因为人多命格就多，命格多就会很容易有相生相克的影响。而在家中催财则比较容易见效。只要在家中找出财位所在，然后把财位的位置清洁，再放一盆有生气的植物，这样就可以达到招财的效果。同时，还需要注意植物的摆放位置，以免阻碍家人活动，或显得杂乱无章。大型盆栽植物，如巴西木、假槟榔、香龙血树、南洋杉、苏铁树、橡皮树等，可摆放在客厅入口处、大厅角落、楼梯旁；小型观叶植物，如

▲ 客厅的招财植物可摆放在墙角或转角沙发处。

春羽、金血万年青、彩叶芋等，可摆放在茶几、矮柜上；中型观叶植物，如棕竹、龙舌兰、龟背竹等悬挂植物以及假堤、常春藤、鸭石草等可摆放在桌柜、转角沙发处。

养鱼也可招财

　　很多家庭喜欢在家里养鱼，闲暇之余观赏鱼在水中畅游的优美舞姿，既能修身养性又能缓解压力，还自己一个美好的心情。其实，养鱼不仅仅能美化室内环境，也可起到招财的作用。风水上认为"水主财"，而"鱼"与"余"同音，取其"年年有余"之意，固有招财之功效。

1.鱼缸形状与五行的关系

　　养鱼招财首先要注意鱼缸的形状，最好根据居住人的命理来选择五行所喜用的鱼缸，这种五行为喜的鱼缸在催财、招财中能起到的事半功倍的效果。如命中喜水之人最好选择圆形或半圆形的鱼缸养鱼。

　　圆形、半圆形、弧形的五行属水，可以生旺水，故为之吉。

　　长方形的鱼缸五行为木，虽然泄水之气，但亦可生水，也可谓之吉。

　　尖形、多棱角的、角形的鱼缸

▲ 鱼缸的形状可根据所养鱼的多少来确定，若是几尾鱼则可以选择圆形的鱼缸,以便摆放。

五行为火，遇水则会相克，故不宜选用。

正方形的鱼缸五行为土，土能克水，故也不适宜选用。

2.养鱼的数目

在风水学来说，不仅鱼缸的形状能影响风水，而养多少条鱼也对风水有所影响。在风水中，一般把鱼的数目用河图来配合或以洛书来配合，两者配合，相得益彰。

现以洛书数来配合养鱼尾数而论风水。

一尾：一白贪狼星，为吉星，可以旺财。

二尾：二黑巨门星，为凶星，不利财运。

三尾：三碧禄存星，为凶星，不利财运。

▲ 养鱼能招财，而所招的财也与所养鱼的条数有关，四条鱼可旺学习功名方面的财。

四尾：四绿文曲星，为吉星，可以旺财。

五尾：五黄廉贞星，为凶星，不利财运。

六尾：六白武曲星，为吉星，可以旺财。

七尾：七赤破军星，为凶星，不利财运。

八尾：八白左辅星，为吉星，可以旺财。

九尾：九紫右弼星，为吉星，可以旺财。

十尾作一尾论，十一尾作二尾论，十二尾作三尾论，依此类推。

值得注意的是，除了以洛书来论鱼数的吉凶外，还可使用河图五行来论吉凶。而这些方法，都是可以配合使用的，下面对河图五行论吉凶进行详细的介绍，若是希望利用养鱼来招财的人就要多加注意了。

一尾：河图五行属水，可以加强水的力量，水为旺财之气，故作吉论。

二尾：河图五行属火，会损耗水的力量，水气被损耗，故作平平之论。

三尾：河图五行属木，会泄耗水的力量，水气被泄，作不利之论。

四尾：河图五行属金，可以生旺水的力量，水气加强财自旺，作吉论。

五尾：河图五行属土，会克制水的力量，水气被制，故作不利论。

六尾：河图五行属水，可以加强水的力量，水为旺财之气，故作吉论。

七尾：河图五行属火，会损耗水的力量，水气被损耗，故作平平之论。

八尾：河图五行属木，会泄耗水的力量，水气被泄，作不利论。

九尾：河图五行属金，可以生旺水的力量，水气加强财自旺，作吉论。

十尾：河图五行属土，可以加强水的力量，水为旺财之气，故作吉论。

3.养鱼的颜色

不同颜色的鱼儿都有其不同的五行属性，对风水或多或少都有不同的影响，选择与屋主最合的颜色的鱼儿，能促进招财的功效。

如果饲养的鱼类颜色是金色或白色，便是五行属金，金可以生水，故催财力量较强。

如果饲养的鱼类颜色是黑色、蓝色或灰色，便是五行属水，水能旺水，故催财力量较强。

如果饲养的鱼类颜色是青色或绿色，便是五行属木，木会泄水，故催财力量较弱。

如果饲养的鱼类颜色是红色、紫色或橙色，便是五行属火，火会损耗水的力量，故催财力量会较弱。

如果饲养的鱼类颜色是黄色或咖啡色，便是五行属土，土能克水，故催财力量亦很弱。

4.如何摆设鱼缸

所谓"山主人丁水主财"，纵观当今社会，富庶的地方都是水量丰沛之地。而居家招财，当然也可养鱼了。如果鱼缸放置的方位正确，养殖方法得当，所养之鱼都会活泼、有生气。如果常死鱼的话，就要研究水的温度、水质或鱼的本身是否有问题，如没有，则可能是方位摆错了，应予以纠正。养鱼又不宜养在家中的财位，除非有专业风水老师提供摆放财位养鱼的具体位置、朝向，否则一般建议把鱼缸放置于客厅、电视墙一侧、玄关等位置。同时，鱼缸也不宜放置于南方离卦、西方兑卦、东北方艮卦、西北方乾卦。这四个方位有水，于风水不利。房屋空间的方位不同，摆放鱼缸必须选对位置，才能真正发生效力。放置在北方坎卦、东方震卦、东南方巽卦及西南方坤卦等四个方位上，为安全卦位，对风水有利。

此外，摆放鱼缸还有两点禁忌，一是鱼缸不应该放在神像之下，特别是在财神以及福禄寿三星之下，否则，那便是"正神下水"会有破财之处；二是鱼缸不应正对厨房炉灶，鱼缸正对厨房的炉灶，两者成一直线相对，这甚为不妙，因为会对家人的健康有损。鱼缸与厨房炉灶的五行有冲克，鱼缸属"水"，而炉灶属"火"，水火相冲，受损害的是炉灶，而靠这炉灶煮食的一家人也因而连连受害了。

其实，不仅仅鱼缸的摆位置重要，鱼缸的摆放高度也有讲究，鱼缸

▲ 在家中养鱼要注意摆放鱼缸的位置，除非有专业风水老师提供摆放财位养鱼的具体位置、朝向，否则一般建议把鱼缸放置于客厅、电视墙一侧、玄关等位置。

不宜太高，鱼缸离地超过四尺并不适宜，因为鱼缸太高，无论坐下或站立便会形成淋头水，大有灭顶之势，于风水不利。而如果是第一次养鱼，最好能选择在良辰吉日放水和放鱼，要避免冲到主人的出生年支。吉日可以是黄历上为天德、月德、天月德合日或天喜、天医、风禄等有吉星的日子。选日子要参考黄历，即使是对一个专业的术数师而言也似乎是约定俗成的事情了。

福运天天来

如果要在办公室内养鱼，最好选择红色的鱼，因为红色代表吉利，会给公司带来祥和的气氛。此时，办公室内的鱼缸最好能置于进门附近，即公司前方明堂位置，接近进门气口。这样不但感应迅速，同时也可作为景观的一部分，令人心旷神怡，有助于提振员工精神，增强人际关系。而养鱼的数量也可依公司负责人的命卦来决定。坎命人鱼数应为一或六或七；离命人鱼数应为二或七或九；震命及巽命人鱼数为三或八或十一；乾命及兑命人鱼数为四或九或十三；坤命及艮命人鱼数为五或十或十五。

养只招财龟，招来好运财

宠物也能招财，关键看养的是什么，可以在家养只宠物龟，以起到招财的效果。很早在民间就有"乌龟会为饲养者带来好运和庇护"的一种说法。而在中国古代，很多皇亲贵族的宫殿和住家都会有一个专门养乌龟的池塘；而在马来西亚，在很多庙里看到乌龟池，这一切似乎又都应正了这一说法。

乌龟是长寿的象征，这只小小的爬虫类是非常吉祥的生物，而且拥有非常强大的保护力，饲养乌龟可以为你带来好运。而一般当做宠物饲养的是迷你龟，可以在卖鱼的专卖店里买到。饲养乌龟，还要为乌龟准备一个陶盆或瓷盆，里面的水装到半满即可，然后在中间放一块小石头，这么一来乌龟可以选择待在水里或是石头上。一个礼拜要换三次水，而且每次要先把自来水放一段时间，让氯气挥发掉之后再换水，还可用鱼饲料或新鲜的绿色蔬菜叶来喂乌龟。

值得注意的是，乌龟只要养一只就够了，不要怕乌龟会感到寂寞，因为乌龟本来就是独来独往的。同时，在风水上来看，因为数字"1"是北方的代表数字，而乌龟在风水学中与北方有关，一只乌龟就是很好的风水了。

▲ 宠物乌龟一般比较小，偏绿色，可在一般的宠物店里买到。

招来个人财运的风水小招数

财运其实也分很多种，人们最关心的还是个人的财运。要招来个人的财运，还有一些风水小招数，这里对这些小招数进行了整理，搜集了一些比较实用的小招数帮你招来个人财运。

1.钱包里放风水古钱

说到招财的小招数，最好的当属古钱币了，此时可先用红线绑住三枚中国古钱，并把这串钱币应用于各种不同的场合，代表源源不绝的收入。绑好红线后，可将古钱直接放进皮夹中，对于一些喜爱时尚的人士，喜欢用不同的钱包搭配不

▲ 使用红绳子将古钱绑住，使其串成一串，放在钱包里有招财功效。

同的衣服，此时可在每个钱包中都放上一串用红线绑住的风水钱币。此时要强调的一点是，只要三枚钱币就够了，因为三代表天、地、人的结合，所以是个非常幸运的数字。千万不要用四个硬币，因为这些数字不是幸运数字。如果你想要多一些的话，也可以放六个、七个或八个硬币，因为这也都是幸运的数字。

福运天天来

　　给人送礼也可以送三个用红线绑着的钱币，因为这样会给朋友带来财运。送礼本身就是很吉利的行为，如果礼物是包着三枚硬币的红包就更吉利了。同时还需要记得一点，古钱币本身是没有任何风水意义的，完全是因为红线引出了钱币的阳性能量。如果没有红线也可以用红色彩带，效果是一样的。

2.增设"满载黄金的帆船"摆设

　　在中国，除了龙之外，帆船是中国企业家最常用的吉祥物。它对企业来说通常是成功的代表，过去很多老一代的中国企业家会用帆船当作企业标志，因为饱满的风帆会带来更多的商机、更多的交易。

　　如果你是一个自己经营企业的人，要增加个人的财富，在办公室大门附近摆放一只帆船模型或摆件是最好的方法。值得注意的是，帆船一定要驶向屋内而不是屋外。也可以在家里放同样的摆设，在前门附近摆一艘帆船。同时，在摆件的选择上还可以选择撑满帆风并且载

▲ 对企业来讲，可以摆放"一帆风顺"的帆船，象征吉祥。

着金子的帆船，这样的帆船则更是幸运的象征。如果没办法找到这种假金饰的话，放些硬币或纸钞也可以。

3.创造个人的专属宝瓶

"宝瓶"一说缘起台湾，是台湾的风水师的招财妙法。此时可根据需要，创造出个人的专属宝瓶，使用宝瓶招财，可储存财运。

在宝瓶的选择上可以选择漂亮且贵重一点的花瓶，材质可以是土或金元素。土元素的花瓶可以用瓷器或水晶，而金元素的花瓶则可以用铜、青铜、银或金。材质愈贵重，花瓶就愈吉祥。所以金制花瓶要比

▲ 在漂亮的花瓶或是如意瓶中装上珍贵的石头，能旺财。

银制的吉祥，而银制的要比铜或青铜制的吉祥。也可以选一个金银合金的花瓶，因为纯金制的花瓶太贵了。还可在宝瓶里放一些珍贵的宝石，经济条件允许的情况下可以放钻石，也可放置一些如水晶、石英、紫水晶、黄水晶、虎眼石、琉璃、孔雀石或珍珠等比较珍贵的石头。

而在宝瓶的摆放方位上，由于石头属于土元素，所以可把花瓶放在房间床头柜里，这是土元素所占的方位，也就是西南方，放在东北方也是可以的。对于那些喜爱金属花瓶的人，则可以放在西方或西北方。值得注意的是，由于这个装有"财富"的花瓶是个人专属的宝瓶，所以应该藏在房间内的床头柜里，千万不可直接对着大门，否则会漏财。还有，不要随便给别人看你的宝瓶。

4.工作时面向生气方位

要想增加个人的财运，还有一种有效的方法是根据每个人的出生日期，利用罗盘公式和风水学中的八卦洛书公式，找出相应的生气方位或幸运方

位。此时可使用公式算出个人的卦命，再根据所附的表格，找出对应的生气方位，然后工作时记得要朝向生气方位即可。

计算个人的命卦的方法是，按照农历，把自己出生的年数最后两位数字加起来，一直加到只剩一位数为止，如是1983年生的，就将8和3加起来，就是11，然后1和1加起来，就是2，若是男性，则用10减去2，得出的8就是你的卦命。若是女性，则在这个2的基础上加上5，即可得到你的卦命。这里以表格的形式给出了相应挂命和生气方位，如下图所示，当男性的卦命是5时，成功方位是东北方，而女性则是西南。

命卦与生气方位对照表

卦命	生气方位	其他幸运方位
1	东南	北、南、东
2	东北	西、西南、西北
3	南	北、东、东南
4	北	南、东、东南
5	东北、西南	西、西北
6	西	西北、东北、西南
7	西北	西、东北、西南
8	西南	西北、西、东北
9	东	东南、北、南

5.摆放三脚蟾蜍招财

蟾蜍是公认的吉祥动物，蟾蜍会在遭逢危机或厄运时起到相应的保护作用，而一般情况下又以三只脚的蟾蜍最为吉祥。

三脚蟾蜍通常都会在嘴里衔着三枚硬币，象征为家里带来了金子。值得注意的是，在把三脚蟾蜍摆在大门附近时，一定要记得头朝内，好像正要进入室内，才能把财运招到自己家中。同时，不要让蟾蜍直接面对大门，否则财富会跑到屋外。最好把蟾蜍放在客厅大门对角处的桌子底下，藏在床头柜里，椅子下或其他家具里都行。此外，千万不要把蟾蜍放厨房、浴室或是厕所，因为蟾蜍在这些不吉利的地方会转化成阴煞，不但不会带来好运，反而会引来不好的气，对整个家庭造成灾难。

▲ 在财位上可以摆放口中衔着硬币的三脚蟾蜍，也能起到招财的效果。

警惕生活中的漏财风水陷阱

不仅财位要靠养，生活中的"财"我们都应该好好对待。有道是"你敬人家三分，人家回你七分"，一些生活中的小习惯也能体现出你"养财"的态度和方式。或许在不经意之间，会由于一些不好的习惯或对风水知识的不了解而处处漏财。所以，你要从现在，开始警惕生活中的漏财风水陷阱，守住你的财神。

1.不要找回的零钱

现代经济的相对宽裕让人们在对钱的态度上多少有些影响，当然，这里说的不是大数额的钞票，而是一元以下的角币、分币，现在很多人都不拿这些角币、分币当回事，经常会在买东西时觉得不方便收拾，怕麻烦，也就懒得要卖家找回了，这其实就是漏财的一种表现，此时你的财运可能就会在不知不觉中改变方向哦。

2.不捡路边的碎钱

很多人都有这样的经历，走在商场或路边等公共场合时，会瞧见地上别人不小心遗失的钱财，票额大的可能就会有人捡，倘若是角币或分币，相信很多人都不会捡，有的是看一眼就把眼神移开了，若是遇到的是硬币，有的人还会一时兴起，将硬币一脚踢开，踢得越远越开心，殊不知啊，这一眼、一脚，都把财神给错过了。

3.不把破损的钱当回事

有时我们还会遇到有些破损的钱币，有的只是缺一个角，有的会只剩下一半，在使用这些钱的时候可能就会被商家退回，表示不愿意接收，若是面值大一些的人们还会在意一点，要是一元五元这样的钱币，很多人要么留在家中、钱包中，要么送人，甚至还有直接扔掉的，其实这些钱都是可以去银行兑换的，可是偏偏有人觉得没时间或不值得这么做，殊不知，这些举动都会让你错过财神爷的。

4.钱上留大名

钱上留大名，相信很多人在生活中都遇到过，不知道这些在钱币上留名字的人是出于什么心态，但最好控制住自己的手和笔，不要把你的名字留在钱上，试想，这些标记了你名字的钱就这样在人流中传递，最后流落到何处也不得而知，你的钱不就这样随波逐流出去了吗？钱流出去，财不就失了吗？所以，一定不要在钱上留下自己的名字。

5.家里到处都放钱

有些人不知是图方便还是已经养成了习惯，对于自己的钱不进行妥善保管，随意乱放，家里的抽屉里、书柜上、桌子上或沙发上都能看到乱放的钱，所谓"钱散（松散）则散（散开）"，就算你的钱财再多也会"散尽"，这种不好的习惯会给人带来窘迫的财政状况，需要警惕了。

6.随身没有合适的钱包

除了家里的钱以外，随身的钱也应该妥善保管，在过去经济困难的年代，哪怕是一块钱或角币，都会用手帕包好揣在怀里，都怕不小心丢了。现在生活水平上升了，却还是有人不习惯使用钱包，把钱放得衣服口袋里有，裤子口袋里也有，随身的包里很多隔层都有，有的还会把钱夹在书本里，弄得随处可见。这个习惯其实与在家里到处乱放钱是一样的，需要警惕这些漏财的小习惯哦。

7.洗衣服前忘了将钱拿出

现在很多人都比较怕麻烦，特别是冬天，都不愿意用手洗比较厚的衣服，都喜欢拿去干洗店洗，很多负责收衣服的店员每个月都有额外的进账，因为总有人会忘记将衣服拿出去洗以前整理口袋里的钱，这不是把钱往外送吗？而有的人就算在家自己洗衣服，也会出现这种情况，所以常常有人在自家的洗衣机中发现钱，长此以往，财运也会被洗得干干净净。

8.把钱当工艺品

曾经有一段时间很多人都喜欢把纸币当折纸的纸张用，把钱扎成如帆船、苹果等样式，做成工艺品作为礼物拿去送人，其实这也是不好的，把自己的钱拿去送人，财运自然会受影响。

9.当众撒钱

当众撒钱也是不当的，这一般会出现一些庆典或婚礼上，有的人为了展示自己雄厚的财力，讲究排场气势，会直接当着大家的面撒红包，有的直接撒钱，这种做法也是漏财的，把自己的钱都撒出去了，也连带把自己的财运也都撒出去了，这样肯定会影响自己的财运。

第二章 提升运势

近几年整个大的经济环境不是很好，失业率不断上升，物价指数不断攀升，在一片的喊涨声中，唯一不涨的就是工资了。要在流年不利的环境下扭转劣势，除了努力工作外，还要学会利用风水调整家具布置，提升职业运势，顺利实现升职加薪的愿望。

博取老板欢心的风水局

在现实社会中，除了工作能力外，良好的人际交际能力也能对工作起到很好的辅助作用。工作中可以通过一些风水小布局，借以博得老板的欢心，这对升职加薪也是一种助力。

1.擦亮额头

额头附近是官禄宫，代表事业发展以及职场运势，如果感到自己不受老板重视，那么这里的气色也会很暗沉。解决的方法是常擦保养品，保持额头发亮。

2.石狮借气

庙门口石狮子整天吸收日月之精华，能够带给人们好运。此时，也可以去摸石狮子额头，再摸自己的额头，让好的气场附着在自己身上，从而起到调整运势的效果。

3.宝塔高升

在家中较高的酒柜、书柜上安放一个铜质文昌塔，放得越高越好。这象征着步步高升、鸿运当头。

4.宝石助我

请准备多种不同材质、颜色的宝石，如水晶、玛瑙、玉石等，放在聚宝盆中，安置在自己办公桌的左手边，帮助自己使工作顺利。（见下图1）

▲ 在适当的位置摆放铜质文昌塔，能为屋主招来鸿运。

▲ 可使用不同材质、颜色的宝石、玉石、水晶等，将其放置在办公桌座位的左手边，加强能量，以旺工作运、事业运。

5.公鸡带冠

可以放置一些鸡的饰品，特别是有鸡冠的鸡，均有带动职场运势的功效，可以让坐久了冷板凳的人重新受到重视。这些饰品比较适合放在家中的西北、正北、东北、正南方，任选其一即可。（见图2）

6.水晶纳气

紫水晶洞是很常见的风水用品，因为其凹下去的洞穴可以涵养好运，可以将其放在办公桌的左手边，但一定不能让水晶洞碰到水。（见图3）

7.铜板大顺

在办公桌的抽屉里放铜板会改运，但是要注意放置的数量。在办公桌左手边或最大、最上方的抽屉里放铜板，将收到很好的改运效果。一般是放6枚、8枚或9枚。（见图4）

▲ 带冠的玉质公鸡摆件，能带动停滞的职场风水。

▲ 可以将紫水晶洞放在办公桌的左手边，能为其招来好的财运和事业运。

▲ 要想招财还可以在办公桌上放9枚古铜钱，起到聚集能量的作用。

坐在最有权力的位置

通过调整居家布置能调整事业运，但要起到提升职业运势的功用则还需要适当地在办公区域下点小功夫。此时可挑选最有权力的位置就坐，办公室中最有权力的座位是在大门的对角线位置，这个位置在办公室里的深处，尽量坐在这个位置事业运会比较好。同时，还可适当结合一些方法，对这个位置进行相应的布置，能让事业运更上一层楼。布置要领如下：

在办公室里尽量把书桌放在门口的对角。

座位要面向门，千万不可背对门。对于事业主管来说，座位背对着门代表会输掉每场政治角力或是遭到部属背叛，所以应千万注意。

座位背后要有一面坚固的墙，不要背对窗或门。

座位前面的空间要比后面的空间宽，如果可能，请在前面留下最少一米的空间，才能累积好运。

> **福运天天来**
>
> 　　不论是居家还是办公，北方都是主管事业运的方向。虽然有些风水学派认为北方是大门的所在位置，实则不然。而要怎么才能准确地找到这个方位呢，可借助指南针来进行。站在办公室中央，依照指针所指向的位置决定，定好北方后再把办公室划分为九格，就可很容易决定北方角落了。

小细节助你事业步步高升

　　不管是人在商场还是人在职场，激烈的社会竞争都让这些场所"硝烟弥漫"。而唯有家才是能让人松一口气的休息场所，它就好比是一个充电的地方，所以不仅办公场所的风水重要，居家风水对事业的影响也是非常重要的。

　　在现实中许多人都存在一种误区，往往以为办公室风水好就可以了，许多经商者常是公司里很讲究，但家里比较杂乱，虽然在家时间短，但这同样会影响事业运势，且影响程度不会低于办公室风水。所以，要让事业步步高升，居家布置的细节才是决定成败的关键。

1.颜色的力量

　　要提升自己的事业运，就要懂得运用颜色的力量。首先，可在居室的东方摆放一些红色的家具及装饰品，如红木吊饰等，可使家人充满干劲，有利事业与学业。其次，由于西方被认为是主导事业及财运的方位，还可在居室的西方放上黄色的家具饰物，如黄水晶或其他黄

▲ 黄色的水晶球，放在办公桌上可催旺职场运势。

色物品，可带来旺盛的财气，令事业飞"黄"腾达。最后，还可使用白水晶的能量来提升事业运。白水晶即透明无色或白色的水晶，它的能量对应人体七轮（即指人体各部分）中的"顶轮"，即头顶正中位置，可将体内之病气、黑气从脚底排出，使人头脑清晰、精神爽利，对事业与健康非常有帮助。若是放在办公桌或书台上，就要摆放较大的白水晶柱，更可帮助提升事业运。

2.卧室的选择

若想提升工作事业运，卧室选择就比较重要了。北边的卧室利于自由职业者，西北的卧室利于管理职位者，东北的卧室利于服务业的人，东边的卧室利于不断进取者，东南卧室的人易取得外界的帮助，南边的卧室易取得灵感，西南卧室可以增强一个人的耐心，西边卧室适合缓解压力，加强睡眠。

3.旺宅运

其实，归根结底还是要旺整个住宅的运势，才能起到旺事业运的作用。一般可以在家里的客厅桌柜上摆放一对麒麟，这样可以催旺家运，且麒麟不仅旺财也是利于送子的，现代人的压力大，不孕或晚孕的人相对比较多，而放置麒麟也可加强这方面的运势，但值得注意的是，此时摆放的麒麟头宜朝外，以免对内有所损伤。

▲ 铜质麒麟摆件，放在客厅或书房，都能起到旺运的效果。

扭转事业危机的开运法

职场本就是个风云变幻的地方，运势好的时候做什么事情都顺风顺水，而如果运势不佳，也可能出现事业上的危机。此时要想办法解决事业危机，除了主动找到工作中的问题症结外，还可结合开运风水，来辅助扭转事业危机。

1.调整精神状态

要扭转事业危机需要有一个良好的心态，首先应该调整自身的精神状态，稳定心神，以消除紧张，从而使人在精神上放松，做起事来头脑才会更清醒。平时可多念心经，能帮助人获得心灵上的平静以及突破万难的决心和勇气。还可在枕头旁边摆放具有增加智能能量、稳定心灵磁场的紫晶摆饰，让安稳的力量充满心中，更添自信，让你从容面对即将到来的挑战。

2.调整身体状态

在调整好精神状态后，也需要调整身体的状态，工作状态好还需要一个健康的身体作为后盾。此时可每天早晨空腹喝一杯500毫升的水，以一半热开水加上一半冷开水的温水为佳，这样的水我们又称为阴阳水，可以起到排出体内沉积物、增强内在能量的作用，连续喝上一周，可以让人气色变佳，使整个人看起来神采飞扬，身体状态好，工作上再多挑战也都能迎难而上，事业危机自然也就可以解除了。

福运天天来

要扭转运势，信心是关键。这其实也是一种心理因素，通过一些方法增加自信，也是开运的"小偏方"。而要真正进行事业方面的开运，还是应该详细分析八字命局，根据相应的风水原理调理开运，才能达到最佳效果。

3.佩戴开运小饰品

事业危机除了自身的原因外，还有可能是遇到了扯后腿的小人，此时可通过佩戴开运小饰品的方式来化解。开运小物件也具有相当的风水能量，一般可佩戴葫芦形装饰品，因为葫芦具有挡煞的功效，能防止小人扯后腿，增加贵人提携，让你赢得先机，让事业大有进展。每次佩戴时应冥想心中的愿望，灌注善念，即可让好运长存。

▲ 葫芦具有挡煞的功效，能防小人，增加贵人运，从而扭转事业运。

4.调整居家布置

要想扭转事业危机，还须让自己充满热情、自信，并拥有坚定的信念，而这些元素一般都在东方。此时可通过增强东方的能量来增强事业运，从而扭转事业危机。

首先，可在家或办公室的东部放一个碗，第天早上在里面盛满清水，这样可为屋主带来更多新鲜的水气场，又由于五行中东方属木，水和木相生，可以帮助增加新生气场。如果将碗放到太阳直接照射的地方，这种气场就会更强，给事业带来更多有利因素。

其次，可在家中的书房区域或在办公室的东方摆上一盆绿叶植物来增强东方的气场，因为植物在五行中属木，可以增强东方的能量。

在开始一项新的工作任务时，首先要将工作环境进行一次大整理，扔掉不再需要的旧物品，不让这些物品扰乱心神，为新的物品腾出空间，以最好的状态迎接新工作。

如果你从事的是需要运用创造力和想象力的工作，那么可尽量让这个空间的气流运行缓慢些，从而产生安定感。当然这也就需要借助一些圆形或弯曲形的家具，此时可将书房或办公室的家具根据具体的需求进行更换或添加。

投资失败时该如何调整

投资是个新鲜话题，一般都是有一定资本的人进行的理财活动。而现代人进行理财投资几乎首选的都是股票、基金等理财产品，在前几年股市好的时候，很多人是赚得荷包满满，而有涨就有跌，有赚就有赔，这是宇宙自然的规律。投资失败赔了的人也有多种原因，除了个人后天的判断因素外，还与个人命理和风水有关。下面总结出几种易造成投资人心态不稳定、情绪受干扰的风水格局，以供参考，以便及时进行调整。

1.后背不能坐空

投资理财一般都是在家中进行的，不少人由于时间较忙，也没对居家风水用心整理，随便将电脑放在家里的一个角落，也不看看风水是否合适就开始进行操作了，其结果自然可想而知。此时需要注意的是，进行投资时，特别是炒股的时候，后背不能坐空，就是投资人座位的后面不能是窗

▲ 书桌的摆放是书房风水的关键所在，书桌应摆放在光线充足、空气清新的地方，同时书桌的座位应背后有靠，这样既有安全感，又不易受打扰。

户。如果座位背对窗户，在风水学中叫做坐空。坐空即是没有靠山，后续力量不足，所以投资自然会受到影响。此时可适当调整座位的方向，避免这种格局。

2.电脑桌忌正对墙

炒股是投资，是求财，不是有台电脑就行的，还与电脑桌或办公桌的方位有关，不能将电脑桌或办公桌正对着墙，或是把电脑桌摆放到墙角处，应在桌前留出相应的空间，空间宜宽广，忌狭小，以便聚集财气。气聚的多少代表着财运的多少与财运是否能长久有关，宽大的桌前空间代表着在投资理财时财运会长盛不衰。

3.切忌横梁压顶

不管是在办公室还是家里，在摆放办公桌的地方，切忌出现横梁压顶的情况。横梁压顶即在办公桌的上方刚好有一根横梁压着办公桌。这种风水格局肯定是不好的，头顶上有东西压着，长久下去，气场都变得抑郁了，财运也会跑光光的，可调整办公桌的摆放方位来改变这种格局。

4.座位忌对冲

不少人投资会出现赚了又赔的现象，因为赚了以后把持不住，又赔了出去，最后一算总账还是赔。此时就可以关注一些座位的风水了，可以看一看座位的位置是不是对着门，如果是正对着门，那就与门对冲，形成煞气，就会出现不稳定的状况，此时就要调整座位的方向了。

5.电脑桌宜摆到财位上

若是运用电脑进行投资，比如炒股、炒外汇等，还要注意一点，电脑桌或是办公桌应摆放在家中的财位上，这样的风水格局是最好的，能吸收财气，让你赚得更多。而如果不小心把桌子放到了凶位上，那投资自然不顺，求财难得，赔钱是小事，严重者会因财出事。

6.桌上宜摆旺财饰物

投资是求财，投资不顺时就一定要在办公桌上摆放一个可旺财的风水饰物，以水晶制品为最佳，因水晶是经过亿万年演化后才形成的，能量巨大。尤其是水晶制做的财源滚滚等装饰，摆放到办公桌上，旺财的效果是最好的，可以让你的财运滚滚而来。

影响升职加薪的住宅风水

升职加薪是每个身在职场的人的美好愿望，大家在工作中都是兢兢业业的，拼成效、拼业绩，不敢有所疏忽，同时还要协调好职场的人际关系，以期有不俗表现，才能让上级委以重任。其实，这些都可以通过风水的辅助为升职加薪添加砝码。

1.座位的摆放

从风水的布局上来看，不管是在办公室或是家中书房的座位，最理想的就是背有靠山。墙壁、桌子、矮柜在后方均可。这代表得贵人鼎立相助，欲升职，若遇贵人提携，几率必会大增。同时，座位后有依靠，也会让人感觉踏实、安全、工作无后顾之忧。

▲ 不管是倾向于哪种风格的办公桌，桌面以干净整齐为宜。

2.桌面的整理

不管是办公桌还是书桌，都要保持干净整洁。如果桌面太过杂乱，既影响工作效率又影响心情，容易让人产生烦躁感。若是杂乱的桌面让领导看到，则会认为这是个杂而无序的人，容易让人产生不足以担当重任的印象。

3.整理住宅大门

职场人士想要早日晋升，大门的风水也需留意。因为大门代表着全家人的事业是否能顺利升迁，不容小觑。所以，大门外不宜堆积杂物，要保证空气能自由流动。大门旁鞋柜里的鞋子要经常清洗、曝晒，鞋柜亦需多通风，保持干燥。这样才能消除异味，减少秽气，而不至于影响重要气口。

4.调整室内采光

室内采光和色彩看似微不足道，实则也影响着办公室职员的升迁，是需要关注的一个点。暗淡无光的工作环境会让人感觉到压迫感，没办法全身心地投入工作。室内的采光越接近自然的光线，越容易调动人的积极性，使其调整到最佳状态。

升职加薪的十大风水秘诀

很多人在工作了一定的年限后在事业上还是没有发展，既没升职也没加薪，这是什么原因呢？是工作能力的问题还是老板不重视你，不知道你的价值呢？这等"怀才不遇"放在谁身上都不是好事。这里就提供一些能升职加薪的风水秘诀，好好掌握，就能让"伯乐"准确地找到你，从而让你在事业上获得升迁。

1.座位在后

办公座位越向后越好，因为在后方既可看清别人的一举一动，又可充分保护自己的隐私，可以先发制人却不受制于人，是办公场所中最好的风水。这也符合兵法上"进可攻，退可守"的战略。

2.加强龙方

在办公台面的左手方是个人的龙位所在，要是把庞杂的东西都放在左边，当然不容易得到重视，应该加强龙方的能量，此时可把重要的办公用品，如电脑等放在左方，让自己的办公桌呈现龙强虎弱之局，才可以在事业上胜人一筹。

3.风扇运气

所谓"气通人心爽"，可在桌子上摆个小风扇，可以使座位附近的气场更加畅通，久而久之，人气攀升，会很快得到主管的善意回应。

4.灯光要往上照

要升职加薪，还可买个能调整灯光照射角度的迷你型灯座，可将灯光调整往屋顶上照射，上班时开着，既能增加视觉上的温暖效果，还能让你的座位因人聚而财聚。

将台灯的灯罩往上调整，从而让光线往上照射。

▲ 要让灯光来辅助运势，可将灯光往上照射，建议使用可调整照射角度的灯具，以便调整灯光的照射方向。

5.主命文昌

现在很多公司的职员大部分都有一部属于个人使用的电脑，而这电脑便是用来工作及替公司赚钱的工具，所以从风水学的角度出发，电脑摆放在何方都会有一定的影响。由于每个人的命理中除了八宅的生气星以外，还有文昌星及文曲星，因此，电脑最适宜摆放的位置便是以出生年份来推算的文昌位。当知道自己命中的文昌位后，便可以将电脑放在本命文昌位内，自然能够提高工作效率，获得升迁。

6.玉带缠腰

现代办公桌的款式大多以长方形为主。在办公条件许可的情况下，应该选择有利于自己风水格局的办公桌款式，如办公桌呈圆弧状，这就是"玉带缠腰"型的办公桌。这种环抱自己的办公桌不但有利于让吉气得到聚集，而且还能化解煞气。

▲ 这样的办公桌不但有利于聚集吉祥之气，同时还能化解煞气。

7.水晶启运

水晶不仅汲取了岩石的精华，而且能够改变光线的方向，折射出多种颜色的气能，可改善运势，具有开运的作用。如黄晶球有助扩大财运，特别是在股票及地产行业方面；绿幽灵石则有助于积聚正财及遭遇贵人。因此，在桌面上摆放与自己生肖五行相合的水晶制品有助旺作用。

▲ 水晶能起到聚集能量、开启运程的风水功效。

8.植物来帮忙

植物也具有稳定气场的作用，此时可在座位旁摆上一株小植物，但要记得选叶子大的阔叶绿型植物，这种植物才能起到加强财运的作用。同时也要清理障碍，如石头等，由于石头是阴气很重的东西，所以切忌摆在办公室桌上。

9.吉祥挂图

办公室的气场一般来说会比较生硬，所以不宜在工作墙上挂一些诡异的图画，尤其是一些阴森恐怖的图画，因为这些画不利风水，影响情绪。可以挂一些线条柔和、吉祥富贵的图画，才能起到正面的助益作用。

▲ 办公室宜挂福、禄、寿三星的图像，能起到正面的效果。

10.拔除尖锐及锐角

尖锐物品象征不良的煞气，通常样子都有点类似古代的兵器，加薪不成的原因不少，这点则要特别注意。同时，还要避免眼睛所及之处有家具或墙的锐角，因为锐角看久了，财神不会降临。

逢凶化吉添财运

世间万物都是相生相克的，如"运气"和"煞气"其实就是两个相对立的概念，他们之间的关系是此消彼长的，如果煞气过盛就会压制运气，这是我们最不希望看到的。要加强自己的运气，就要对化煞的原则和方法有所了解，从而让自己能"逢凶化吉"，增加自己的财运。

1.化煞应遵循的原则

我们生存在这个世界上，或多或少都有碰到煞气的时候，但碰到煞气后是不管不顾自认倒霉，还是积极应对、趋吉避凶，都取决于我们的观念、战略和战术。在掌握化煞的具体方法之前，先对化煞应遵循的原则进行介绍，这是化解任何煞气都要掌握的原则。

找准煞气的源头所在。只有找准煞气的所在才能做到有的放矢，化解煞气。

了解自身住宅风水的格局是否恰当。有煞气肯定是风水出了问题，了解风水格局的恰当与否能帮助找出煞气的种类和位置。

了解屋宅主人的命理八字，即屋主命格的属性、五行、喜忌用神等。只有掌握了这些资源，才能做到"对症下药"，化煞才会更有效。

不可自己一知半解进行化煞。由于自己不是专业的风水老师，所以很多东西不能自己乱动手，以免越弄越乱，耽误时机。

一定要使用正宗、开光的化煞用品，才能起到很好的化煞作用。

2.化煞五大法

从位理学来看，煞气主要有形煞、气煞、动土煞、光煞、嗅觉煞、声煞、磁电煞、理气煞等，化煞的方法从理论上可归纳为迁徙、遮挡、化却、反射和规避五种。

迁移：所谓"迁移"，就是将形成煞气的形物等因素迁离原位。主要作用于住宅的外部和内部。如室外有大柱挡门，那么就可移走大柱；若室内的桃花位有空花瓶，就可以拿走花瓶或为花瓶装上水，这些都可以起到化煞的作用。

遮挡：所谓"遮挡"，就是在煞气形物与物体之间构筑隔离带，多用墙、屏风、植物等进行遮挡。如两户门相对，那么可在自家门内设置一个屏风。如果是在住宅内有两门相对的情况，就可以在门上挂门帘。

化却：所谓"化却"，就是用事物所具的五行属性，置于客体煞气与屋宅物体之间，对煞气进行缓慢化解。如室外有动土煞，那么可根据不同方位用不同吉祥物进行化煞。室内在每年的九宫飞星的五黄煞气来临位置，可悬挂金属风铃来化解。

反射：所谓"反射"，就是用八卦镜、麒麟等有气势的化煞物置于煞气与主体之间，将煞气反射回来。如室外远处有尖角射门，此时就可挂一个八卦镜在门楣上，这样就能将煞气反射回去。

规避：所谓"规避"，就是避免正面冲突，即走的意思。当煞气过大、过重时，上述所有的方法都难以施展时，就只有"三十六计走为上计"了。如室外正门正对寺庙、政府大楼等煞气极大之建筑，挡之难清，化之难尽，斗之难胜，唯将门封起，移改其他位置开门。又比如室内的卫生间居室宅中心，无法移易，虽可化解，当时唯迁居最适宜。

福运天天来

　　化解煞气的方法也不是千篇一律的，一定要根据自己的命理和不同的流年来定。换言之，同一套屋宅的煞气，不同的人住进去，其化解煞气的方法是不相同的，因为每个人的命理八字不一样。此外，就算是同一个人在同一套屋宅内，在不同的年份化解的方式也不一样。

让你"钱途无量"的灯饰布置

灯饰是一种人工的采光形式，我们都知道，采光也是影响整体运势的一个重要因素，当然，使用不同的灯饰也能起到不同的风水效果。好的灯饰布置可以给居家锦上添花，而不同的灯饰布置还可改善多方面的财运，让你真正实现"钱途无量"的愿望。

1.增加业务、贵人、财运的灯饰

在住宅风水中，大门外的外明堂区域主管业务和贵人运，因为是主掌业务关系，所以在光线上需要理性的白光能量，才能在推广业务时更冷静理性，把握业务动脉。同时，为了让业务发展的空间更宽广，也需要白色的光来照明。

要使用灯饰改运，增加业务、贵人、财运，首先在光源颜色的选择上应以白光为照明的主要光源。另外再加一盏黄色光的灯，或是由黄色灯罩而晕出黄色的光，都可以起到改运的作用。值得注意的是，这里的黄光的作用不是用来照明的，而是要通过黄光来推动开阔的人际业务关系，从而获利，或招来贵人在金钱财运上的协助力量。

2.防止业务、财运被掠夺的灯饰

商场如战场，凡属销售、业务类的工作，竞争都会很激烈，有竞争就一定会有掠夺，如果出现自己的业务经常被同行或竞争对手破坏，更甚者被直接抢走的情况，此时就可利用主管业务推展关系的外明堂风水来破解这一问题。

同样是对外明堂区域的布置，还是以白光为外明堂的主要光源。而在白光灯的选择上，则可选择具有攻击性的外型灯具，比如螺旋状的灯管。此时可借由螺旋光的释放，就像电钻在钻洞一般来突破业务，走出被破坏、作梗甚至直接被抢走业务的窘境。

3.让薪水节节高升的灯饰

工作类型的不同，所需要的财运也不同。如果你的工作不是以业绩、销量为主，那么要增加你的财运一般就只有靠加薪了。而加薪不仅需要把事情做好，还要老板比较大方，这个就是归财运管的范畴了。想要薪水越来越丰厚，不妨利用主掌事业运的风水开运，增强加薪的好运势。

要实现加薪的财运，首先可在靠近主管全家人工作事业运势的大门，或个人工作事业运势的卧房门旁，装上一盏黄光或灯罩会晕出黄光的壁灯，让这黄色光能的范围能照到门上。然后再在门外的天花板

▲ 在卧室门旁设置了黄色的落地灯，加强该区域的能量。

上装设一盏投射灯，并将灯光投向门边，将可帮助带来工作职场上加薪的好运。

4.防破财的灯饰

财运具有两面性，除了要招财之外，还要防止破财，这时可利用主管财运关系的内明堂风水来防止这一问题。

要防止破财，减少没必要的支出，则可在住宅的内明堂区域以白光为主要光源，可以选择具有攻击性外形的灯具，借由灯饰外形的力量来抵挡破财的问题。

5.增加物质享受的灯饰

有人说"有多少钱就过多少钱的生活"，从这句话中不难看出，生活的品质是与金钱相关的。财运好，自然能享受高品质的生活，而很多时候生活质量不佳，究其根本原因多半是因为没有足够的经济实力，幸福的人生应该是"爱情"和"面包"同时都拥有的，生活质量也需要金钱作为后盾。具有雄厚的经济实力足够开销，过日子才没有后顾

▲ 在餐厅区域除了吊灯外增设了壁灯，加强该区域的光线，已获得更好的风水能量。

之忧。简单地说，想要提升生活质量，就必须提升财运。

要提升针对金钱消费方位的财运，可在主管生活物质的餐厅空间装设较明亮的黄光灯为餐厅的主要光源，营造出温暖的氛围，增加生活的质感，也就是在有形的物质与无形的氛围与心灵上，都懂得如何享受有质量及质感的生活乐趣。最好再加上一盏灯，可以是壁灯、立灯或桌面灯，结合灯罩的运用，营造出犹如夕阳或蛋黄感的温馨的暖色管光线，会让开运效果更佳。

6.增加私房钱并守住个人财库的灯饰

　　住宅风水中，主管全家财库、理财的风水位置是厨房，主管个人财库、理财及私房钱的位置就是自己房间里的梳妆台。要守住财库、存得了钱，对支出就要相当理性，才不会赚多少花多少，成为"月光族"。

　　守住财库的同时要增加私房钱，首先，需要在厨房和梳妆台的照明灯光上有所选择，需选用理性光的白光才能帮助理财，又能够有清醒的头脑来理财。其次，可在厨房或梳妆台适当的空间处摆设一盏招财灯，光线可以是暖色调的，使其具有招财的能量。值得注意的是，招财灯的灯罩除了选择较圆满、圆融的圆形造型以求事事圆满之外，如果还要增加私房钱，灯罩则可改用斗笠形或三角、五角、六角、八角、菱形等几何造型，以突破私房钱获取的困难。

▲ 在厨房区域可通过顶灯和射灯，加强灯光效果。

　　白光发挥能量，让你清醒地守财、理财，黄光则能招财，让理财能获利，钱生钱。招财的灯光，目的不在照明用，而是在产生黄色的能量，加上白光的主要照明灯，两者相铺相成，有助于守住财库、理财获利。

7.获取配偶之财的灯饰

　　金钱的来源可以有很多不同的方式，即使是枕边的爱人也可能是获取财运的对象。这也就是为什么很多人喜欢嫁金龟婿、娶名门千金

▲ 要获得配偶的钱财，可以将梳妆台放置在与配偶的睡床靠自己那一侧的地方。

或职场女强人的原因吧。世人往往对此抱着异样的眼光看待，其实大可不必，因为分享另一半的财力资源，也是婚姻关系中自然的共生结果，代表彼此有一条线紧紧牵系着。

想要让这一条线更稳固或是想牵起这一条线的人，不妨将梳妆台放置在与配偶的睡床靠自己那一侧的地方，或自己睡在摆设梳妆台的那一侧。同时，还可在自己的那一侧摆设一个床头低柜，并且在该低柜上摆设一盏招财灯。

8.感情桃花带来财运的灯饰

有的人谈恋爱也会带来财运，因为他（她）的恋人会给他提供金钱和物质，或者对他（她）有金钱援助，这就是感情桃花带来的财运。

如果希望爱人能够为你带来财运或贡献财物，可于主管桃花爱情的窗户旁摆设招财灯，增加这一类的财运。

旺运布置增加贵人财与事业财

小户型房屋的风水就空间而言是处于劣势的，一般购买小户型住宅的人除投资外，基本都是由于经济的限制，其内心也是期望有更大使用空间的住宅，所以小户型的房屋比起大户型的房屋更需要招财。可通过一些能旺宅运的小布置来增加屋主的贵人运和事业运，从而得到财富。

1.旺贵人财

人生得遇贵人，能少走弯路，对人生整体运势的影响也是至关重要的。要招来贵人还需要在住宅布置上下功夫。

要旺贵人运和借由贵人带来财运，可在大门外明堂区域加强照明的白光灯光，照亮这主掌贵人的风水空间区域，同时也让空间感觉更宽广。

让室内空间看起来更大，可在墙面上挂设镜子，配合灯光来反射空间，增强能量，值得注意的是，在摆放镜子时不宜直线正对自己家的大门。

鞋子尽量用鞋柜收纳起来，并勤于清洗布鞋、晾晒皮鞋，让秽气降到最低，再让空间能够采光及通风，这样就能催旺贵人运并带来财运。

2.旺事业财

事业对于一个男人来讲是非常重要的，在经营事业的同时不仅能让自己立足于社会，还能让人在其中找到存在感，获得社会认同感。可见，拥有良好的事业运也是非常重要的，要旺事业运或旺通过事业运带来的事业财，可通过居家布置来进行。

欲招来事业运，须在大门内空间的内明堂加强照明的白色灯光，照亮这主掌人际业务的风水空间区域，让空间感觉更宽广。同时也要让室内空间保持良好的采光和通风，如此就会旺及各方财运，特别是事业带来的财运。

根据旺事业运的需求，还可摆设一盏黄光或有黄灯罩的气氛灯，或流水盆、鱼缸、有律动的物体，还可经常插黄色鲜花，摆设黄色兰花等，都能在一定程度上提升或招来事业运和财运。

妙用物品招来理财获利

在进行投资理财时，若是抛开技术、资金、资源等因素，其实大家都是处于平等状态的，此时如果想要赢在起跑线上，则可通过一些居家布置手法或开运物件来增强自身的财运能量，从而增大理财获利的几率。

要想理财获利，在居家布置上，首先厨房一定要打理得整齐、干净，没有秽气、油污，水槽要常清洗。其次，不能将厨房当仓库用，不能在厨房区域养宠物，同时垃圾也要经常清理。最后还得落到采光上，可用白色的灯光进行照明，加强整个住宅室内的空间感，达到稳固财库的作用。

开运物件的选择也可根据每个人的爱好来进行选择，可以增设一盏带有黄光的招财灯，也可放置如元宝、聚宝盆、观赏鱼缸等物件，或是在米缸里放置天然黄水晶，也可提升、增加或招来理财的获利。

▲ 开运物件的选择可根据每个人的爱好来进行选择，可设置一盏带有黄光的招财灯，也可放置如招财元宝、开光招财杯、聚宝盆、观赏鱼缸等物件。

招财布置增加私房钱

　　私房钱属于暗财，掌握这类钱财的风水位是卧室的暗财位，要增强私房钱的财运，一定要在卧室内摆放一个梳妆台，同时还要注意，梳妆台要稳固，具有稍大的镜子更佳，要打理得整齐、干净，瓶瓶罐罐的化妆品一定要整理好，台面还可以留出一个空间来，台下切忌放垃圾桶，以免产生秽气。此外，梳妆台在摆放上切忌在横梁下，或正对任何门窗或紧贴任何门窗，同时还需要加强采光，可用白光照亮梳妆台，如此便能稳固个人财库、催旺私房钱的好运。

　　除了通过改善梳妆台来招私房财之外，还可结合开运小物件来增强效果。此时也可插黄色鲜花、摆设黄色兰花等，以增加或招来私房钱。如果摆放粉红水晶、粉红色鲜花，可招来桃花财。

为你的档案注入风水能量

　　档案是一个人资历的评价，要增加事业运，也可在你的档案中注入风水能量，此时可用代表好运的钱币为所有重要的档案注入能量，招来好运气。最重要的是，要用红丝带把这些钱币绑起来，才能启动钱币的能量。

具体的操作方法是，可先找一些中间方孔的中国制钱，用红线或红丝带把三枚钱币绑起来，阳面朝上，所谓阳面就是有四个字的那一面，而不是两个字的那一面，然后用透明胶带把这些钱币贴在档案封面，记得要经常检查，确定钱币没有脱落。

福运天天来

这里还有一些保护档案风水的方法。首先，绝不可以让你的重要档案被踩到，所以千万不要把这些档案放在地上，不管多忙都要整理好自己的档案，避免被踩到后而产生极端恶劣的负能量，直接影响工作运。其次，也不要把重要档案放到桌子下方，否则会产生同样的不良效应。最后，绝对不要把档案放在厕所边，所以文件柜不可以靠厕所的墙摆放。

第三章 释放恋爱能量

爱是人的本质，我们从本源开始就渴望着爱与被爱，渴望得到完美的爱情、幸福的婚姻以及美满的家庭。其实，只要巧妙借助风水五行六气中的「运」来释放桃花的能量，催旺自己的异性缘，你也可以轻松得到好桃花，遇见那个完美的他或她。

找准你的桃花位，让爱情找上门

所谓"风水助缘"，要让单身的你拥有甜美的爱情，找到命中注定的恋人，首先应该找准你的桃花位，而桃花位就像明财位，在任何人的家宅中都是存在的，只要运用适当的方法，便可以在桃花位上催动桃花，让爱情找上门，让你从此告别单身，与恋人甜蜜恩爱。

确定桃花位的方法大致有四类，每一类都有风水学的学理根据，都能够发挥桃花力量。下面分别进行介绍。

1.按八宅风水学来定桃花位

八宅风水学中不分左青龙右白虎，而是按照不同命卦的人的四颗凶星和四颗吉星，在家宅内飞星的位置，找出不同命卦的人的桃花位。

四颗吉星是生气、天医、延年、伏位。四颗凶星是祸害、六煞、五鬼、绝命。其中延年所在的方位，便是桃花位。不同的家宅成员，由于命卦不同，所以各人的桃花位也有所差异。

震命的延年在东南方；巽命的延年在东方；坎命的延年在南方；离命的延年在北方；乾命的延年在西南方；坤命的延年在西北方；兑命的延年在东北方；艮命的延年在西方。

2.按家宅方位定桃花位

根据家宅大门所在的方位也可以找出该家宅的桃花位，此时找到的这个桃花位是属于所有居于此住宅内的人士的，不论是什么命卦，也不论什么生肖，都可利用这位置催动桃花。

方位可按子、丑、寅、卯、辰、巳、午、未、申、酉、戌、亥等地支而分作十二个方位。子为北方，丑为东北偏北，寅为东北偏东，卯为东方，辰为东南偏东，巳为东南偏南，午为南方，未为西南偏南，申为西南偏西，酉为西方，戌为西北偏西，亥为西北偏北。

子、午、卯、酉为桃花位，即正东、正南、正西、正北皆为桃花位。凡家宅大门向寅、午、戌方位，即向东北偏东、向南、向西北偏西的，桃花位在东方，大门向申、子、辰方位，即向东南偏南、向西、向东北偏北的，桃花位在南方，大门向亥、卯、未方位，即向西北偏北的、向东、向西南偏南的，桃花位在北方。

3.按照人的生肖来定桃花位

前两种桃花位都是相对变动的，都属于时间上的桃花，还有一个相对不变的桃花，那就是十二生肖属相的风水上的桃花位。

生肖属猪、兔、羊的人，固定的桃花位在正北方。

生肖属蛇、鸡、牛的人，固定的桃花位在正南方。

生肖属虎、马、狗的人，固定的桃花位在正东方。

生肖属猴、鼠、龙的人，固定的桃花位在正西方。

找到桃花位后，便可按照自己的生肖属相，通过在桃花位上摆放吉祥物件，来催旺桃花运。

（1）生肖属鼠的桃花位在正西方

肖鼠的人可在桃花位摆放水晶球、七星阵来催旺桃花，也可放鱼缸，养双数的金鱼，这样也有助于守住桃花。

（2）生肖属牛的桃花位在正南方

肖牛的人可在桃花位上摆放粉水晶宝鼎、粉色水晶、桃花树等吉祥物件来催旺桃花。

（3）生肖属虎的桃花位在正东方

肖虎的人可在桃花位摆放一个交颈天鹅。

（4）生肖属兔的桃花位在正北方

肖兔的人可在桃花位上摆放粉色水晶树和交颈天鹅。

（5）生肖属龙的桃花位在正西方

肖龙的人可在桃花位摆放水晶球七星阵。

（6）生肖属蛇的桃花位在正南方

肖蛇的人可在桃花位摆放水晶球七星阵，同时身上还要随身佩戴粉色水晶手链，以旺桃花。

（7）生肖属马的桃花位在正东方

属马的人与肖马、肖蛇的人一样，都可在桃花位摆放水晶球七星阵，同时身上还要随身佩戴粉色水晶手链。

（8）生肖属羊的桃花位在正北方

肖羊的人可在桃花位上摆放粉水晶桃花树和水晶球七星阵，同时也别忘记佩戴粉色水晶手链。

（9）生肖属猴的桃花位在正西方

肖猴的人可在桃花位上摆放粉水晶球宝鼎。

（10）生肖属鸡的桃花位在正南方

肖鸡的人可在桃花位上摆放粉水晶桃花树和交颈天鹅。

（11）生肖属狗的桃花位在正东方

肖狗的人可在桃花位上摆放威力强大的水晶球七星阵，同时佩戴粉色水晶手链。

（12）生肖属猪的桃花位在正北方

肖猪的人可在桃花位上摆放粉水晶、桃花树便可旺桃花了。

▲肖鼠、龙、马、羊、狗的人可在相应的桃花位上摆放水晶球七星阵来催旺桃花。

▲肖蛇、的人可在佩戴粉色水晶手串来催旺桃花运。

▲肖牛、兔、羊、鸡、猪的人都可以在桃花位上摆放桃花树来催旺桃花。

▲ 肖牛、猴的人可以在桃花位上摆放粉水晶宝鼎来催旺桃花。

▲ 肖鸡、虎、兔的人可以在桃花位上摆放交颈天鹅来催旺桃花。

4.按照青龙白虎位来定桃花

我们都知道，家宅可分为五个部分，在客厅中，当我们面朝大门时，则左方是青龙位，右方是白虎位，这两个位置都是桃花位。不过值得注意的是，右方仅适合男士使用，左方仅适合女士使用。因为男左女右，男士在右白虎催动桃花，将获得女性垂青；女士在左青龙催动桃花，则得到男士亲近。故男士不得用左青龙催动桃花，女士不得用右白虎催动桃花。

福运天天来

对于这四种找准桃花位的方法，究竟应使用什么样的方法来找桃花位比较恰当呢，这里建议可先按自己的命卦找出八宅风水的桃花延年位，若在居家环境中该位不便使用，则可选生肖所属的桃花位，若此位还是不便使用，则依门向地支找出桃花位，实在不行最后才考虑青龙白虎方位。

找到桃花月和桃花日时，来一场完美的相遇

除了桃花位，还可以结合桃花月和桃花日来帮助你对命中注定的她或他进行更为准确的定位，也就是说，只要你把握住机会，就能和他（她）来一场完美的相遇。

1.找准桃花月

我们常说的十二生肖其实还代表一年的12个月，这里的月不是现在的公历或是旧时的农历，而是指节气上的月份，通过对照万年历，就能了解这12个月的生肖与相应的月份。这里可查看节气交界表，结合十二生肖的桃花年来进行对照，就能从此表找到自己的咸池桃花月。

每个生肖都会遇到自己的桃花年，有些生肖桃花年较多，有些则较少。

生肖与咸池桃花表

地支（生肖）	节气	阳历时间（逐年变化）
寅月（虎）	立春～惊蛰	2月4日～3月6日
卯月（兔）	惊蛰～清明	3月7日～4月5日
辰月（龙）	清明～立夏	4月6日～5月6日
巳月（蛇）	立夏～芒种	5月7日～6月6日
午月（马）	芒种～小暑	6月7日～7月7日
未月（羊）	小暑～立秋	7月8日～8月8日
申月（猴）	立秋～白露	8月9日～9月8日
酉月（鸡）	白露～寒露	9月9日～10月9日
戌月（狗）	寒露～立冬	10月10日～11月8日
亥月（猪）	立冬～大雪	11月9日～12月7日
子月（鼠）	大雪～小寒	12月8日～1月6日
丑月（牛）	小寒～立春	1月7日～2月4日

一般情况下，肖兔、肖羊、肖猪者的咸池桃花多在鼠年，肖虎、肖马、肖狗者的咸池桃花多在兔年，肖牛、肖蛇、肖鸡者的咸池桃花多在马年，肖鼠、肖龙、肖猴者的咸池桃花多在鸡年。由此，这里我们以肖虎者为例进行说明，肖虎者咸池桃花是在"卯"年，也就是兔年。所以，在每一年的"卯月"（惊蛰～清明），也就是大概每年阳历的3月7日至4月5日之间，肖虎者桃花较旺。现在，可以对照我们的咸池桃花年及咸池桃花月，回忆一下自己在上一个咸池桃花最旺的时候有哪些事情发生了。

2.找准桃花时

通过万年历，我们可以找到自己桃花最旺的那一天。如肖羊的人，其在咸池年咸池月日当然是桃花最旺的了，其他任何时候都不及这一天。因为，一年有365天，要列表比较困难，所以查询万年历可以轻松地知道自己的咸池桃花日在哪一天。

时辰与咸池桃花时表

时辰	时间	时辰	时间
子	23：00～01：00	午	11：00～13：00
丑	01：00～03：00	未	13：00～15：00
寅	03：00～05：00	申	15：00～17：00
卯	05：00～07：00	酉	17：00～19：00
辰	07：00～09：00	戌	19：00～21：00
巳	09：00～11：00	亥	21：00～23：00

以肖虎者为例，在下一个卯年（2011）年，他的咸池桃花日在卯年（2011年）卯月（3月7日至4月5日）的卯日，也就是3月13日、3月25日这两天。如果肖虎者把握好这两天，好好布局，就可以使自己的桃花运大行其道。

如果要再精确一些的话，就要看咸池桃花时了。古人将一天分为12个时辰，每个时辰亦对应一个生肖。如肖羊者，他的咸池在子，因此，每一天的子时便是他的咸池桃花时。而子年子月子日子时便是肖羊者桃花大旺的时候。从表中可以知道，从夜里23点到凌晨1点是肖羊者桃花最旺的时候。如肖鼠者，他的咸池在酉，酉就是鸡。每一天的酉时便是他的咸池桃花时。酉年酉月酉日酉时，便是肖鼠者桃花大旺的时候，从表中可以知道，在下午5点到7点，是桃花最旺的时候。

增进桃花运的卧室布置秘诀

在对使用居家风水来增加桃花运的相关内容有所了解后，对于卧室区域的细节布置也非常有必要单独提出来进行介绍，只有这样才能真正起到增强桃花信息的作用，发掘和凸显出居室主人动人的潜质，让好桃花朵朵开放。

值得注意的是，这些布置能带来桃花运，但是对于已婚人士还是能不动就不动，催旺桃花运虽然能旺桃花，唯对已婚人士则不利，容易令婚姻起波澜，故利用桃花位催动桃花，仅适用于未婚人士。

1.用聚光灯及花增加美感

想拥有爱情的人，不妨先从拥有美感下手。若是家里摆放有花瓶，则需要在花瓶的上方安装一盏聚光灯，这个灯可在相应的时候才开启，即可美化居室内的环境，且当心情比较烦闷或无法平静时，还可让聚光灯下的强烈美感来取代你精神上的不良讯息，从而让你更加放松，自然心情也会有所好转，爱情能量也会有所上升。

2.在床头放清水

在传统的风水中，认为睡不好是头部或床头的火性能量太高，让自己的脑袋和神经无法冷却下来，从而导致精神不佳，状态不好，桃花自然也就飞走了。所以，可以在床头放一杯水用以去火。需要注意的是，这里放置的水要是冷水，不能是热水，且最好使用磁杯或陶杯来盛水。

3.化解不良煞气

有些人的卧室中会有许多冷硬突出的铁铝窗架，试想，如果你每天都面对这样的生活环境，看多了自然就比较麻木，内心的柔软角落也在逐渐消失，同样的，爱情降临的机会也会大大缩减。其实，从风水上来看，这些冷硬突出的铁铝窗架安装在卧室正对床的位置是一种对冲的煞气，此时要化解这些不良的煞气，才能保留爱情的能量。可在这些地方加装窗帘或摆几盆柔和的植物，这样既化解了煞气，也装饰了环境，如此一来便可增加你的温柔性情，让好的恋情降临。

4.唤醒爱情的颜色

都说色彩是具有感情的，红、橙、黄之类的颜色，对人的情感和活力最富刺激和催化功能，可在桌上放些暖色系的摆设，挂张暖色系的画，穿暖色系的衣服，只要你能在家中多做这些能催化爱情能量的事，你身上的爱情信息就永远都不会退化衰老，遇到真桃花的机会也就大大增加了。

5.催旺真桃花

都说心诚则灵，要催旺真的桃花运，还可在床头放置一个花瓶，在花瓶上插上三株桃花，再在睡前说出自己的姓名和你喜欢的人的名字，这样持续七天，会有意想不到的效果，如果还没有特定对象的人，也可以催旺你的桃花。

时尚小物旺桃花 ───────────────────○

通过整体室内的家具布置以及卧室的巧设置以后，相信对招来桃花运是没有大问题了，那么要让桃花开得更旺盛一些，还可在一些随身的小物上多用点心思。下面提供8款增加桃花的时尚小物件，不仅能让你的心情好起来，更能为你增加女性的魅力磁场，让你的下一个约会准时到来。

1.衣服开桃花运法

在衣服颜色的选择上，女生可以穿红色系列的衣服，男生则以淡色系的衣服为主，这些颜色的衣服都具有开桃花运的效果。从而让异性更亲近你，并且有开拓运势、增进人缘的灵动力。

2.精油来助阵

要旺桃花可在书房或办公桌点上精油，以玫瑰等花香精油为主。因为精油能让人放松心情，心情好才更容易获得爱情。

3.头发开桃花

发型也能影响桃花，女生的头发宜长、男生的头发宜短。因为女主柔、男主刚，发长主阴、发短主阳，所以女生留长发、男生留短发，能招来桃花。

4.枕头下放红线

取"月下老人牵红线"之意，在枕头下放红线，长度和枕头齐或稍长于枕头，能让你无形中得到较多的桃花机会。无形中让你的桃花一朵接一朵地开。

5.枕头、被单、床单的颜色

枕头、床单和棉被是每天都会接触的东西，不要只是枕头下放红线，还要使用红色系的寝具，最具有开桃花的效果。红色具有桃花喜气的意义，就像结婚一样，都是以红色为主，所以睡的寝具颜色吉祥，就有招桃花的效果。

▲ 使用红色系的床单、被套，在一定程度上可招来好桃花。

6.窗边花

花就是一种有桃花意义的东西，红色的花更能引动你的桃花运，可在卧房的窗边插几朵红色的花，有招桃花的效果。

7.春字门联

卧房门上贴上写着"春"字的春联，具有开桃花的效果。"春"字有桃花的意义，所以卧房上的"春"字联，能开桃花。

8.穿鞋开运法

要旺桃花，女生可以穿红色的鞋子，具有带动桃花的效果。而男生不宜穿红色的鞋子，而应穿白色或黑色的皮鞋，但是一定要擦亮，皮鞋擦亮便能开运。

减肥风水学助你桃花朵朵

不知道是从什么时候开始，似乎减肥已经在不知不觉中成为了当代女人永恒的主题。很多女人都希望自己能瘦一点、再瘦一点。虽然市面上有很多不同的减肥方法，可你知道吗，通过简单的居家风水的布置也可以达到减肥的效果。

1.颜色来主宰胃口

颜色可以影响人的行为，其中蓝色能起到抑制胃口的作用，特别适合有减肥需求的人群。从装饰角度出发，此时可以尝试使用蓝色的碟子和餐巾，也可考虑把厨房墙壁漆成蓝色或者在冰箱里使用蓝光灯等，都能防止三更半夜的时候忍不住时的偷吃行为。

当然了，颜色也是双刃剑了，此时还要避免红色、黄色以及橙色出现在厨房或者饭厅。因为这些颜色可以通过影响神经系统来刺激胃口。

2.餐具小一号

据研究发现，人们喜欢往盘子里放过量的食物来解决饥饿问题，因此为了不吃过量的食物，还是使用小一号的餐具比较好。这里的建议是请使用250毫升的饮料杯、180毫升的咖啡杯、小果汁杯或是350毫升的水杯。

3.使用明亮的灯具

研究发现，暗淡的光线更容易诱人开怀大嚼，因此建议不要在厨房使用调光灯，使用明亮的灯具能让你对自己更有节制。

4.厨房少出入

有一些人喜欢把餐桌当成办公桌，针对要减肥的人士，还是建议你将办公桌移到客厅或者客房。试想想总是在厨房或餐厅周围出入，无形中给自己增加了诱惑，要抵挡吃的诱惑是不是就难了呢？

5.音乐伴餐桌

音乐是灵魂的营养，它有着调节心情、舒缓疼痛以及释放压力的强大魔力。音乐可以帮助你调节情绪化的暴饮暴食。音乐节奏会影响你吃东西的速度，节奏越快的音乐会让你吃得越快。这里建议进餐时聆听缓慢的古典或者新世纪音乐，来调节进食的速度及情绪。推荐的音乐有恩雅的"牧羊人之月"、雅尼的所有音乐，如果你觉得新世纪音乐过于缓慢，那可以尝试中等速度的古典音乐，比如维瓦第的四季及G小调协奏曲。

如何避开烂桃花

对于单身年轻女性，在追求"桃花朵朵开"的时候还要注意，生活中难免招惹到"烂桃花"，如遭遇已婚男子的追求，这就是标准的"烂桃花"。为什么会是你遭遇到烂桃花呢，此时就要想想是不是家中的布局有问题了。下面可一一进行对照，看是不是不小心就摆了一个招烂桃花的风水局。

1.摆放大空花瓶

很多人在添置配饰时喜欢选择大的空花瓶来装饰居家，特别是客厅，觉得比较有气势，虽然花瓶很具美感，但在居家风水学中，大空花瓶却带有煞气和邪气，比较容易惹上桃花劫，招来烂桃花，更甚者还会被骗财骗色。所以要非常小心。

要化解桃花劫也不难，可在自己的桃花位摆上一瓶真花，花是提升桃花运的最好武器，好的桃花运就会随之而来，起到以"好"克"烂"的效果。

2.房屋正对"V"形的道路

房屋任意一边正对"V"形的道路，在风水学角度上称为"淫邪之屋"。"V"字则像女性两腿伸开，这是最容易招惹烂桃花的格局。在选房、购房或租房时都要特别注意这一点，尽量避免让住宅正对"V"形道路。

3.进门正对厕所

在风水学上，厕所是秽气最重的地方，进门就见厕所也是极容易招惹到烂桃花的格局。此时可将厕所门移至另一边，不要进门见厕则可。

4.有邻居的植物伸入阳台或自家墙壁

爬藤植物是房屋避暑的最佳武器，就算你自己不种这类植物，也难免有邻居会种，而当这类植物过于茂盛时就会到处伸展"脚步"，说不定它的那只脚已经悄悄伸入到你的阳台或墙壁了，这也是会惹到烂桃花的。此时可仔细观察，若有此类情况即可剪去伸入自家阳台或墙壁的植物。

5.注意家中的桃花位

从流年运看，2011年的流年桃花位落在正西方，此时由于属猴、鼠、龙的人桃花位在西方，这些生肖的人也应该注意了，若是觉得自己桃花过旺，或是遭遇了烂桃花，那么首先应整理桃花位了，在桃花位上不要放红色等颜色鲜艳的东西、不可以种花、不可以放花瓶。而对于已经犯了桃花劫的人，还可在桃花位上放上桃花剑来斩桃花，但对于一些由于工作需经常与异性打交道的人，则不建议放桃木剑之类比较强的风水化煞物品，因为桃花也是主人际关系的，破了桃花对事业不利，可以在正西方放上仙人掌即可。

不仅在家中需要注意，在工作场所中也要用好风水化解，最简便的方法是办公室不放水木类植物与花瓶，把这些东西都收起来。而水仙花、富贵竹这类办公场所常见的植物都是容易引动桃花的，所以也应该适当避免。

6.修炼自己的心性

俗语说"烈女怕闲夫"，所以要避免烂桃花，还得注意心性的修炼，这也是最难的。多改变自己的心性，因为繁华尘世，每个人或多或少的都会遇到桃花，多加强自己的心志才可以抗拒诱惑。

> **福运天天来**
>
> 在风水学中，还可借用水晶的力量来培养看人的眼光，避免遭遇桃花。此时可将3～5厘米的水晶放在床的枕头和脚跟两处，能够加强周边的"流气"，防止小人靠近。脚跟处还可以摆紫水晶，但值得注意的是，对于低血压的人则不适合，这类人可以使用透明水晶。

斩桃花，击退"小三"、"小四"

不管是因为"一见钟情"还是"日久生情"，能走到一起的恋人、爱人们，肯定都曾经历过轰轰烈烈的爱情，而随着时间的流逝，情感或许会变淡，有的甚至会出现第三者，即我们常说的"小三"，其实不能只怪"小三"，往往是夫妻双方本身就有问题，"小三"才有机会。再加上风水布局不当，推动了桃花的旺势。否则，好好的夫妻及风水，"小三"又怎能轻易插足。那么快来看看，是不是在不经意间给第三者打开了方便之门。通过改善家具布局，就能起到斩桃花，击退这些烦人的"小三"、"小四"的作用！

1.查找桃花来源

在婚姻中出现"小三"后，首先是控制情绪，不要急躁，调整心态，算一下你们的八字，先打开命盘找出命中"喜用神"及"喜用神"的五行属性和桃花方位，再查看自己房间的桃花方位是否与命中五行喜用相生相旺，如果不是喜用之位而是忌神之位，那就要早日调整了，否则时日长久必出祸端。

桃花位、五行属性、喜用颜色表

桃花方位	属性	颜色
东方：甲乙寅卯	木	绿色
南方：丙丁巳午	火	红色
西方：庚辛申酉	金	白色
北方：壬癸亥子	水	黑色、蓝色
中央：辰戌戊己戌	土	黄色

2.摆放一把桃花剑

建议在卧室内出现问题的一方床头摆放一把桃花剑，好像一把剑插进桃花内，借此除去桃花煞，或许它会将你的情敌打败，将你的他拉回你的身边。

同时还要散发出你女人气息的"桃色"。不知大家注意到没有，很多女人只要一碰上粉红色就容易心花怒放，而能在无形中散发潜在的

▲ 要斩断烂桃花可在卧室内出现问题的一方床头摆放一把桃花剑，借此除去桃花煞。

魅力。因为，颜色有许多不容忽视的力量，其中又以粉红、桃色(接近桃色的粉红)最能提升女性的魅力指数。在中国，"桃"象征着恋爱与"多产"，而桃花盛开的春天，更是发展恋情的最佳季节。所以，当你有了情敌时，不妨时常穿粉红色的衣服、抹粉红色的口红，让你的男友或爱人眼前一亮，倍增喜爱之情。总之，尽量使用粉红色系就会较容易使你的情敌退出。

3.买一对吉祥物——砗磲龙凤配

建议买一对吉祥物——砗磲龙凤配，这是情侣专用的。砗磲象征爱情的纯洁和坚固。男女分开佩带，佑护情意永久、相亲相爱。天天佩带，或许能将你的爱人拉回到你身边，从而打败你的情敌。

▲ 砗磲象征爱情的纯洁和坚固，要斩断烂桃花也可购买一对吉祥物——砗磲龙凤配。

4.注意卧室中镜子的摆放

风水上，镜子属金，镜的摆放对夫妻感情影响最大。若是主卧室中的镜子照到了主人的床，特别是床头有镜反射，则会夫妻不和，甚至出现第三者。而家中的镜子要如何摆设比较好呢，最好的方法是放在衣柜门的内侧，由我们望向衣柜，右手边柜门的后面，那里安装镜子最理想。当需要照镜时，打开衣柜门，照完后关上。这种布置的好处，是家中的镜子不会露光。而如果遇到房内有梳妆台时，此必定需要放镜

▲ 卧室中镜子的摆放是需要注意的，切忌镜子正对着床的这种情况，会对风水不利。

子，此时可用一面座台镜去代替，照的时候从抽屉拿出来，照完后放回抽屉内。还有一种方法是在镜前加一块帘，需要时拉开，不需要时拉上。

5.注意电视机的摆放

一般情况下，我们是不鼓励在卧室内放电视机的，而有的人喜欢在卧室看电视，这也无可厚非。只是电视机的摆放切勿正对睡床，应尽量靠侧一点。因为从风水学上讲，电视机不看的时候会反射床的影子，变相也成为镜子，此时大家就要小心了，电视机也是一面镜子，所以也会制造第三者和不利婚姻的种种因素。此时可在电视机上铺一块漂亮的布，便可防止反射。此法最安全，可避免电视机反映出大床的影子。

6.在居室中摆放适宜的绿色植物

在风水学中，绿色是最吉利的健康色系，如果在居室中摆放适宜的植物，不仅能够营造一种安定静谧和温馨祥和的环境，在一定程度上还可以增进夫妻间的"和谐"，或许这一生机勃勃的植物能使你的爱人转变思想，使情敌不战而败。

▲ 在居室中摆放适宜的植物，不仅能够营造一种安定静谧和温馨祥和的环境，所以在卧室中可以适当的摆放绿色植物，让夫妻关系更和谐。

认清"一夜情"发生的原因

"一夜情"泛指男女双方在特定情境下因为一时的冲动、爱慕或排遣寂寞的需求而发生的性行为。在男女性的问题上，曾有"男人钻洞，女人挖井"一说，其意思可以理解为，当男人遇到挫折时，首先想到的是逃避，恰如躲在地洞里不出来，然后再慢慢恢复；而女人遇到挫折时，首先想到的是求助，此时她是非常渴望得到别人的理解和安慰的。由此可见，"一夜情"的目的往往不在性本身，而在于舒缓紧绷的情绪。

西方哲人弗洛伊德指出："人是一个受本能愿望支配的低能弱智的生物。"所以，渴求一夜情可以说是人之常情，这说明人具有一夜情的本我冲动。而马斯洛也曾说："人类区别于动物的一个重要方面就是他有自制力。"所以，人在大部分条件下都能克制一夜情的冲动欲望。那为什么"一夜情"在有的人身上就能发生，而有的人身上就不能发生，这其实都是一个从潜在到显现的过程。事实上，通过对命理和位理的研究也表明，人处在不同的命理和住宅状况下时，潜在的一夜情很容易被诱发，此时通过认清这些元素，就能在一定程度上避免"一夜情"的困扰。

1.卧室大门正对他人住宅的窗户

一夜情发生的对象是不论男女的，所以如果卧室大门对其他人住宅的窗户，则很可能诱发一夜情，此时就要加倍小心了。

2.卧室摆放多面镜子

如果在卧室摆放有多面镜子或是挂一些不恰当的画幅，那就有恋上一夜情甚至"多夜情"的可能，记住，能避则避！

3.大门开在正东或正西方位

如果住宅或办公的大门开在正东或正西方，那也得小心了，潜在的一夜情因素也容易被诱发出来。具体说来是大门开在正东，女性容易发生一夜情；而大门开在正西方位的，则男性容易发生一夜情。

4.住宅缺西北角或西南角

如果你居住在缺西北角或西南角的房子里，也容易遭遇一夜情。具体说来，缺西北角，女性容易发生一夜情；而缺西南角则男性容易发生一夜情。

5.男女办公桌两两相对

在一个办公室内，男女办公桌两两相对，往往导致办公室恋情的发生，而且，也容易导致员工一夜情的发生。

6.办公室摆放爬藤类植物

办公室摆放爬藤类植物，而恰恰又有带刺的植物，那么，该办公区会男女气场紊乱，导致员工一夜情的情况频频发生。

7.手包里有异性照片

有的人喜欢在钱包或手包里放异性的照片，此时要注意了，若这个异性不是自己的家人或恋人，那么，潜在的一夜情也很容易被诱发出来。这里还要提醒大家，类似的情况，如在自己的车里或办公桌的抽屉里也不能放置异性照片。

8.经常让异性按摩

无论男女，如果经常在外进行异性按摩，那么遭遇一夜情的概率会直线上升。当然，一夜情的真正发生会涉及诸多因素，这里仅仅是从人的命理和房子的位理来分析。无论是男人还是女人，对待一夜情都要非常慎重。

容易导致感情崩溃的因素 ————————————————————○

要从恋爱走向婚姻，是需要一个过程的，这个过程是感情的沉淀和累积。而在这个过程中，也有很多人走不出一些感情的困惑和陷阱，从而导致两个人感情的崩溃，走向了另一个我们不愿意看到的结局。这里，我们从中国传统的位理学和命理学来分析，列举影响男女感情的几点因素，以作参考和警示。

1.环境

环境其实就是一个生活的圈子，大环境是指城市，不同的城市都有不同的节奏，这影响着一个人的生活和价值观，因此，在不同的城市生活就会受到不同城市的气场影响，从而影响到自己的感情。而还有一种是小环境，如办公、居住的环境，此时就更要注意这些场所的风水了，这些东西都是与你切身相关的，不管是感情还是运势上，都会有所表现。

2.住宅

住宅对感情的影响是显而易见的。如果居住的房子周围有开口煞、动土煞、淫邪煞等，它们肯定会通过多重表现来影响你。如"桃花煞水"，即屋外若见有反弓形状的污臭大坑渠水，这意味着情人或夫妻间的感情互有讨厌的踪迹，甚至有婚外情及桃色事件发生。还有一种是"分叉水"，即室内或大门正向看见有左右分叉的水流（车路亦是），这也会令恋人或夫妻间的感情劈裂，会因为经常争吵不休而最终分道扬镳。

3.圈子

俗话说"近朱者赤，近墨者黑"，这也是有一定道理的，有什么样的朋友就形成什么样的圈子。每个人的变化都离不开其朋友的情感遭遇和生活态度的影响。如果一个人身边的很多朋友都有着各种各样的感情问题，那么她就会受到这些气场的影响。如果你总是与一群离婚的人在一起聚会，就很可能导致你的感情不好，甚至也会离婚。因此，选择朋友也需要谨慎，防止气场对自己情感命运的干扰。

4.职业

一个人的职业对他的生活有着特殊的影响，它不仅参与塑造了人们的性格，也影响到了你的生活半径。像从事医疗、文化、教育工作的人，在工作中接触的人相对简单，随着年龄的增长逐渐变得以家庭为重，这样的人对丈夫体贴，对家庭热情，就更容易维系感情和婚姻。而出入写字楼的白领多数经济独立、有主见，对生活品质有自己的要求，情感让也要求独立，总是会令配偶感到被冷落、被忽视，即使是为事业，也会导致婚姻关系破裂。繁忙的工作还极易导致夫妻之间缺乏沟通，进而缺乏体谅和温情，感情变得冷漠，从而导致婚姻破裂。

5.早餐

俗话说，早餐要吃好，午餐要吃饱，晚餐要吃少。大部分人都知道，每天吃一顿营养早餐对身体健康非常重要。事实上早餐对夫妻感情也有重大影响，夫妻一起吃早餐，首先有一个沟通、了解的时间，可使夫妻感情更融洽。其次，都市的快节奏生活，让很多人都不怎么重视早餐，为了赶着上班或者多睡会儿懒觉，往往草草了事甚至放弃早餐。可能你会觉得其实早上并不饿，但过低的血糖不仅会导致你的气场不足，心情烦躁，就会使家庭纷争特别是夫妻间吵架的频率增加，并不断升级，进而导致夫妻感情破裂，甚至离婚。

6.分床

人的感情其实是很细微的东西，它可以是一种视觉感受，可以是一种心灵慰藉，也可以是生活中的一种平常习惯。而分床睡这一举动的确会影响两人的感情。不管是出于什么原因，最好不要分床睡。若是经常失眠的人群，可以尝试吃点助睡眠的牛奶等食物，或者吃点有助睡眠的药也无不可。

7.电器

所有会产生磁场辐射的家用电器都会对你的运势和情感产生影响。因此，这里要提醒大家，卧室电视要少用，电视最好是液晶的。而空调直接吹床头会导致感情分散。电脑要摆放在办公桌或书桌的左侧，即青龙位，否则，"白虎"会出来与你的运势、情感抗衡。手机不能放在床头，否则你的感情会危机四伏。

8.礼物

从位理学来讲，任何礼物都有阴阳、五行，因此礼物不是越贵越好，而是恰当为宜。本命年应该送红色的东西，最好是穿在身上的，这样既能趋利避害，又能增进感情，一举两得。

第四章

美满婚姻

从现在开始

古诗有云：「桃之夭夭，灼灼其华，之子于归，宜其室家」。可见，古人认为爱情的最终归宿就是走入婚姻生活。而要从恋爱走入婚姻，让有情人终成眷属，还得注意住宅中方方面面影响婚姻的风水，才能有一个美满的婚姻。

谁是你的最佳婚配 ————————————————————————————————○

古人讲"有媒人才为婚"，媒人除了起到联系两家的作用外，还要做的一件事就是看男女双方是否适合婚配。这些方法也延续到了现代，可通过不同的方面进行考察，如属相、生辰八字、星座、面相、星座等，这里主要对前两种常用方式进行介绍。

1.属相婚配口诀

从古到今，属相合婚是一种用得比较多的方法。属相有鼠、牛、虎、兔、龙、蛇、马、羊、猴、鸡、狗、猪十二种。俗语说："白马犯青牛，羊鼠一旦休，蛇虎如刀错，龙兔泪交流，金鸡怕玉犬，猪猴不到头。"男女有以上相犯的属相，婚配就难以说合了。反之，倘二人的属相相生，别的条件就都可以通融。相宜婚配的生肖配对为："鼠牛、虎猪、羊兔、马狗"，相冲的生肖属相配对为："鼠马，牛羊、虎猴、兔鸡、蛇猪、龙狗"。

中国古来的文化博大精深，此时针对属相婚配上也有"六合"、"三合"等相应的口诀，这里分别进行介绍。

属相婚配之"六合"口诀

子鼠与丑牛合（化土）；

寅虎与亥猪合（化木）；

卯兔与戌狗合（化火）；

辰龙与酉鸡合（化金）；

巳蛇与申猴合（化水）；

午马与未羊合（化土）。

这种"六合"的组合，其实就是两种五行气场的和谐融通。由于五行气场相融，能够合化成另一种共同的和谐气场，多表现在性格脾气和立场观念方面，所以相处起来容易默契和美，被称为婚姻中的上上等婚姻。

属相婚配之"三合"口诀

申（猴）子（鼠）辰（龙）三合（水局）；

亥（猪）卯（兔）未（羊）三合（木局）；

寅（虎）午（马）戌（狗）三合（火局）；

巳（蛇）酉（鸡）丑（牛）三合（金局）。

三合是指四组分别由三个属相组成的合局，这种"三合"的组合与"六合"的差不多，只是气场力度稍弱一点，相处起来也是很和谐的，被称为婚姻中的上等婚配。

2.属相的婚配宜忌

在前面的内容中讲得都比分散，主要以讲解属相婚配的相应口诀和原理，这里进行了内容的整合，从每一个生肖的角度出发，整理出了相应的婚配宜忌，以供参考。

（1）肖鼠的最佳婚配对象

子鼠与丑牛六合，所以最宜找个属牛的对象，此乃上上等婚配。其次是与申猴、辰龙三合，故也宜找个属猴或属龙的，此乃上等婚配。子鼠与午马相冲，所以最忌找个属马的，此乃下下等婚配。子鼠又与卯兔相刑，故也忌找属兔的，此乃下等婚配。子鼠与未羊也有相害的成分，故也不宜找属羊的，此乃中下等婚配。有时也讲子子自刑，此乃中下等婚配，故也应避免同属相的。

（2）肖牛的最佳婚配对象

丑牛与子鼠六合，所以最宜找个属鼠的对象，此乃上上等婚配。其次是与巳蛇、酉鸡三合，故也宜找个属蛇或属鸡的，此乃上等婚配。丑牛与未羊相冲，所以最忌找属羊的，此乃下下等婚配。丑牛又与未羊、戌狗构成三刑，故最忌找属羊、属狗的，此乃下等婚配。丑牛又与午马相害，故也不宜找属马的，此乃中下等婚配。

（3）肖虎的最佳婚配对象

寅虎与亥猪六合，所以最宜找个属猪的对象，此乃上上等婚配。其次是与午马、戌狗三合，此乃上等婚配，故也宜找个属马或属狗的。寅虎与申猴相冲，所以最忌找属猴的，此乃下下等婚配。寅虎又与巳蛇、申猴构成三刑，故最忌找属蛇、属猴的，此乃下等婚配。

（4）肖兔的最佳婚配对象

卯兔与戌狗六合，所以最宜找个属狗的对象，此乃上上等婚配。其次是与亥猪、未羊三合，故也宜找个属猪或属羊的，此乃上等婚配。卯兔与酉鸡相冲，所以最忌找属鸡的，此乃下下等婚配。卯兔与子鼠又有相刑的成分，故也不宜找属鼠的，此乃中下等婚配。卯兔还与辰龙相害，故也不宜找属龙的，此乃中下等婚配。

（5）肖龙的最佳婚配对象

辰龙与酉鸡六合，所以最宜找个属鸡的对象，此乃上上等婚配。其次是与申猴、子鼠三合，故也宜找个属猴、属鼠的，此乃上等婚配。辰龙与戌狗相冲，所以最忌找属狗的，此乃下下等婚配。辰龙与卯兔又有相害的成分，故也不宜找属兔的，此乃中下等婚配。有时也讲辰辰自刑，故也要注意避免同属相的，此乃中下等婚配。

（6）肖蛇的最佳婚配对象

巳蛇与申猴六合，所以最宜找个属猴的对象，此乃上上等婚配。其次是与酉鸡、丑牛三合，故也宜找个属鸡或属牛的，此乃上等婚配。巳蛇与亥猪相冲，所以最忌找属猪的，此乃下下等婚配。巳蛇与寅虎相刑，此乃下等婚配；有时也讲寅、巳、申三刑，故三口人不宜构成蛇、虎、猴的格局。

（7）肖马的最佳婚配对象

午马与未羊六合，所以最宜找个属羊的对象，此乃上上等婚配。其次是与寅虎、戌狗三合，故也宜找个属虎、属猴的，此乃上等婚配。午马与子鼠相冲，所以最忌找属鼠的，此乃下下等婚配。午马与丑牛相害，因此也应避免找属牛的，此乃中下等婚配。有时又讲午午自刑，故也应避免同属相的，此乃中下等婚配。

（8）肖羊的最佳婚配对象

未羊与午马六合，所以最宜找个属马的对象，此乃上上等婚配。其次是与亥猪、卯兔三合，故也宜找个属猪、属兔的，此乃上等婚配。未羊与丑牛相冲，所以最忌找属牛的，此乃下下等婚配。未羊与丑牛戌狗构成三刑，因此也不宜找属狗的，此乃下等婚配。未羊与子鼠相害，因此也不宜找属鼠的，此乃中下等婚配。

（9）肖猴的最佳婚配对象

申猴与巳蛇六合，所以最宜找个属蛇的对象，此乃上上等婚配。其次是与子鼠、辰龙三合，故也宜找个属鼠、属龙的，此乃上等婚配。申猴与寅虎相冲，所以最忌找属虎的，此乃下下等婚配。申猴又与巳蛇寅虎构成三刑，因此三口人之间不宜形成虎、蛇、猴这种配合。申猴又与亥猪相害，因此也不宜找属猪的，此乃中下等婚配。

（10）肖鸡的最佳婚配对象

酉鸡与辰龙六合，所以最宜找个属龙的对象，此乃上上等婚配。其次是与巳蛇、丑牛三合，故也宜找个属蛇属牛的，此乃上等婚配。酉鸡与卯兔相冲，所以最忌找属兔的，此乃下下等婚配。酉鸡又与戌狗相害，故也不宜找属狗的，此乃中下等婚配。有时也讲酉酉自刑，故也应避免同属相的，此乃中下等婚配。

（11）肖狗的最佳婚配对象

戌狗与卯兔六合，所以最宜找个属兔的对象，此乃上上等婚配。其次是与寅虎、午马三合，故也宜找个属虎、属马的，此乃上等婚配。戌狗与辰龙相冲，故最忌找属龙的，此乃下下等婚配。戌狗又与未羊丑牛构成三刑，故不宜找属羊属牛的，此乃下等婚配。戌狗又与酉鸡相害，故不宜找属鸡的，此乃中下等婚配。

（12）肖猪的最佳婚配对象

亥猪与寅虎六合，所以最宜找个属虎的对象，此乃上上等婚配。其次是与卯兔、未羊三合，故也宜找个属兔属羊的，此乃上等婚配。亥猪与巳蛇相冲，故最忌找属蛇的，此乃下下等婚配。有时也讲亥亥自刑，故也不宜找同属相的，此乃中下等婚配。

3.八字婚配原理

属相相冲或相合，只是合婚中的一方面，不能仅仅从属相合婚上就确定男女彼此是幸福或者不幸福。古语就有"杀鸡给猴看"的说法，严格来说这两者属相是相冲的，但这并不意味着属鸡的和属猴的男女就不能结为夫妻了，因为我们还要看彼此的命理八字是否合适、是否对冲——这才是合婚比较科学的依据。

而进一步说，即使命理八字排测出来男女相冲，也还是有幸福婚姻存在的可能，因为任何事情都要具体分析具体对待。从常论来讲，志同道合的夫妻比较容易相守一生。这是由于他们拥有共同的理想和追求，两个人能够互相理解、欣赏和帮助对方，他们的婚姻生活必定是幸福美满的。

同时，一些性格相似的夫妻双方则更容易相互体谅、迁就，这也是因为他们都习惯以相近的思维方式看待问题，在问题解决之后，双方关系会更上一层楼。还有一种说法是，有些人容易受与其性格相反的异性的吸引，比如一些文静内向的女生容易钟情于叛逆不羁的男生，或许他们在恋爱时还能正常相处，但是考虑到婚后生活和谐的概率，还是性格相近的对象更值得考虑。

警惕离婚夫妻的命理秘密

古时的婚姻又称"嫁娶"，其实，不论是嫁还是娶，实质都是对男和女结合在一起共同生活这样一种社会现象的表述。嫁是从女方说的，娶是从男方说的。有嫁必有娶，有娶必有嫁，嫁和娶是同时存在的。

而在现代，构成婚姻是有前提条件的。这些条件可能是自己有而对方没有，又或者是双方的某些地方都比较薄弱，需要结合互补来达到强盛和繁衍的目的。从这里不难看出，其实婚姻的本质是把具有缺乏和优势的物体互补的结果。通过结合优势与缺乏的互补，让彼此能更好地发挥性能而已。其实，不管是因为什么条件而结合，男女婚配有其命理上的秘密。有的命理是有离婚征兆的，所以也特别警惕。

在八字中有一种叫"一柱论命法"的江湖诀窍，用来断婚姻非常准确，几乎百发百中。其实它不仅是只能用来断婚姻，这里我们先以断婚姻为例进行说明，等了解这个方式的精髓之后，你会发现它也可以用来断其他六亲关系。

这种一字论命法的最大特色，就是它非常依赖十二长生的要诀，以下将十二长生列出提供参考。

十二长生诀

历程 日干	长生	沐浴	冠带	临官	帝旺	衰	病	死	墓	绝	胎	养
甲	亥	子	丑	寅	卯	辰	巳	午	未	申	酉	戌
乙	午	巳	辰	卯	寅	丑	子	亥	戌	酉	申	未
丙	寅	卯	辰	巳	午	未	申	酉	戌	亥	子	丑
丁	酉	申	未	午	巳	辰	卯	寅	丑	子	亥	戌
戊	寅	卯	辰	巳	午	未	申	酉	戌	亥	子	丑
己	酉	申	未	午	巳	辰	卯	寅	丑	子	亥	戌
庚	巳	午	未	申	酉	戌	亥	子	丑	寅	卯	辰
辛	子	亥	戌	酉	申	未	午	巳	辰	卯	寅	丑
壬	申	酉	戌	亥	子	丑	寅	卯	辰	巳	午	未
癸	卯	寅	丑	子	亥	戌	酉	申	未	午	巳	辰

"长生"就像人出生于世，或降生阶段，是指万物萌发之际。

"沐浴"为婴儿降生后洗浴以去除污垢，是指万物出生，承受大自然沐浴。

"冠带"为小儿可以穿衣戴帽了，是指万物渐荣。

"临官"像人长成强壮，可以做官，化育，领导人民，是指万物长成。

"帝旺"象征人壮盛到极点，可辅助帝王大有作为，是指万物成熟。

"衰"指盛极而衰，是指万物开始发生衰变。

"病"如人患病，是指万物困顿。

"死"如人气已尽，形体已死，是指万物死灭。

"墓"也称"库"，如人死后归于墓，是指万物成功后归库。

"绝"如人形体绝灭化归为土，是指万物前气已绝，后继之气还未到来，在地中未有其象。

"胎"如人受之父母之气结聚成胎，是指天地气交之际，后继之气来临，并且受胎。

"养"像人养胎于母腹之中，之后又出生，是指万物在地中成形，继而又萌发，又得经历一个生生灭灭、永不停止的天道循环过程。

各种预测术中不少都涉及"长生十二宫"这个问题，其实"长生十二宫"的正确叫法应是"五行生灭十二状态"。

有六组干支叫做"日刃"，分别是戊午、丙午、壬子、丁巳、己巳以及癸亥。这六组干支绝对不可以出现在日柱，出现在日柱的就叫做"日刃"，那么出现在月柱的，应该就叫"月刃"了。在看八字时，只要日柱出现日刃干支，那么几乎可以一口咬定"婚姻不美，早婚易离"，所以日刃格的人最好要晚婚，所谓的晚婚应该是不早于三十岁。

那么为何日刃格的八字就一定易离婚呢？难道是因为日刃干支，全部是日主坐下为劫财帝旺吗？其实，夫妻宫坐劫财，那表示另外一半个性强悍，可能会花掉对方的钱而已，这样就离婚了，那理由也未免太牵强了。其真正最重要的原因在于"暗克"，也就是在八字中看不到的现象，但它确实会产生不利的影响。也就是说仅从八字的表面上去看的话，看不出夫妻宫有什么冲克，但结果却会离婚，原因就在于"暗克"。

那什么是暗克呢，戊之妻为壬水或癸水，壬坐子为帝旺，也是极为强而有力，所以戊午与壬子为夫妻，戊为夫壬为妻，而地支子午相冲，代表妻之实禄旺去冲夫妻宫，这叫"妻禄冲（夫）妻宫"，暗示着可能生离或死别。所以戊午日主的男命克妻，但戊午日主的女命则不克，因为戊土的丈夫是甲木，甲之禄在寅，寅与午没有相冲，所以不克夫。

然而，壬子日主的人，就不论男女都会克另一半。因为壬之妻为丙火，而壬之夫为戊土，不论是丙或戊都是帝旺在午，所以子午冲，也都是"夫（妻）禄冲夫（妻）宫"，所以都是暗克。故而壬子日生的人，不论男女都极易离婚。

导致老公花心的居家风水布置

婚后老公花心是所有女人都非常厌恶的事，而男人的花心除了自身的原因外，还有其他多方面的因素，此时，作为老婆的女方，除了要自检，看是否有"推波助澜"外，也要看看家里的风水是不是出了问题。

1.装潢太过

装潢太过的意思就是指住宅内过度装饰，极尽奢华之能事，使家装漂亮得像酒店或艺术画廊一样。这样的装潢虽然让居住者备有脸面，但也会让居住其内的老公开始花心，因为过于奢华的环境会让人心浮气躁，同时勾起他对欢乐场所的记忆，从而产生晚上出去喝个小酒、娱乐下等的想法，长此必然演变成行动。此时，老婆就是想管也管不动他了。所以，即使家里经济条件富裕，也不要将家装修得过于豪华，温馨舒适才是最重要的。

▲ 室内空间的设计和装潢要符合风格，要让整体感觉舒适，轻松、自然，才是好的室内装潢。

2.左边太强势

从室内往外看，从居家风水上来看，左边代表男人，右边代表女人。若在客厅里面左边放了很高的柜子、橱子，可是右边几乎没有东西，或从阳台看出去，外面左边可能是一个高楼或者一个大山坡，但是右边什么都没有，不管是室内还是室外，左边强势的话，受到感应的关系，住在这个家里面的男人也就会愈来愈强悍，愈来愈大男人，不听老婆的话，这些都是导致花心的因素。

3.卧室对车道

通常是指一楼的卧室，如果你的卧室正好外面就是车道的话，那么男主人即使不想出去，但看到车子进进出出觉得好像还有什么事情没有办，看到车子出去也会想跟着出去，甚至没有事也想着出去找事做，这个时候老公也就容易花心了。

4.厕所有两个门

厕所通常只有一个门，不是向着客厅，就是封起来的套房，但是有些人为了方便起见，会把它设计成两个，虽然这个设计在一定程度上方便了进出，但是隐密性和安全感都不足，而从为理学上来讲，这样的结构也会让老公花心。

5.四面垂

所谓"四面垂"是指房子中间特别高，旁边都往下垂的构造，有的住宅后面没有靠山，就会很危险，首先风会很大，对身体健康不好，其次容易招小偷盗贼，第三就是这个男主人高高在上，对他人的话也不容易听进去，自然对老婆的话也就爱理不理了，花心的几率也会上升。

小心容易引发离婚的居家颜色

颜色向来都很重要，千万不要小看颜色的作用，特别是在居家的装修中，有的颜色还会增加离婚的几率，所以，为了家庭的幸福与和睦，这些容易引发离婚的颜色还是不要出现在居家装饰中，以免破坏感情。

1.深蓝色

家中使用了大面积的深蓝色，开始的时候会觉得很有降温的效果，特别是在夏天，但时间一久，家中会变得阴气沉沉的，人人生性消极，家内不和谐，也欠平安，夫妻俩也容易吵架、滋生事端。

2.粉红色

家中若使用了大面积的粉红色，会影响夫妻感情。因为粉红色易使人心情暴躁，易发生口角。尤其是有的新婚夫妇，为了调节闺中气氛，把居家装修成粉红色的，但是一段时间后，两人心情会产生莫名其妙的烦躁，容易为芝麻小事吵不完，最后走上离婚的不归路。当今社会的离婚率这么惊人，与此因素也不无关系，所以在住宅装修时就应该注意了。

▲ 居家的色彩应该是柔而整洁的，不能让出现过多的深蓝色、粉色、红色等色调，应以柔和的浅色或温暖的黄色调为主，这样才能有利与家庭的和谐。

3.绿色

家中若是带有大面积的绿色，也会使居家者意志逐渐消沉。事实上，眼睛应多接触的"绿色"，是指大自然之绿色，而非人为之调配绿色，所以，把家装修成绿色的难免会造成室内死气沉沉的，没有生气。

4.红色

中国人认为红色是吉祥色，但在韩国习俗中，只有死人的家中才用红色布来装饰，这些只是人的生活习俗不同而已。但是家中若使用了大面积的红色，就会导致眼睛负担过重，人的心情也容易烦躁，所以，除了婚房的布置这种特殊情况外，红色只可作为搭配色调，不可作为主色调。

5.橘红色

家里面涂满了橘红色会让整个屋子显得生气勃勃，比较有温暖的感染力。但是过多的橘色也会使人心生厌烦，也是不好的。

6.紫色

虽说紫气满室香，可惜紫色中含有的红色系列无形中会发出刺眼的色感。

7.黄色

家里如果黄色运用过多，容易让人心情忧闷、烦热不安，有一种说不出来的惊、忧的感觉。时间长了，人的脑神经意识里就会充斥着多种幻觉。

8.乳白色

家里面的颜色最好的就是乳白色、象牙色，还有白色。这三种颜色和我们人类的视觉神经最适合，因为太阳光是白色系列，代表着光明，人的心和眼也需要用光明来调和，而且，如果家中调成白色的话，比较好搭配家具。

婚房的选择与布置

婚姻之于爱情就像婚房之于婚姻，都需要一个"家"来作为保障。所谓"无房不成婚"，要缔结幸福的姻缘，与心爱之人共同走上红毯，建立起一个温暖的家，除了有婚礼的仪式外，还要有一个归属地，这就是"婚房"了。在中国人的传统观念中，婚房的选择和布置很有讲解，除了符合风水的位理学讲究外，其装修和布置要格外细心，唯有这样才能保证这段婚姻的圆满和幸福。

1.婚房选择要慎重

置业买婚房，经济考虑应该放在首位，要量力而为。现代"待婚族"大多是80后，大多数人都需借用父母的积蓄，以及向银行申请大笔贷款，才能圆购房梦。这种情况下，就应从经济实力出发，切勿"好大"而不考虑经济承受力，为今后的生活添加负担。

此外，作为婚房，最好是新房，如果是旧房则需要进行改造。从户型看，应注意避免不规则户型，尤其是缺角的房子，即不是方正的房子。最严重的是缺西北角和西南角，因为会对男女主人不好，而如果其他方位还有缺角的情况，还有可能会对孕育孩子有影响，需调整改造好后方能入住。

2.婚房装修要择日

要将婚房布置得当，装修是免不了的。一般都要打洞、凿墙，有的为了让格局更完善，还会拆墙，而这些装饰都是动土的工程，就需要与装修公司协商择日了，这个非常重要，若是日子犯了冲煞，会为以后埋下隐患，所以要加备小心。

选择吉日应该以事为经、以神为纬、以神为目、以事为纲。婚房的装修需选择吉日，可结合黄历来挑选。在黄历之中，白虎、天刑、朱雀、天牢、玄武、勾陈为六黑道凶日；黄历之中青龙、天德、玉堂、司命、明堂、金匮为六黄道吉日。黄历之中除日、危日、定日、执日、成日、开日为吉；黄历之中建日、满日、平日、破日、收日、闭日为凶。

房屋装修（即修饰垣墙）择日宜：平日。忌：土府、月破、劫煞、灾煞、月煞、月刑、月厌、四废、地囊、土王用事日。

3.红色不一定适合所有婚房

一般来讲，婚房的装饰都喜欢用浓烈的大红色，以图喜庆，但从风水上来讲，大红色也并非人人都受用，若是命理五行旺火者，则宜用浅红色调。而如果婚房是在整个屋宅的南方位置，也不宜采用正红色调。而且艳丽的红色容易让人产生疲惫感觉，不利于休息，所以婚房颜色也一定要全部使用大红色，可以柔和的颜色为主，再搭配红色，也能营造出婚房温馨喜庆的氛围。

▲ 婚房的布置与其他的卧室不同，颜色上可以采用喜庆的红色为主，还可适当搭配其他的颜色，如粉色、白色等等，让房间的色彩更具层次。

4.婚房植物有讲究

婚房要选择宽叶植物，避免那些尖利、有棱有角的植物。严格来说，婚房是否适宜摆放植物要看双方命理五行如何，如果日木旺者，则不宜摆放植物。此外，适宜的植物也不宜多摆放，因为像花草、水栽植物、鱼缸这些东西，"水"气往往会很旺，会破坏爱情之火。

5.礼物慎摆放

新人们都会收到诸多新婚礼物，从风水角度来看，这些收到的礼物并不适宜全部摆放在婚房中，很可能这些礼物中的某些会喧宾夺主，反而对新人不好。可将其安置在其他的场所，以免去许多不必要的麻烦。

6.婚房需要先行闹"洞房"

婚房装修、布置完毕后必须先热闹一番，千万不可等到真正进"洞房"时再闹，否则，有可能大喜之日却睡得不舒坦。

7.婚房家具要规矩

时下的年轻人多喜欢追求潮流，在婚房家具的选择上，可能会标新立异一些，这也无可厚非。但值得注意的是，一些形状不规则的家具尽量不要选用，否则容易招惹是非，严重的还会导致夫妻生活不和谐，所以在家具的选择上可得更加用心了。

8.传统风俗要细辨

传统风俗是在婚房的门上要贴喜字，在房间内要放水果篮、气球、子孙桶、花生、枣等物件。值得提醒的是，若是"奉子成婚"的小夫妻，则要小心使用子孙桶、花生、枣之类，以免引起不必要的麻烦。

▲ 在婚房的布置上也有很多细节的讲究，可更换红色的墙面、家具、床品等，都可以将房间展示出婚房的效果。

9.婚房物件禁忌

婚房不能挂脸谱类物品，如面具、牛头、羊头等，否则会招致麻烦事。同时，如从皇帝陵旅游时淘来的东西、前任男友或女友所赠之物、玩偶等、在不恰当时机所拍的照片等，都不宜保留，这些对风水都是不利的。还有，由于镜子属阴，也不可放置在婚房中。

10.床位讲究青龙和白虎

人是住宅的中心，因此最好将床设置在卧室的中央，同时床头靠墙，表明生活有靠。除此以外，还要注意床铺左右的居家布置。风水学认为，以床头为准，左为青龙位，右为白虎位，青龙位以紧靠墙壁或近墙为佳；白虎位相对于青龙位则可离墙远点，即青龙位一定要比白虎位距离墙的位置小些。这样的布置便于床铺上的人吸收阳气，还可增进夫妻感情。

右为白虎位

左为青龙位

▲ 以床头为准，左为青龙位，右为白虎位，可将床靠近青龙位，离白虎位远一些，有利于增进夫妻感情。

11.婚房不要放动物玩具

新婚洞房忌摆放动物玩具，尤其是凶猛动物，这往往会引起夫妻感情问题，甚至出现健康问题。

12.婚房床头不冲西

从位理学的一贯风水讲究来看，婚房床头不冲西，若是床头向西摆，则会对新郎、新娘的健康不利，若是实在不能调整，那只能就寝时头朝东而眠。

13.旅行结婚图片慎上墙

若是没有大办婚礼，是旅行结婚的话，那在旅行途中拍摄的图片也不能悬挂在婚房中，这是因为有可能由于拍摄不慎，沾上不利的"景色"，若是悬挂在婚房中，有可能会对健康和运势不利。

14.床头柜不要摆放音响和手机

床头不能对着卫生间，床头柜不要摆放音响和手机，以免引起脑神经衰弱或口舌之灾。

15.婚房的床前不可向卫浴之门

婚房的床不可正对卫浴门，否则对新人的身体不利，心口会时而生痛、下腹也会难消。

幸福婚姻的居家风水布置

有人说婚姻是一件华丽的外衣，看着好看，舒不舒服需要穿在身上的人才知道。其实，当恋爱的美好被柴米油盐磨成了细碎的温暖、琐碎的平常时，那才是生活真正的味道。在经历了浪漫的恋爱、开心的婚礼和蜜月之后，相对来说，婚姻生活是比较平淡的，而要在这样的平淡中活出滋味，让婚姻生活更加幸福美满，那不妨让居家风水布置来为你们的婚姻生活加分。

1.植物来加分

通常结婚后的第一年被称为"纸婚"，这是一种客观的形容。毕竟两个各自生活了多年的人，从不同的家庭、环境中走来，拥有不同的生活习惯、不同的朋友圈，走到一起后不管是双方的脾气还是性格其实都是需要磨合的。在这个磨合的阶段，争吵是难免的。夫妻双方都需要时间和耐心来适应对方，而在这种有点带"硝烟味"的地方，要凝聚夫妻感情，减少摩擦，摆放植物是最好的选择。

此时可以选择寓意吉祥的绿植，由夫妻二人一起种植，最好是在植物还很小的时候就开始培养，制造生活共同点，植物在夫妻二人的共同呵护下长大，这些都对增强感情有所帮助。而在植物的选择上，可以是百合、玫瑰、兰花等，因为百合寓意百年好合，同时也是新婚夫妻爱的誓言。而玫瑰花美但有刺，正比喻如果不小心，感情也许会伤人。兰花、万年青、常春藤这些植物都寓意着爱情长长久久，都是不错的选择。

2.合理摆放新婚照

对于刚结婚的两个人来说，只有结合了地利、天时，夫妻之间互相尊重、宽容爱护，两人才能幸福长久，所以，结婚照的摆放也尤为重要。一般情况下，摆放新婚照，客厅为上选。因为客厅是居家生活中的主要活动场所，一般主人的个性都体现在客厅的装修和布置上，而结婚照是象征着二人感情，新婚的情况下两个人的感情都处于喷涌期的状态，所以会喜欢把结婚照摆放在客厅。

从风水学的角度上讲，西北方代表丈夫，西南方代表太太，在客厅西北方挂一幅结婚照片，代表此家庭中丈夫对太太的重视程度，或者表示两人感情的深厚。同样在西南方放一张二人结婚或度蜜月时的照片，则更多地显示出这个方向代表的人视对方为终身伴侣的坚决性。

▲ 有的人也喜欢将结婚照摆放在床头或悬挂在墙上，风水上床头代表坐山，坐山代表丁，结婚照放在这个位置能增进夫妻感情。

同时，也有很多人喜欢将结婚照片放在床头，床头代表坐山，坐山代表丁，向山代表水，结婚照放在床头，代表夫妻间有良好的感情生活。结婚照放在向山，代表二人在金钱上有很多瓜葛和纠缠，但这亦指好的方面，代表二人感情深厚。结婚照不能放在床的右方，风水学中称右方为"白虎位"，放在此方会对婚姻造成不利。

3.艺术品来加分

对于刚刚新婚的人而言，在这个凝聚幸福与甜蜜的新家中，当然少不了艺术品的踪迹，这些小小的饰品能为新房的风水大大加分。下面我们就来看一下适合新婚夫妇在室内摆放的饰品到底有哪些。

一般对于新房饰品的选择会挑选一些图画，营造和谐的居家环境。这些图画的颜色一般以温润的中调色彩为主，在风格上建议选择一些含义明快的画品，若是喜欢色泽鲜艳、追求视觉冲击的新人们，可以选择花朵图案的挂画，为家庭注入蓬勃活力。但要注意尽量避免尖角过多、线条过硬的设计品，以免造成夫妻感情不和。

▲ 客厅悬挂的艺术画可以配合家具的风格进行搭配，可以是写实的、抽象的、田园的，都能为家居环境加分。

4.灯光来加分

新婚第一年，好比家庭大厦的基石，坚固与否直接关系到今后的幸福，所以需要好好维系。在灯光的布置上，特别是卧室的灯光，应尽量使用间接光源。睡房是休息的地方，需要宁静的环境，可是两人的睡眠时间难免会不统一，这虽然是一件小事，但如果一个人的休息总受到打扰，难免会心生不满，产生感情裂痕。所以，睡房内尽量使用间接光源，会比直接的照明光源更体贴对方。

▲ 卧室的灯光尽量使用间接光源，不能直射床，这样感觉会比直接的照明光源更体贴对方。

婚姻保卫战从居家布置开始

电视剧《婚姻保卫战》被称为"80后的婚姻宝典"，这部戏也告诉我们一个道理，婚姻是需要经营的。在踏进婚姻的殿堂后不是就一劳永逸了，在离婚率日渐攀高的年代里，婚姻需要我们用豁达的人生态度和科学的维护手段来呵护。下面我们就来看看怎样运用风水知识来完胜你的婚姻保卫战。

1.影响婚姻的居家布局——外部因素

要保卫婚姻，以居家布置方面来讲还得从外部抓起，环境不好导致家庭婚姻不美满的房子，在外部环境上有以下几大共同特点，要引起高度的重视。

（1）桃花煞水

屋外如果有反弓形状的污臭大坑、水渠，很可能就意味着夫妻之间的感情互有讨厌的踪迹，甚至更有婚外情与桃色事件的发生。

（2）忘情水

又叫桃花露水，是指快来快退却不相聚的水，指夫妻间聚少离多，感情方面难以安定下来。

（3）分叉水

若室内或大门正向看见有左右分叉水流（车路），这也是感情、思想会分道扬镳的格局哦，夫妻间可能会经常争吵不休。

（4）动土煞

如屋外周围长时间动土和动工，就会犯了风水学上的"土煞"之气。土煞是非常凶煞的，犯之轻则令人心情烦躁不安，重则破财、损人口。

2.影响婚姻的居家布局——内部因素

室内布局对婚姻影响最大，关于室内布局对婚姻的影响，情况非常多，下面分别逐一地进行介绍，也可根据自己家中的布局情况来一一对应。

传统观念中的"六煞位"对家庭关系的破坏最大，如果主卧室在六煞位，很容易引起同床异梦，对家庭婚姻非常不利。要化解六煞位的问题，首先要找到六煞位，最简单的方法就是通过大门的方向找方位。首先判断你家大门是哪个方向，然后再确定其六煞位。如果这个地方是家庭的主卧室、卧室或厨房就非常不妙，需要处理，应放桃木八卦龙凤镜。

家中不要摆放与夫妻二人相冲的生肖饰物。从生肖的角度而言，家里最好不要摆放与二人生肖命理相冲的饰物，也尽量少接触相冲相刑的生肖。十二生肖相冲对应关系为：鼠马相冲、牛羊相冲、虎猴相冲、兔鸡相冲、龙狗相冲、蛇猪相冲。十二生肖相刑关系为：蛇虎相刑、鼠兔相刑，牛、狗、羊三刑，猪、马、鸡自刑。

最好不要请热孝之人到家里来。旧时父母去世百日之内叫热孝。在这里，热孝之人泛指家中直系亲属去世不久的人，他们身上会带有哀伤、不吉的气场，所以最好不要请到家里来，以免影响新婚的甜蜜喜庆。

前面我们讲过，可根据十二生肖的属性来找到相应的桃花位，对于已婚的人，如果在桃花位上养花或养鱼，以及放置一些比较鲜艳的东西，容易引起婚外桃花，所以应该注意，若是已经有出轨的现象发生了，此时最有效的方法就是在桃花位放桃木剑、桃木八卦龙凤镜等，以破解桃花煞，稳固婚姻感情。

避免住宅门与主卧房门成一直线。住宅门与主卧门成一直线，而且站在门口一眼便可看见睡床者，易出现第三者介入婚姻或感情的状况。住宅门主外，而主卧门主内，主卧乃住宅中高度要求隐私的地方，二人世界更不容别人窥视，两门连成一线，无疑会引动外气进入内房，此时可设置屏风或其他隔断来予以破解。

浴室是沐浴的地方，本该隐蔽，若是与大门正对，则自然会招惹桃花，故也称为"沐浴桃花格"，对婚姻感情运造成极大伤害。要破解这样的格局，可将原浴室门封闭，另开一个较为隐闭之门。若此法不可行，则可在浴室门前建一墙壁，其高度以顶天立地为最佳，最起码也要高过大门。

3.影响夫妻感情的卧室布局

除了一些居家整体布置上的问题外，特别是卧室中的布置，也对夫妻感情有着影响，也是需要特别注意的。

风水理论对客厅和卧室的光线要求是截然不同的，卧室主内属阴，"阴"主幽暗，倘若夫妻共用的睡房采光太过，五行属火，久不改善，肝火自然上升，脾气欠佳，会导致夫妻多吵闹不休，严重影响夫妻感情。而且除了不能充分休息外，更少了一份"罗曼蒂克"的气氛，夫妻的亲密关系也会在不知不觉中日渐疏离，因而导致夫妻阴阳失调，失去祥和之气。此时可在窗帘和灯光上下功夫。

床的造型结构对婚姻感情的影响至关重要。在双人床床头板中段上方有类似"V"字形的图案，乍看之下状似睡床遭到外力破坏，使其分裂为二的模样；还有的夫妻为了睡觉少受对方翻身的影响，在双人床上用两个床垫左右合成。殊不知这些情形就有可能造成夫妻同床异梦、貌合神离。此时可以更换床或床垫以化解这类不利因素。

室内布置得过于刚硬都会对婚姻、爱情运产生负面影响。室内设置若以冷色系为主，或所使用的材质多为金属、大理石，就会让人觉得寒气逼人，少了一份暖意，容易对夫妻感情产生不良影响。但凡婚姻爱情之事，宜暖不宜冷。所以应多使用一些软性物料作为室内布置的材质。

睡床上方不宜悬挂吊扇，吊扇在开动时形似一组单刀在头顶上轮番舞动，除了心理上受到威胁外，更严重破坏了宁静的睡眠环境，影响夫妻感情。务必移开设置在睡床上方的吊扇，方可保住夫妻感情。

和睦婆媳关系的好风水

婆媳之间的矛盾似乎是婚姻生活中一个不可避免的问题，不管是生活习惯的不同还是来自双方不同的心理因素，都注定了这个纠结点持续、广泛地存在。而要让婚姻生活更加幸福美满，当然就得勇敢地面对了，就像婚姻一样，除了要相互忍让，适应磨合以外，风水上也有很多方法可以化解婆媳之间的矛盾。

1.调整房间方位

婆婆住的房间方位一定要选对，这个位置有助于婆媳关系和谐。如果婆婆的睡房是在房屋的西边，媳妇的睡房就应该在房屋的东北方。另外，如果婆媳是分住在两栋房子里面的，这样就要以媳妇的方位来看了。假如媳妇的房屋是在西边的话，那么婆婆的房屋就应该在东北，这样婆媳关系会很和谐。

婆媳共处一室通常会造成阴气过重，这样的家庭很容易失和。化解两阴性之冲斗，最好是用阳性来作和事佬，即是做丈夫的要付责任去调停。调停的方法有二，一是做丈夫的要两边说好话，二是用风水之婆媳化解法，即装修时注意房间的阴阳平衡，注意不要把祖先的像或者是古董家具等摆放在家里，以免几种房间的阴气。

2.乐器来助阵

在风水学的秘诀中，乐器是最有效的用品。只要在大厅中放置一些乐器作为装饰，一方面可以美化居家，另一方又可以有效地化解婆媳矛盾。一个喜好音乐的家庭很少有婆媳纠纷，音乐使大家心情愉悦，所以也很少会有争吵。

3.厨房能量源

在厨房放一小盆黄金葛，然后在盆子里放一些五色石或水晶，利用五行相生的作用和水晶的正面能量，帮助提升女主人的人缘运，让婆媳关系更融洽，同时也会让财运越来越旺。

4.餐厅区域的装饰

家庭的能量部分来自于进餐的食物。由于餐厅是进食的区域，所以跟家庭的和谐大有关系。餐厅应采用亮色的装潢和明亮的照明，以增加火行的能量，蓄积阳气。在此处放置植物可以增加阳气和财富。同时，不妨在餐厅的墙上挂上一幅有水果、花或是全家人吃饭团聚的图画，或是把餐厅收拾整洁，摆上一盘水果，都能在一定程度上改善婆媳关系。

▲ 可在餐厅区域的墙上当悬挂一些画幅，同时在餐桌上摆设一些水果，在风水上有里利于家人的和谐相处。

5.细节巧布置，避免麻烦生

一些居家布置的细节也能起到化解婆媳矛盾的作用。如果厕所门正冲餐桌，且厕所内马桶直冲门外，此种情况则须改门，若没办法改，则可在这两者之间设置一处屏风作为阻挡。又如厨房和厕所只有一壁之隔，而两扇门又比邻而立，也需要改门，或在两扇门上都挂上缎带花来进行化解。

第五章 激活身体 性爱密码

对于幸福美满的婚姻生活而言，和谐的性生活是夫妻恩爱的一个标志，这不仅仅对夫妻双方有要求，对性爱的环境也有讲究。只要做到用心去经营、布置，缔造出和谐「性」福生活的居家氛围，就能激活身体的性爱密码，让双方都获得更完美的感受。

"性"福风水居家完美方案

　　夫妻之间的性生活有着固有的隐秘性，选择好的环境是非常重要的。这就如同饮食一样，良好的就餐环境不仅赏心悦目，且能增进食欲。同理，好的性爱环境有助于调动性欲，能创造有利于性生活的氛围，促进性和谐。这也就对居家布置、家具的选择和周围环境的安排提出了要求。对于多数男性而言，可能不太注意性爱的环境，而对于女性来讲，则比较容易受外界的干扰，因此需要一个良好的环境。

1.卧室的私密性

　　一般情况下，卧室是性爱的主要场地，对卧室的首要要求是私密性好，能起到保护隐私、防止窥视的作用，为良好的性爱创造一个安全的环境。因为只有在这样的环境里才可能尽情地愉悦自己。同时，还要注意卧室的隔音效果，所以，在居家布置时，尽量选择较安静的卧室。

2.卧室的舒适性

　　卧室是住宅中私密性最强的空间，装修卧室时要注意私密性，隔音、隔光性能都要做好，以保证其舒适度。从舒适角度出发，卧室用色宜选用暖色或中间色，如淡绿或米黄，营造出温馨宁静的氛围。在灯光选用上则偏重暖光灯。床具、衣柜等的选择更是要以舒适为第一标准。私密性高、舒适度佳的卧室能让人彻底放松，释放内心深处压抑的情感，让夫妻同享完美性爱。

▲ 米黄色的卧室空间，拉上香槟色的窗帘，特别搭配浪漫温馨的床头灯，即可享受夫妻两人的暧昧空间。

3.室内灯光的选择

大多数人喜欢在较暗的光线下做爱，以避免干扰，有助于集中精神，寻找体验。但是男性常因视觉刺激而加快性兴奋，故多喜欢在充足光照下进行，而女性则有着固有的羞涩心理，她们沉迷于爱抚，喜欢闭着双眼，更偏爱于黑暗环境中进行。性爱时可在房内开一只暖色调的小灯，让淡淡的光线营造出一种柔和、朦胧的气氛，有助于唤起性欲。

4.室内气氛的营造

不要把卧室仅仅当作睡觉的地方，更不应把它当成办公地点，所以最好不要在卧室内准备书桌、书架等让人分心的家具。而一些看似无用的家电或摆设，在性爱中却可以发挥作用，如在床头柜上摆一个小烛台，或是将音响放进卧室。入睡前，可以播放一些轻音乐、舞曲等，再点上蜡烛，顿时就充满了浪漫的气氛。同时，还可在墙壁上挂情爱照片和裸体绘画，用来激发性趣；床上用品与家具上的摆设要取暖色，以增强温馨甜蜜的气氛。此外，家具的颜色要与墙壁的色调形成不太明显的对比，尤其要避免家具带有过多的暗色成分。

5.床的选择

由于性爱通常在床上进行，因此床的舒适与否决定性生活是否舒适。一般来说，床要坚实牢固，可铺得稍软一些，但不可太软。若是用席梦思弹簧床，但弹簧质量差，过于柔软，则性生活时不便于身体用力，还会发出难听的噪音。因此，床要有一定硬度，还要防止摇晃响动。

6.卧室卫浴一体化

卧室如果和浴室连在一起，洗澡后用宽松的睡袍随意一裹，能调动对方的激情，激情之后，人们也需要去浴室冲洗。因此，卧室与浴室连在一起，能方便地处理激情前后的琐事，也可以成为夫妻们的"第二战场"，提升性爱指数。

7.保持室内空气新鲜

因为性爱以后人容易疲乏，新鲜空气有助于良好的睡眠，体力和精神迅速恢复。空气湿度以裸体感到舒适为宜。假如男女双方都习惯于使用香水，就应当考虑使用方法问题。如果香味过浓，很可能减低对方的性欲，最好使用对方喜欢的香水，但用量不要太大。被褥、床单和枕巾要保持整洁，内衣要干净卫生。

小妙招帮你提升TA的"性"趣

要想夫妻生活幸福美满，当然得重视卧室的布置了，除了摆放美观实用的家具，还应搭配漂亮的床单和窗帘。除了这些必备的硬件因素外，还可动用一点小妙招，打造出一个能唤起他或她"性"趣的完美空间。

妙招一：卧室的灯可选用红色系的，还可换上一张圆形的大床，并在床的四周放满可随时欣赏到彼此英姿的镜子，这些方法都能提升彼此的"性"趣，唤起性欲。同时需要注意的是，卧室内的圆形床和镜子只可用于这种特殊时期，平时对风水不利，最好不要使用。

▲ 设计新颖的圆形床，极富有亲和力的色彩，床头的圆镜，厚重的窗帘，营造出一个静谧、野性的空间，符合夫妻狂野亲密的需要。

妙招二：还可在客厅里动动手脚。在客厅的角落里养几条红色或粉红色系的鱼，这些鱼儿每天在你们面前游来游去，也能触动彼此的欲望，成为情感的催化剂。

妙招三：在枕边放一个与你的生肖相合的玩偶，位置保持男左女右的原则。如属马的就放羊，属虎的就放猪，其组合模式为：鼠配牛、虎配猪、兔配狗、龙配鸡、蛇配猴、马配羊，有了这些催化剂，想不"性"福都难。

妙招四：还可按照个人所属的生肖，在相应的桃花位上放上一个淡紫色的花器，并在其中插入一株粉红色的玫瑰，或一束桃花、银柳等，来提高彼此的性欲。

妙招五：男性可多在房间的西北、西南、东北或西方放置一些凹型的摆设，女性可以在屋内的北、南、东或东南方放置一些凸型的饰物，取其交合互补之意，有助于提升情欲指数。

妙招六：把床用布帘或屏风隔起来，或者在床的四周围上布幔或蚊帐，形成一个更小的空间，也能让双方的情欲如排山倒海，一发不可收拾。

重返美妙的洞房花烛夜

婚姻生活相对于恋爱的过程来讲，更多的是平淡。很多夫妻在结婚初期的激情消磨之后，婚后生活如一潭死水，性爱成了例行公事。性学家认为，"回家无性趣"跟夫妻感情无关，冲淡"性"致的往往是家务的繁杂琐碎。因为已婚夫妻93%的性爱是在卧室中进行的，此时就需要对卧室环境进行重新打造了，创造出美好的环境氛围，让它成为一个浪漫的场所，才能带你重返身心美妙的"洞房花烛夜"。

1.好好利用卧室的功能

从性心理学的角度讲，夫妻对卧室环境的期望，更多的是对一种心理感受的要求，一般不外乎三项具体内容：足够的安全感、适度的性刺激、发挥联想的余地。所以可以在卧室里准备一两个带锁的抽屉或箱子，存放避孕工具、性爱书籍等。这些秘密的抽屉和箱子就能完全满足这三项功能要求。同时，床头柜上还可以摆瓶香水，但不要打开瓶盖，让香味若有若无地飘出，能制造出一种暧昧的气氛。

2.光线符合女性的要求

有研究表明，夫妻双方在柔和的光线中观察对方性唤起时的状态，以及个人的性生理反应，可以强化彼此的性兴奋。特别是针对女性，朦胧的颜色能激发女性的情感，所以，我们建议卧室的床头灯具尽量选用亮度可调的台灯。做爱之前，可将其调成暗而柔和的光线，创造一种朦胧的意境，能起到辅助的作用，带你体会不同的性爱感受。

3.床单、被罩常换常新

最能创造卧室新鲜感的莫过于床单、被罩这类用品了。若隐若现的薄纱、色彩鲜艳的纯棉、细腻柔滑的真丝，虽然每个人喜欢的材质不同，但身体接触被褥时的放松心情是相同的。只有常换常新，保持清洁，色彩图案和材质都符合双方的审美，才能唤起人们想要畅快享用的本能。

▲ 真丝的床品材质糅合经典奢华气韵与田园朴实风格，点亮卧室空间，也让人的身心更加愉悦和放松。

4.大床并不利于亲热

很多人都以为床越大睡得越舒服，其实不然，稍挤一点的床更利于夫妻间互相亲热。因为身体接触是最直接的关爱，当两人手脚不时地触碰时，不仅能让人感受到温暖和安全，有时候甚至能让没有性计划的日子也激情迸发。而谁也够不着谁的大床，则会让人产生疏离感，不利于夫妻感情。

5.偶尔分开睡一次

日常琐碎的生活是夫妻感情的"小杀手"。当夫妻在一段时间内需要承受上夜班、晚归、在家中加班到深夜的生活时，不妨尝试分开睡几天。这样不仅能避免给早睡的一方带来不必要的困倦，还可以增加神秘感。还有就是，有些夫妻本来感情是非常好的，而在一起生活久了，难免出现审美疲劳，彼此间的"性"趣逐渐变淡，此时也可以选择分床睡，以酝酿"性"趣。分开睡不一定要睡在两个房间，时下流行的"分床不分房""分被不分床"等都不失为很好的解决办法。

破解对性爱不利的布置

通过一些古典性学典籍可以看出，在传统的中国性文化中，不仅对进行性爱的双方的身体有要求，而且对性爱的时间和空间也有一定的要求。因为古人认为，自然的能量和人体的作息有其内在规律，只有顺时顺势，方能"采天地之灵气，聚日月之精华"。从这也不难看出，风水与性爱是有联系的。虽然传统的风水学更倾向于对人的整体运势、财运、桃花运等方面的研究，对正常伴侣间的性爱的讲述则颇为隐晦，不过，既然身体是性爱的本源，情感是性爱的基础，那么怎样才能让你的风水更适合性爱呢？这些是我们需要了解的内容。

1.打开大门就可以看到卧室里的床

很多小户型的居室，特别是一居室和复式的小套房，都有可能出现打开大门就可以看到卧室里的床的情况。从环境心理学的角度来说，大门是进出必经之处，大门正对房门的格局侵犯了卧室的私密感觉，使双方不能全心投入性爱。而风水理论上则认为，这种房子会导致伴侣间争吵不断，并容易产生外遇。所以，此时可在大门与卧室之间设置屏风，形成玄关以转移视线。如果担心影响采光，可以设置玻璃屏风并辅之以绿色植物。更好的方法是利用珠帘隔断卧室，还能激发双方相恋的能量。

2.洗手间的门正对卧室

有的居室存在洗手间的门正对卧室的情况，从风水学来看，洗手间五行属水，阴气较重，容易引起腰肾衰弱、精力不济。而从现代医学来说，洗手间的湿气较大，洗手间正对卧室，容易使卧室空气质量降低。尤其在使用吸湿性较强的棉质衣被时，更会使湿冷之气直透入肾脏。此时如果已经无法改变，那么只能紧闭洗手间的门，经常开排气扇以去湿。从风水学的角度说，还可以在洗手间的门上设置珠帘，或者在两扇门之间安装屏风，以阻挡邪气入侵。

3.为了迁就房型而让床头朝西

不管是新婚洞房还是婚后居住的房间，万万不可为了迁就房型而让床头朝西。因为地球是由东向西转的，头若向西，会让血液经常向头顶冲，不利于休息，容易造成体力透支。此时可将床头调转为南北向。因为人体的血液循环中，主动脉和大静脉最为重要，其走向和人体的头脚方向一样。人体处于南北睡向的时候，主动脉、大静脉和地球磁力线方向一致，此时人的精力最为旺盛，血脉流动壮健平稳，性爱后体力不容易衰竭。

4.卧室用粉红色、红色系调节气氛

除了新婚当天需要将房间装饰为喜庆的红色外，在婚后的生活中，卧室的颜色则不宜使用粉红色、红色等颜色，这些颜色在居家风水中是大凶之色，容易使人产生莫名其妙的烦躁，为小事吵架争是非。此时可根据五行原理，卧室的颜色应由方位来决定。如东与东南朝向的卧室宜绿色、蓝色，南向卧室宜淡紫色、黄色，西宜米色、白色、灰色，北宜灰白色、米色，西北宜灰白色、黄色、棕色，东北宜淡黄色、铁锈色，西南宜黄色、棕色。而如果非常喜欢粉红色、红色系，可在局部饰品的选择上采用这些颜色。如在床边摆上一对粉红色的蜡烛，可以促进伴侣间的沟通交流。

5.卧室带阳台或落地窗

对于户型稍微大一些的住宅，如两室一厅或是三室一厅这样的户型，就有可能出现卧室带阳台或落地窗的情况。而这一点除了影响私密感以外，玻璃结构会让人体能量容易散失，这和露天睡觉容易生病是一个道理。同时早上光照强烈，也会影响睡眠，使人心情烦躁不安，容易引起争端。此时可以用厚重的落地窗帘做阻隔，保存人体能量。同时，要让效果更佳还可选择与方位配合的窗台颜色，有利于提升宅中居民的健康运。如东向窗台宜用黄色、褐色，南向窗台宜用白色、银色，西向窗台宜用绿色、青色，北向窗台宜用红色、粉红。

▲ 将卧室内的阳台改造成飘窗，搭配银色、白色窗帘和深咖啡色绒布抱枕，既增加了卧室的收纳和休闲空间，更营造出一个静谧、温暖的暧昧空间。

风水助你走出性困境

夫妻之间的性爱也是有风水讲究的，有的人始终觉得夫妻的性生活不和谐，其实，除了两个人的配合外，也要看看是不是风水出了问题，通过布置的调整，制造出适合性爱的好风水，就可帮助你走出性爱的困境。

1. 调整房间气息

不管是对于恋爱还是性爱而言，气息都是很重要的，甜味是天然的催情剂。可在卧室的西南方燃烧香草，让空气中弥漫甜味，可以让性爱双方迅速燃烧起来。摆放带甜味的花草，如茉莉花、风信子或者夜来香之类，也可以收到类似的效果。值得注意的是，虽然玫瑰代表爱情，且玫瑰花的气味也很香甜，但玫瑰有刺，在风水上主烂桃花之兆，所以不宜选择此花。

2. 摆个催情桃花局

从环境心理学来说，相对闭合的空间使人产生安全感，从而更容易让人进入到性爱的状态。要让风水布置给性爱指数加分，还可在床的四周拉上沙幔或布幔，形成一个更小的空间，摆上一个小小的桃花局，调动起夫妻双方的情欲，给双方带来难以言喻的绮丽、迷幻的性爱感受。当然，屏

▲ 宫廷布艺、床头灯、几幅布幔，轻松地营造出卧室温馨与私密的气氛，让你在床上阅读或与伴侣谈情说爱时感觉更舒适。

风帐幔的选择安置、很重要，原则上既不能阻碍采光通风，又要有较为圆润柔软的外观质地。

3.装饰物件来帮忙

隐喻爱情的装饰品会使人产生积极联想。例如玫瑰花朵形的高脚杯、心形或者水果形花烛、红色丝绸抱枕、百合花等，均让人心情愉快、"性"趣大开。成双成对的饰品则让双方产生不可分离的印象，如在床头放置两个人的生肖水晶，在卧室摆放成双成对的图画、柜灯，在帐内悬挂葫芦、连心结等。

▲ 唯美洁白的床品、成双成对的蛇形灯、淡薄的红墙，你的心是否在呼喊爱情的甜蜜。

4.加强餐厅区域的布置

所谓"食色性也"，要调动起性欲，饭食的诱惑不可少，所以要让风水布置起到帮助性爱的作用，在餐厅的布置上也不可马虎。餐厅墙面的颜色，最好采取明朗轻快的橙色系，可以给人以温馨感，刺激食欲并促进情感交流。当然，如果想搞个烛光晚餐之类，橙色系也是最佳配合色。

5.合理掌握性爱时间

性爱时间的掌握很重要，现代医学也已经证明，人体在生物钟的指导下，荷尔蒙的分泌的确有其固定周期。英国的科学家通过研究，得出了一个公式，通过这个公式可让人测算自己"一天中何时最性感"，让每个人都能知道自己在一天里哪个时间最性感、最适合进行性爱。这个公式是"早上6时−〔(AL / T+10) × AG/ SF × G=TOTAL / 60=ST〕"，公式中的AL代表每周的喝酒量，AG代表年龄，G代表性别，T代表做爱时段，SF则代表每周做爱次数。

若是要进行计算，还有一定的计算步骤。

第一步：先算出你每周的饮酒量（AL），如不饮酒则以0计算；

第二步：将饮酒量（AL）除以你偏好的做爱时段（T）（偏好早上者除以1.5，偏好晚上者除以2）；

第三步：将第二步的结果加上10；

第四步：将第三步的结果乘以你现在的年龄（AG）；

第五步：将第四步的结果除以每周做爱次数（SF），如果你每星期连一次轰轰烈烈的性爱都没有，这一步就可略去；

第六步：将第四步或第五步的结果乘以你性别代表的数字（G），男性乘以2，女性乘以1.5；

第七步：将第六步的结果除以60，得出的数字以ST代表。

最后，再用早上6时减去ST，就得出你一天内最性感的时间。如果ST是11.75，一天内最性感时间就是下午5：45；若ST为4，最性感时间则是凌晨2时。

第六章

钟爱宝宝，收获爱的结晶

都说孩子是父母爱情的结晶，在前面我们讲了如何通过好风水的居室布局来收获甜蜜的爱情、婚姻，这里我们不妨来讲讲关于宝宝与居家风水的关联，让好风水的住宅为我们收获「爱之结晶」提供帮助。

破解"不孕不育"

所谓"不孝有三，无后为大"，孩子是我们生命的延续，特别是在中国这个注重传承文化的国度里，对于孩子有一种与生俱来的迫切渴望。如果婚后多年一直没怀孕，那就得去医院检查检查身体了，若是身体状态良好没有问题，那恐怕就与屋宅风水有关了，此时就得注意居家的布置了。

以下列举了很多风水布置上的禁忌，如果你家里与以下这些情况的符合率很高的话，那就得动手调整调整风水了，因为这些风水的布局都很容易造成不孕不育。

大门没有门槛（传统意义上门槛已经不多见了，此时可用一级台阶作为门槛）。

卧室是卫生间或厨房改造的房间；

卧室不在西南位置或西北位置；

卧室有三种以上色彩的装饰；

卧室阴暗不见阳光；

卧室灯具太多；

睡觉时不是男左女右方位就寝；

卧室门与其他的门对冲；

卧室门往外推开；

卧床冲房门；

卧室多门、多窗；

卧室有镜子；

卧床离窗太近；

镜子对卧床；

卧室里面摆放鱼缸；

卧室的床为活动床、水床、沙发床等不安稳的床；

福运天天来

除了这些情况可能导致不孕以外，还有其他风水需要注意，如一套房子内有几对夫妻居住，夫妻同房时在属相冲忌时进行，同房前后一个月见了不适当的东西，等等。除了这些禁忌外，屋宅风水还要讲究相应的吉祥物摆放，如麒麟送子、送子观音、和合二仙等。

卧床上方有吊灯、横梁；

床头冲西；

床头随便摆放花草；

床头不靠墙壁。

让你如意受孕的风水因素

现代人不论是在工作和生活上，压力都比较大，很容易造成不孕不育的现象。对于已婚未育的夫妻，性爱不仅仅是夫妻俩的事，还关系到小宝宝的孕育问题。要成功受孕，孕育出自己的小宝宝，就得留意一些能让你如意受孕的风水因素。

1.影响受孕的季节因素

中国古代名著《洞玄子》对性爱时的方向做了相应的要求，认为"交接所向，时日吉利，益损顺时"。具体来说，"春首向东、夏首向南、秋首向西、冬首向北"，就可以采纳自然之气，收壮阳之效，增加受孕的可能性。

春季"造人"时头朝东最好，容易怀孕。

夏季"造人"时头朝南最好，容易怀孕。

秋季"造人"时头朝西最好，容易怀孕。

冬季"造人"时头朝北最好，容易怀孕。

▲ 怀孕的最好的季节是夏末秋初，这是人类生活与自然最适应的季节。此时气候温和适宜，风疹病毒感染和呼吸道传染病较少流行，让胎儿在最初阶段有一个安定的发育环境，对于保证优生最有利。

2.影响受孕的时间因素

自周代以来中华古典医学就有"大周天"和"小周天"息息相通的观念。其中,"大周天"指自然,"小周天"指人体。既然一天24小时的温度湿度各有不同,那么人体自然也有高潮低谷。投射到两性关系上则表现在不同时间下性爱的质量问题,即我们常说的"时辰性爱学",这也和是否受孕有着重要的联系。

(1)子时

子时(鼠):23:00~1:00

子水,其性主动,其形气态,其势隐藏,来势快捷。

深睡眠期,机体在休眠中得到调整。

快速性爱,提高睡眠质量,对受孕有利。

(2)丑时

丑时(牛):1:00~3:00

丑土,外寒,而内中蕴藏着暖阳之气。

肾脏和肝脏的代谢旺盛期。

适合睡觉休息,对受孕不利。

(3)寅时

寅时(虎):3:00~5:00

寅木,气实体固,气象庞大,发展迅速。

肝脏完成代谢任务,经脉流动性最好。

以生育为目的的性爱时间,对受孕有利。

(4)卯时

卯时(兔):5:00~7:00

卯木,气动体虚,气息细腻,发展隐柔。

为当日下午的活动储备能量。

此期间性爱,下午可能会偏头痛,对受孕不利。

(5)辰时

辰时(龙):7:00~9:00

辰土，气与质的转化关系玄妙，气息生死之机玄藏。

晨勃期，膀胱充实导致欲望强烈。

突然袭击，速战速决，对受孕不利。

（6）巳时

巳时（蛇）：9：00~11：00

巳火，质在其外表，又有虚拟的气藏于内中。

工作最佳时段，性能量积累期。

此期间性爱，会使生物钟紊乱，对受孕不利。

（7）午时

午时（马）：11：00~13：00

午火，阳性，为极旺盛之火，其性好动。

激素高位，血糖供给增加使敏感度增强。

甜蜜半小时，而后小憩，对受孕有利。

（8）未时

未时（羊）：13：00~15：00

未土，善变其形，遇火则炎，遇金则脆，遇木则固，遇水则战。

分析力和创造力发挥淋漓尽致的时间。

搞一点创意性爱吧，对受孕不利。

（9）申时

申时（猴）：15：00~17：00

申金，阳性，赋有较强的肃杀能力与破坏性。

男性性欲躁动期，也许和下班时间有关。

强烈而灵感迭出的性幻想，对受孕不利。

（10）酉时

酉时（鸡）：17：00~19：00

酉金，顺行入炉炼体，逆行伐木旋威。

血糖增加，肠胃压力较大，表达欲望强烈。

甜言蜜语的最佳时机，对受孕有利。

（11）戌时

戌时（狗）：19：00~21：00

戌土，处乾、巽相卦之位，乃掌天门与地户，天地相交之后，方能化生万物。

夜间活动的巅峰时段，思路清晰，体力充沛。

来一次轰轰烈烈、耗时持久的性爱，对受孕不利。

（12）亥时

亥时（猪）：21：00~23：00

亥水，分野北方，是寒气的引入之口。

人体器官进入休眠期，能量供给偏低。

以舒适催眠为目的性爱，对受孕有利。

怎样容易生男孩

由于中国的人口比较多，出于计划生育政策的要求，绝大多数中国人只能生育一个宝宝。虽然现在社会上都在倡导男女平等，而在传统思想的影响下，希望生男孩依然是老人们不变的心愿，为了尽孝心，生男孩似乎成了很多婚后小夫妻的一大重任，那么怎样才能顺利生个男孩呢，现在就来揭开一举得男的居家风水奥秘。

1.生理基因的随意性

从科学的角度出发，根据当前的科学分析，生男生女在于男方的Y染色体，而女人携带的是一对X染色体，所以只能处于"被动"的地位。

2.命理八字的影响

站在命理及风水磁场的立场来说，要知一人何时生男，只要从八字中找到妻星，妻星所生之五行，便是子女。以甲木男士为例，土为妻星，土生金，见金的代表生女。如父亲是阳木，见阳金代表生男，阴金代表生女。

同时，在八字上要控制生男生女，还须配合在什么时间行房。如男士为甲木，木克土为妻，土生金代表子女。要生男，必须行庚金运。庚金是指申金，即猴，申时指下午三点至五点。换句话说就是，这对夫妻要在申年申月申时行房才可以生男。不过，由于申时为下午三点至五点，一般是上班时间。假如想生男，就得想想怎样才能争取到相应的机会了。

3.影响受孕的卧室因素

俗话说的好，女儿是妈妈的"贴心小棉袄"。越来越多的夫妻希望生个女孩，要提高生女孩的成功率，除了注意整体的居家装饰外，还得在卧室的风水上下功夫。

首先，卧室要有阳光，古时候阳宅学中表示夫妇卧房见阳光易生儿子，因为阴阳调和的缘故。其次，卧室最好有门槛，卧室有门槛在风水学来说代表留住胎气，不过现在社会一般只有大门才有门槛，补救之道是可以在主卧室摆设地毯，这样也可以留住胎气。再次，卧室的床要安稳才能留得住胎气，切忌睡地板或者折叠床、水床等，而床下也不能塞太多杂物。同时，床头要向"生气"方，一般情况下，肖猪、狗、羊的生气方为东方；肖虎、马、狗的生气方在南方；而肖蛇、鸡、牛的生气方在西方；肖猴、鼠、龙的生气方在北方。值得注意的是，在夫妻睡觉时要向着男主人的生气方。最后，安床还要选择吉日。

▲ 阳光的确是增强男性活力的重要物质，包括精子的活力，阳光充沛的卧室，女性怀孕率往往也会更高一些。

4.风水宜忌因素

从风水角度看，影响生男生女的因素在于一屋是否"四正"。一间屋呈现四方形的同时，最重要先看东方，因东方代表长男，即家中最大的儿子。如果缺乏东方角，或东方角凹陷，或摆放错误物件，将导致这户家庭不能生男。另外，还可以在东方催旺长子。可在东方用水养四枝富贵竹，还可直接在该位写一个"震"字，因为震卦代表东方，能够使东方壮旺。此外还有一个方法，在自己的方位落墨，如为丈夫在西北方摆一个男婴模型，或妻子在西南方自己所属的方位，摆一个健壮的男婴模型，便可增加添丁的机会。

此外在卧室内不能放鱼缸，鱼缸会导致潮湿，卧室太阴太潮湿，容易导致阴阳不调，难以受孕，卧室也不能摆设太多镜子，镜子除了会把胎气赶走之外，还会导致男方精气耗损。

值得注意的是，卧室楼下不能有神位、骑楼以及车库，否则难以受孕。卧室睡床的方位的楼上是厕所的风水也会导致夫妇难以受孕。卧室只能有一扇对外的门，如果有两扇对外的门会导致夫妇

▲ 鱼缸属水易潮湿，在卧室里放鱼缸容易使卧室太阴太潮湿，导致夫妻双方阴阳不调和，从而难以受孕。

难以受孕。床头附近不要摆金属或者是电器，如电话、收音机等，放置这些物品容易干扰正常磁场以及正常作息而导致夫妇难以受孕。

5.住宅外部风水的影响

原则上来讲，生男生女似乎是不以人的意志为转移的事情。但任何事情都是辩证联系的，生男生女也与房子的风水有关。下面从风水学的角度出发，列举了一些生男孩概率大的情况，以供参考。

房子北高南低，生男孩的概率大。

房子北面靠山靠物，如北面有山丘、建筑或大树；正南平坦或见水的，如南面临街或临水，生男孩的概率大。

房子东高西低，生男孩的概率大。

房子东面靠山靠物，如东面有山丘、建筑或大树；正西平坦或见水的，如西面临街或临水，生男孩的概率大。

房子东北高西南低，生男孩的概率大。

东北面靠山靠物，西南平坦或见水的，生男孩的概率大。

房子西北高东南低，生男孩的概率大。

房子西北面靠山靠物，东南平坦或见水的，生男孩的概率大。

怎样容易生女孩

旧时的中国有"重男轻女"的习俗，而随着社会的进步和人们思想的日渐开化，有些家庭也比较想要生个可心的女儿。而在什么样的身体状态和风水因素下容易生女儿呢？下面就来解答这个问题。

1.住宅外部风水的影响

从住宅外部风水来看，房子是否缺角会极大影响生男生女。下面列举了一些生女孩的概率大的情况，以供参考。

房子南高北低，生女孩的概率大。

房子南面靠山靠物，如南面有山丘、建筑或大树；正北平坦或见水的，如北面临街或临水，生女孩的概率大。

房子西高东低，或西面靠山靠物，生女孩的概率大。

房子西面有山丘、建筑或大树；正东平坦或见水的，如东面临街或临水，生女孩的概率大。

房子西南高东北低，生女孩的概率大。

房子西南面靠山靠物，东北平坦或见水的，生女孩的概率大。

房子东南高西北低，生女孩的概率大。

房子东南面靠山靠物，西北平坦或见水的，生女孩的概率大。

2.注意性爱日期和姿势

据研究表明，在多数情况下，受孕时精子多的易生男孩，精子少的易生女儿。若是按照此理论推理，若是想生男孩的话，需在排卵期前禁欲几天，使男性产生最大量的精子，提高Y精子与卵子受孕的机会。而如果想生女孩的话，则无需禁欲，保持正常的性爱频率即可。最好受孕日选择在排卵日的前两天。而在性爱姿势上，则建议尽量采用传统的男上女下姿势，插入需浅，避免性高潮，也会降低怀上男宝宝的几率。

3.职业因素的影响

根据统计报告指出，男性的职业若是长时间开车的司机（如出租车司机）、空服员或飞行员、麻醉科医师等，属于久坐的或长期处于电脑辐射环境中的办公室从业人员等，生女孩的机率都特别高。这是因为睾丸受到高温、气压或辐射的强烈变化，或是吸入过多有毒的麻醉气体，导致生命力较不强韧的Y精子先行死掉，造成生女孩的机会特别多。

4.年龄的影响

夫妻双方年纪较大，生女儿的机率越大，这是不争的事实。因为年龄因素会影响男女双方身体的素质，男性的精子数会随着年龄的增加而减少，而女性的年龄越大，生理激素改变，也会使子宫内的碱性分泌物逐年降低，生女孩的机会也大幅提高。

5.平衡食物的摄取

想要生女孩，在怀孕期间女性要避免吃太多碱性食物，适当摄取酸性食物，当然也不要吃太多酸性食物，以免影响其身体健康，男女双方均应注意均衡摄取饮食。需要指出的是，这里所说的酸性食物并不是味觉、口感酸的食物，是指在人体内分解的最终代谢产物是酸性的食物。酸性食物包括：所有肉类、鱼、除鲜奶外的乳制品（如冰淇淋、乳酪、奶油等）、米麦面粉类制品、玉米、巧克力、酸味水果以及醋。

福运天天来

研究发现食物还可通过激素作用于女性的生殖系统，使某种性别胚胎的"存活能力"更强。因此，女性饮食中糖和脂肪的含量，对胎儿的性别有一定影响，爱吃甜食的女性更易怀女孩。

▲ 食物有酸性、碱性和中性之分，女性多吃酸性食物，男性多吃碱性食物，对生女孩较有利。

6.心理压力的影响

风水学认为，良好的居家风水还有心理治疗的作用，吉祥的居家风水有助于使准妈妈保持良好心理状态。丹麦心理学家最新研究表明，女性承受巨大的精神压力后，怀孕多为女孩。女性太紧张、压力太大会产生强烈的酸性环境，不利Y精子存活，从而提高生女孩的机会。而男性长期受到压力也会使精子数目减少。虽然压力环境下易生女宝宝，但并不是建议女性怀着压力去怀孕，母亲和宝宝的健康比生男生女更重要，一切要顺其自然。

7.肚子尖圆的影响

民间有种说法是，孕妇的肚子看起来似椭圆形，像鸡蛋状的，生男孩的几率高；而肚子如果是像汤圆般的圆滚形状，则生女几率大。当然这种说法只是经验的累积，虽然有其依据，但并非100%准确。

顺利生个好宝宝

当一个女人"升级"为一个准妈妈，想着在自己肚子里已经有了一个可爱的小生命，相信每个作为母亲的女性，在心理上都是高兴、兴奋、新奇的。同时也会发现，为了要让小宝宝健健康康、顺顺利利地出生，还有很多事情需要自己注意和学习。不仅吃的、穿的、用的都有讲究，而且还要学习营养学、医学常识以及心理学等。而实际上，除了衣食行之外，住也是不能忽略的重要因素，注意这些居家风水常识对生育绝对会有好处的。

1. 房屋的坐向

首先是家宅的坐向，这个是很有讲究的。风水学上说坐西向东的住宅叫做"损丁屋"。由于这个坐向的住宅，人丁和财力都较弱，所以若是这样的住宅就要特别小心了。若房屋的窗户正对公园中的假石或乱石山，此时也要格外小心，这些假石在风水上可叫作"漏胎石"，会令胎儿不稳，导致孕妇有小产的危险。如果备孕夫妇的卧室外也出现这些煞气，最好的方法是安置合适的窗帘，或者在窗放置圆形摆设以挡煞。

▲ 卧室外有煞气，对受孕和生活都会有影响，利用卧室的窗帘，可以帮你化解卧室外的多种煞气。

2. 房屋的位置和光线

风水学上有一个方位对生宝宝有很重要的影响，即房屋的南面，在该方位上要保持充足的光线，除了自然光源外，还可多装几盏灯，而灯光颜色就以米黄色最佳，能带旺喜事。如果不方便安装灯饰，可以用红色的海报和地毯代替，同样能旺喜事，不过值得注意的是，这个位置忌木，所以切勿摆放盆栽。同时，房间的位置还可以在北方，可以把床头对北面，再配以全套绿色的寝室用品，以木生火，用属木的绿色生旺属火，而放绿色植物及四支富贵竹都有同样的功效。

3.避免厨厕的煞气

如果没有必要，孕妇尽量不要到厨房拿菜刀和其他尖锐的东西，避免触碰胎神或一不小心受到惊吓，否则容易动到胎气甚至导致流产。至于厕所是不是有秽气，则要视个人卫生习惯而定。经常清理换洗的衣服，保持通风，肥皂、杂物不要堆在地上，以防孕妇滑倒。

4.忌搬迁

如果家里有孕妇的，在怀孕初期最好就不要搬家，因为胎神每天都在不同的方位，如果随便搬家容易影响胎儿。而如果真的是有搬家的必要，可依生辰八字对照黄历择日，看是否不宜搬家。如果要搬家，要看胎神的位置在哪里，尽量不要伤到孕妇，并避开当日胎神的方位，也可以买一把新的扫把，在柄和头交界处绑一红色布扫一扫。

5.客厅要避免悬挂猛兽的图画

对于客厅悬挂的画幅，如果带有比较凶猛的野兽的图像，则要视情况而定。若是在孕妇怀孕前就已经挂在客厅里了，此时则以不去移动画幅为宜。而若是在怀孕后，则最好不要随便装设新的图画，因为这样就可能使用到钉子，有触犯到胎神的危险。如果一定要架图画，建议还是择日看胎神的方位。图画尽量以文字和风水画为主，有助于孕妇放松心情，形成较好的胎教品质。

6.心理健康保平安

风水包含了大量的心理因素，居家风水对心理的作用主要通过调整大环境（小区及小区周边环境）与小环境（居家环境）对人的心理产生作用。孕妇在关键的孕育期间，其本身的体质就比较虚弱，如果环境恶劣，肯定会对准妈妈的心理造成不良影响，进而影响胎儿，轻则发生出血的状况，重则可能导致流产，因此居家布置一定要确保舒适，顺畅，让准妈妈的心理保持健康状态，以保平安。

7.坚持体育锻炼

每个人都具有各自不同的生命信息、能量及其不同的组合机构，这些不同的生命信息能量状态与所处不同环境发生相互作用，就会产生不同的正负效应。在营造一个良好的居家风水之余，还得确保个体处于一个良好的状态。要维持个体健康，最健康有效的措施就是坚持体育锻炼。随着科学与医学的进步，越来越多的研究结果表明，夫妻双方在计划怀孕前的一段时间内，如果能进行适宜而有规律的体育锻炼，不仅可以促进女性体内激素的合理调配，确保受孕时女性体内激素的平衡与精子的顺利着床，避免发生早期流产，还可以促进孕妇体内胎儿的发育，提高日后宝宝身体的灵活程度，更可以减轻孕妈妈分娩时的难度和痛苦。同时，适当的体育锻炼还可以帮助丈夫提高身体素质，确保精子的质量。

准妈妈的办公室风水

现代社会的生活节奏很快，即使是怀孕的准妈妈们，也是非常努力工作的工作，一般在怀孕的初期还是会坚持上班。而对于上班族中的孕妈妈们，除了要注意居家风水外，还需要知道一些办公室内的风水注意事项。

上班族的孕妇装不要太花哨，以素净、大方、典雅、稳重为宜，最好内着浅色、外着深色（包裹性好）的孕妇装。

自驾车或自己经常坐在车内要挂平安符，如果是乘公交车，则要在自己手包内放平安符。

孕妇不要坐在正对公司门的位置，若不能避免，则可在桌旁屏风前或桌上放置盆栽或景观植物，以避开大门正对而来的煞气。

孕妇的位置后方要有屏障，例如屏风，代表有靠山，若无屏障则可放置一矮柜，矮柜上要保持整洁，也可放置盆栽，其原理同上。

办公桌旁边有一扇窗户为佳，可加装窗帘或百叶窗。若无法坐到这种位置，则可在工作休息之余去窗边站一站，吸收自然光之能量，值得注意的是，若是中午的阳光太强烈，此时则应避免在窗边。

尽量坐在吉祥方位，若方位不能改变，则在吉祥方向放象征物（如造型美观的名片座）或吉祥物。

换座位时要注意，万一需要换座位，可在前一天先把东西拿过去，故意把新桌子弄歪，第二天上班时再摆正，表示有一个新的开始。

可在吉祥方位放吉祥物，如自己的生肖动物、蜜蜡、水晶、玉、琉璃等，造型要圆润、无棱角，并常观想之，切勿放剑、箫、蟾蜍、狮子、麒麟及其他造型怪异的摆饰。若吉祥方位不能放东西，则在屏风直角位置挂以上吉祥物即可。

办公桌或屏风放可爱婴儿照片，主要是看了令人赏心悦目的，不必揣想孩子的长相，摆设好之后就不要再动了。

可以用色彩改变运气，在办公桌上放一本有幸运色封面的杂志。

桌上茶杯选用瓷杯，要有杯盖的，最好有印花，而不要用玻璃杯。

桌面保持整齐，看着顺眼，用起来也比较顺手。

座位附近不要放枝丫状的摆设，如挂衣架等，伞也不要放在位置上。

摆放盆栽最好是水种宽叶植物，不能摆放爬藤植物和带刺的植物，不能用假花、干花。

鞋子前面要包住，勿露出脚趾头，否则容易"中邪"。

尽量避免使用复印机、传真机等设备，少到影院看电影。

谨慎拍照片，尤其是与古树、古塔等拍照，尽量少拍孕妇的大肚皮照片。

准妈妈的房间布置术

　　从受孕到生产是个令人激动又紧张的过程，在这个过程中，居住环境对准妈妈和胎儿的影响都是比较大的。那么对于有孕妇的家庭而言，应该怎样布置准妈妈的房间才能符合风水的要求呢？下面就一起来看看居家布置中的注意事项。

1.卧室的整体布局

　　房间的气场对准妈妈及胎儿有很大的影响力，因此，孕妇居家布局的重点在于纳气，并以纳阳气和旺气为佳。房间须保持空气流通，多开窗换气，不要因为夏天天气炎热而长时间呆在封闭的冷气房中。另外，房间也不宜阴暗，要有足够的阳光或保持适度的光线，让阳气得以聚集，驱除阴气。还可在房间的西南方放置水生植物或水动的装置摆设，加强气场。同时，还可在东方多使用绿色的物品进行布置，如绿色的地毯、摆设等，都能起到催旺喜庆之气、让胎儿更加健康和聪明的效应。同时还得注意，需根据每年的旺气位和喜庆位为重点布局家庭和房间的方位。在西南方放置水生植物或水动的装置摆设，加强气场，有利于宝宝的顺利出生。

2.不宜搬迁、动土

　　排除不利的因素以及维持气场的稳定是最重要的，特别是在怀孕期间，不管是整个家中还是准妈妈居住的房间，最好不要进行装修、动土。同时，也不要轻易更换房间或移动卧床。若是准妈妈开始住的房间不利孕育小宝宝，则须尽早更换，而一旦住定了哪间房间，就不能再更换了，以免招来不必要的麻烦。这是因为胎儿习惯了在某个环境内孕育和成长，若搬入新的环境，新房的磁场、声场与原来的都不一样，一旦胎儿无法习惯，很可能就会妨碍发育，甚至带来危险。

如果没有办法，一定要动土则须要注意，在大门、夫妻卧室、阳台、厨房等关键地方切忌不要大动土，只做小方面的修修补补。而装修方面，如衣柜、桌椅等大体积的家具则不要刷漆涂新。

3.居室环境宜整洁干净

提供给准妈妈休息和睡觉的卧床也是要注意的一个重点，一般来说，要保持床底的干净和整洁。假如床底有一定的空间，注意只能放置干净的衣服和被褥，不能放置破旧的衣服、杂物或是其他稀奇的物品，尤其是金属利器、工具箱和玩具。而原来床下有杂物需要清理的，要择吉日进行，并且在准妈妈外出时再移动卧床和搬走杂物，以免对胎儿造成不利影响。

▲怀孕后女性的抵抗力会变低，极易受到细菌的感染，整洁的卧室不仅能愉悦身心，更重要的是保护了准妈妈和胎儿的健康。

4.装饰、摆件的选择

不少人喜欢在家中放置吉祥物作为装饰，或是作为趋吉避凶之用。吉祥物是不能随便乱放的，放错吉祥物或是吉祥物位置放错反而会弄巧成拙，特别是家有孕妇，在使用吉祥物或装饰品时要更加小心。对于孕妇来说，适合的装饰品主要以简单明亮、令人愉悦的图画、照片为主，如美丽的山水画、风光图等，墙面以及软装饰的图案最好也要以一些开心快乐的内容为主。而如狮子、老虎、貔貅等风水吉祥物摆设物件其实对胎儿是不利的，所以也不适合放在家中。

5.布置细节

对于准妈妈的房间，在细节上还有一些讲究。首先，不能在卧室里放置鱼缸，因为鱼缸会导致潮湿，若是准妈妈的房间太阴太潮湿，则不利于阴阳的调和，会赶走胎气，严重的会导致流产，所以要加倍小心。其次，房间内也不能有太多镜子，镜子对胎气也有一定的影响。在床头也不能摆设金属品或电器，如收音机、电话等，都是不宜的。因为这些物品容易干扰正常的磁场，对准妈妈的健康会产生不利影响。

6.选择具有好风水能量场的居所

对于准妈妈来说，身体的健康是非常重要的。想要身体健康，居住环境的选择就很重要了。住在环境好的风水之地能更大可能地提升身体的健康，那么对于怀孕的准妈妈们，为了自己和将要出生的小孩的健康，也可重新选择环境好风水能量场的居所作为住处。也正是由于现代人对于怀孕的关注远远超过很多年前，所以，在经济条件允许的情况下，有些人还会为准妈妈们特意挑选一个养胎的住处，一般人都喜欢选择郊区的房屋作为养胎的居所，这也是由于这些地方空气清新、环境开阔，能充分供应给人体氧气和增加心胸的开阔度，对准妈妈的健康非常有利。

第七章

健康风水，

聚集身心正能量

风水学上有句话，叫『福地福人居』。住宅作为个人最主要的活动场所，包括环境、装修、布置，设置家里小小的饰品都与个人的健康密切相关。住宅的风水好，人过得舒畅自在，自然有益健康；住宅的风水不好，处处觉得受制，健康自然也会受到影响。

增加正面能量，让好磁场造就好风水

磁场是看不见又摸不着的，它具有波粒的辐射特性。从宏观上来看，地球就是一个大磁场，一个良好的风水居家环境，不但要讲究风和水两大能量元素，当然也要讲究磁场了。良好的磁场不但能招来好运，而且也会对健康有益。可通过增加居室内的正面能力，从而营造出好的风水磁场，为我们带来好的财富和健康的身体。

▲ 好的布置会营造出好的风水，好的风水又会产生正面的磁场，为居住者带来健康与好运。

警惕危害身体的"负"能量

什么是"负"能量？这里的"负"是指对人体有危害的、有负面影响的能量。当然，这些负能量也不是指有很强大的能量源或能量场，而是在居家生活中一些不痛不痒的小问题，但却着实影响着居住者的健康。如让人心烦气躁的噪音、户外的高压电缆、变电所、家中的电器设备、电磁波等。对于这些负能量，或许在大的环境内我们无力改变，但至少在居家环境方面，我们可以做到彻底隔绝负能量的入侵，这样才能让自己住得更健康。

1.拒绝低频辐射

低频辐射是指频率低于300赫兹（Hz）的辐射。一般在居室内，低频辐射的来源是家电设备及配电系统（如墙壁内的配电线等），而户外来源则为住宅附近的电力设施，如变电所、高压输电线、配电线等。

在选择住宅时我们说过不能选择接近变电所的住宅，这对人体的健康是有影响的，因为从医学的角度看，医学界早就证实了低频辐射和儿童癌症的关系，世界卫生组织更将它列为B级致癌物。所以，购房时就要勘查好住宅附近的环境，不要让住宅靠近变电所、高压电塔太近，以免受到伤害。

此外，除了来自户外的低频辐射，也有可能是自家的配电设计出了问题，以及家中许多可能产生低频电磁辐射的电器用品，如电脑、冰箱等。特别注意的是，发生在床位附近的低频辐射，对人体的伤害最大，因为我们躺在床上睡觉的时间越长，受低频辐射干扰的时间当然也就越久，长期下来，就等于让自己暴露在致癌的风险里，所以要特别小心。

2.拒绝噪音污染

一般人买房子时比较容易忽略"噪音"问题，如住宅附近是否有大型工厂、庙宇，是否临近大马路，交通流量大的时候会不会产生太多噪音等。千万别以为噪音只是让耳朵听到不舒服而已，事实上，噪音对人体的伤害相当直接。如果长期处在噪音的环境下，很快就会出现身心方面的问题。尤其是有糖尿病、心血管疾病的患者，对噪音的耐受力较差，在物理性的刺激下，也较可能诱发神经性的伤害。

▲ 合适的窗帘不仅能很好的装饰整个居家环境，还能有效隔音和遮光，保护居住者的健康。

噪音还会影响人的睡眠质量，容易造成失眠、注意力不集中、烦躁不安、心律不整等情形。噪音对人体的伤害，是广泛系统性的整体伤害，并不是单单只会影响到听力而已，已知噪音会降低人的记忆力、阅读能力及学习动力等。下面以表格的方式，对产生噪音的种类、分贝以及对人体产生的影响进行内容展示。

不同噪音的分贝对应表

声音种类	分贝	生理上的影响
道路交通	80	血管收缩、血流量较少、注意力降低等
电视、收音机	70	血管收缩、血流量减少、注意力降低等
喷射引擎	140	鼓膜会破
喷射机起飞	130	耳朵会痛
修马路	120	心电图变化
警笛	110	心电图变化
地铁、公车内	90	内分泌及心电图变化
普通回话	60	计算能力降低
郊外晚上	30	无影响

3.小心游离辐射

游离辐射指的是一种高能量的辐射，如 α 和 β 射线都属于游离辐射。游离辐射依形态分为微粒和电磁波两种。微粒型游离辐射包含 α 粒子、β 粒子、中子、质子等，可能有带电荷，也可能没有。电磁波型的游离辐射则没有电荷，也没有质量，就像光一样传送，但是波长更短，能量更高，包括R射线和X射线。

游离射线对身体的伤害是累积的，目前已知的，若在不知情的情况下住进辐射屋，那相当于每天被拍上好几十张X光照，如此一来，致癌、免疫力低下、流产、早产等的风险也就相对提高了。因此，不妨请人用专业仪器（盖格计数器）进行房屋健康检查，看看屋内是否有辐射线。

4.光线危害

过亮的光线或是闪烁的光线会影响视觉，在睡觉时更会影响睡眠质量。据研究指出，视觉环境中的光害大致可分为三种。一是室外视环境污染，如大都市的灯光、广告霓虹灯、建筑物的高反射玻璃外墙等；二是室内视环境污染，如室内装修、室内不良的光线环境等；三是局部视环境污染，如书本纸张、某些工业产品等。

在此，以室内装潢的粉刷墙面、镜子等的反射系数来做进一步解说。常见的白色粉刷墙面反射系数为69％～80％，镜面玻璃为82％～88％，至于特别光滑的粉墙和洁白的书本纸张的光反射系数高达90％，比起大自然中的草地、森林等要高出10倍，这些数值大大超过了人体所能承受的生理适应范围。因此室内装修时所选用的涂料颜色、墙面材质、灯具，以及引入室内的自然光线等，都会影响居家的照明品质。

释放"正"能量保护健康

有对人体有危害的的负能量，那么自然也有对人体有益处的"正"能量了。而这些所谓的"正"能量也隐藏在居家布置中，通过合理的设计，释放出"正"能量，就能在一定程度上与负能量相抗衡，起到保护居住者健康的作用。

1.内外结合，防御辐射危害

对于这种看不见、摸不着的辐射污染，我们要怎样才能将其危害降到最低，此时可通过内部防御和外部防御结合来进行。

（1）内部防御

内部防御，即通过食用具有抗辐射、保护视力、抗疲劳、补充营养素、提高免疫力的食品，是第一种抗辐射方法。国际上普遍认为饮茶有抗辐射的作用，能减少电脑荧光屏X射线的辐射危害。茶中富含的茶多酚（50％）

和脂多糖等成分，可以吸附和捕捉放射性物质并与其结合后排出体外。同时，经常操作电脑的人还应多吃些明目食品，如枸杞、菊花、决明子等。枸杞清肝明目，对保护视力有很大好处。常喝菊花茶也能起到清心明目的效果。研究表明，脂肪酸、维生素A、维生素K、维生素E及B族维生素的缺乏均可降低机体对辐射的耐受性，因此在膳食中要适当供给，此时就需要摄取肝、花菜、卷心菜、茄子、扁豆、胡萝卜、黄瓜、番茄、香蕉、苹果等食物。油菜、青菜、芥菜、卷心菜、萝卜等蔬菜，不仅是人们餐桌上的常见的可口菜肴，而且还具有防辐射的功能。值得注意的是，内部防御需要长期养成良好的饮食习惯，才能起到防御辐射的效果。

（2）外部防御

仅有内部防御是不够的，在特定的时候还必须采用外部防御的方法。这个就比较直接了，要借助一些外部的工具来进行，可穿上防电磁波服饰、使用电磁辐射防护屏以及防手机辐射的防磁贴等，采用体外防护的方法来防御辐射。

2.改善窗户，隔绝噪音危害

噪音在风水上又称为"声煞"，这是一种不易化解的煞，若是在坤方（西南）出现，凶性尤强。要破解声煞，可在坤方安放铜葫芦或两串麒麟风铃，以吸收凶气及镇煞。

虽然钢筋混凝土的建筑物本身就有一定的隔音效果，但究其根源，窗是屋内的重要漏音来源，所以，消除噪音还要尽量关闭窗户，或选用较厚的隔声效能较佳的玻璃，情况严重时，可用双层玻璃。同时，窗户的设计是一门学问。左右推拉

▲ 以间接照明的方式改善室内光线不均匀的问题，同时也可使用窗帘遮挡光线，从而杜绝不良光线的危害。

的传统窗户其隔音效果有限，前后推拉的推射窗隔音效果比较好。另外，双层气密窗也会比单层气密窗来得更有用。

3.巧置照明杜绝光害

许多人在客厅、卧室等只装一盏大灯，而没有在需要看书读报处添加灯具或台灯，或是以间接照明的方式改善室内光线不均匀的问题。出于对健康的要求，我们还是建议可依照居家空间的不同，来选择配置光源，兼顾照明及人体舒适度。不过在装潢或买灯具的时候，要特别注意室内要避免大面积的白墙，以及要降低台灯的散射等。

（1）主卧室

建议运用多种灯光，一般性的普照式光源是必要的，因为可以满足整理床铺和打扫的需求。如果你喜欢躺在床上看书，建议增加可调整角度的集中性光源阅读灯，以保护视力，也方便变换姿势。若想营造温馨浪漫的气氛，则可适当运用调和性光源。

▲卧室可运用多种采光样式来进行照明，除了一般性的顶灯、灯管等普通照明，还可结合床头射灯、发光带、床头台灯等进行局部照明，释放卧室的正面能量。

（2）客厅

这是光源需求最复杂的地方，约需5~10盏的光源。最容易被忽略的是电视后面的光源，如果没有设置照亮墙面的光源的话，电视与周遭光线强烈对比，将对视力造成伤害。另外，如果常看报纸杂志，建议也在附近增设可调式阅读灯。要注意的是，光线要尽量柔和，不要和周围光源相差太大。室内有栽种植物的话，可考虑采用日光灯，以便植物进行光合作用，既经济又耐用。

（3）老人房

研究发现，60岁左右的人比10岁上下的儿童需要更多的光才能看清楚东西，所以关于老人房的照明，我们建议选用可调式灯具，避免炫光及明暗过度对比。

（4）儿童房

为了保护孩子还在发展中的视力，建议在书桌上用集中性光源，再加设调和性光源来降低对比。另外，请选择防漏、防触电的灯具，以确保孩子的安全。

（5）书房

书房一般都有电脑，此时在电脑旁最好设可调式夹灯，并且使用荧光灯管，让灯具可依需要调整角度及亮度，除保护视力外，也方便移动。要注意，最亮的不见得是最好的，要避免炫光和反射光产生。另外，对于长期对着电脑的人，若要预防眼睛疲劳，除上述提到的集中性光源外，可同时搭配调和性光源或一般性普照式的灯，以这三种层次的光来降低对比，不过别忽略了桌灯的摆设位置，如果惯用右手的话，桌灯就应该放在左边。

▲ 书房的灯光一般要柔和一些，特别是在人经常坐的区域，光线不能过亮，以免影响人的视线。

（6）餐厅

餐桌上可以考虑设置能调整高低的吊灯，灯罩底部距桌面最好有55～60厘米，这样才能避免灯光过于刺眼。

（7）厨房

很多家庭往往只在厨房装一盏大灯。事实上，清理台及橱柜上若能再增加光源，在切菜及找东西时就会更方便，也可降低刀伤、水烫伤等风险。

"风"生"水"起，激活健康两大元素

风水当中对健康影响最大的莫过于"风""水"两大因素。居家生活中如果能好好利用这两大健康要素，可极大地改善生活环境，有益健康。

首先，水要平衡。人体内本来具有水火二元能量在不停互动，寻求平衡。在现代都市中，大多数房子尤其是小户型，周遭被多种动态能量所围绕，形成"火宅"这种不好的风水格局。"火宅"通常会释放出远远超出人体所需的强大能量，使人频发虚火上升、内脏等问题。如果你的住宅也属于这种情况，不妨在家多培养一些活水植物来化解，如水栽植物，或在鱼缸中放入水草等。

其次，风宜流动。风水学最重视气场的营造，气场的流动对于人居住的地方是十分重要的。要保持住宅气场的通畅，除了通过门窗的设置、开门开窗等方式来引导自然风之外，还可利用电风扇、排气扇来加强空气的对流，从而保持室内空气清新，令人精神振奋，杜绝或减少主人呼吸器官方面的问题。

卫浴间与健康

按照风水理论，卫浴间被称为污秽、潮湿之地，有很多禁忌，如不可正对房门、不可处于风口的位置等，这些理论其实并不仅仅是单纯的风水禁忌，很多是依据现代环境卫生而要求的。随着人们生活水平的提高，多套卫生设施的住宅慢慢成为一种趋势，这样的设计在为居住者带来方便的同时，也埋下了健康隐患。因此，在布置卫浴间时，更需要对卫浴间风水予以特别的关注，这样才能使家人居住得更加健康舒适。

1.卫浴间门忌冲大门

卫浴间的门忌对住宅的任何一个门，尤其不宜与住宅入户大门对冲。入户门是气口，是生气吸入的地方，生气应该和缓地在住宅内流动。从环保和心理方面来说，人一进屋即看到卫浴间的门亦不雅，而且有声音和异味传出，既不雅观，也不礼貌，并且对家人的健康有影响，不利家人的精神面貌和家庭和睦。

2.卫浴间不宜设在住宅中央

卫浴间、厨房等易积聚污秽的房间都不宜设在住宅的中央。当卫浴间在住宅的中央时，其内的湿气、秽气就易扩散到其他房间，容易导致家人生病，对健康极为不利。如果卫浴间已经设在房子的中央，最好重新装修调整。

3.卫浴间忌无窗

很多小户型为了节省空间，往往将卫浴间设置成全封闭的空间，没有窗户，只有排气扇，而且排气扇也不经常开启。按照"家相学"的看法，卫浴间一定要有窗，以保证阳光充足、空气畅通。这是因为，水与浊气是卫浴间中的主要元素，如果房屋中没有窗户，就极易导致过多的水分和浊气凝聚室内并且停滞，长此以往，必然影响住户的健康。有窗户的卫浴间，则可摆放一些绿色植物或盆景，也可挂几幅艺术画，从风水学上来说可聚集生气，营造浪漫氛围。

4.卧室中的卫浴间不宜用嵌入式浴盆

现在很多小户型的卧室中一般都带卫浴间，这使人们的生活更便捷，但也带来一些不利影响。在装潢卫生间时，很多人喜欢在卫生间里砌一个盆台，盆台高出地面一两个台阶，然后将浴盆嵌在盆台里，这样的格局通常很漂亮，但从风水上来说却是不好的格局。根据"家相学"原理，卫浴间的地面不能高于卧室的地面，尤其是浴盆的位置不能有一种高高在上的感觉。从五行学来说，水是向下流的，属润下格。如果卧室地面低于卫浴间的地面，人长期居住在被水"滋润"

▲ 小户型的住宅的卫浴间多以淋浴为主，若是嵌入式的浴盆也应该在同一高度，既方便适用，也不会触犯到一些不利的风水因素。

的卧室里，就很容易引发内分泌系统的疾病。如果个人非常喜欢这样的嵌入式浴盆，应该将它安置在远离卧室的独立卫浴间内，就可解决这一问题了。

玄关与健康

玄关是住宅内最重要的组成部分之一，可以说是住宅的咽喉地带，它给予进入者的感觉相当于人与人之间的第一印象。据心理学分析，第一印象通常产生于前7秒，而这与进入住宅内部审视玄关、调整气息的时间基本相同。玄关是从大门进入客厅的缓冲区域，让运动的进入者静气敛神，同时是引气入屋的必经之道，因此它的布置在居家风水中十分重要。

玄关虽然是一个小空间，但也不能太过狭窄，应满足通透、适中、明亮、整洁的要求，这样才会让人产生一种舒适的感觉。玄关的设置应与住宅的实际情况相配合，通常应根据玄关的面积和生活需要来选择布置玄关的合适家具。如果住宅面积较小，通常放一个鞋柜、镜子等家具就可同时满足生活所需和玄关的分割作用。如果居室非常小，最好就不要设玄关，以免影响正常空间的利用。

1.利用玄关化煞

玄关最大的风水作用是可用来化解屋外直冲大门的煞气。如果住宅出现以下几种避讳，就必须设置玄关，以阻挡住宅的煞气。

（1）尖角冲射

即门口正对附近建筑物的转角或尖角，如同一个楔子，打进住宅中心，令住户犹如为利刃直指，觉得难以忍受，心情压抑。

（2）暗箭伤胸

住宅正对的大路或街巷呈一条直线向房中冲来，则住宅向外发展的气势为其所阻断，形成路冲，也叫街巷直冲。

▲ 玄关区域在家居风水中非常重要，所以也成为了非常重要的布置区域，该区域宜亮宜整洁。

（3）斜路直冲

住宅在低位，要承受大路从高位直扑而来的巨大压力，犹如滔滔洪水拾级而下，势大力沉，直冲入屋，使居住者无法阻挡。

（4）门门直通

即大门与房门或阳台门直对相通，气流对流强烈，风过硬，伤害人体健康。

2.利用玄关保护隐私

客厅是一家大小日常安坐聚首的地方，是家庭的活动中心，如果客厅无遮掩，缺乏私密性，家中各人的一举一动均被外人在大门外一览无余，那便缺乏安全感，从风水角度来说亦非吉兆。而玄关就是大门与客厅的缓冲地带，可以起到遮掩的作用，令外人不能随便在大门外观察到屋内的活动。有玄关在旁护持，在客厅里会感受到安全性大增，同时也不怕隐私外露。

设置一个布置简洁大方的玄关，还能让人一进门便感觉眼前一亮，精神为之一振，提升健康指数。而且一些贴近地面的房屋，往往易被外边的强风和沙尘渗透，设玄关后既可防风，亦可防尘，也可保持室内的温暖和洁净。

卧室与健康

卧房是提供人休息和睡眠的地方，是一个让我们疲惫的身心可以得到短暂休憩的港湾。一天中三分之一以上的时间我们都要在卧室度过，人在这期间大约要呼吸7000次，通过的空气量约有2400升。如果卧室空气质量差，含有各种化学污染物或细菌、病毒等致病微生物，对人体健康的损害是不言而喻的。随着生活条件的提高，越来越多的家具、电器进入卧室，如电视、电脑、鱼缸等，这些都与我们健康密切相关。

1.卧室中不宜摆放过多的电器

电视、电脑、手机等工作时，都会产生一定量的电磁辐射，当辐射量超过一定强度后，就会使人出现头疼、失眠、记忆衰退、视力下降、血压升高或下降等问题。因此，电视、电脑、电冰箱最好不要集中摆放在卧室里，也不要过于集中或经常一起使用，以免将自己和家人暴露在超剂量辐射的危险中。

调查显示，卧室中放电视还会影响夫妻生活，使夫妻性生活减半。因为卧室里摆放电视机，就会直接减少夫妻语言交流的机会，即使有交流每次也只有2至3分钟时间。而那些不看电视的夫妻相比之下交流要多一些，他们每次的语言交流基本都能达到15分钟。此外，研究人员还发现：充满暴力场景的影视剧会让47%的男人失去性欲，而恐怖镜头会让56%的女人丧失性冲动。

2.卧室不宜精装修

从绿色环保的角度来说，卧室装修越简单越好。装修精美豪华的卧室，污染源通常会更多，产生的污染就更多，对身体健康危害就越大。有这样一户家庭，主人住的主卧，墙壁上全都贴满了漂亮的壁纸，天花板装饰得非常精美，卧室中摆满床、衣柜、电脑、电视等家具，经过检测发现这间卧室的空气污染严重超标。而保姆住的小房间，除了一张床和地板砖，没有其他任何装饰，墙壁也只是用涂料简单粉刷了一下，但这间卧室的各项指标都合格。由此可见，装修越豪华、看上去越漂亮，产生的污染反而可能更多。

要预防居家装潢产生的污染，应坚持早预防、早检测、早治理的原则，尽量从源头上减少污染源。进行居家装潢时，选择的装饰材料要尽量环保，采用符合国家标准和污染少的装修材料、油漆、胶和涂料。如果条件允许，在入住前对室内空气质量进行检测则更好。

▲ 从健康角度来看，卧室更宜简单大方，在具备相应的功能情况下尽量简单，对居住在其中的人的健康有利。

老人房与老人健康

　　若想老年人健康长寿，就一定不能忽视老年人卧室的风水。相对于青壮年和儿童，老人的生理与心理具有其独特的特点。进行居家布置时，必须以符合老人的身体条件、生活习惯和心理需求为依据，以保障老人的身体健康为原则，进行合适的居家布置，创造一个有益老年人身心健康、舒适、优雅的居家环境。通常来说，需要注意以下几点。

1.老人房的方位设置

　　从住宅方位上来说，东南方和南方的房间日光充足，最有益健康，适合作为老人房。此外，老人房的设置还应适合老人的生理和心理需求。如随着身体的老化，老人会出现尿频、行动不便等症状，老人房就应尽量靠近卫生间，方便老人起夜。另外，老人一般体质较弱，对声音很敏感，对神经日渐衰弱的老人来说，即使很小的音量，他们也会觉得难受。因此老人房就应尽量安排在远离客厅和餐厅的空间，装修时要重视门窗、墙壁的隔音效果，使老人房不受外界喧哗的影响。还需注意的是，老人通常骨骼脆弱、行动不便，因此老人房的地面不能作高低处理，如果是楼房，则应安置于楼下，以免出现摔倒、扭伤的情况。

2.老人房床的布置

　　老年人的床以偏硬床垫或硬板床加厚褥子为好。老年人骨骼的柔软度远远不如年轻人，因此弹簧床等软床对老年人不合适，对于患有腰肌劳损、骨质增生的老年人尤其不利，这常常会使他们的症状加剧。而床上用品则宜选择轻软、保暖性强、吸湿性强的天然材料制作而成的，如全棉、全麻的。此外，老人床的床铺高度设置要适宜，便于上下床，不至于稍有不慎就扭伤、摔伤。同样，供老年人使用的沙发也不宜选择过于柔软的，它会令老人"深陷其中"，不便挪身。

3.老人房装潢风格的选择

经历过沧桑岁月的老人，多有一种很浓的怀旧情绪，喜欢凝重沉稳之美。对老人房进行装修设计时，应以稳重淡雅的风格作为首选。老人在晚年都希望过上平静的生活，房间的淡雅色调刚好符合他们此时的心情，过于鲜艳或苍白的颜色会刺激老人的神经，使他们在自己的房间中享受不到安静，这样会损害老人的健康。过于阴冷的颜色也不适合老人房，因为在阴冷色调的房间中生活，会加深老人心中的孤独感，长时间在这样孤独抑郁的心理状态中生活，也会严重影响老人的健康。

▲ 老人房多以沉稳的色调为主，在风格上也可以多变，可以是中式复古，增加怀旧感，也可以是欧式田园，让空间多一份质感的闲逸。

在对老人房进行设计装修时，要适当利用各种软装饰以强化环境的典雅风格。比如，窗帘可选用提花布、织锦布等，厚重的质地和素雅的图案，可体现老人成熟、稳重的智者风范、成熟气质。此外，在软装饰的选择上，还必须处理好老家具与新环境的关系以及老家具与新家具的关系。老年人常常舍不得扔掉旧家具，因为这些老家具往往"藏"着许多的故事，浸染着过去岁月的种种气味。老人怀旧，怀的不是仿古家具，而是从前的家，从前的生活。因此，对老人房进行装修设计时，应适当运用一部分老家具，在新的居住环境中，给老人一点温暖的念想。

4.老人房装饰材料的选择

人从60岁开始，就会明显地出现一些衰老迹象，如弯腰曲背、行动较过去缓慢、反应变得迟钝等。因此，在装饰材料上，应多用一些天然环保少污染的材料，如木材、墙纸、哑光防滑地砖以及木地板等，忌用太多金属和现代复合工程塑料，以免老人房的气场与老人身体气场相冲突，引起衰老的进一步加剧。同时，地面装饰必须选择防滑性好的材料，如软木地板、拼木地板、地毯、石英地板砖、凹凸条纹状的地砖及防滑马赛克等材料，以防止老人摔倒。卧室铺木地板，浴室贴小块的马赛克，是最为理想的组合。

家里有老人的，在容易溅水的卫生间或厨房门口，最好还能给老人铺上防滑地垫。如果地砖或木地板不小心洒上了水，就会变得很滑，在地上铺上一块小小的地垫，就可有效降低意外发生的概率。

5.老人房宜摆放一些寓意吉祥的物品

对老人来说，很多情况下心灵关爱比金钱关爱更为重要。在老人房摆放一些寓意吉祥的物品，既能表达出对老人的关爱，还能从风水上对老人的身心产生积极作用。常用来摆放在老人房的物品有象征长寿、健康、福气的山水花鸟画和书法工艺品，以及风水吉祥物等。

▲ 在老人房中可以摆设一些吉祥的饰品，可以是一些象征长寿的摆件，聚集吉祥的正面能量。

6.老人房的灯光设置

人年老时，对色彩的辨别力和对空间的感知能力都会下降，因此，老人房间的光源一定不能太复杂，不要装彩灯，这样会让老人眼花，还容易导致突发心脑血管疾病。明暗对比强烈或颜色过于明艳的灯也不适合老人，因为这很容易引起老人情绪的波动。

对老人来说，灯光的设置以方便生活所需、明亮且易操控最佳。最好在一进门的地方要有灯源开关，否则摸黑进屋容易绊倒；床头也要有开关，以便老人起夜时随时可以控制光源。为了保证老年人起夜时的安全，老人房还应装个小夜灯。有些老年人喜欢躺在床上看书，所以床头灯应该稍微亮点，最好是那种装有调节开关的，可以根据需要调亮或调暗。此外，为了方便老人夜间活动，住宅的走廊、卫生间、厨房、楼梯、床头等处最好也设计有小夜灯。

儿童房与儿童健康

儿童的世界更需要精心呵护，尤其是他们的生活空间，这就是居家环境中的儿童房了。我们要在这个空间中营造出属于孩子们的一个真正的欢乐世界，那么，孩子的健康就必须得注意了。若要让孩子们健康成长，在布置儿童房的时候就有以下几个方面需要多加注意。

1.活动功能

孩子们喜欢群居，这是因为他们喜欢热闹，在心理上惧怕孤独，所以在儿童房的设计上就应针对这一活动特征，除了必要的家具摆设外，还要保证有较宽的活动空间使他们能跟别的小朋友进行群体活动，如过家家、做游戏等。

在现代的住宅户型中，特别是小户型的住宅，儿童房间面积大多数偏小，这就要求儿童家具应注重多功能性以适应这种变化，可将房间内的儿童床、儿童桌、书柜、衣柜、玩具柜等有选择地组合在一起，

▲ 儿童房还兼具了小孩玩耍区域的功能，还可使用一些铺地进行装饰，同时也增加了玩耍区域。

使其具有多功能以减小占地面积。具体在设计上可将儿童床置于高处，其下部空间设置衣柜、玩具柜、写字台或书柜；写字台也可与书柜等组合在一起等。这种将房间内家具集中放置的设计方法，可以节省出更多的空间供儿童进行群体活动，以提高他们与人相处的能力，从小锻炼其社交方面的才能，保证其心理健康成长。

2.空间色彩与健康

由于儿童的神经系统不完善，对外界刺激反应强，注意力不易集中且不具有持久性，容易受到外界因素影响，设计时就可运用色彩产生的不同效应来尽量解决这些问题，给孩子一个更加完善的环境。

不同的色彩会给空间带来不同的感受，如粉红色、奶油色会令人觉得可爱、天真；原色、黄色、橙色会令人觉得轻松、快活；嫩草色、粉蓝色

▲ 孩子的空间就应该是明亮而鲜活的，所以在色彩上，可以需安装一些如蓝色、黄色等对比感强烈的颜色来进行布置。

会令人觉得淡雅、清爽。儿童房色彩的搭配讲究大方自然，若用白色、蓝色、绿色等给人感觉安静的色彩调和，效果更好。年龄较小的孩子对于鲜艳的色彩更加敏感，能够吸引他们的注意力，但是家具上面的装饰图案却不宜太多、太大。而且图案一般不应放在书桌面等视线经常接触的位置，以免孩子经常被图案吸引，从而分散注意力。另外，在进行儿童房设计时要避开那些晦涩、模糊、复杂的颜色，这些色彩不利于儿童的心理健康。对于性格较内向且软弱的孩子，宜用对比强烈、明快的色彩；而对于性格外向脾气较暴躁的孩子，则宜用对比较弱、淡雅的色彩。这样有利于他们的神经系统更完善地发育。

3.学习与成长

孩子总是对外界充满好奇，并具有较强的模仿心理，这就要求在设计儿童房间时要特别注重其教育特征，以恰当的道具和方式作为教育手段，往往能收到意想不到的效果。

针对儿童的教育，特别是学龄前的儿童，都应用一种寓教于乐的方式来使儿童能更好的接受新知识，认识新事物。这种教育从本质上来说其实是一种影响深远的教育。针对这一点，我们可在儿童床上安装书架并随时放上一些引人注目的小人书，让儿童在随便翻翻中增长知识，这就在无形中扩展了他们的知识面，也增强了他们的上进心。同时还可摆放一只可爱的企鹅椅子或放置其他一些仿生家具等，也可以引发儿童对动物、对大自然的热爱，促使他们更快地了解世界，对大自然有着更积极向上的认识。

居室装饰与健康

现在无论谁买了新房都要进行装修和装饰，但不是每家都会装修得恰当并且符合风水上的讲究。房屋装修与装饰，不仅要考虑美观漂亮，更重要的是要保证居住者的舒适和健康，这样的住宅才是好的风水宅居。

1.不要将家变成金字塔

在居家布置中，无论是格局、摆设，还是盆景，都要尽量避免尖锐物的产生，因为这些尖角会产生类似金字塔之中的"尖端效应"，从而伤害身体的神经系统和内分泌系统；而且尖角和棱角等尖锐的形状还会放射出不稳定的能量，阻扰气场的活动，让你的家变成一个身体机能不会自然运转的活金字塔，影响身体的健康。因此，在进行房屋布局、挑选家具家饰时，最好选择"圆转角"，既有益健康，还能和谐家庭。

2.装饰品不宜过多

现在的都市白领都很喜欢购物，不时给家里添个玩偶，或者一大堆杂七杂八的装饰品。其实，装饰品不宜过多，一是会让房屋变得杂乱，滋生蟑螂等害虫；二是杂物太多会对身体产生不良影响，比如损害视力等；三是杂物太多就可能堵塞住宅的气场，导致家运不振，影响家庭和谐。要预防家中杂物过多，除了控制购买的欲望外，还应定时整理归纳，时刻保持家中整洁，尤其是有小孩的家庭要勤于整理。

3.室内不宜的居家布置

室内特别是卧房内不宜安放大面镜子，因为强光的折射刺激容易影响人的交感神经，使思维无法长时间集中。而四周玻璃窗过多、透明感太强，则会让人的心境难以安宁，缺少安全感，因此窗帘质地、厚薄的选择，看似小事一件，其实它直接关系着人的身心健康。

床的上方若安有灯具、装饰物，会造成人的情绪紧张，给人以压迫感、妨碍人的正常睡眠，所以必须尽可能地加以去除。老人与儿童的床不宜贴墙而放，因为墙体，尤其是靠近室外的一面墙体，具有散热体的作用，如果老人在晚间休息时，不注意贴墙睡眠就容易造成人的体温下降，从而诱发疾病。

装修布置与睡眠健康

现代都市生活节奏快，工作压力大，很多人都出现睡眠不足、失眠等睡眠问题。不过，近日也有专家指出，造成睡眠障碍的原因固然与竞争和压力有关，但还有一些常常被人们疏忽的原因，如住宅的噪音污染、床位的设置、卧室电器与床上用品的质量等等小细节，很可能就是造成睡眠问题的最大诱因。

为了有效地消除居家生活中"睡眠障碍"，以下提供了住宅装潢与布置和常用的减少噪音污染的方法，以供户主们选择。

1.通过房子装潢有效隔音

现代很多住宅小区身处闹市，要让房子有效隔音，对隔音效果差的墙壁，一定要进行改造。如先用实木不等距的几何图形分隔墙壁，再用软木覆盖，这样改造过的墙壁，噪声可降低大约50分贝。另外，还可采用贴壁纸，加装一层石膏板，用优质实木门和实木复合门等方法来降低噪声。将墙壁表面弄得粗糙一些，使声波产生多次折射，从而有效减弱噪音。还可将书柜、大衣柜或者组合家具等放置在与邻居家相邻的墙壁这一面，也可适当阻隔邻居家传来的声响。对于临街的房子，还可将临街窗户的普通玻璃换成隔音玻璃，也可有效降低室内噪音。

2.电器的选购与摆放

为了有效降低家用电器对睡眠的干扰，首先，购买家用电器时，要有意识地把工作噪音低作为选择标准之一。选用那些静音效果相对较好的家电用品，不仅可有效降低房子的噪音，还能让你保持良好的情绪。在摆放电器时也要注意，冰箱、洗衣机、微波炉、电视机等电器最好摆放在客厅、餐厅和厨房等活动区，而不要摆放在卧室、书房等休息区。休息区内如果摆放太多电器，一是会干扰家庭的空间职能，而且电器产生的噪音还会严重干扰睡眠，影响身体健康。

3.慎选床上用品，给睡眠加分

钻进被窝，包裹肌肤的床品是哪种布料，对每个人都十分重要，因为它直接影响着身心的彻底放松和能否有一个高质量的深度睡眠。因此选床品一定要看材质是否合适，还要根据季节的变化更换不同材质的床品。

在选择床上用品时，首先要选择舒适的面料，这是最为关键的一点。目前市场上各种质地、纹样的纺织品很多，挑选时应注意产品的性能，量材使用。由于床上用品直接接触人的身体，最好挑选纯棉、真丝等质地柔软的面料，这些床上用品柔软舒适，吸湿性强，保温性能强，也便于清洗。

床上用品如果与周围环境的色彩搭配、质地性能、图案纹样巧妙组合，可形成千变万化的装饰效果。床单和枕头套应避免使用三角形或箭头图案。因为三角形和箭头的图案阳气过盛，会给人视觉上带来不舒适的感觉，破坏祥和的气氛，令居住者缺乏安全感。只有在协调适度、搭配得当的环境中，方能营造出舒适、温馨的家庭氛围。

植物与健康

据科学研究证明，植物也和人一样，都是有一定"血型"分类的，植物之间也有着一定的亲缘关系，它们有语言、有情绪、有喜怒哀乐、有预见性和预知力。它比人类这个"万物之灵"更灵，它可以预知地震、干旱、风雨，甚至能预报自然灾害和凶吉。植物是有感情的，当主人家逢吉时，家中摆放的花草，亦会生机勃勃、开花不断；当主人家遭逢不幸时就会花落凋零，生长不景气。植物构成的"生物场"对人类的精神和身体健康等有十分重要的影响。

植物与花卉不仅具有观赏价值，而且象征着生命与心灵的成长与繁荣。它们可以降低人的压力，提供自然屏障，让人免受空气与噪音的污染，无论在任何地区，植物所产生的气场都会产生非常大的影响，它能影响气的能量与方向，亦可帮助气回复平衡状态。

1.有益健康的居家植物

长期生活在空气被污染的居室中的人都会处于亚健康状态，主要表现是情绪低落、心情烦躁、紧张不安、忧郁、焦虑、疲劳困乏、注意力分散、心闷气短、失眠多梦、腰酸背痛等。要消除污染，最实用有效的方法是放置适当的植物。

具有吸收甲醛作用的植物，如吊兰、芦荟、龙舌兰、嘉德丽亚兰等。

具有吸收苯作用的植物，如常春藤、铁树等。

具有吸收三氯乙烯作用的植物，如万年青、雏菊、龙舌兰等。

具有吸收二氧化硫作用的植物，如月季、玫瑰等。

具有吸尘作用的植物，如桂花。

具有杀菌作用的植物，如薄荷。

▲吊兰

▲嘉德丽亚兰

▲常春藤

▲铁树

▲万年青

▲雏菊

▲ 玫瑰

▲ 桂花

▲ 薄荷

2.室内不宜摆放的植物

很多花都有净化空气、促进健康的作用，但有些花若养在家中，反而会成为致病源，或是导致老病复发、旧病加重的"杀手"。因此专家建议，养花前必须了解花性，以防一花养，身体就出毛病。

病人室内不宜养盆栽花——由于花盆中的泥土会产生真菌孢子，当它们扩散到空气中后，容易侵入人的皮肤、呼吸道、外耳道、脑膜及大脑等部位，会引起感染，这对原本就患有疾病的患者来说危害很大。

卧室夜晚不宜放花——由于大多数的花都是白天通过光合作用吸收二氧化碳、释放氧气的，但到了晚上，则刚好相反。因此，在卧室内最好不要放花，白天放的花，到了夜间就移出室外，至少不要放在卧室里，以免影响家人健康。除此以外，下列植物也必须注意。

（1）紫荆花

紫荆花散发出来的花粉如与人接触过久，会诱发哮喘症或使咳嗽症状加重。

（2）含羞草

含羞草体内的含羞碱是一种毒性很强的有机物，人体过多接触后会使毛发脱落。

（3）百合

百合花的香味也会使人的中枢神经过度兴奋而引起失眠。

（4）夜来香

夜来香（包括丁香类）在晚上会散发出大量刺激嗅觉的微粒，闻之过久，会使高血压和心脑病患者感到头晕目眩，郁闷不适，甚至病情加重。

（5）夹竹桃

夹竹桃可以分泌出一种乳白色液体，长时间接触会使人中毒，引起昏昏欲睡、智力下降等症状。

（6）松柏

松柏类花木的芳香气味对人体的肠胃有刺激作用，不仅影响食欲，而且会使孕妇感到心慌意乱、恶心呕吐、头晕目眩。

（7）洋绣球花

洋绣球花（包括五色梅、天竺葵）所散发的微粒如与人接触，会使人的皮肤过敏而引发瘙痒症。

（8）郁金香

郁金香的花朵含有一种毒碱，接触过久，会加快毛发脱落。

（9）杜鹃

杜鹃花含有一种毒素，一旦误食，轻者会引起中毒，重者会引起休克。

▲紫荆花

▲含羞草

▲百合

▲夜来香

▲夹竹桃

▲松柏

▲ 洋绣球花　　　　　▲ 郁金香　　　　　▲ 杜鹃

3.家庭养花不宜贪大求全

　　家庭养花应根据居室大小来选择株形大小、数量适中、外形美观、对家人无害的种类。有些花卉含有毒素，如杜娟花、紫荆花等，一旦误食可使人中毒。水仙花、滴水观音等叶汁和花汁染于皮肤时，可致皮肤出现红、肿、痛等过敏症状。因此在管理上应特别注意，应置于孩子不能接触的地方，以免孩子玩弄或误食。外观生有锐刺的植物对人体安全存在着一定的威胁，应放置于远离家人活动的位置。

　　一般15平方米左右的居室，只宜放2盆中型、大型植物，小型植物可以放3~4盆。此外，要想营造居室绿色氧吧，除了要考虑绿色植物的株型、花色外，还要考虑它们吸收二氧化碳的方式。有些植物属于夜间耗氧释放二氧化碳类，夜间最好将其移到屋外，以避免其同人争氧气，影响人的健康。

楼高、房高与健康

　　现代的人居住的住宅多是以小区为主，而一般的小户型住宅都是电梯公寓，楼层都比较高。选择住宅时就要注意了，不同的人需要的高度是不同的，这不仅关乎风水，也关乎健康。

1.楼层不宜过高

　　住宅风水最讲究承气和纳气，因为它对人体健康的影响最为明显。为了节省地皮，现代都市中很流行高层小区，有很多人觉得住得越高越好。

事实上，住得太高时人体就可能会吸收过多太阳能量而吸收不到足够的地球磁能，使人出现神经系统失调或失眠等健康问题。改善的方法就是在房子内多种植绿色植物或盆栽，同时加窗帘，以调节这些不利影响。

2.房高不宜太低

为了节省建筑成本，获取更大利润，很多黑心的建筑商会从房高上下功夫，将房高压到很低。居住在这样的房子里，无形中就会给居住者的心理形成一种压迫感，使其感觉压抑、沉重，影响其心理的健康。此外，房高低的房子通常空间不够，造成"气"场无法顺利流通凝聚，影响居住者的生理健康。因此，在购买房屋前，一定要询问建筑的房高，看是否适合人体的物理学原理。通常来说，普通住宅应该是建筑层高2.8米，净层高一般在2.3～2.65米，如果低于这个标准，就应另择其它好房了。

颜色与健康

不同的色彩给人不同的心理感受，看上去舒服和谐的色彩能让人感到心情舒畅。反之，其他具有刺激性视觉效果的色彩则会让人感到浑身不舒服，自然也就降低了心情的愉悦程度，没有好的心情，对健康也是不利的。不论是出于设计的要求还是风水学的要求，对室内的颜色还是要进行合理地搭配使用。

温和的颜色能让人感觉舒缓、放松。而强烈的色彩给人以跳动的活力，不同的颜色给人的感受不同，自然也会对人体的生理机能有一个引导性的作用。

1.红色

这是一种较具刺激性的颜色，它给人以燃烧和热情感，但不宜接触过多，过多凝视大红颜色，不仅会影响视力，而且易产生头晕目眩之感。心脑病患者一般是禁忌红色的。

2.粉色

这是一种可爱而温柔的颜色，但是据实验表明，这种颜色看多了能降低人的情绪，这是因为粉红色能使人的肾上腺激素分泌减少，所以，出于对健康的考虑，患有孤独症、精神压抑者不能经常接触粉红色。

3.橙色

这是一种能产生活力，诱发食欲的色彩，也是暖色系中的代表色彩，同样也是代表健康的色彩，它也含有成熟与幸福之意。

4.黄色

这是一种象征健康的颜色，给人的感觉是明亮而温和的，它的双重功能表现为对健康者的稳定情绪、增进食欲的作用；对情绪压抑、悲观失望者会加重这种不良情绪。

▲ 橙色与黄色结合的厨房设置，不仅在色彩上给人以明亮的感受，同时也能增加食欲。

5.绿色

这是一种能令人感到稳重和舒适的色彩，具有镇静神经、降低眼压、解除眼疲劳、改善肌肉运动能力等作用，自然的绿色还对晕厥、疲劳、恶心与消极情绪有一定的舒缓作用。但若是长时间呆在绿色的环境中，易使人感到冷清，影响胃液的分泌，从而影响食欲。

6.蓝色

这是一种令人产生遐想的色彩，虽然具有沉静的一面，但另一方面也是相当严肃的色彩。具有调节神经、镇静安神的作用。蓝色的灯光在治疗失眠、降低血压和预防感冒中有明显作用。有人戴蓝色眼镜旅行，可以减轻晕车、晕船的症状。但患有精神衰弱、忧郁病的人不宜接触蓝色，否则会加重病情。

7.黑色

这是一种吸收光谱的颜色，具有清热、镇静、安定的作用，对激动、烦躁、失眠、惊恐的患者能起恢复安定的作用。

8.白色

这是一种具有干净整洁感的颜色，它能反射全部的光线，在室内空间较小时可以起到膨胀空间的效果。同时，白色对易动怒的人可起调节作用，这样有助于保持血压正常。但对于患孤独症、精神忧郁症的患者则不宜在白色环境中久住，以免产生压抑情绪。

9.灰色

这是一种极为随和的色彩，具有与任何颜色搭配的多样性。所以在色彩搭配不合适时，属于中性色，可以用灰色来调和，所以对健康没有太大的影响。

油漆与健康

装修其实是一个比较让人烦恼的问题，除了很多细节的考量外，还得时刻注意装修材料的成分，比如油漆等使用量比较大的材料，它与我们的健康是密切相关的。这也是为什么现代人越来越重视绿色环保油漆的选择的原因。这是因为在传统的装修中，一般会大量地使用复合板材、黏合剂和油漆，这些都是甲醛、苯、氨、甲苯、二甲苯等毒气的主要污染源。这些毒气对健康的危害是非常大的，每年有逾十万人就死于家装污染。所以，家装中使用什么油漆是与我们的健康息息相关的，要加倍注意了。

1.如何挑选健康的油漆

其实，不管选择什么样的油漆，大家对它的要求就是要健康环保，那怎样才能买到健康环保的油漆呢？下面就来告诉你答案。

首先是看形，环保型油漆打开后表面飘浮着一层树脂，经过搅拌以后，质感浓厚，亮光漆色泽水白、晶莹透明；亚光漆呈半透明轻微浑浊状，无发红、泛黑和沉淀现象。滴落时成直线状，连续不断。如果是劣质漆，漆滴落时断断续续，且有结块现象。

其次是闻味，一般情况下环保型油漆气味温和、淡雅，芳香味纯正；劣质漆一打开漆罐，就散发出一股强烈的刺鼻气味或其他不明异味。目前部分劣质漆也有香味，可能是某些不法商家加了香料以劣质漆冒充环保漆，这种漆气味冲鼻，没有真正的环保油漆的气味淡雅。

最后是向商家索要国家出具的检测报告，对比其中参数来比较到底谁最环保。其中包含了VOC含量、甲醛含量、重金属含量、耐擦洗次数等几项指标。

（1）VOC含量

VOC对人体的影响有三种类型，即气味和感官效应；粘膜刺激和其它系统毒性导致的病态；某些挥发性有机发合物被证明是致癌物或可疑致癌物。水性墙面漆的国家标准是VOC 120g/L，水性家具漆是VOC 300g/L，油性家具漆是VOC 700g/L。从国家标准来看，相对来说水性油漆比较环保一点。但是具体到某一个品牌的某一个产品VOC实际参数都会不同，比如说某品牌的一款全效抗碱底漆的VOC国家标准是 120g/L，但是它实际只含有74g/L。要挑选最环保的油漆，这就要靠大家去商家进行比较了。

（2）甲醛含量

现在国家实行的是强制性执行标准值 100mg/kg。甲醛本身毒性较高，对蛋白质有很强的凝固作用，能和核酸的氨基及羟基结合使其变性，能阻碍胃酶和胰酶的作用，因而会影响代谢机能，其蒸气对啮齿动物有致癌作用。

（3）重金属含量

重金属主要是指可溶性铅、镉、铬、汞等物质，某些重金属在一定浓度内是人体必需的微量元素，但进入人体的量超过人体所能耐受的限度后，即可造成严重的生理损害，引发多种疾病。铅中毒对儿童更为严重，儿童对铅有特殊的易感性。一般儿童漆的重金属含量要比一般油漆的重金属含量要低，比如某品牌的专用乳胶漆的铅含量只有1mg/kg，大大低于了国家标准90mg/Kg。

（4）耐擦洗次数

耐擦洗次数主要取决于乳液含量和质量，而这个主要原材料也决定乳胶漆的主体性能，如耐擦洗次数、耐候性及保色性等功能。

2.如何去除家装油漆味

对于刚装修完毕的居室，先别急着入住，要尽量通风散味，但又不能打开所有门窗通风，因为这样可能会给刚施工完毕的墙顶漆带来不利，使墙顶急速风干，容易出现裂纹，破坏美观。最重要的要把家里的各种气味散尽，其中感觉最明显的油漆味，那如何快速去除家装油漆味呢？下面教你几招。

找个盆打满凉水，然后在其中加入适量的食醋，放在通风房间内，并打开家具门，这样既可适量蒸发水份保护墙顶涂料面，又可吸收消除残留异味。

在室内放两盆冷水，在其中加上盐，一至两天漆味便除，也可将洋葱浸泡盆中，同样有效。如果是木器家具散发出的油漆味，可以用茶水擦洗几遍，油漆味也会消除得快一些。

在房间里摆放桔皮、柠檬皮等物品，也是一种很有效的去味方法，不过它们的见效不会很迅速。

还可买些菠萝，然后在每个房间都放上几个，大的房间可多放一些。因为菠萝是粗纤维类水果，既可起到吸收油漆味又可达到散发菠萝的清香味道、加快清除异味的速度，起到了两全其美的效果。

要快速清除残留油漆味，可用柠檬酸浸湿棉球，挂在室内以及木器家具内。

再买些绿色植物放置室内，一般可以选择吸收甲醛的植物如仙人掌、吊兰、非洲菊、芦荟、常春藤、铁树、菊花等，而能消除二甲苯的花草则有常春藤、铁树、菊花等。

可以去市场挑选一些高科技的去味清洁剂，它能去除新装修房、新家具等散发出的有害气体。据有关人士介绍，这些去味清洁剂一般都是进口产品，利用氨化合物与有害物质发生化学反应，从而起到了去味清洁的作用。在新装修的房间中，可把这种去味清洁剂倒入盘中，将盘分别放在每个房间中，再结合擦洗去味法，连续几天后就可有效去除难闻气味。

在家里放一些竹炭除味包，可以快速有效地去除空气中的异味，能吸附了甲醛等有害气体。

还可在家里点杀菌消毒灯，以解决居家生活中的杀菌消毒问题，从而消除油漆异味。特别适合婴儿房、老人房、厨房、卫生间、居室内的空气、物品的消毒处理，由于其具有定时开关机或遥控开关机功能，使人们在消毒时，免受紫外线伤害。由于紫外线的杀菌力强，对空调房或紧闭窗的居室特别适用。

使用纳米材料的环保工艺画也能起到一定的消毒除味作用，这是因为它在制作过程中，添加了纳米复合材料，其降解机理是在光照条件下，将这些有害物质转化为二氧化碳、水和对人体无害的有机酸。将喜欢的画挂在房间里，即优雅别致，又可净化居室环境，倒是两全其美之策。一般居室、客厅挂一幅画即可，新装修房希望马上入住或污染源严重（多人经常吸烟），希望多一点空气负离子，也可同时多挂几幅画。

生活习惯与健康

我们看似干净的家中，其实藏着许多看不见的健康隐患这都是由一些不良的生活习惯引起的。如果长时间对其不闻不问，会严重的影响我们的身体健康。

1.门前堆放垃圾——影响健康

很多人对于家里的卫生情况都特别在意，但是对于门口的垃圾却比较少留意。其实门口的垃圾对于家中的风水影响也是举足轻重的。首先病从口入，开门见垃圾，各种肮脏的气味扑面而来，影响工作的心情。如果对于家中的老人或者小孩，影响会更大，直接关系到他们的身体健康。其次，门口垃圾也是一个破财的布局，垃圾代表着霉气，出入碰见霉气，人的运气也会大受影响。

2.空气不流通——影响家人的健康和情绪

现在楼价昂贵，所以很多家庭都是以小户型为主，住所都略为拥挤。而且现代城市灰尘很多，很多家庭都会选择紧闭门窗，阻挡尘土。但是这就形成了一个封闭的风水布局，犹如一只小鸟居住在囚笼，使各种财运、好运都无法融入进来，更造成空气不流通，影响家人健康和情绪。这个也是风水的一大忌讳。

3.内明堂乱堆乱放——易引起呼吸道感染

有不少家庭为了贪图方便，一进入房屋门就把鞋子到处随意摆放，这其实也是风水之大忌。由于鞋子是出门必备的，当人们穿着鞋子每天在外行走，鞋子与地面又是最近距离的接触，鞋底也肯定会多多少少沾染了很多各种各样的细菌，如果此时一进门就把鞋子到处摆放，也就等于把病菌带进了屋内，也就在无意识之中就提高了家庭成员受细菌侵蚀的可能性，最容易患的是与空气质量直接相关的呼吸系统的疾病。

▲屋内的玄关区域要整洁，不能把拖鞋随便摆放，让房间显得混乱。

4.灶位不整洁——易导致消化不良

俗话说"民以食为天"，要想每天都能享受到丰盛的饭菜，厨房自然是每天必要的进出场所。若是厨房中的灶位不整洁，布满各种灰尘、油烟、脏物，影响可就非同小可了。小则会消化不良，重则食物中毒。因此，清洁灶位切不可掉以轻心。

5.床下堆放杂物——影响睡眠

很多时候，家中的老人家都喜欢将一些平时比较少用的破旧东西打包起来，然后统一摆在床底下，名曰节省空间。其实这也是一个影响身体健康的布局。因为一般来说，床底下是不可能经常打扫的，因此堆积的东西将会滋生各种各样的害虫病菌。想象一下，每天睡在一堆垃圾上面，睡眠势必会受到很大的影响。

6.阳台花草枯黄——影响情绪

植物可以美化环境，有些植物放置在家中更是可以增添财运，催旺桃花。但是枯黄的花草却不属于此范围。因为枯黄的植物表明该生物已经是处于奄奄一息的状态，或者是遭遇病毒感染，又或者是害虫侵扰。放置家中，造成了一个破败落魄的氛围，严重的话还会影响家人的情绪，使人产生忧郁的感觉。因此，枯黄的花草应及时清理。

根据季节调整心态

都说健康才是人最大的财富，但是由于现代人的生活总是充满着各式各样的压力，所以心情也往往处于一种紧绷的状态中。不过，无论平日如何繁忙，也都应该抽时间照料自己的健康，努力让自己的心得到舒缓。在春、夏、秋、冬不同的季节，放松的方式也会有所不同，所以要依据季节的不同，选择最有益自己身心的放松方法。

1.春

春天在五行之中属木，所以春天最适合做的事情就是爬山、赏花，尽情享受自然。人轻松地走在充满芬芳的森林中，对呼吸系统相当有好处。

久居都市的人到森林中做做深呼吸，享受一下清新的空气和泥土的芬芳，必然会使自己精神振奋、心情舒畅。

2.夏

夏天在五行中属火，容易使人变得心烦气躁。因此夏天就可以多到水边游玩，水边的空气新鲜洁净，阴离子的含量也较多，对人体最为有益。此外，夏天也是个很适合多运动的季节，运动会让人排出大量的汗水，能加速新陈代谢、振奋自己的精神。

3.秋

秋天在五行之中属金。秋天的早晚温差都很大，很容易感冒并引起各种呼吸道疾病，因此在秋天要以保暖与养肺为主。此外，秋天比较不适合远行或从事户外活动，还是应尽量坚持以室内活动为主，可以多参加亲友聚会，增进亲朋好友之间的感情交流。

4.冬

冬天在五行之中属水，是寒气逼人之态，也很容易损伤人体的阳气。此时就可多吃一些药膳的补品，比如姜、鸭、桂圆、红枣和羊肉等，来增强自身抵抗力，提高抗寒能力以及人体免疫力。同时，应该以休养生息为主，利用这段时间多看一些书，养精蓄锐。